智能网联汽车队列控制：理论、技术与应用

李永福　朱　浩　著

科学出版社
北　京

内容简介

本书针对《交通强国建设纲要》以及“碳达峰与碳中和”等国家重大战略在汽车和交通领域的迫切需求，助力汽车行业向智能化和网联化转型升级，将智能网联汽车队列控制作为主要研究对象，重点对智能网联车辆队列控制中的基本概念、控制方法、核心技术以及典型应用，进行了较为系统、全面和详细的介绍。从介绍构成智能网联车辆队列系统的车辆模型、通信拓扑以及间距策略出发，深入浅出地介绍了车辆队列系统稳定性和串稳定性相关理论和分析方法，同时细致严谨地介绍了先进的智能网联车辆队列控制器以及该领域的新技术，并以大量的应用案例帮助读者了解、掌握和应用智能网联车辆队列协同控制领域的相关理论和技术。

本书内容丰富详实、理论简明扼要，方法明确实用。可作为智能网联汽车课程的教材和辅导书，也可作为涉及智能网联汽车的研究、设计人员和工程技术人员的参考用书。

图书在版编目(CIP)数据

智能网联汽车队列控制：理论、技术与应用 / 李永福，朱浩著. —北京：科学出版社，2022.12

ISBN 978-7-03-070880-9

Ⅰ.①智… Ⅱ.①李… ②朱… Ⅲ.①汽车-智能通信网-研究 Ⅳ.①U463.67

中国版本图书馆 CIP 数据核字（2021）第 261779 号

责任编辑：孟 锐 / 责任校对：彭 映
责任印制：罗 科 / 封面设计：墨创文化

科学出版社出版
北京东黄城根北街16号
邮政编码：100717
http://www.sciencep.com

成都锦瑞印刷有限责任公司印刷
科学出版社发行 各地新华书店经销

*

2022 年 12 月第 一 版 开本：787×1092 1/16
2022 年 12 月第一次印刷 印张：17 1/4
字数：410 000

定价：188.00 元

（如有印装质量问题，我社负责调换）

前　言

随着人工智能和信息通信技术的快速发展，汽车领域的两大前沿技术"智能化"和"网联化"呈现融合趋势，智能网联汽车技术将引领未来汽车的新一轮发展。《交通强国建设纲要》《中国制造 2025》和《智能汽车创新发展战略》等国家纲领文件明确了智能网联汽车的战略发展目标，其核心技术——车辆队列协同控制由于其在提高安全性、增加交通容量和降低能耗方面的优点更是得到了广泛的研究和发展。

智能网联车辆队列控制的主要目标是设计合适的控制器，使车流中的车辆以相同的速度和期望的间距组成队列，并保证车辆队列的稳定性。针对智能网联汽车队列控制理论及其应用，近年来已有大量的论文发表。作者多年来一直从事智能网联车辆队列控制理论及其应用方面的研究和教学工作，为了促进智能网联车辆队列控制技术的进步，反映智能网联车辆队列控制理论及其应用的最新成果，作者编写本书，以使广大读者能够了解、掌握和应用这一领域的相关理论和技术。

本书是在总结作者多年研究成果的基础上，进一步理论化、系统化、规范化、实用化而成的，其特点是：

(1) 智能网联车辆队列控制算法取材新颖，内容先进，重点置于该领域的前沿研究和一些有潜力的新方法和新技术。

(2) 本书从内容安排上充分考虑知识结构的完整性和系统性，突出理论联系实际，具有很强的工程使用性。书中有大量的应用实例及其结果分析，为读者提供了有益的借鉴。

本书共 12 章。第 1 章介绍车辆纵向运动学模型、车辆纵向动力学模型以及车辆不同自由度模型；第 2 章介绍通信拓扑相关理论；第 3 章介绍车辆队列控制间距策略；第 4 章介绍车辆队列系统稳定性和串稳定性相关理论和分析方法；第 5 章介绍车辆队列控制器的设计和分析方法；第 6 章介绍智能网联车辆定位技术；第 7 章介绍图像处理与传感器技术；第 8 章介绍 V2X 通信技术；第 9 章介绍中间件技术；第 10 章介绍相关车辆队列仿真软件和基于 PreScan 的应用案例；第 11 章介绍缩微车辆队列应用案例，包括系统组成、服务器和数据开发、场景构建、软硬件联合调试、实验的开展以及结果分析；第 12 章介绍真车应用案例，包括系统组成和开发、实验的开展与结果分析。

本书陈述的结果均引自相关的文献、作者的研究论文及其成果，在此谨向相关文献的作者表示深深的感谢。此外，在编写的过程中还得到了相关研究生的热情帮助，他们在资料整理以及文稿编排方面做出了贡献。同时，该书的研究内容得到了国家重点研发计划和国家自然科学基金项目的支持，出版得到了重庆邮电大学出版基金资助。在此，一并表示感谢。

由于作者水平有限，书中难免存在不足和疏漏之处，恳请读者批评指正。

李永福

于重庆邮电大学

目　　录

第一篇　理论基础部分

第 1 章　车辆模型……3
1.1　车辆纵向运动学模型……3
1.2　车辆纵向动力学模型……4
1.2.1　车辆纵向动力学特性……5
1.2.2　面向车辆队列控制的车辆纵向动力学模型……7
1.3　车辆多自由度模型……8
1.3.1　车辆二自由度模型……9
1.3.2　车辆三自由度模型……10
1.3.3　车辆平面五自由度模型……12
1.3.4　车辆七自由度模型……13
1.3.5　车辆十四自由度模型……14
参考文献……32
第 2 章　通信拓扑……35
2.1　图论……35
2.1.1　图的定义……35
2.1.2　顶点的度……35
2.1.3　图解表示法……36
2.1.4　图论相关的矩阵……36
2.2　通信拓扑结构建模……37
2.2.1　基于图论的通信拓扑建模……38
2.2.2　考虑 V2V 通信环境的通信拓扑结构表征方法……39
2.3　固定拓扑结构与切换通信拓扑结构……41
2.3.1　固定拓扑结构……41
2.3.2　切换拓扑结构……42
参考文献……42
第 3 章　间距策略……44
3.1　恒定间距策略……44
3.1.1　恒定间距策略定义……44
3.1.2　恒定间距策略的特点……45

3.2 恒定时距策略 …… 46
3.2.1 恒定时距策略定义 …… 46
3.2.2 恒定时距策略的特点 …… 46
3.3 延时距离策略 …… 47
3.3.1 延时距离策略定义 …… 47
3.3.2 延时距离策略的特点 …… 47
3.4 可变时距策略 …… 48
3.4.1 可变时距策略定义 …… 48
3.4.2 可变时距策略的特点 …… 49
3.5 非线性距离策略 …… 49
参考文献 …… 50
第 4 章 稳定性分析 …… 51
4.1 车辆队列系统稳定性分类 …… 51
4.1.1 个体稳定性 …… 51
4.1.2 串稳定性 …… 52
4.1.3 两种稳定性的关联 …… 52
4.2 车辆队列系统串稳定性的分类定义 …… 52
4.2.1 串稳定性的原始定义 …… 52
4.2.2 频域串稳定性的定义 …… 53
4.2.3 时域串稳定性的定义 …… 53
4.2.4 L_p 串稳定性 …… 54
4.3 各类串稳定性定义的等价关系 …… 54
4.3.1 李雅普诺夫串稳定性 …… 55
4.3.2 输入-输出串稳定性 …… 55
4.3.3 输入-状态串稳定性 …… 55
4.3.4 等价关系 …… 56
4.4 队列稳定性的分析方法 …… 56
4.4.1 频域分析 …… 56
4.4.2 时域分析 …… 58
4.5 分析方法的比较 …… 58
参考文献 …… 59
第 5 章 队列控制器设计与分析方法 …… 61
5.1 单队列控制 …… 61
5.1.1 结构化道路场景下的车辆队列纵向控制 …… 61
5.1.2 基于积分滑模的车辆队列制动控制研究 …… 73
5.1.3 非结构化道路场景下的车辆队列控制 …… 85
5.2 汇入-汇出控制 …… 98
5.2.1 车辆队列控制场景设计 …… 98

5.2.2 纵向车辆队列控制算法……99
5.2.3 横向车辆队列控制算法……101
5.2.4 车辆队列控制算法的串稳定性分析……103
5.2.5 小结……104
5.3 多队列控制……104
5.3.1 问题描述……104
5.3.2 基于群一致性的多个车辆队列协同控制算法设计……106
5.3.3 一致性和稳定性分析……107
5.3.4 群侧向一致性和稳定性分析……110
5.3.5 数值仿真……111
5.3.6 小结……116
参考文献……116

第二篇 关键技术部分

第 6 章 定位技术……121
6.1 定位技术出现的历史背景……121
6.2 GPS 定位技术……122
6.2.1 GPS 定位技术定位原理……122
6.2.2 GPS 定位技术信号的接收与测量原理……123
6.2.3 GPS 的组成部分……124
6.2.4 GPS 的特点……127
6.2.5 GPS 接收机……128
6.2.6 四大导航……130
6.3 定位技术的应用及未来展望……135
参考文献……140
第 7 章 图像处理与传感器技术……142
7.1 机器视觉简介……142
7.1.1 机器视觉……142
7.1.2 机器视觉的优点……142
7.1.3 机器视觉系统的组成……142
7.2 数字图像处理……143
7.2.1 数字图像处理技术简介……144
7.2.2 数字图像分类……145
7.2.3 数字图像处理技术分类……146
7.2.4 数字图像处理技术的应用……148
7.2.5 小结……149

7.3 计算机视觉技术 …… 150
7.3.1 目标检测技术 …… 150
7.3.2 图像分割技术 …… 158
7.3.3 无人驾驶技术目标跟踪 …… 160
7.3.4 小结 …… 164
7.4 车载雷达 …… 164
7.4.1 雷达的基本原理 …… 164
7.4.2 雷达在无人驾驶领域应用 …… 168
7.4.3 小结 …… 170
参考文献 …… 170
第 8 章 V2X 通信技术 …… 172
8.1 DSRC …… 173
8.2 LTE-V 通信技术 …… 176
8.3 5G 通信技术 …… 178
参考文献 …… 179
第 9 章 中间件技术 …… 181
9.1 V2X 通信消息管理中间件 …… 182
9.1.1 消息类型与定义 …… 184
9.1.2 消息管理 …… 185
9.2 队列控制设计 …… 186
9.2.1 车辆队列形成 …… 186
9.2.2 车辆入队 …… 187
9.2.3 车辆出队 …… 189
参考文献 …… 189

第三篇 应用案例部分

第 10 章 仿真应用案例 …… 193
10.1 典型无人车系统仿真软件介绍 …… 193
10.1.1 CarSim …… 193
10.1.2 CarMaker …… 194
10.1.3 PTV Vissim …… 194
10.1.4 PreScan …… 194
10.2 基于 PreScan 的车辆队列控制应用案例 …… 195
10.2.1 PreScan 工程创建 …… 196
10.2.2 PreScan GUI …… 197
10.2.3 仿真实验场景搭建 …… 198

10.2.4 传感器设定 …… 200
10.2.5 控制算法加载 …… 202
10.2.6 PreScan&Simulink 联合仿真 …… 211
10.2.7 数据结果与分析 …… 213
10.3 基于数字孪生平行仿真的应用案例 …… 214
10.3.1 数字孪生平台 …… 214
10.3.2 虚拟世界框架 …… 215
10.3.3 物理世界框架 …… 216
10.3.4 车辆队列算法 …… 217
10.3.5 实验设置 …… 218
10.3.6 车辆队列控制平行仿真实验 …… 219
10.4 基于 TruckSim 和 PreScan 的卡车队列控制应用案例 …… 221
10.4.1 PreScan 实验场景搭建 …… 222
10.4.2 TruckSim 动力学模型加载 …… 224
10.4.3 控制算法加载 …… 229
10.4.4 TruckSim 动力学模型导入 …… 230
10.4.5 PreScan&TruckSim 联合仿真 …… 231
10.4.6 数据结果与分析 …… 231
参考文献 …… 233
第 11 章 缩微车应用案例 …… 234
11.1 缩微智能网联车辆系统组成 …… 234
11.2 服务器及数据库开发 …… 235
11.3 实验场景构建 …… 237
11.4 软硬件联合调试 …… 238
11.5 实验的开展及结果分析 …… 239
参考文献 …… 243
第 12 章 实车应用案例 …… 244
12.1 自主研制 V2X 通信设备 …… 244
12.2 实车实验平台开发 …… 247
12.2.1 硬件开发 …… 247
12.2.2 软件设计 …… 248
12.3 校园道路实验 …… 257
12.3.1 实验步骤 …… 258
12.3.2 实验结果 …… 259
12.4 封闭测试实验 …… 261
参考文献 …… 264

第一篇　理论基础部分

第1章 车辆模型

在过去的几十年中，不同学者建立了多种类型的整车动力学模型以对车辆不同方面的性能(操纵稳定性、行驶平顺性等)进行分析。根据研究的具体情况，车辆动力学模型应结合车辆的预期行驶工况与控制目标选取合适的控制变量，通过约束简化与近似，在尽可能降低算法数学求解复杂性的同时，准确表征车辆的动力学特性，并保证控制器的实时性与稳定性需求。本章将介绍不同自由度下车辆的动力学模型、面向车辆队列的车辆纵向动力学模型和面向车辆队列的车辆纵向运动学模型。

1.1 车辆纵向运动学模型

一些研究直接使用非线性模型进行排控制[1-3]。控制参数的选择可以保证系统的渐近稳定性和串稳定性，但在给定的空间策略和通信拓扑条件下，显式的性能限制很难分析。实际上，线性模型更多地用于可处理的问题。在文献中，常用的模型有单积分模型、二阶模型、三阶模型、单输入单输出(single input single output，SISO)模型。

单积分模型是最简单的模型，它以车速为控制输入，以位置为单独状态，即

$$\dot{p}_i(t)=u_i(t) \tag{1.1}$$

式中，控制输入$u_i(t)$是每一辆车的速度。

单积分器模型[式(1.1)]可以大大简化控制器设计的理论分析。例如，在单积分器假设下，车辆队列的结构最优控制问题可以转化为突出的问题，但这个问题对其他模型具有挑战性[4]。然而，除在很大程度上偏离实际的车辆动力学之外，单积分模型也不能再现串不稳定性[5]。

假设节点运动学为点集合，从而产生双积分模型[4-5]：

$$\begin{cases}\dot{p}_i(t)=v_i(t)\\ \dot{v}_i(t)=u_i(t)\end{cases} \tag{1.2}$$

许多重要的理论结果，如分散最优控制[4]、稳定裕度分析[6]和通信延时影响[7]，都依赖于二阶动力学的假设。这种假设仍然没有抓住真实车辆动力学的许多特征，如系统动力学中的惯性延迟。

一种建模趋势是进一步增加一种状态并产生三阶模型。附加状态通常是近似于动力系统的输入/输出性能，这相当于将控制输入退化为发动机转矩和/或制动转矩，大多数近似使用反馈线性化技术[8]或底层控制技术[9-10]，推导过程如下。

车辆动力学模型如下：

$$\begin{cases} \dot{p}_i(t) = v_i(t) = R_i r_i \omega_i \\ \dot{v}_i(t) = a_i(t) = R_i r_i \dot{\omega}_i \\ \quad = R_i r_i (T_i - c_i R_i^3 r_i^3 \omega_i^2 - R_i r_i F_{f,i}) / J_i \end{cases} \tag{1.3}$$

式中，r_i 为轮胎半径；R_i 为齿轮比；ω_i 为引擎转速；T_i 为引擎转矩；c_i 为空气阻尼系数；$F_{f,i}$ 为摩擦阻力；J_i 为引擎转动惯量。

考虑车辆传动系统的迟滞特性，建立一阶模型：

$$\tau_{T,i}\dot{T}_i + T_i = T_{des,i} \tag{1.4}$$

式中，$\tau_{T,i}$ 为车辆动力传动系统的时间常数；$T_{des,i}$ 为期望输出力矩。

为了简化计算，设计线性反馈控制律：

$$T_{des,i} = c_i R_i^3 r_i^3 \omega_i (\omega_i + 2\tau_{T,i}\dot{\omega}_i) + R_i r_i F_{f,i} + \frac{J_i}{R_i r_i} u_i \tag{1.5}$$

式中，u_i 为车辆的控制输入。

由上述反馈线性化策略，可得到三阶车辆动力学模型：

$$\dot{\boldsymbol{x}}_i(t) = \boldsymbol{A}_i \boldsymbol{x}_i(t) + \boldsymbol{B}_i u_i(t)$$

$$\boldsymbol{x}_i(t) = \begin{bmatrix} p_i \\ v_i \\ a_i \end{bmatrix}, \boldsymbol{A}_i = \begin{bmatrix} 0 & 1 & 0 \\ 0 & 0 & 1 \\ 0 & 0 & -\frac{1}{\tau_i} \end{bmatrix}, \boldsymbol{B}_i = \begin{bmatrix} 0 \\ 0 \\ \frac{1}{\tau_i} \end{bmatrix} \tag{1.6}$$

式中，$\boldsymbol{x}_i(t) = [p_i \quad v_i \quad a_i]^{\mathrm{T}}$ 为状态；$u_i(t)$ 为每辆车的期望加速度；τ_i 为近似动力系统的动力学时间常数，刻画了动力传动系统的惯性时间，不同类型的车辆具有不同的惯性时间，其刻画了车辆动力学的异质特性。

上述模型的另一种选择是传递函数模型，该模型常用于分析弦在频域的稳定性。

$$p_i(s) = \frac{1}{s} v_i(s), v_i(s) = \frac{1}{s} a_i(s)$$
$$a_i(s) = H_i(s) u_i(s) \tag{1.7}$$

式中，$p_i(s)$、$v_i(s)$ 和 $a_i(s)$ 分别为车辆位置、速度和加速度的拉普拉斯变换；$u_i(s)$ 为控制输入；$H_i(s)$ 为一个 SISO 严格合适的传递函数。

传递函数模型具有两个积分器和一个较低阶的延迟，导致了车辆队列的一些基本限制[11]。该模型的先驱工作始于 Seiler 等[11]，后来广泛应用于许多其他研究，见文献[12-13]。

1.2 车辆纵向动力学模型

以往对车辆队列控制的研究多集中在纵向动力学行为上。只有少数研究讨论了纵向和横向综合控制[14]。1.1 节提及的车辆二自由度模型通常用于描述横向动力学的控制设计。在本节，我们将着重讨论车辆纵向动力学的特性以及常见的面向车辆队列控制的车辆纵向动力学模型。

1.2.1　车辆纵向动力学特性

车辆纵向动力学总成包括发动机、液力变矩器、自动变速器、车辆传动行驶及整车运动系统。各总成的特性参数及相互间的力矩及转速传递关系如图 1.1 所示。图中粗实线表示力矩传递路线，虚线表示转速传递路线，细实线表示信号量。

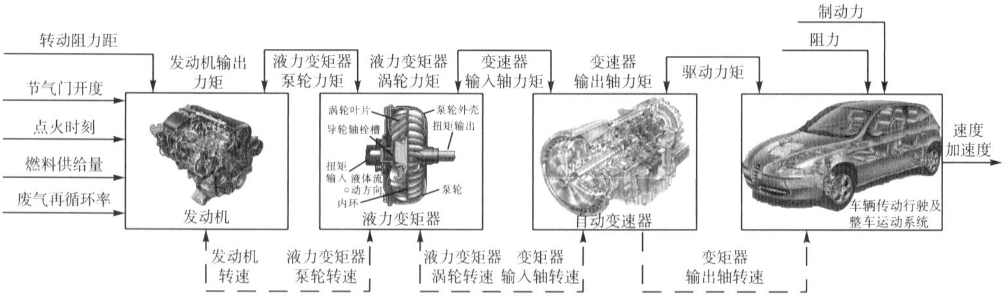

图 1.1　车辆纵向动力学模型

进行如下的假设：①忽略进气歧管的动力学和燃烧室的燃烧，整体动力总成的动力学归为纵向惯性传递函数；②该车与轮胎摩擦较大的干燥路面上行驶，忽略了轮胎的纵向滑移；③车身只考虑刚性和对称，没有垂直运动、偏航运动、俯仰运动；④将液压制动系统简化为无纯时滞的一阶惯性传递函数。

基于上述假设，发动机输出的静态扭矩 T_{es} 表示如下：

$$T_{es} = \mathrm{MAP}(\omega_e, \alpha_{thr}) \tag{1.8}$$

式中，$\mathrm{MAP}(\omega_e, \alpha_{thr})$ 为非线性函数，表示发动机扭矩特性，如图 1.2 所示；ω_e 为发动机转速；α_{thr} 为节气门开度。

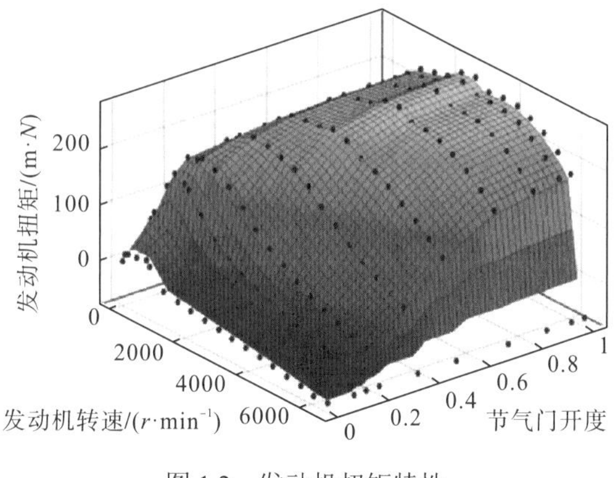

图 1.2　发动机扭矩特性

发动机扭矩特性函数是在节气门开度和发动机转速稳定在某一固定值时测得的，为表示节气门开度及发动机转速变化时发动机输出扭矩的动态特性，根据前述假设，将发动机扭矩特性函数与一个一阶惰性环节相结合，以表征发动机输出扭矩的动态特性[15]。

$$T_e = \frac{1}{\tau_e s + 1} T_{es} \tag{1.9}$$

式中，T_e 为真实发动机扭矩；τ_e 为发动机时间常数。

根据图 1.1，可以得到如下描述方程：

$$T_e - T_p = J_e \dot{\omega}_e \tag{1.10}$$

式中，T_p 为变矩器的泵转矩；J_e 为飞轮的转矩。

$$T_p = C_{TC} \omega_e^2 \tag{1.11}$$

$$T_t = K_{TC} T_p \tag{1.12}$$

$$T_d = \eta_T i_g i_0 T_t \tag{1.13}$$

$$\omega_t = i_g i_0 \frac{v}{r_\omega} \tag{1.14}$$

$$T_b = \frac{K_b}{\tau_b s + 1} P_{brk} \tag{1.15}$$

式(1.11)～式(1.15)中，C_{TC} 为变矩器容量系数；K_{TC} 为变矩器转矩比；i_g 为传动比；i_0 为最终齿轮比；T_t 为涡轮转矩；T_d 为作用在车轮上的驱动力；η_T 为传动效率的机械效率；r_ω 为车轮的滚动半径；ω_t 为涡轮角速度；T_b 为作用在车轮上的刹车力；K_b 为 4 个车轮的总的刹车系数；τ_b 为刹车系统的时间常数。变矩器的特性曲线及自动变速器的开关逻辑分别如图 1.3 和图 1.4 所示[15]。

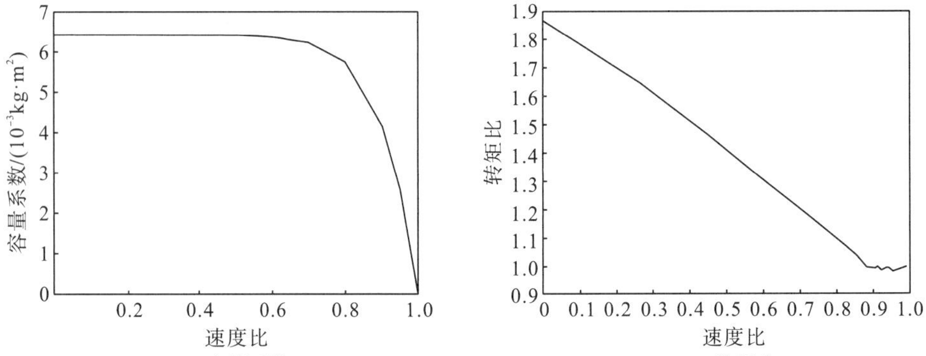

(a)容量系数 (b)转矩比

图 1.3 变矩器的特性曲线

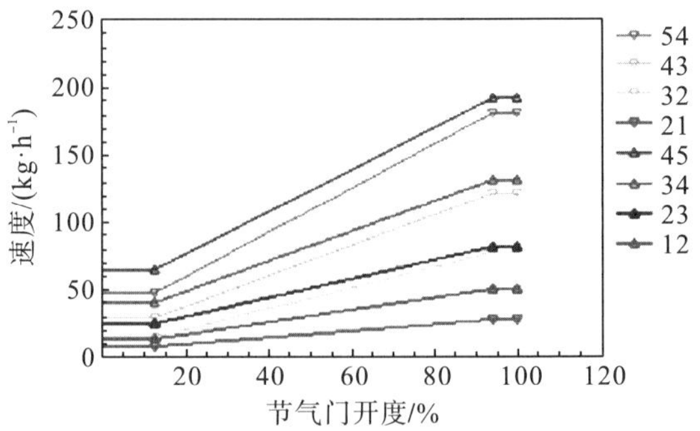

图 1.4 自动变速器的开关逻辑

车辆的传动、行驶系统及整车运动系统指动力从变速器到车辆运动系统的传递路线，由传动轴、主减速器、半轴、轮胎、车辆惯性部分及制动系等组成。由于只考虑纵向运动，未涉及汽车行驶过程中的横摆、侧倾、横向滑动和垂直运动，所以忽略左右轮运动的差异，将车辆简化为两轮模型。车辆受力图如图 1.5 所示。根据牛顿第二定律知：

$$\dot{v}=\frac{T_d+T_b}{r_\omega M}-F_i-F_a-F_f \tag{1.16}$$

式中，T_d 为车辆发动机输出力矩；T_b 为车辆刹车制动力矩；F_i 为车辆重力的纵向分量，$F_i=Mg\sin\theta$，其中 g 为重力加速度，θ 为道路倾斜角度；F_a 为空气阻力，$F_a=\mathrm{sgn}(v+v_{\mathrm{wind}})C_A(v+v_{\mathrm{wind}})^2$，其中 v_{wind} 为风速，C_A 为气动阻力系数；F_f 为滚动阻力，$F_f=Mgf$，其中 f 为滚动摩擦系数。

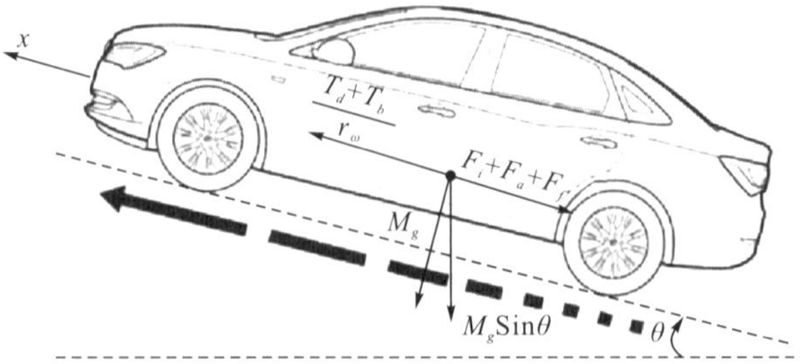

图 1.5　车辆受力图

1.2.2　面向车辆队列控制的车辆纵向动力学模型

车辆纵向动力学本质上是非线性的，包括驱动管路、制动系统、空气动力学阻力、滚动阻力、重力[16]。下面的非线性方程及其变量被广泛应用于非线性纵向动力学模型。

$$\begin{cases}\dot{p}_i(t)=v_i(t)\\ \dfrac{\eta_{T,i}}{r_{\omega,i}}T_i(t)=m_i\dot{v}_i(t)+C_{A,i}v_i^2(t)+m_igf,i\in N\\ \tau_i\dot{T}_i(t)+T_i(t)=T_{des,i}(t)\end{cases} \tag{1.17}$$

式中，$N=\{1,2,\cdots,n\}$；$p_i(t)$ 和 $v_i(t)$ 分别为车辆 i 的位置和速度；m_i 为车辆质量；$C_{A,i}$ 为气动空气阻力系数；g 为重力加速度；f 为滚动摩擦系数；$T_i(t)$ 为实际的驱动/制动扭矩；$T_{des,i}(t)$ 为期望的驱动/制动扭矩；τ_i 为车辆纵向动力学的惯性延迟；$r_{\omega,i}$ 为轮胎半径；$\eta_{T,i}$ 为传动系统的机械效率。

在此基础上，相关的研究中面向控制器的不同控制目标，文献[17]将式(1.17)改写为一种更为紧凑的形式，具体如下：

$$\begin{cases}\dot{p}_i=v_i\\ \dot{v}_i=a_i=\dfrac{K_i}{mr}u_i-\dfrac{1}{m}F_i\end{cases} \tag{1.18}$$

式中，p_i、v_i 和 a_i 分别为第 i 辆车的位置、速度和加速度；K_i 为驱动有效增益；m 为第 i

辆车的质量；r 为轮胎半径；u_i 为标准的驱动扭矩；F_i 为阻力，$F_i=\frac{1}{2}\rho AC_D v_i^2+mgf$，其中 ρ 为空气密度，A 为车辆迎风面积，C_D 为气动空气阻力系数，$C_D=C_d\{1-[C_{d1}/(C_{d2}+d)]\}$，$d$ 为跟随车和领导车之间的距离，C_{d1} 和 C_{d2} 为常数，由实际测得。

文献[18-20]采用位置-速度-力形式的动力学模型，具体如下：

$$\dot{p}_i(t)=v_i(t) \tag{1.19}$$

$$\dot{v}_i(t)=\frac{F_i(t)}{m_i}-\frac{K_{di}}{m_i}v_i^2(t)-\frac{d_{m,i}}{m_i}=\frac{F_i(t)}{m_i}+[-v_i^2(t),-1,0]\begin{bmatrix}\dfrac{K_{di}}{m_i}\\ \dfrac{d_{m,i}}{m_i}\\ \dfrac{1}{\tau_i}\end{bmatrix}a_i \tag{1.20}$$

$$\dot{F}_i(t)=\frac{c_i(t)}{\tau_i}-\frac{F_i(t)}{\tau_i}=\frac{c_i(t)}{\tau_i}+[0,0,-F_i(t)]\begin{bmatrix}\dfrac{K_{di}}{m_i}\\ \dfrac{d_{m,i}}{m_i}\\ \dfrac{1}{\tau_i}\end{bmatrix} \tag{1.21}$$

式(1.19)～式(1.21)中，$p_i(t)$ 和 $v_i(t)$ 分别为第 i 辆车的位置和速度；$F_i(t)$ 为第 i 辆车发动机产生的驱动力；$c_i(t)$ 为车辆发动机的节气门/制动命令，被视为控制输入；m_i 为车辆质量；K_{di} 为空气阻力系数；$d_{m,i}$ 为机械阻力系数；τ_i 为车辆纵向动力学的惯性延迟。

文献[21-23]采用位置-速度-力形式的动力学模型，具体如下：

$$\dot{p}_i(t)=v_i(t) \tag{1.22}$$

$$\dot{v}_i(t)=a_i(t) \tag{1.23}$$

$$\dot{a}_i(t)=\frac{c_i(t)}{m_i\tau_i}-\frac{2K_{di}}{m_i}v_i(t)a_i(t)-\frac{1}{\tau_i}\left[a_i(t)+\frac{K_{di}}{m_i}v_i^2(t)+\frac{d_{m,i}}{m_i}\right] \tag{1.24}$$

式中参数与式(1.19)～式(1.21)相同。

1.3 车辆多自由度模型

车辆多自由度动力学模型能够反映车辆运动情况的精度，以较高速度行驶的自动驾驶车辆可以视为一个高度非线性的动态耦合系统，其动力学特性较为复杂，通常需要建立微分方程组与大量状态变量描述其运动过程。能够准确描述自动驾驶车辆行驶过程中动力学特性的模型是后续自动驾驶车辆纵横向控制算法设计的基础。

1.3.1　车辆二自由度模型

简化汽车运动，车辆二自由度模型就是简单且有效的简化方式。车辆二自由度模型基于如下几个假设：①车辆在垂直方向的运动被忽略掉，即所描述的车辆是一个二维平面上的运动物体；②假设车辆的结构就像自行车一样，即车辆前面的两个轮胎拥有一致的角度和转速等，后面的两个轮胎也是如此，那么前后轮胎就可以各用一个轮胎来描述；③假设车辆运动也和自行车一样，这意味着是前面的轮胎控制着车辆的转角。

在附着良好的路面上转向时，车辆的操纵特性用线性二自由度车辆模型来描述，此时车辆的操纵特性比较理想，驾驶员容易掌握，车辆是稳定的。如用图 1.6 所示的二自由度车辆动力学模型描述车辆的平面运动[24]。

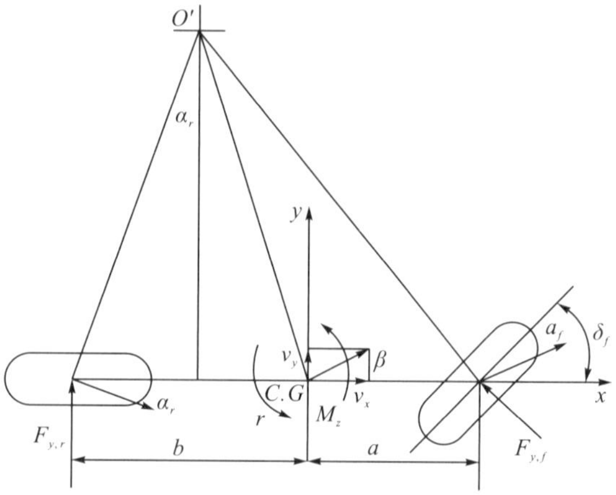

图 1.6　二自由度车辆动力学模型

车辆绕 Z 轴转动的横摆运动为

$$I_z\dot{r} = aF_{y,f} - bF_{y,r} + M_z \tag{1.25}$$

侧向运动为

$$mv_x(\dot{\beta} + r) = F_{y,f} + F_{y,r} \tag{1.26}$$

式(1.25)～式(1.26)中，$F_{y,f}$ 和 $F_{y,r}$ 分别为前、后两车轮所受的侧向力；I_z 为车辆绕 Z 轴的转动惯量；r 和 β 分别为车辆横摆角速度和质心侧偏角；a 和 b 分别为质心至车辆前轴和后轴的距离；m 为车辆质量；v_x 为车辆质心纵向速度；M_z 为外部横摆力矩。

前、后两轮所受的侧向力为

$$F_{y,f} = C_f\alpha_f \tag{1.27}$$

$$F_{y,r} = C_r\alpha_r \tag{1.28}$$

其中，

$$\alpha_f = \delta_f - \frac{ar}{v_x} - \beta \tag{1.29}$$

$$\alpha_r = \frac{br}{v_x} - \beta \tag{1.30}$$

式中，C_f 和 C_r 分别为前轴和后轴轮胎的侧偏刚度；α_f 和 α_r 分别为前轮和后轮侧偏角；δ_f 为前轮转角。

将式(1.27)和式(1.28)代入式(1.25)和式(1.26)可得

$$mv_x\dot{\beta} = C_f\left(\delta_f - \frac{ar}{v_x} - \beta\right) + C_r\left(\frac{br}{v_x} - \beta\right) - mv_x r \tag{1.31}$$

$$I_z\dot{r} = aC_f\left(\delta_f - \frac{ar}{v_x} - \beta\right) - bC_r\left(\frac{br}{v_x} - \beta\right) + M_z \tag{1.32}$$

以 $[\beta\ r]^{\mathrm{T}}$ 作为状态变量，以 $[\delta_f\ M_z]^{\mathrm{T}}$ 作为输入，y 作为输出，则可将式(1.31)和式(1.32)化为如下状态方程：

$$\begin{cases} \dot{x}(t) = \boldsymbol{A}x(t) + \boldsymbol{B}u(t) \\ y(t) = \boldsymbol{C}x(t) \end{cases} \tag{1.33}$$

式中，$\boldsymbol{A} = \begin{bmatrix} -\dfrac{C_f + C_r}{mv_x} & -1 - \dfrac{aC_f - bC_r}{mv_x^2} \\ \dfrac{bC_r - aC_f}{I_z} & -\dfrac{a^2C_f + b^2C_r}{v_x I_z} \end{bmatrix}$；$\boldsymbol{B} = \begin{bmatrix} \dfrac{C_f}{mv_x} & 0 \\ \dfrac{aC_f}{I_z} & \dfrac{1}{I_z} \end{bmatrix}$；$\boldsymbol{C} = \begin{bmatrix} 1 & 0 \\ 0 & 1 \end{bmatrix}$。

1.3.2 车辆三自由度模型

1. 平面三自由度模型

考虑到纵向运动和侧向运动之间存在相互耦合作用，在二自由度汽车系统方程的基础上，汽车的纵向速度不再恒定。侧向速度、横摆角速度和纵向速度为状态变量的三自由度汽车系统方程[25]。平面三自由度模型如图 1.7 所示。

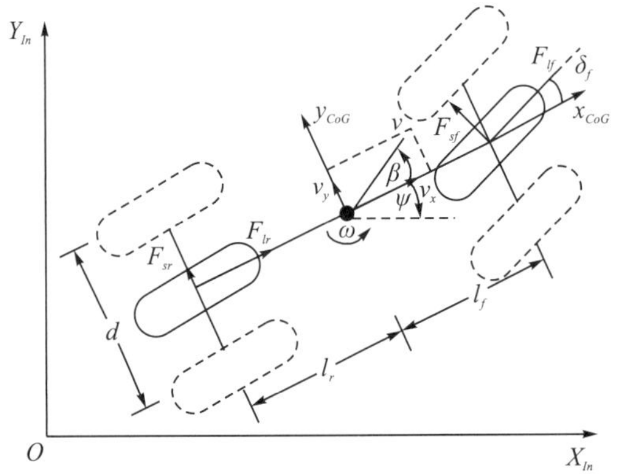

图 1.7 平面三自由度模型

车辆侧向速度模型为

$$\dot{v}_y = -v_x\omega + \frac{F_{sf}\cos\delta_f + F_{sr}}{m} \tag{1.34}$$

车辆横摆角速度模型为

$$\dot{\omega} = \frac{F_{sf}l_f\cos\delta_f - F_{sr}l_r}{I_z} \tag{1.35}$$

式中，v_x 和 v_y 分别为汽车的纵向速度和横向速度；F_{sf} 和 F_{sr} 分别为前轮侧向力和后轮侧向力；F_s 为轮胎力；l_f 和 l_r 分别为前轮轴心到汽车质心距离和后轮轴心到汽车质心距离；I_z 为绕 z 轴横摆力矩；δ_f 为车轮前轮转角；m 为整车质量；ω 为横摆角速度。

2. 三自由度侧倾模型

三自由度侧倾模型描述了车辆转弯或变道行驶时的侧倾姿态，能够基本反映车辆侧翻危险程度[横向载荷转移率(lateral transfer rate，LTR)单独计算][26]。三自由度侧倾模型如图 1.8 所示。

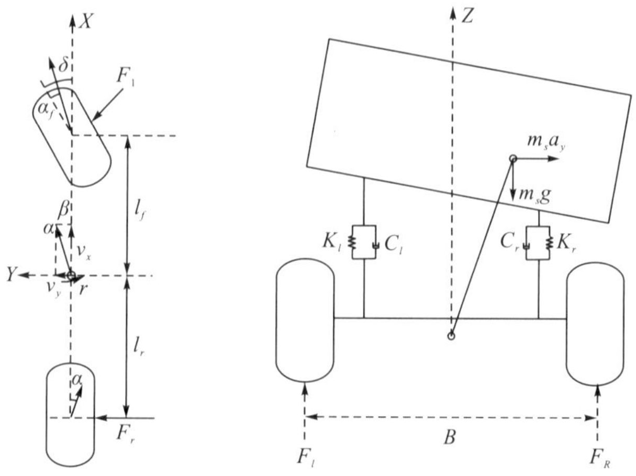

图 1.8　三自由度侧倾模型

车辆侧向速度模型为

$$\dot{v}_y = -v_x\omega + \frac{F_{sf}\cos\delta_f + F_{sr}}{m} \tag{1.36}$$

车辆横摆角速度模型为

$$\dot{\omega} = \frac{F_{sf}l_f\cos\delta_f - F_{sr}l_r}{I_z} \tag{1.37}$$

车身倾斜角模型为

$$\ddot{\varphi} = \frac{m_s\left(\dot{V}_y + V_x\omega\right) + m_s gh\varphi - K_\varphi\varphi - C_\varphi\varphi}{I_x} \tag{1.38}$$

式(1.36)～式(1.38)中，V_x 和 V_y 分别为汽车的纵向速度和横向速度；F_{sf} 和 F_{sr} 分别为前轮侧向力和后轮侧向力；F_s 为轮胎力；l_f 和 l_r 分别为前轮轴心到汽车质心距离和后轮轴心到汽车质心距离；I_z 为绕 z 轴横摆力矩；I_x 为整车绕 x 轴转动惯量；δ_f 为车轮前轮转角；m 为整车质量；m_s 为车辆簧载质量；ω 为车身倾斜角。

1.3.3 车辆平面五自由度模型

文献[27]为了确定前轮转角和驱动力矩所构成的汽车驾驶稳定区域，研究分析驱动力矩对多自由度汽车系统的影响。建立了包含驱动力矩的汽车动力学方程。模型假设：驱动力矩的值直接施加在驱动轮上，并且左右车轮上的驱动力矩值相等。平面五自由度模型如图 1.9 所示。

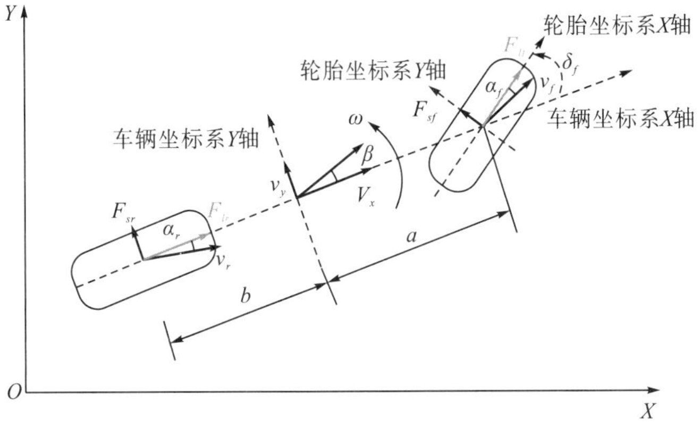

图 1.9 平面五自由度模型

车辆纵向速度模型为

$$\dot{v}_x = v_y\omega + \frac{F_{lf}\cos\delta_f - F_{sf}\sin\delta_f + F_{lr} - \operatorname{sgn} v_x}{m} \tag{1.39}$$

车辆侧向速度模型为

$$\dot{v}_y = -v_x\omega + \frac{F_{lf}\sin\delta_f + F_{sf}\cos\delta_f + F_{sr} - \operatorname{sgn} v_y}{m} \tag{1.40}$$

车辆横摆角速度模型为

$$\dot{\omega} = \frac{(F_{lf}\sin\delta_f + F_{sr}\cos\delta_f)l_f - F_{sr}l_r}{I_z} \tag{1.41}$$

车辆转动角速度模型为

$$\dot{\omega}_f = \frac{T_{df} - T_{bf}\operatorname{sgn}\omega_f - R_e F_{lf}/2}{J_w} \tag{1.42}$$

$$\dot{\omega}_r = \frac{T_{dr} - T_{br}\operatorname{sgn}\omega_r - R_e F_{lr}/2}{J_w} \tag{1.43}$$

式(1.42)～式(1.43)中，F_{lf} 为前轮纵向轮胎力；F_{lr} 为后轮纵向轮胎力；T_{df} 为前轮驱动力矩；T_{dr} 为后轮驱动力矩；T_{bf} 为前轮制动力矩；T_{br} 为后轮制动力矩；ω_f 为前轮角速度；ω_r 为后轮角速度；J_w 为车轮转动惯量；R_e 为车轮转动半径。

1.3.4　车辆七自由度模型

文献[28]对整车受力情况进行分析，如图 1.10 所示。*XOY* 为车辆坐标系，*X* 为以车辆自身为参考系的纵坐标，*Y* 为以车辆自身为参考系的横坐标，车辆的动力特性影响的因素主要有车辆纵向运动、横向运动和车辆横摆运动 3 个自由度。在此基础上，加上 4 个车轮的转动的自由度，确定了 7 自由度的车辆动力学模型。

纵向平衡方程为

$$m\left(\dot{v}_x - v_y\gamma\right) = \left(F_{x\mathrm{fl}} + F_{x\mathrm{fr}}\right)\cos\delta - \left(F_{y\mathrm{fl}} - F_{y\mathrm{fr}}\right)\sin\delta + F_{x\mathrm{rl}} + F_{x\mathrm{rr}} \tag{1.44}$$

横向平衡方程为

$$m\left(\dot{v}_y - v_x\gamma\right) = \left(F_{x\mathrm{fl}} + F_{x\mathrm{fr}}\right)\sin\delta - \left(F_{y\mathrm{fl}} - F_{y\mathrm{fr}}\right)\cos\delta + F_{y\mathrm{rl}} + F_{y\mathrm{rr}} \tag{1.45}$$

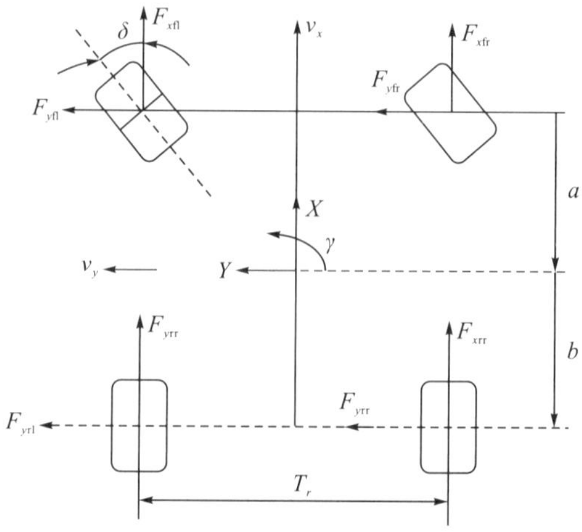

图 1.10　车辆 7 自由度动力学模型分析图

绕整车 *z* 轴力矩平衡方程为

$$\begin{aligned} I_z\dot{\gamma} = & \left[\left(F_{x\mathrm{fl}} + F_{x\mathrm{fr}}\right)\sin\delta + \left(F_{y\mathrm{fl}} + F_{y\mathrm{fr}}\right)\cos\delta\right]a + \left[\left(F_{x\mathrm{fr}} - F_{x\mathrm{fl}}\right)\cos\delta\right. \\ & \left. + \left(F_{y\mathrm{fl}} - F_{y\mathrm{fr}}\right)\sin\delta\right]\frac{t_\mathrm{f}}{2} + \left(F_{x\mathrm{rr}} - F_{x\mathrm{rl}}\right)\frac{t_\mathrm{r}}{2} - \left(F_{y\mathrm{rl}} + F_{y\mathrm{rr}}\right)b \end{aligned} \tag{1.46}$$

式(1.44)～式(1.46)中，m 为整车质量；γ 为横摆角速度；v_x 为纵向速度；u 为横向速度；F_{xi}、F_{yi} 分别为车轮纵向力与横向力，$i = \mathrm{fl,fr,rl,rr}$；h 为整车质心高度；I_z 为整车横摆转动惯量；a、b 为质心到前后轮轴的水平距离；t_f、t_r 为前、后轴的轮距。

分别对各个车轮轴建立相应的力矩平衡方程，可得如下平衡表达式

$$I_w\dot{w}_i = \begin{cases} -T_{bi} - R_w F_{xi}, & i = \mathrm{fl,fr} \\ T_{di} - T_{bi} - R_w F_{xi}, & i = \mathrm{rl,rr} \end{cases} \tag{1.47}$$

式中，I_w 为轮胎的转动惯量；R_w 为轮胎半径；T_{di} 为各个轮胎的驱动力矩；T_{bi} 为各个轮胎的制动力矩。

车辆各轮胎垂向载荷为

$$F_{zi}=\begin{cases} mg\dfrac{b}{2l}-ma_x\dfrac{h_g}{2l}\mu ma_y\dfrac{h_g b}{t_f l}, & i=\text{fl},\text{fr} \\ mg\dfrac{a}{2l}-ma_x\dfrac{h_g}{2l}\mu ma_y\dfrac{h_g a}{t_f l}, & i=\text{rl},\text{rr} \end{cases} \tag{1.48}$$

式中，$a_x=\dot{v}_x-v_y\gamma$；$a_y=\dot{v}_y+v_y\gamma$；F_{zi}为轮胎垂向载荷；h_g为整车质心高度；l为整车轴距。

各轮胎侧偏角为

$$\alpha_i=\begin{cases} \delta_i-\arctan\left(\dfrac{v_y+a\gamma}{v_x\mu t_f\gamma/2}\right), & i=\text{fl},\text{fr} \\ -\arctan\left(\dfrac{v_y-b\gamma}{v_\lambda\mu t_r\gamma/2}\right), & i=\text{rl},\text{rr} \end{cases} \tag{1.49}$$

式中，α_i为轮胎侧偏角；δ_i为轮胎偏转角。

杜戈夫(Dugoff)轮胎模型为

$$\begin{aligned} F_{xi}&=\frac{C_\alpha\tan\alpha_i}{1-S_i}f(\lambda) \\ F_{yi}&=\frac{C_s S_i}{1-S_i}f(\lambda) \end{aligned} \tag{1.50}$$

式中，S_i为轮胎滑移率，$i=1,2,3,4$；F_{xi}和F_{yi}分别为车轮纵向力和横向力，$i=\text{fl},\text{fr},\text{rl},\text{rr}$；$C_\alpha$和$C_s$分别为轮胎横向和纵向侧偏刚度；$\lambda$为轮胎力的一个计算当量参数。$\lambda$的取值和函数$f(\lambda)$的计算如下。

$$\begin{aligned} \lambda&=\frac{\mu F_{zi}\left[1-\varepsilon_r u_i\sqrt{S_i^2+\tan^2\alpha_i}\right](1-S_i)}{2\sqrt{C_s^2S_i^2+C_\alpha^2\tan^2\alpha_i}} \\ f(\lambda)&=\begin{cases}\lambda(2-\lambda), & \lambda<1 \\ 1, & \lambda\geqslant 1\end{cases} \end{aligned} \tag{1.51}$$

式中，μ为路面摩擦因数；ε_r为路面附着缩减系数；μ_i为纵向车速。

各车轮轮心在车轮坐标系下的纵向速度为

$$v_{ti}=\begin{cases} \left(v_x\mu\dfrac{t_f}{2}r\right)\cos\delta+\left(v_y+ar\right)\sin\delta, & i=\text{fl},\text{fr} \\ v_x\mu\dfrac{t_r}{2}r, & i=\text{rl},\text{rr} \end{cases} \tag{1.52}$$

式中，v_{ti}为轮心纵向速度；r为轮胎半径。

1.3.5 车辆十四自由度模型

文献[30]为了充分表征车辆在转向时的侧向运动特性，建立了汽车十四自由度模型，包括关于车身轴向的三个平移自由度x、y、z和三个转动自由度ϕ、θ、ψ，以及四个簧下质量的垂直跳动自由度d_i及其自旋自由度Ω_i，如图1.11所示。将车辆视为一个多刚体系统，包括一个簧上质量刚体和四个非簧上质量刚体，分别用M_s和m_i表示，其中

$i=1,2,3,4$，分别表示车辆的左前、右前、左后、右后四个簧下质量。为了简化建模过程，对车辆做如下假设：①忽略转向系的摩擦阻力矩以及空气阻力的影响；②忽略运动过程中悬架之间的摩擦力；③假定道路条件为干燥平整的水平路面，忽略由于路面不平导致车轮相对于车身的上下跳动；④除确定轮胎姿态角及其受力分析外，车轮相对于车身只有沿 z 轴的垂直跳动和绕 y 轴的自旋转两个自由度，其余四个自由度不予考虑。

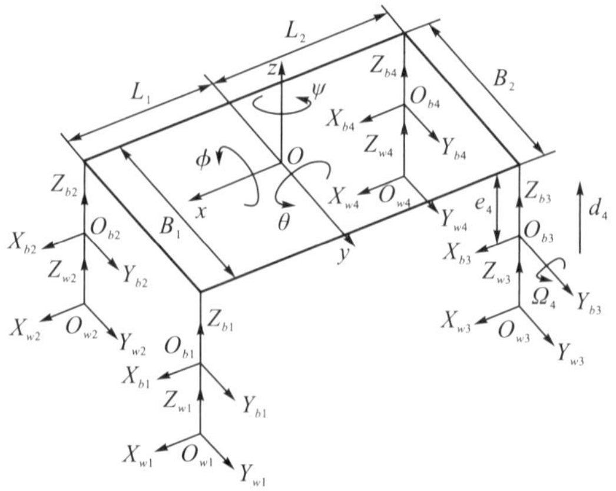

图 1.11　十四自由度动力学模型及其坐标系

整个模型以方向盘转角 δ_{wheel} 和轮心力矩 T_i 作为输入参量，通过建立各坐标系之间的相互转换关系，定义轮胎、簧下质量、悬架系统和车身等模块之间的相对位置关系并对其运动状态参量进行求解，模型中各参量的传递过程如图 1.12 所示[31]。

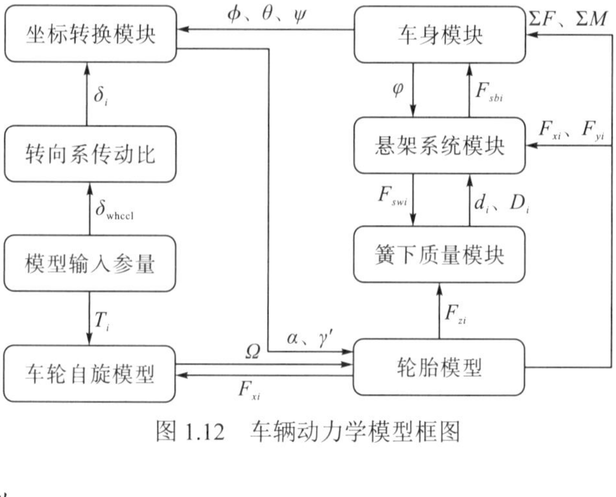

图 1.12　车辆动力学模型框图

1. 坐标系定义

汽车是一个复杂的机械系统，在运动过程中，由于人、车、环境三位一体的相互作用，使得汽车的受力以及姿态变得复杂多变，为了便于汽车各个系统的受力分析以及运动姿态的确定，本节在建模过程中，共建立了四组不同的坐标系。

1) 惯性坐标系 N 或 $OXYZ$

惯性坐标系固结于大地，不随车辆位置的变化而改变，主要用来描述车辆的空间位置、速度以及加速度等状态参量，其原点 O 与车辆初始位置的车身质心重合；X 轴沿着车辆初始的纵向行驶方向，向前为正；Z 轴与重力方向相反，向上为正；Y 轴垂直于 XOZ 平面且方向符合右手定则。

2) 车身坐标系 A 或 $oxyz$

车身坐标系是固结于车身且随车身位置变化而改变的随体坐标系，主要用来描述车身的运动状态，其原点 o 固结于车身质心；x 轴指向车身前方；y 轴指向车身左侧；z 轴指向车身上方。

3) 轮胎坐标系 W 或 $O_WX_WY_WZ_W$

轮胎坐标系主要用于轮胎力六分力的解算，其原点 O_W 定义在每个轮胎的接地中心；规定 X_W 轴为经过车轮平面与地平面的交线，前方为正；Z_W 轴垂直于地平面向上为正；Y_W 轴垂直于 $X_WO_WZ_W$ 平面向左为正。

4) 中间坐标系 B 或 $O_bX_bY_bZ_b$

中间坐标系是由车身坐标系 A 依次绕 z 轴旋转 δ_i 角，绕 y 轴旋转 σ_i 角，以及绕 x 轴旋转 γ_i 角形成的，其中 δ_i、γ_i 和 σ_i 分别为车轮转角、外倾角和车轮绕其平面法线的转动角，通过对车轮姿态的定义，中间坐标系在车身坐标系与轮胎坐标系之间起过渡的作用，规定其初始位置的原点 O_b 固结于每个车轮的轮心处，X_b 轴平行于地平面，且沿车轮径向向前为正，Y_b 轴垂直于车轮平面向左为正，Z_b 轴垂直于 $X_bO_bY_b$ 平面向上为正。

2. 坐标系的转化

作为空间运动刚体，车身具有六个自由度，其中三个自由度用来描述车身质心相对于惯性坐标系的位置，即 X、Y、Z 坐标，另外三个自由度则用来描述车身的姿态，即横摆角 ψ、俯仰角 θ 以及侧倾角 ϕ，也称其为欧拉角坐标；车身坐标系的任意姿态可通过三个顺次的转动得到，这里采用“3-2-1”的欧拉角方案，即车身坐标系 A 从和惯性坐标系 N 一致开始，绕其 z 轴旋转 ψ 角得到参考系 A^2，然后将参考系 A^2 绕其 y' 轴旋转 θ 角得到参考系 A^1，最后将参考系 A^1 绕其 x'' 轴旋转 ϕ 角得到车身坐标系 A，如图 1.13 所示。图中，$ox'y'$ 表示参考系 A^2，$ox''y''$ 表示参考系 A^1，oxy 表示车身最终坐标系 A。

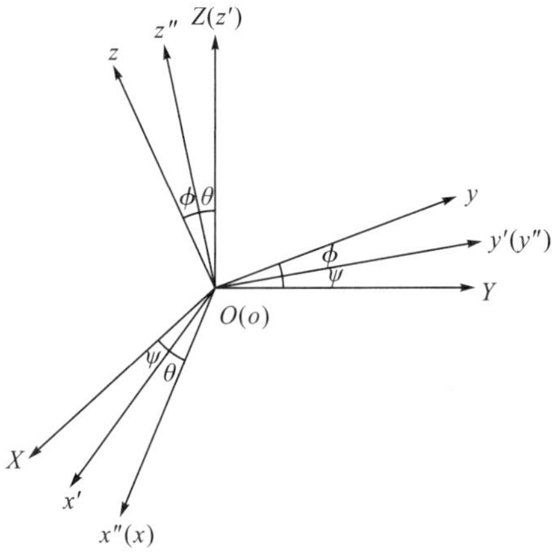

图 1.13 坐标转换的图

方向余弦矩阵为

$$A_\phi=\begin{bmatrix}1 & 0 & 0\\ 0 & \cos\phi & \sin\phi\\ 0 & -\sin\phi & \cos\phi\end{bmatrix} \tag{1.53}$$

$$A_\theta=\begin{bmatrix}\cos\theta & 0 & -\sin\theta\\ 0 & 1 & 0\\ \sin\theta & 0 & \cos\theta\end{bmatrix} \tag{1.54}$$

$$A_\psi=\begin{bmatrix}\cos\psi & \sin\psi & 0\\ -\sin\psi & \cos\psi & 0\\ 0 & 0 & 1\end{bmatrix} \tag{1.55}$$

因此，惯性坐标系 N 与车身坐标系 A 之间的转换关系可表示为

$$N=A\boldsymbol{A}_\phi\boldsymbol{A}_\theta\boldsymbol{A}_\psi=A\boldsymbol{K} \tag{1.56}$$

式中，$\boldsymbol{K}$ 为惯性坐标系 N 与车身坐标系 A 的方向余弦矩阵，表示为

$$\boldsymbol{K}=\begin{bmatrix}\cos\psi\cos\theta & \cos\theta\sin\psi & -\sin\theta\\ \cos\psi\sin\phi\sin\theta-\cos\phi\sin\psi & \cos\phi\cos\psi+\sin\psi\sin\phi\sin\theta & \sin\phi\cos\theta\\ \sin\psi\sin\phi+\cos\psi\cos\phi\sin\theta & \sin\psi\cos\phi\sin\theta-\cos\phi\cos\psi & \cos\phi\cos\theta\end{bmatrix} \tag{1.57}$$

按照相同的方式，可以得到车身坐标系 A 与中间坐标系 B 的方向余弦矩阵 $\boldsymbol{C}_i$

$$\boldsymbol{C}_i=\begin{bmatrix}\cos\delta_i\cos\sigma_i & \cos\sigma_i\sin\delta_i & -\sin\sigma_i\\ \cos\delta_i\sin\gamma_i\sin\sigma_i-\cos\gamma_i\sin\delta_i & \cos\gamma_i\cos\delta_i+\sin\delta_i\sin\gamma_i\sin\sigma_i & \sin\gamma_i\cos\sigma_i\\ \sin\gamma_i\sin\delta_i+\cos\delta_i\cos\gamma_i\sin\sigma_i & \sin\delta_i\cos\gamma_i\sin\sigma_i-\cos\gamma_i\cos\delta_i & \cos\gamma_i\cos\sigma_i\end{bmatrix},i=1,2 \tag{1.58}$$

$$\boldsymbol{C}_i=\begin{bmatrix}\cos\delta_i & \sin\delta_i & 0\\ -\cos\gamma_i\sin\delta_i & \cos\gamma_i\cos\delta_i & \sin\gamma_i\\ \sin\gamma_i\sin\delta_i & -\sin\gamma_i\cos\delta_i & \cos\gamma_i\end{bmatrix},i=3,4 \tag{1.59}$$

另外，假设车身质心在车身坐标系 A 中沿 x、y、z 轴的线速度分别为 u 、v 、w，角速度分别为 p 、q 、r，则车身质心在惯性坐标系 N 中的线速度向量可表示为

$$\begin{bmatrix}\dot{X} & \dot{Y} & \dot{Z}\end{bmatrix}=\begin{bmatrix}u & v & w\end{bmatrix}\boldsymbol{K} \tag{1.60}$$

由角速度矢量的叠加原理[32]可知，车身坐标系 A 相对于惯性坐标系 N 的角速度向量可表示为

$$\boldsymbol{\omega}=\dot{\psi}\cdot\boldsymbol{Z}+\dot{\theta}\cdot y'+\dot{\phi}\cdot x'' \tag{1.61}$$

根据方向余弦矩阵，可在车身坐标系中将 $\boldsymbol{Z}$ 、y' 、x'' 分别表示为

$$\boldsymbol{Z}=\begin{bmatrix}x & y & z\end{bmatrix}\cdot\boldsymbol{K}\cdot\begin{bmatrix}0 & 0 & 1\end{bmatrix}^{\mathrm{T}}=-\sin\theta x+\sin\phi\cos\theta+\cos\phi\cos\theta z \tag{1.62}$$

$$y'=\begin{bmatrix}x & y & z\end{bmatrix}\cdot\boldsymbol{A}_\phi\cdot A_\theta\cdot\begin{bmatrix}0 & 1 & 0\end{bmatrix}^{\mathrm{T}}=\cos\phi\cdot y-\sin\phi\cdot z \tag{1.63}$$

$$x''=\begin{bmatrix}x & y & z\end{bmatrix}\cdot\boldsymbol{A}_\phi\cdot\begin{bmatrix}1 & 0 & 0\end{bmatrix}^{\mathrm{T}}=x \tag{1.64}$$

将式(1.62)～式(1.64)代入式(1.61)得

$$\boldsymbol{\omega}=\begin{bmatrix}x & y & z\end{bmatrix}\cdot\begin{bmatrix}-\sin\theta & 0 & 1\\ \sin\phi\cos\theta & \cos\phi & 0\\ \cos\phi\cos\theta & -\sin\phi & 0\end{bmatrix}\begin{bmatrix}\dot{\psi}\\ \dot{\theta}\\ \dot{\phi}\end{bmatrix} \tag{1.65}$$

因此，车身质心在惯性坐标系下绕 X 、Y 、Z 轴的角速度可表示为

$$\begin{bmatrix}\dot{\psi}\\ \dot{\theta}\\ \dot{\phi}\end{bmatrix}=\begin{bmatrix}-\sin\theta & 0 & 1\\ \sin\phi\cos\theta & \cos\phi & 0\\ \cos\phi\cos\theta & -\sin\phi & 0\end{bmatrix}^{-1}\begin{bmatrix}p\\ q\\ r\end{bmatrix} \tag{1.66}$$

式(1.60)和式(1.66)描述了车辆行驶过程中的运动状态。

3. 单位矢量的定义

在建立车辆动力学模型的过程中，共定义了十个参考坐标系，包括一个车身坐标系，一个惯性坐标系，四个中间坐标系，以及四个轮胎坐标系，坐标系数量繁多且相互之间存在复杂的转换关系，为了使问题更加直观，方便下文确定车轮姿态角，进而求解轮胎六分力，本节运用单位矢量的思想对各坐标系之间的转换关系进行简化。

定义车身坐标系下车轮单位法矢量为 $\left[\omega na1(i),\omega na2(i),\omega na3(i)\right]$，因中间坐标系的 Y_{b} 轴与车轮单位法矢量共线，所以有

$$\left[\omega na1(i),\omega na2(i),\omega na3(i)\right]=\left[C_i^{-1}(1,2),C_i^{-1}(2,2),C_i^{-1}(3,2)\right],i=1,2,3,4 \tag{1.67}$$

通过式(1.55)将车身坐标系下的车轮单位法矢量转换到惯性坐标系 N 中，从而得到其在惯性坐标系中的定位：

$$\left[\omega nn1(i),\omega nn2(i),\omega nn3(i)\right]=\left[\omega na1(i),\omega na2(i),\omega na3(i)\right]\boldsymbol{K} \tag{1.68}$$

另外，定义惯性坐标系下车轮单位径矢量为 $\left[\omega rn1(i),\omega rn2(i),\omega rn3(i)\right]$，根据单位矢量性质可得

$$\begin{cases}\omega rn1(i)\omega nn1(i)+\omega rn2(i)\omega nn2(i)+\omega rn3(i)\omega nn3(i)=0\\ \left[\omega rn1(i)\right]^2+\left[\omega rn2(i)\right]^2+\left[\omega rn3(i)\right]^2=1\\ \dfrac{\omega rn1(i)}{\omega rn2(i)}=\dfrac{\omega nn1(i)}{\omega nn2(i)}\end{cases} \tag{1.69}$$

求解上述方程组得到单位径矢量的表达式为

$$\begin{cases}\omega rn1(i)=\dfrac{-\omega nn3(i)\omega nn1(i)}{c(i)}\\ \omega rn2(i)=\dfrac{-\omega nn3(i)\omega nn2(i)}{c(i)}\\ \omega rn3(i)=c(i)\end{cases} \tag{1.70}$$

其中，$c(i)=\sqrt{\left[\omega rn1(i)\right]^2+\left[\omega rn2(i)\right]^2}$ 。

同样，按照式(1.55)将惯性坐标系下的车轮单位径矢量转换到车身坐标系 A 中可得

$$\left[\omega ra1(i),\omega ra2(i),\omega ra3(i)\right]=\left[\omega rn1(i),\omega rn2(i),\omega rn3(i)\right]\boldsymbol{K}^{-1} \tag{1.71}$$

此外，为了便于轮胎六分力、速度等参量在惯性坐标系 N 与轮胎坐标系 W 之间的转换，根据图 1.14 将车轮平面与地平面的交线用单位矢量的思想在惯性坐标系 N 的 XOY 平

面内进行定位，即

$$\begin{cases} \omega gi1(i)=\dfrac{\omega nn2(i)}{c(i)} \\ \omega gi2(i)=\dfrac{-\omega nn1(i)}{c(i)} \end{cases} \tag{1.72}$$

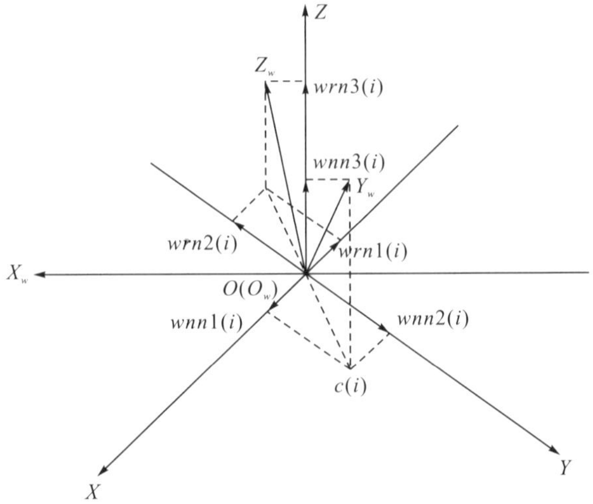

(a)惯性坐标系XZY矢量变换

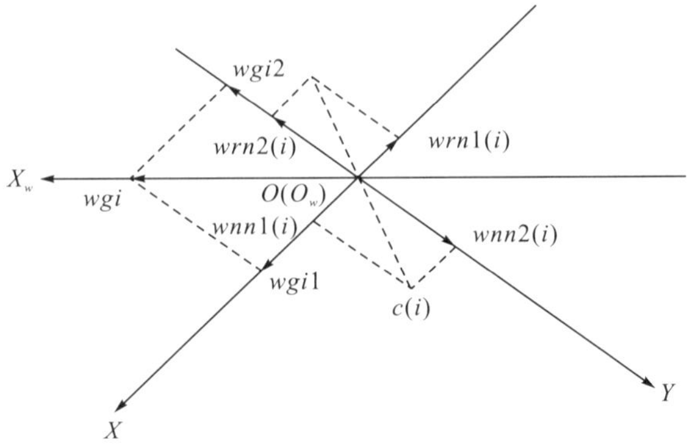

(b)惯性坐标系的XOY矢量变换

图1.14　惯性坐标系的矢量变换

4. 车轮状态描述

车轮在车身坐标系下的姿态角决定了车身坐标系 A 与轮胎坐标系 W 之间转换的方向余弦矩阵，直接影响轮胎模型的输入量，从而对轮胎六分力计算的精度，乃至整个车辆动力学模型的准确性产生至关重要的影响；车轮姿态角包括车轮转向角 δ_i、外倾角 γ_i 以及车轮绕中间坐标系 Y_b 轴的转动角 σ_i。

1) 车轮转角

车轮相对于车身坐标系的转向角 δ_i 主要由四部分组成，可表示为

$$\delta_i = \begin{cases} \delta_{wi} + \delta_{0i} + \delta_{d_i} + \delta_{F_i}, & i = 1,2 \\ \delta_{0i} + \delta_{d_i} + \delta_{F_i}, & i = 3,4 \end{cases} \tag{1.73}$$

$$\delta_{d_i} = \delta_{d_{pi}} + \delta_{d_{ci}} \tag{1.74}$$

$$\delta_{F_i} = \delta_{F_{xi}} + \delta_{F_{yi}} + \delta_{M_{zi}} \tag{1.75}$$

式(1.73)～式(1.75)中，δ_{wi} 为驾驶员通过方向盘输入引起的车轮转向角；δ_{0i} 为车轮静态束角；δ_{d_i} 为悬架 K 特性对车轮转向角影响的变化量；$\delta_{d_{pi}}$、$\delta_{d_{ci}}$ 分别为车轮平行轮跳、反向轮跳对车轮转向角影响的变化量；δ_{F_i} 为悬架 C 特性对车轮转向角影响的变化量；$\delta_{F_{xi}}$、$\delta_{F_{yi}}$ 和 $\delta_{M_{zi}}$ 分别为轮胎纵向力、侧向力和回正力矩对车轮转向角影响的变化量。

2) 车轮外倾角

车轮相对于车身坐标系的外倾角 γ_i 主要由三部分组成，可表示为

$$\gamma_i = \gamma_{0i} + \gamma_{d_i} + \gamma_{F_i} \ ,i = 1,2,3,4 \tag{1.76}$$

$$\gamma_{d_i} = \begin{cases} \gamma_{wi} + \gamma_{d_{oi}} + \gamma_{d_{pi}}, i = 1,2 \\ \gamma_{d_{oi}} + \gamma_{d_{pi}}, \quad i = 3,4 \end{cases} \tag{1.77}$$

$$\gamma_{F_i} = \gamma_{F_{xi}} + \gamma_{F_{yi}}, i = 1,2,3,4 \tag{1.78}$$

式中，γ_{0i} 为车轮静态外倾角；γ_{d_i} 为悬架 K 特性对车轮外倾角影响的变化量，其中，$\gamma_{d_{pi}}$、$\gamma_{d_{oi}}$ 和 γ_{wi} 分别为车轮平行轮跳、反向轮跳以及车轮转向过程中对车轮外倾角影响的变化量；γ_{F_i} 为悬架 C 特性对车轮外倾角影响的变化量；$\gamma_{F_{xi}}$、$\gamma_{F_{yi}}$ 分别为轮胎所受纵向力、侧向力对车轮外倾角影响的变化量。

3) 车轮转动角

驾驶员转动方向盘时，作用在方向盘上的力矩通过转向系统传递给转向轮，使其绕主销轴线发生转动，由于主销内倾角和主销后倾角的存在，导致车轮在转向过程中产生相应的绕其平面法线方向的转动角 σ_i，如图 1.15 所示。假设点 K 固定在车轮上且随车轮一起运动，其初始位置与 C 点重合，当车轮绕其主销轴线转动一定的 δ_i 角度时，点 K 在车轮平面内绕 Y_w 轴转动 σ_i 角，即车轮的转动角，由于车轮转动角 σ_i 是由车轮绕其主销轴线转动产生的，因此，该转动角 σ_i 只存在于转向轮，而非转向轮不存在此转动角，可将其表示为车轮转向角的函数，即

$$\sigma_i = f(\delta_i), i = 1,2 \tag{1.79}$$

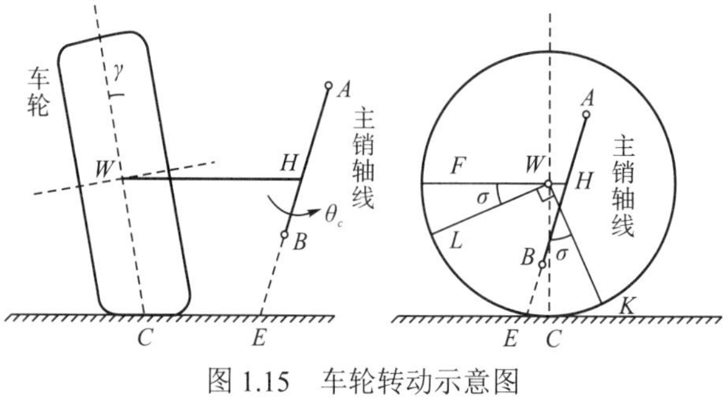

图 1.15 车轮转动示意图

4) 轮胎模型输入量计算

在前面，已经解算出车身坐标系下车轮的姿态角，但轮胎动力学模型是在轮胎坐标系中建立的，因此，为了准确求解轮胎六分力，需要解算出轮胎坐标系下的轮胎垂直载荷 F_z、车轮侧偏角 α 、外倾角 γ' ，如图 1.16 所示。

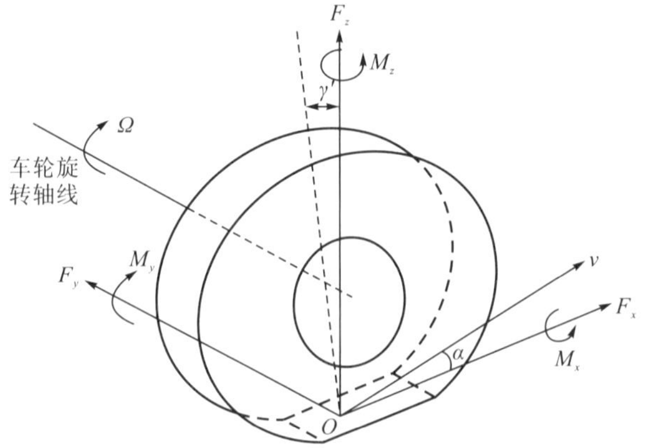

图 1.16　轮胎坐标系

5) 垂直载荷计算

如图 1.17(a) 所示，根据向量加减运算法则，可将惯性坐标系原点到轮心点的向量 $\boldsymbol{k}$ 表示为

$$\boldsymbol{k}=\boldsymbol{m}+\boldsymbol{n} \tag{1.80}$$

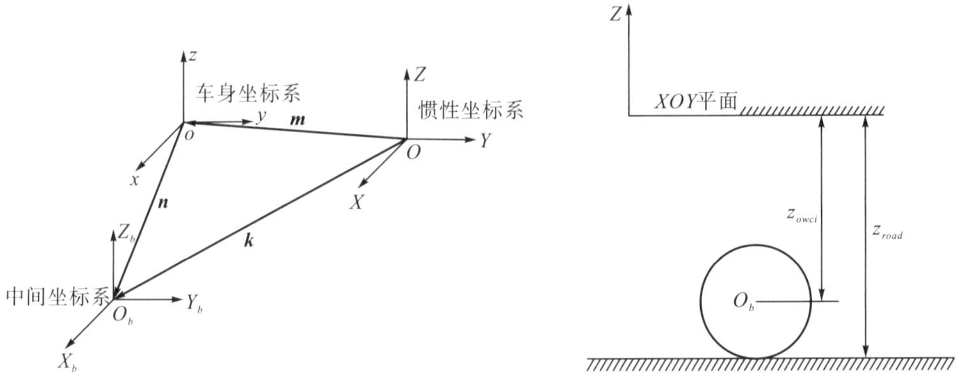

(a)惯性坐标系中原点到轮心点向量的坐标图　(b)径向滚动半径求解图

图 1.17　车轮半径计算

式中， $\boldsymbol{k}=[x_{owci},y_{owci},z_{owci}]$ ，表示惯性坐标系中原点到轮心点向量的坐标； $\boldsymbol{m}=[X,Y,Z]$ ，表示惯性坐标系中原点到车身质心向量的坐标； $\boldsymbol{n}=[x_{wci},y_{wci},z_{wci}]\boldsymbol{K}$ ，表示惯性坐标系中车身质心到轮心向量的坐标； $[x_{wci},y_{wci},z_{wci}]$ 表示轮心点在车身坐标系中的坐标，其中，

$$x_{wci}=\begin{cases}L_1, & i=1,2\\ -L_2, & i=3,4\end{cases} \tag{1.81}$$

$$y_{wci}=\begin{cases}(-1)^{i+1}\dfrac{B_1}{2}, & i=1,2\\(-1)^{i+1}\dfrac{B_2}{2}, & i=3,4\end{cases} \tag{1.82}$$

$$z_{wci}=-e_i+d_i,\quad i=1,2,3,4 \tag{1.83}$$

由图 1.17(b)可知，车轮的径向滚动半径可用惯性坐标系原点到地面以及轮心点的距离 z_{road} 和 z_{owci} 表示，即

$$r_i=\frac{z_{road}+z_{owci}}{wrn3(i)},\quad i=1,2,3,4 \tag{1.84}$$

因此，轮胎的径向力 F_{ri} 可表示为

$$F_{ri}=K_t(R_{\max}-r_i),\quad i=1,2,3,4 \tag{1.85}$$

式中，K_t 为轮胎径向刚度；$R_{\max}$ 为轮胎自由半径。

由于轮胎径向力 F_{ri} 是轮胎垂直载荷 F_{zi} 和侧向力 F_{yi} 在其径向的分量(图 1.18)，所以有

$$F_{zi}=\left[F_{ri}+F_{yi}wnn3(i)\right]wrn3(i),\quad i=1,2,3,4 \tag{1.86}$$

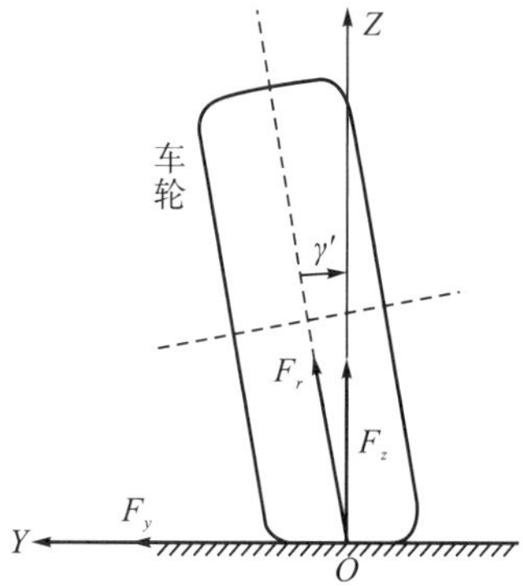

图 1.18 轮胎径向力

6) 车轮侧偏角计算

车辆行驶过程中，在侧向力的作用下，轮胎的中心线将与其行驶方向错开一个倾斜角，即车轮中心线与速度方向的夹角，这个倾斜角就是车轮的侧偏角，其正方向如图 1.19 所示。为了求解轮胎坐标系下的车轮侧偏角，首先需要确定其速度方向和车轮中心线的位置[33]。

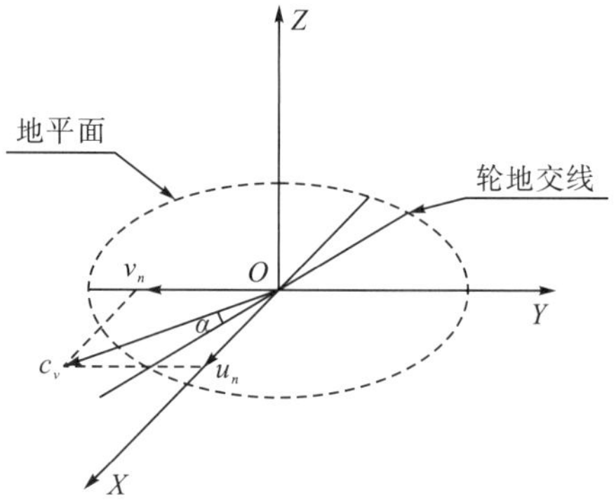

图 1.19 轮胎接地点速度

车身坐标系下轮胎接地点的速度可表示为

$$\begin{cases} u_{ai} = u - ry_{cpi} + qz_{cpi} \\ v_{ai} = v + rx_{cpi} - pz_{cpi} \\ w_{ai} = w - qx_{cpi} + py_{cpi} + D_i \end{cases}, \quad i = 1,2,3,4 \tag{1.87}$$

式中，D_i 为车轮跳动速度；x_{cpi}、y_{cpi}、z_{cpi} 为车身坐标系中轮胎接地点的坐标，可将其写为

$$[x_{cpi}, y_{cpi}, z_{cpi}] = [x_{wci}, y_{wci}, z_{wci}] - r[wra1(i), wra2(i), wra3(i)], \quad i = 1,2,3,4 \tag{1.88}$$

在此基础上，将车身坐标系下轮胎接地点的速度转换为惯性坐标系中的速度，即

$$[u_{ni}, v_{ni}, w_{ni}] = [u_{ai}, v_{ai}, w_{ai}]\boldsymbol{K}, i = 1,2,3,4 \tag{1.89}$$

其方向如图 1.19 所示。由于垂向速度 w_{ni} 很小，可以忽略不计，所以可将惯性坐标系下轮胎接地点的纵向速度 u_{ni} 和侧向速度 v_{ni} 沿车轮中心线分解，从而得到轮胎接地点处速度沿车轮中心线的速度 u_{ti} 以及垂直于车轮中心线的速度 v_{ti}。

$$\begin{cases} u_{ti} = u_{ni} wgin1(i) + v_{ni} wgin2(i) \\ v_{ti} = v_{ni} wgin1(i) - u_{ni} wgin2(i) \end{cases}, \quad i = 1,2,3,4 \tag{1.90}$$

轮胎在地平面内的前进速度可通过速度矢量合成得

$$c_{vi} = \sqrt{u_{ni}^2 + v_{ni}^2}, \quad i = 1,2,3,4 \tag{1.91}$$

因此，侧偏角 α_i 在轮胎坐标系中可表示为

$$\alpha_i = \arccos\left(\frac{u_{ti}}{c_{vi}}\right) \cdot \mathrm{sgn}(v_{ti}), \quad i = 1,2,3,4 \tag{1.92}$$

7) 车轮外倾角计算

外倾角是指车轮纵向平面与地面垂线所成的夹角，其正方向如图 1.16 所示。可将其表示为

$$\gamma_i' = (-1)^{i+1} \arcsin\left[wnn3(i)\right], \quad i = 1,2,3,4 \tag{1.93}$$

8) 纵向滑移率计算

纵向滑移率对轮胎纵向力产生至关重要的影响，它是指车轮运动过程中，滑动成分所占的比例，即

$$\kappa_i = \left(1 - \frac{\Omega_i r_i}{u_{ti}}\right) \times 100\% \tag{1.94}$$

式中，Ω_i 为车轮转动角速度。

5. 轮胎模型

利用魔术公式(magic formula，MF)轮胎模型来描述轮胎六分力与车轮运动参数之间的定量关系，原理如图 1.20 所示。其形式为[34-35]

$$[F_{\bar{x},ij}, F_{\bar{y},ij}, M_{\bar{z},ij}] = MF(F_{\bar{z},ij}, s_{ij}, \alpha_{ij}, \mu, \lambda_{ij}) \tag{1.95}$$

易知，轮胎力和车轮垂向载荷 $F_{\bar{z},ij}$、纵向滑动率 s_{ij}、轮胎侧偏角 α_{ij}、路面附着系数 μ 和车轮外倾角 λ_{ij} 有关。

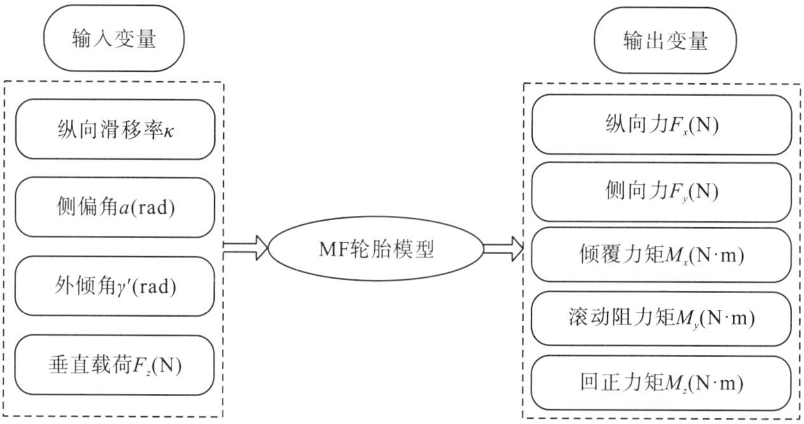

图 1.20　MF 轮胎模型原理图

6. 悬架动力学模型

悬架系统是汽车车架与车桥或车轮之间所有传力连接装置的总称，悬架系统对作用于车轮和车架之间的力和力扭进行传递，并且缓冲由于不平路面而传递给车架或车身的冲击力，以及衰减由此引起的震动，从而保证汽车能够平顺地行驶。本节主要通过对悬架系统进行力学和运动学分析，建立其动力学微分方程[27]。

1）悬架静力学分析

假设轮心相对于车身只有一个沿车身坐标系 z 方向移动的自由度，其余自由度均被限制，并分别以 M 点和 O_b 点作为悬架系统上、下端力和力矩的简化中心，图 1.21 以左前轮为例，给出车身与车轮之间的等效悬架模型，以及悬架与车身和悬架与车轮之间作用力的关系。

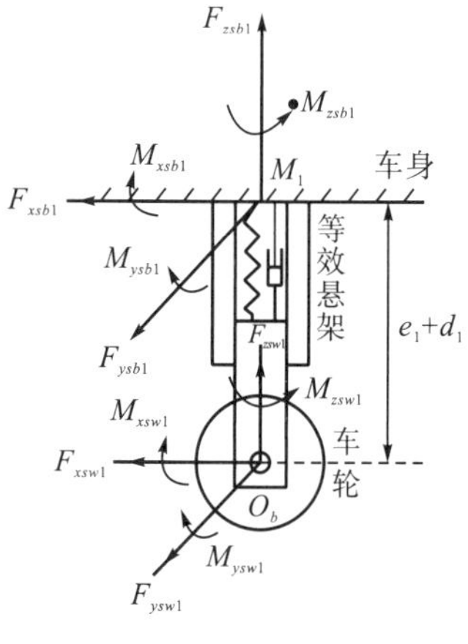

图 1.21　等效悬架模型

通过对悬架系统进行受力分析，得到其静力平衡方程：

$$F_{xsb1} = -F_{xsw1} \tag{1.96}$$

$$F_{ysb1} = -F_{ysw1} \tag{1.97}$$

$$F_{zsb1}=-F_{zsw1} \tag{1.98}$$

$$M_{xsb1}=-M_{xsw1}-F_{ysw1}(e_1+d_1) \tag{1.99}$$

$$M_{ysb1}=-M_{ysw1}+F_{xsw1}(e_1+d_1) \tag{1.100}$$

$$M_{zsb1}=-M_{zsw1} \tag{1.101}$$

式(1.96)～式(1.101)中，F_{xsb1} 为悬架对车身作用力沿车身坐标系 X 方向的分量；F_{ysb1} 为悬架对车身作用力沿车身坐标系 Y 方向的分量；F_{zsb1} 为悬架对车身作用力沿车身坐标系 Z 方向的分量；M_{xsb1} 为悬架对车身作用力矩沿车身坐标系 X 方向的分量；M_{ysb1} 为悬架对车身作用力矩沿车身坐标系 Y 方向的分量；M_{zsb1} 为悬架对车身作用力矩沿车身坐标系 Z 方向的分量；F_{xsw1} 为悬架对车轮作用力沿车身坐标系 X 方向的分量；F_{ysw1} 为悬架对车轮作用力沿车身坐标系 Y 方向的分量；F_{zsw1} 为悬架对车轮作用力沿车身坐标系 Z 方向的分量；M_{xsw1} 为悬架对车轮作用力矩沿车身坐标系 X 方向的分量；M_{ysw1} 为悬架对车轮作用力矩沿车身坐标系 Y 方向的分量；M_{zsw1} 为悬架对车轮作用力矩沿车身坐标系 Z 方向的分量；e_1 为车辆在静止状态下轮心点到车身质心点的距离；d_1 为车轮跳动量。

2)悬架垂直力分析

悬架垂直力是指悬架系统作用于轮心上沿车身坐标系 z 方向的力，主要包括悬架预压力 F_0、弹簧力 F_1、阻尼力 F_2、缓冲块力 F_3、辅助抗侧倾力 F_4、抗纵倾力 F_5 以及抗侧倾力 F_6。由于悬架系统模型采用基于悬架 K&C 特性的建模方式，因此，计算悬架系统各部件受力时，主要通过给定样车的弹簧刚度、减震器阻尼以及悬架 K&C 特性仿真进行定量计算[32]。另外，由于弹簧、减震器、缓冲块等部件受力的作用点并不在轮心处，而是存在杠杆比，因此，为了便于悬架动力学模型的建立，需要通过杠杆比将这些力的作用点转化到轮心处。

3)悬架预压力

悬架预压力是指车辆处于静止状态或者匀速直线运动状态时，轮心处受到车身自上而下的压力，其大小主要受车身质量影响，可表示为

$$F_{0i}=\begin{cases}\dfrac{L_2}{2(L_1+L_2)}M_s g, & i=1,2\\[2ex] \dfrac{L_1}{2(L_1+L_2)}M_s g, & i=3,4\end{cases} \tag{1.102}$$

4)弹簧力

弹簧对轮心位置的作用力可表示为

$$F_{1i}=K_{si}F'_{1i},\quad i=1,2,3,4 \tag{1.103}$$

式中，K_{si} 为弹簧杠杆比；F'_{1i} 为弹簧实际受力，是由弹簧刚度及其变形量决定的，可表示为

$$F'_{1i}=C_{si}d_i \tag{1.104}$$

式中，C_{si} 为弹簧刚度。

5)阻尼力

减震器的阻尼力对轮心位置的作用可表示为

$$F_{2i}=K_{di}F'_{2i},\quad i=1,2,3,4 \tag{1.105}$$

式中，K_{di} 为减震器杠杆比；F'_{2i} 为减震器实际受力，与减震器阻尼及其动挠度速度有关，可表示为

$$F'_{2i}=C_{di}D_i \tag{1.106}$$

式中，C_{di} 为减震器阻尼；D_i 为动挠度速度。

6）缓冲块力

缓冲块所受作用力对轮心位置的影响可表示为

$$F_{3i}=K_{bi}F'_{3i},\quad i=1,2,3,4 \tag{1.107}$$

式中，K_{bi} 为缓冲块杠杆比；F'_{3i} 为缓冲块实际受力，与弹簧类似，缓冲块受力与其刚度和变形量有关，可表示为

$$F'_{3i}=C_{bi}\Delta d_i \tag{1.108}$$

式中，C_{bi} 为缓冲块刚度；Δd_i 为缓冲块变形量。

7）辅助抗侧倾力

悬架辅助抗侧倾力是指由于车身侧倾导致横向稳定杆发生扭曲而作用在左右悬架上的等效垂直力，可表示为

$$F_{4i}=\begin{cases}(-1)^{i+1}\dfrac{d_1-d_2}{B_1^2}K_{\mathrm{f}}, & i=1,2\\[2ex](-1)^{i+1}\dfrac{d_3-d_4}{B_2^2}K_{\mathrm{r}}, & i=3,4\end{cases} \tag{1.109}$$

式中，K_{f}、K_{r} 分别为前、后悬架辅助抗侧倾角刚度。

8）抗纵倾力

抗纵倾力是指纵倾中心在向车体传递力矩的过程中产生的等效在悬架与车体连接点的垂直力，其表达式可表示为

$$F_{5i}=f(F_{xi}-F_{x0i}),\quad i=1,2,3,4 \tag{1.110}$$

式中，F_{xi} 为车轮纵向力；F_{x0i} 为车辆静平衡时车轮纵向力。

9）抗侧倾力

抗侧倾力是指将侧倾中心视为车轮与车身之间的虚拟传力点，由侧倾中心在向车体传递力矩的过程中产生的等效在悬架与车身连接点的垂直力[37]。因此，为了求解抗侧倾力，首先需要确定侧倾中心的位置，侧倾中心是指左、右车轮在垂直横断面上的瞬时转动中心，如图 1.22 所示。侧倾中心和轮胎接地点的连线与车身坐标系 y 方向的夹角 ε_i 可用车辆运动过程中车轮的侧向位移 Δy 和垂向位移 Δz 表示[34]，即

$$\tan\varepsilon_i=\frac{\Delta z_i}{\Delta y_i},\quad i=1,2,3,4 \tag{1.111}$$

图 1.22 中，R_c 点表示侧倾中心的位置；F_{yi} 表示轮胎侧向力。由于车辆在行驶过程中，轮胎接地点处受到的侧向力是由虚拟传力点传递到车身的，因此，可将悬架系统等效为“二力杆”[39]，所以有

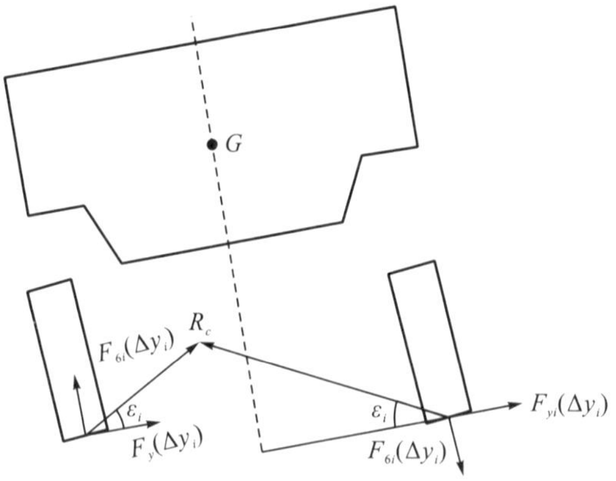

图 1.22　侧倾中心模型与力传递关系

$$\tan\varepsilon_i = \frac{F_{6i}}{F_{yi}}, \quad i = 1,2,3,4 \tag{1.112}$$

根据式(1.111)和式(1.112)可得悬架抗侧倾力为

$$F_{6i} = \frac{\Delta z_i}{\Delta y_i} F_{yi}, \quad i = 1,2,3,4 \tag{1.113}$$

因此，总的悬架垂直力为

$$F_i = F_{0i} + F_{1i} + F_{2i} + F_{3i} + F_{4i} + F_{5i}, \quad i = 1,2,3,4 \tag{1.114}$$

为了避免仿真过程中悬架垂直力出现高频剧变成分，导致车辆动力学模型无法收敛，本节采用重心法[40]对其数值进行光滑处理：

$$F_{zswi} = \frac{F_{ai} + 2F_i + F_{bi}}{4}, \quad i = 1,2,3,4 \tag{1.115}$$

式中，F_{zswi} 为光滑处理后的悬架垂直力；F_{ai} 为前一时刻的悬架垂直力；F_{bi} 为后一时刻的悬架垂直力。

10) 悬架运动学分析

假设车轮在车身坐标系 A 中的速度矢量和车身坐标系 A 相对于惯性坐标系 N 的角速度矢量分别为$\boldsymbol{U}_A = [u_i \quad v_i \quad w_i]^{\mathrm{T}}\ (i = 1,2,3,4)$ 和 $\boldsymbol{\Omega}_A = [p \quad q \quad r]^{\mathrm{T}}$，则惯性坐标系 N 中的加速度在车身坐标系 A 中可表示为

$$\begin{aligned} \frac{\mathrm{d}\boldsymbol{U}_N}{\mathrm{d}t} &= \frac{\mathrm{d}\boldsymbol{U}_A}{\mathrm{d}t} + \boldsymbol{\Omega}_A \times \boldsymbol{U}_A \\ &= (\dot{u}_i + qw_i - rv_i)\boldsymbol{x} + (\dot{v}_i + ru_i - pw_i)\boldsymbol{y} + (\dot{w}_i + pv_i - qu_i)\boldsymbol{z}, \quad i = 1,2,3,4 \end{aligned} \tag{1.116}$$

所以，可以将车轮在车身坐标系 A 中的加速度表示为

$$\begin{cases} a_{xi} = \dot{u}_i + qw_i - rv_i \\ a_{yi} = \dot{v}_i + ru_i - pw_i, \quad i = 1,2,3,4 \\ a_{zi} = \dot{w}_i + pv_i - qu_i \end{cases} \tag{1.117}$$

式中，u_i、v_i、w_i 可以通过车身质心的线速度 u、v、w 以及角速度 p、q、r 来表示，即

$$\begin{cases} u_i = u + qz_{wci} - ry_{wci} \\ v_i = v - pz_{wci} + rx_{wci} \\ w_i = (w + D_i) + py_{wci} - qx_{wci} \end{cases}, \quad i = 1,2,3,4 \tag{1.118}$$

因此，将式(1.118)代入式(1.117)可得车轮的加速度在车身坐标系 A 中的表达式为

$$\begin{cases} a_{xi} = \dot{u} + qw - rv + qD_i - (q^2 + r^2)x_{wci} + (pq - \dot{r})y_{wci} + (pr - \dot{q})z_{wci} + q\dot{z}_{wci} \\ a_{yi} = \dot{v} + ru - pw - qD_i + (pq + \dot{r})x_{wci} - (p^2 + r^2)y_{wci} + (qr - \dot{p})z_{wci} + p\dot{z}_{wci} \\ a_{zi} = \dot{w}_i + pv_i - qu_i + (pr - \dot{q})x_{wci} + (qr + \dot{p})y_{wci} - (q^2 + p^2)z_{wci} + D_i \end{cases} \tag{1.119}$$

其中，由式(1.83)可得

$$\dot{z}_{wci} = D_i, \quad i = 1,2,3,4 \tag{1.120}$$

根据达朗贝尔原理[41]，列出车身坐标系中各车轮垂向动力学方程：

$$m_i a_{zi} = F_{zswi} + m_i g_z + P_{zi}, \quad i = 1,2,3,4 \tag{1.121}$$

式中，$m_i g_z$ 为车轮重力在车身坐标系中 z 方向的分量，假设惯性坐标系下的重力加速度 g 在车身坐标系中 x 、 y 、 z 方向的分量分别用 g_x 、 g_y 、 g_z 表示，则有

$$[g_x, g_y, g_z] = [0, 0, g]\boldsymbol{K}^{-1} \tag{1.122}$$

式中，P_{zi} 为车身坐标系下的轮胎垂向载荷，如图 1.23 所示，坐标系 $OXYZ$ 为惯性坐标系，通过轮胎模型计算得到轮胎接地点处受力，在轮胎坐标系 X_W 、 Y_W 、 Z_W 方向分别为 F_{xi} 、 F_{yi} 、 F_{zi}，利用单位矢量将其在惯性系内进行分解可得

$$\begin{cases} f_{xi} = F_{xi} wgi1(i) - F_{yi} wgi2(i) \\ f_{yi} = F_{xi} wgi2(i) + F_{yi} wgi1(i), \quad i = 1,2,3,4 \\ f_{yi} = F_{zi} \end{cases} \tag{1.123}$$

因此，车身坐标系下轮胎接地点各方向的受力可表示为

$$[P_{xi}, P_{yi}, P_{zi}] = [f_{xi}, f_{yi}, f_{zi}]\boldsymbol{K}^{-1} \tag{1.124}$$

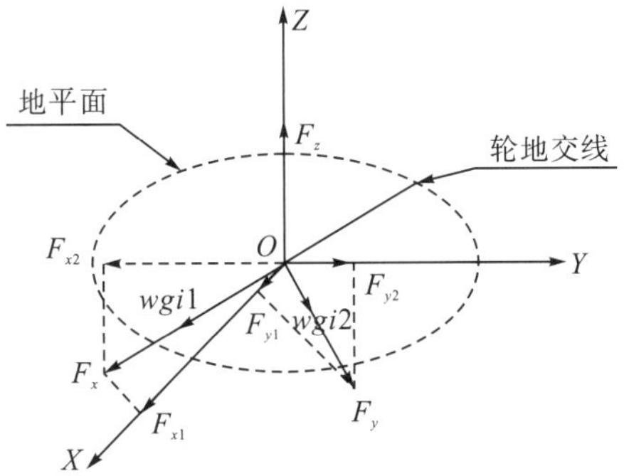

图 1.23 轮胎接地点处受力在地平面内的分解

此外，当车轮制动抱死时，由于车轮与悬架固结为一体，所以其运动状态由悬架动力学方程决定；而当车轮未制动抱死时，可通过对其旋转过程进行受力分析(图 1.24)，列出车轮绕其自转轴线旋转的动力学微分方程：

$$(I_{wi}+I_{wri})\dot{\Omega}_i = T_i + M_{yi} - F_{xi}r_i,\ i=1,2,3,4 \tag{1.125}$$

式中，I_{wi} 为第 i 轮自旋转动惯量；I_{wri} 为第 i 根半轴的自旋转动惯量；M_{yi} 为作用于轮胎接地点处的滚动阻力矩，由轮胎模型计算得到；T_i 为作用在轮心处的综合力矩，包括驱动力矩以及制动力矩。

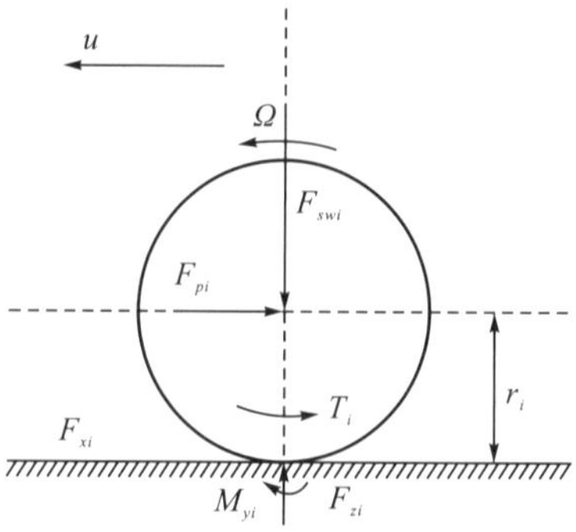

图 1.24　车轮滚动过程中受力分析

7. 车身动力学模型

在车辆行驶过程中，由于车身、车轮以及悬架系统之间存在复杂的相互耦合关系，本节为了简化建模过程，单独建立车身以及四个车轮的垂向动力学方程，而在列写纵向、侧向、横摆、侧倾以及俯仰自由度的五个动力学方程时则以整车作为研究对象。通过对车身进行运动学以及力学分析，求解车身坐标系中的惯性力(矩)以及合外力(矩)，并在车身坐标系中，根据达朗贝尔原理建立动力学微分方程组。

1) 车身运动学分析

通过对车辆进行运动学分析，求解其惯性力(矩)，并假设车身质心在车身坐标系下的速度和角速度分别用 $\boldsymbol{U}$ 和 $\boldsymbol{\omega}$ 表示，则有

$$\boldsymbol{U} = u\boldsymbol{x} + v\boldsymbol{y} + w\boldsymbol{z} \tag{1.126}$$

$$\boldsymbol{\omega} = p\boldsymbol{x} + q\boldsymbol{y} + r\boldsymbol{z} \tag{1.127}$$

车身在车身坐标系下的质心加速度可表示为

$$\begin{cases} a_x = \dot{u} + qw + rv \\ a_y = \dot{v} + ru + pw \\ a_z = \dot{w} + pv - qu \end{cases} \tag{1.128}$$

此外，根据牛顿-欧拉运动学方程[32]可得

$$\boldsymbol{M} = \boldsymbol{I}\dot{\boldsymbol{\omega}} + \boldsymbol{\omega}(\boldsymbol{I}\boldsymbol{\omega}) \tag{1.129}$$

式中，$\boldsymbol{M}$ 为作用在车身上的外力对车身质心的主矩；$\dot{\boldsymbol{\omega}}$ 为角加速度在车身坐标系下对时间的导数，即相对角加速度，可表示为

$$\dot{\boldsymbol{\omega}} = \begin{bmatrix} \dot{p} \\ \dot{q} \\ \dot{r} \end{bmatrix} \tag{1.130}$$

$\boldsymbol{I}=\begin{bmatrix} I_{xx} & -I_{xy} & -I_{xz} \\ -I_{xy} & I_{yy} & -I_{yz} \\ -I_{xz} & -I_{yz} & I_{zz} \end{bmatrix}$为车身相对于车身坐标系原点的转动惯量矩阵，由于车身关于其纵平面左右对称，所以有 $I_{xy}=I_{yz}=0$，因此有

$$\boldsymbol{I}=\begin{bmatrix} I_{xx} & 0 & -I_{xz} \\ 0 & I_{yy} & 0 \\ -I_{xz} & 0 & I_{zz} \end{bmatrix} \tag{1.131}$$

将式(1.127)、式(1.130)以及式(1.131)代入式(1.129)可得车身在车身坐标系中的惯性力矩为

$$\begin{cases} M_x = I_{xx}\dot{p}+(I_{zz}-I_{yy})qr-I_{xz}(pq+\dot{r}) \\ M_y = I_{yy}\dot{q}+(I_{xx}-I_{zz})pr+I_{xz}(p^2-r^2) \\ M_z = I_{zz}\dot{r}+(I_{yy}-I_{xx})pq+I_{xz}(qr-\dot{p}) \end{cases} \tag{1.132}$$

将惯性坐标系下车身以及四个簧下质量块的惯性力(矩)进行累加作为整车的惯性力(矩)，因此根据式(1.119)、式(1.128)和式(1.132)可将车身坐标系下车辆的惯性力(矩)表示如下。

车辆沿车身坐标系 x 方向的惯性力：

$$F_{ax}=\sum_{i=1}^{4} m_i a_{xi}+M_s a_x \tag{1.133}$$

车辆沿车身坐标系 y 方向的惯性力：

$$F_{ay}=\sum_{i=1}^{4} m_i a_{yi}+M_s a_y \tag{1.134}$$

车辆沿车身坐标系 z 方向的惯性力：

$$F_{az}=M_s a_z \tag{1.135}$$

车辆绕车身坐标系 x 轴的惯性力矩：

$$M_{ax}=-\sum_{i=1}^{4} m_i a_{yi} z_{wci}+\sum_{i=1}^{4} m_i a_{zi} y_{wci}+M_x \tag{1.136}$$

车辆绕车身坐标系 y 轴的惯性力矩：

$$M_{ay}=-\sum_{i=1}^{4} m_i a_{xi} z_{wci}+\sum_{i=1}^{4} m_i a_{zi} x_{wci}+M_y \tag{1.137}$$

车辆绕车身坐标系 z 轴的惯性力矩：

$$M_{az}=-\sum_{i=1}^{4} m_i a_{xi} y_{wci}+\sum_{i=1}^{4} m_i a_{yi} x_{wci}+M_z \tag{1.138}$$

2) 车辆受力分析

将整车质量划分为车身以及四个车轮共五部分，并视整车为本节的研究对象，对其进行受力分析，车辆受到的外力包括接地点 O_{bi} 处的轮胎六分力，以及车身和簧下质量的重力，如图 1.25 所示。

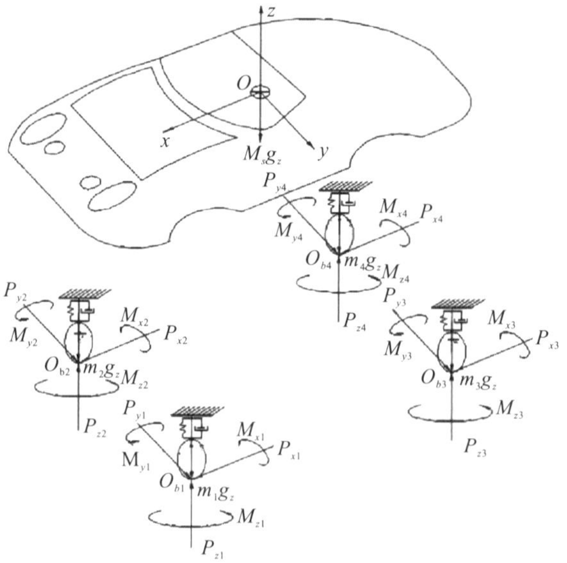

图 1.25　整车受力分析示意图

根据图 1.25 所示的受力分析结果，可得车辆在车身坐标系下各方向所受的合力(矩)如下。

整车在车身坐标系下 x 方向的合力：

$$FX = \sum_{i=1}^{4} P_{xi} \tag{1.139}$$

整车在车身坐标系下 y 方向的合力：

$$FY = \sum_{i=1}^{4} P_{yi} \tag{1.140}$$

整车在车身坐标系下绕 x 轴的力矩：

$$MX = -\sum_{i=1}^{4} P_{yi} z_{cpi} + \sum_{i=1}^{4} P_{zi} y_{cpi} - \sum_{i=1}^{4} m_i g_y z_{wci} + \sum_{i=1}^{4} m_i g_z y_{wci} + \sum_{i=1}^{4} M_{xi} \tag{1.141}$$

整车在车身坐标系下绕 y 轴的力矩：

$$MY = \sum_{i=1}^{4} P_{xi} z_{cpi} - \sum_{i=1}^{4} P_{zi} x_{cpi} - \sum_{i=1}^{4} m_i g_z x_{wci} + \sum_{i=1}^{4} m_i g_x z_{wci} + \sum_{i=1}^{4} M_{yi} \tag{1.142}$$

整车在车身坐标系下绕 z 轴的力矩：

$$MZ = \sum_{i=1}^{4} P_{yi} x_{cpi} - \sum_{i=1}^{4} P_{xi} y_{cpi} - \sum_{i=1}^{4} m_i g_x y_{wci} + \sum_{i=1}^{4} m_i g_y x_{wci} + \sum_{i=1}^{4} M_{zi} \tag{1.143}$$

在对车辆进行运动学分析的过程中，由于车身坐标系 z 方向的平衡方程是以车身作为研究对象，所以，为了便于 z 方向动力学方程的建立，需要将悬架系统作用于车身上的力简化为 M_i 一点，并对其沿车身坐标系 z 方向的受力状态进行单独分析，如图 1.26[31]所示。所以有

$$FZ = \sum_{i=1}^{4} F_{zsbi} + M_s g_z \tag{1.144}$$

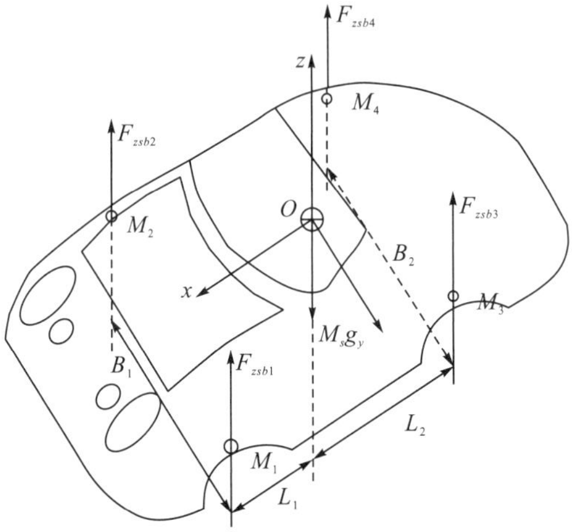

图 1.26 车身受力分析示意图

至此，经过以上各式对车辆运动学以及力学的分析，得到了车辆在车身坐标系中的合外力以及惯性力表达式，根据达朗贝尔原理可将车辆的力与力矩平衡方程式表示如下。

车辆纵向运动平衡方程：

$$F_{ax} = FX \tag{1.145}$$

车辆侧向运动平衡方程：

$$F_{ay} = FY \tag{1.146}$$

簧上质量垂向运动平衡方程：

$$F_{az} = FZ \tag{1.147}$$

车辆侧倾运动平衡方程：

$$M_{ax} = MX \tag{1.148}$$

车辆俯仰运动平衡方程：

$$M_{ay} = MY \tag{1.149}$$

车辆横摆运动平衡方程：

$$M_{az} = MZ \tag{1.150}$$

结合所建立的描述车轮垂向跳动以及自旋运动的动力学方程，式(1.98)、式(1.121)、式(1.145)～式(1.150)组成车辆十四自由度动力学微分方程组。

参 考 文 献

[1] Dunbar W B，Caveney D S. Distributed receding horizon control of vehicle platoons：Stability and string stability[J]. IEEE Transactions on Automatic Control，2012，57(3)：620-633.

[2] Zheng Y，Li S E，Li K，et al. Distributed model predictive control for heterogeneous vehicle platoons under unidirectional topologies[J]. IEEE Transactions on Control Systems Technology，2017，25(3)：899-910.

[3] Kwon J，Chwa D. Adaptive bidirectional platoon control using a coupled sliding mode control method[J]. IEEE Transactions on Intelligent Transportation Systems，2014，15(5)：2040-2048.

[4] Lin F，Fardad M，Jovanovic M R. Optimal control of vehicular formations with nearest neighbor interactions[J]. IEEE Transactions

on Automatic Control，2012，57(9)：2203-2218.

[5] Darbha S，Pagilla P. Limitations of employing undirected information flow graphs for the maintenance of rigid formations for heterogeneous vehicles[J]. International Journal of Engineering Science，2010，48(11)：1164-1178.

[6] Barooah P，Mehta P G，Hespanha J P. Mistuning-based control design to improve closed-loop stability margin of vehicular platoons[J]. IEEE Transactions on Automatic Control，2009，54(9)：2100-2113.

[7] Li Y，Tang C，Peeta S，et al. Nonlinear consensus-based connected vehicle platoon control incorporating car-following interactions and heterogeneous time delays[J]. IEEE Transactions on Intelligent Transportation Systems，2019，20(6)：2209-2219.

[8] Stankovic S，Stanojevic M，Siljak D. Decentralized overlapping control of a platoon of vehicles[J]. IEEE Transactions on Control Systems Technology，2000，8(5)：816-832.

[9] Rajamani R，Tan H，Law B，et al. Demonstration of integrated longitudinal and lateral control for the operation of automated vehicles in platoons[J]. IEEE Transactions on Control Systems Technology，2000，8(4)：695-708.

[10] Shladover S，Desoer C，Hedrick J，et al. Automated vehicle control developments in the PATH program[J]. IEEE Transactions on Vehicular Technology，1991，40(1)：114-130.

[11] Seiler P，Pant A，Hedrick J K. Disturbance propagation in vehicle strings[J]. IEEE Transactions on Automatic Control，2004，49(10)：1835-1842.

[12] Barooah P，Hespanha J P. Error Amplification and Disturbance Propagation in Vehicle Strings with Decentralized Linear Control [M]// Proceedings of the 44th IEEE Conference on Decision and Control，2005：4964-4969.

[13] Middleton R，Braslavsky J. String instability in classes of linear time invariant formation control with limited communication range[J]. IEEE Transactions on Automatic Control，2010，55(7)：1519-1530.

[14] Rajamani R，Tan H，Law B，et al. Demonstration of integrated longitudinal and lateral control for the operation of auto-mated vehicles in platoons[J]. IEEE Transactions on Control Systems Technology，2000，8(4)：695-708.

[15] Li S E，Gao F，Cao D，et al. Multiple-model switching control of vehicle longitudinal dynamics for platoon-level automation[J]. IEEE Transactions on Vehicular Technology，2016，65(6)：4480-4492.

[16] Xiao L，Cao F. Practical string stability of platoon of adaptive cruise control vehicles[J]. IEEE Transactions on Intelligent Transportation Systems，2011，12(4)：1184-1194.

[17] Li S E，Zheng Y，Li K，et al. Platoon control of connected vehicles from a networked control perspective：Literature review，component modeling，and controller synthesis[J]. IEEE Transactions on Vehicular Technology，doi：10.1109/TVT.2017.2723881.

[18] Sheikholeslam S，Desoer C A. Longitudinal control of a platoon of vehicles with no communication of lead vehicle information：A system level study[J]. IEEE Transactions on Vehicular Technology，1993，42(4)：546-554.

[19] Li S E，Qin X，Li K，et al. Robustness analysis and controller synthesis of homogeneous vehicular platoons with bounded parameter uncertainty[J]. IEEE/ASME Transactions on Mechatronics，2017，22(2)：1014-1025.

[20] Guo X G，Wang J L，Liao F，et al. Distributed adaptive integrated sliding mode controller synthesis for string stability of vehicle platoons[J]. IEEE Transactions on Intelligent Transportation Systems，2016，17(9)：2419-2429.

[21] Liu Y，Pan C，Gao H，et al. Cooperative spacing control for interconnected vehicle systems with input delays[J]. IEEE Transactions on Vehicular Technology，2017，66(12)：10692-10704.

[22] Guo G，Yue W. Autonomous platoon control allowing range limited sensors [J]. IEEE Transactions on Vehicular Technology，2012，61(7)：2901-2912.

的最小度和最大度。如果$\boldsymbol{V}(G)=\{v_1,v_2,\cdots,v_n\}$，则称非负整数序列（$d(v_1),d(v_2),\cdots,d(v_n)$）为图$G$的度序列。

定义 2.2[1]：如果一个图中每个顶点的度是某一固定整数k，则称该图是k-正则图。

定理 2.1[1]：对每一个图$G=(\boldsymbol{V},\boldsymbol{E})$，均有

$$\sum_{v\in V} d_G(\boldsymbol{V})=2q(G) \tag{2.1}$$

把度为奇数的顶点称为奇点，度为偶数的顶点称为偶点。在任何图$G=(\boldsymbol{V},\boldsymbol{E})$中，奇点的个数为偶数。

2.1.3 图解表示法

一个图可以用平面上的一个图解来表示。用平面上的一些点分别表示图的结点，用连接相应两个结点而不经过其他结点的直线或曲线来表示图的边，如图 2.1 所示[2]。

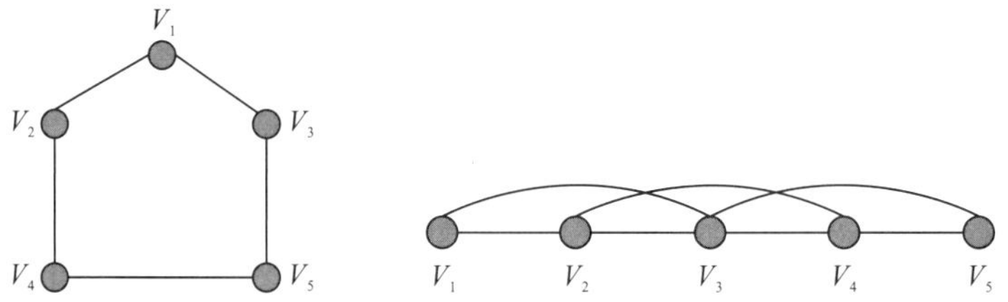

图 2.1 图解

2.1.4 图论相关的矩阵

一个图$G=(\boldsymbol{V},\boldsymbol{E})$由它的顶点与边之间的关联关系唯一确定，也由它的顶点对之间的邻接关系唯一确定，图的这种关系均可以用矩阵来描述，分别称为G的关联矩阵与邻接矩阵。

定义 2.3（关联矩阵）[2]：设图$G=(\boldsymbol{V},\boldsymbol{E})$，对应的顶点集和边集分别为

$$\boldsymbol{V}=\{v_1,v_2,\cdots,v_p\},\quad \boldsymbol{E}=\{e_1,e_2,\cdots,e_q\} \tag{2.2}$$

用m_{ij}表示顶点v_i与边e_j关联的次数（0、1 或 2），则称矩阵$\boldsymbol{M}(G)=(m_{ij})_{p\times q}$为图$G$的关联矩阵。

$$m_{ij}=\begin{cases}1, & v_i\text{是有向边}a_j\text{的始点}\\ -1, & v_i\text{是有向边}a_j\text{的终点}\\ 0, & v_i\text{是有向边}a_j\text{的不关联点}\end{cases} \tag{2.3}$$

定义 2.4（邻接矩阵）[2]：设图$G=(\boldsymbol{V},\boldsymbol{E})$的顶点集为$\boldsymbol{V}=\{v_1,v_2,\cdots,v_p\}$，用$a_{ij}$表示图$G$中顶点$v_i$与$v_j$之间的边数，则称矩阵$\boldsymbol{A}(G)=(a_{ij})_{p\times p}$为图$G$的邻接矩阵。

$$a_{ij}=\begin{cases}1, & \{v_i,v_j\}\in \boldsymbol{E}\\ 0, & \{v_i,v_j\}\notin \boldsymbol{E}\end{cases} \tag{2.4}$$

定义 2.5(度矩阵)[2]：度矩阵是对角阵，对角线上的元素为各个顶点的度。顶点 v_i 的度表示和该点相关联的边的数量。

$$\boldsymbol{D}(G)=\begin{pmatrix} d(v_1) & 0 & \cdots & 0 \\ 0 & d(v_2) & \cdots & 0 \\ \vdots & \vdots & \ddots & \vdots \\ 0 & 0 & \cdots & d(v_p) \end{pmatrix} \tag{2.5}$$

定义 2.6(拉普拉斯矩阵)[2]：拉普拉斯矩阵也称为导纳矩阵、基尔霍夫矩阵，定义为

$$\boldsymbol{L}(G)=\boldsymbol{D}(G)-\boldsymbol{A}(G) \tag{2.6}$$

2.2　通信拓扑结构建模

通信拓扑捕获了各节点间信息交换的连通性，并影响队列的稳定性[3]、稳定裕度[4,5]和相关性[6,7]。早期队列控制主要基于雷达感知，车辆只能获得其最近相邻车辆的信息，即紧接前面和后面的车辆的信息。在这种情况下，可行的通信拓扑包括前导-跟随(predecessor-following，PF)拓扑和双向(bidirectional，BD)拓扑，分别如图 2.2(a)和

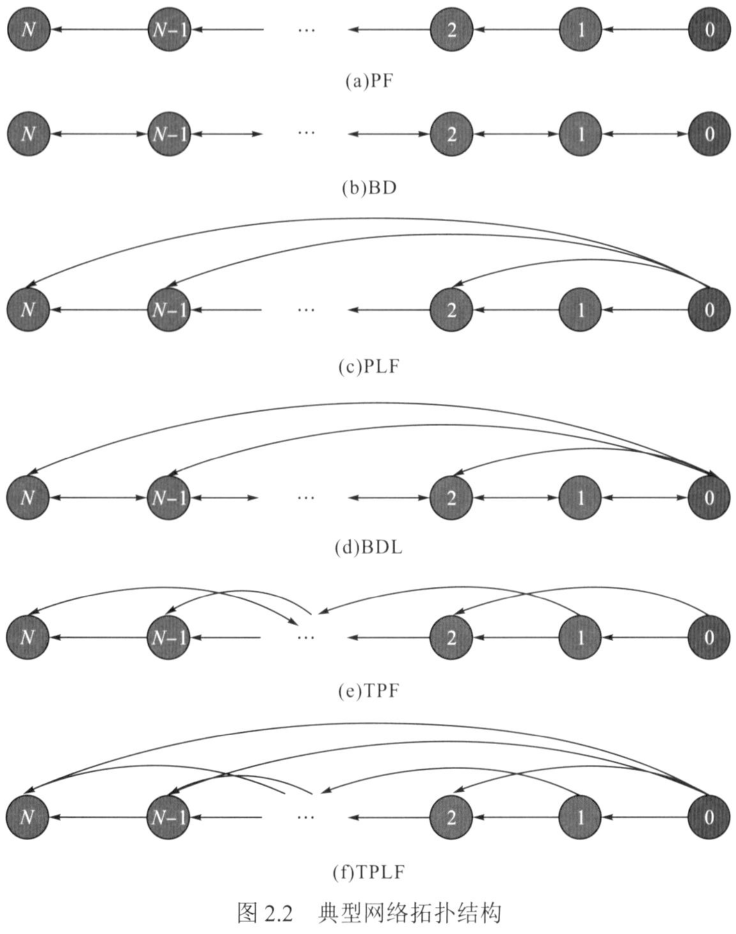

图 2.2　典型网络拓扑结构

图 2.2(b)所示。如今，通过基于 IEEE 802.11p 的专用短程通信(dedicated short-range communication，DSRC)技术和新兴的 5G 解决方案，V2V 通信变得可行，因为车辆可以与周边车辆进行通信[8,9]。典型的拓扑结构包括前导-领导-跟随者(predecessor-leader-following，PLF)型、双向-领导(Bidirectional-Leader，BDL)型、双前导-跟随者(two-predecessor-following，TPF)型和双前导-领导-跟随者(two-predecessor-leader-following，TPLF)型，分别如图 2.2(c)～图 2.2(f)所示。由于通信拓扑对车辆队列的行为有重要的影响，因此根据车辆队列控制[10]的需要调整通信拓扑结构(如通过控制通信的传输功率)是很重要的。

2.2.1 基于图论的通信拓扑建模

有向图可用于建模[8]车辆队列中车辆之间的允许信息流。更多关于图论的描述见文献[9]。

追随者之间的信息流用有向图来描述，$\boldsymbol{G}_N=\{\boldsymbol{V}_N,\boldsymbol{E}_N,\boldsymbol{A}_N\}$ 带有一组节点 $\boldsymbol{V}_N=\{1,2,\cdots,N\}$，一组边 $\boldsymbol{E}_N\subseteq\boldsymbol{V}_N\times\boldsymbol{V}_N$ 和邻接矩阵 $\boldsymbol{A}_N=[a_{ij}]\in\mathbb{R}^{N\times N}$。每一条边 (j,i) 代表一个定向的通信从 j 到 i。当且仅当一条边 (j,i) 属于 $\boldsymbol{E}_N$ 时，$a_{ij}=1$；否则 $a_{ij}=0$。节点 i 的相邻集合被定义为 $\mathbb{N}_i=\{j\,|\,a_{ij}=1\}$。节点 i 的顶点的度为 $\deg_i=\sum_{j=1}^{N}a_{ij}$。定义 $\boldsymbol{D}_N=\mathrm{diag}\{\deg_1,\deg_2,\cdots,\deg_n\}$，则 $\boldsymbol{G}_N$ 的拉普拉斯矩阵 $\boldsymbol{L}=[l_{ij}]\in\mathbb{R}^{N\times N}$ 被定义为 $\boldsymbol{L}=\boldsymbol{D}_N-\boldsymbol{A}_N$。

为了模拟从领导者到追随者的信息流，我们定义了一个增广图为 $\boldsymbol{G}_{N+1}$，$\boldsymbol{G}_{N+1}$ 带有一组节点 $\boldsymbol{V}_{N+1}=\{1,2,\cdots,N\}$，一组边 $\boldsymbol{E}_N\subseteq\boldsymbol{V}_{N+1}\times\boldsymbol{V}_{N+1}$。定位矩阵表示每个追随者如何联系领导者，被定义为 $\boldsymbol{P}=\mathrm{diag}\{\wp_1,\wp_2,\cdots,\wp_n\}$，其中如果边 $\{0,i\}\in\boldsymbol{E}_{N+1}$，则 $\wp_i=1$；否则 $\wp_i=0$。节点 i 可接近领导者的集合表示为

$$\boldsymbol{P}_i=\begin{cases}\{0\}, & \wp_i=1\\ \varnothing\ , & \wp_i=0\end{cases}\tag{2.7}$$

生成树是连接图[9]中所有节点的有向路径。增广图 $\boldsymbol{G}_{N+1}$ 应包含一棵以领导为根的生成树以保证可控制性。很容易看到所有的通信拓扑结构在图 2.2 中包含至少一个生成树。考虑 PF 和 BD 拓扑，有

$$\boldsymbol{L}_{\mathrm{PF}}=\begin{bmatrix}0 & & & \\ -1 & 1 & & \\ & \ddots & \ddots & \\ & & -1 & 1\end{bmatrix},\ \boldsymbol{P}_{\mathrm{PF}}=\begin{bmatrix}1 & & & \\ & 0 & & \\ & & \ddots & \\ & & & 0\end{bmatrix}\tag{2.8}$$

$$\boldsymbol{L}_{\mathrm{BD}}=\begin{bmatrix}1 & -1 & & \\ -1 & 2 & & \\ & \ddots & \ddots & -1\\ & & -1 & 1\end{bmatrix},\ \boldsymbol{P}_{\mathrm{BD}}=\begin{bmatrix}1 & & & \\ & 0 & & \\ & & \ddots & \\ & & & 0\end{bmatrix}\tag{2.9}$$

矩阵 $\boldsymbol{L}$ 和矩阵 $\boldsymbol{P}$ 封装了车辆队列内通信拓扑联系。在建议的框架中，$\boldsymbol{L}+\boldsymbol{P}$ 在闭环动力学中起着重要的作用。$\boldsymbol{L}+\boldsymbol{P}$ 的特征值是对具有线性节点动力学的车辆队列稳定裕度的一个关键影响。当 $\boldsymbol{G}_{N+1}$ 包含一棵以前导为根的生成树时，$\boldsymbol{L}+\boldsymbol{P}$ 的所有特征值都位于右半

平面上[10,11]。进一步，研究表明，对于非定向通信拓扑，$\boldsymbol{L}+\boldsymbol{P}$ 的最小特征值与固定在领导者身上的追随者的数量有密切的关系。

2.2.2　考虑 V2V 通信环境的通信拓扑结构表征方法

在智能网联环境下，车辆可以通过搭载车用无线(vehicle-to-everything，V2X)通信设备，实现在通信范围内车辆准确运动信息的共享。在上述基于图论的基础上，结合载波侦听多路访问/冲突避免(carrier sense multiple access with collision avoidance，CSMA/CA)机制，对信标性能进行分析，定义考虑信标性能的通信传输概率；然后构建通信信号强度函数，进一步考虑不可抗干扰和丢包，建立考虑通信信号强度和信标性能的通信连接的概率函数，用于表征在智能网联环境下车辆在某时刻与其他智能网联车辆建立信息的概率；建立考虑通信连接概率的车-车(vehicle-to-vehicle，V2V)通信拓扑模型，具体如下[12,13]。

在 V2X 环境下，信标用于周期性地传播车辆信息，如位置、速度和方向。根据 CSMA/CA 机制，信道中只传输一个信标。考虑三种情况：①信道空闲且没有信标发送；②信道只有一个信标发送成功；③信道中有多辆车尝试发送信标，导致碰撞。为方便信标分析定义如下符号：γ 为以太网时隙；B 为信标长度；R 为传输速率；T_h 为数据层收敛算法的前导和头的持续时间；T_{AIFS} 为帧之间的时间间隔；T_{EIFS} 为当物理层指示信标传输失败时花费的时间；T_{CCH} 为控制通道(control channel，CCH)间隔的持续时间；T_g 为控制通道间隔的保护时间；$T_s=(T_h+B/R+T_{\text{AIFS}})/\gamma$ 为按以太网时隙计算的成功传输的持续时间；$T_c=(T_h+B/R+T_{\text{EIFS}})/\gamma$ 为数据碰撞的持续时间；$T=(T_{\text{CCH}}-T_g-T_h-B/R)/\gamma-T_\omega$ 为有用的持续时间。

$$T_\omega=\begin{cases}W-1, & N=0\\ T_s+W-2, & N=1\\ NT_s+(W-N-1), & 1<N\leqslant W-1\\ \left[N+1-floor\left(\dfrac{N+1-W}{2}\right)\right]T_s+floor\left(\dfrac{N+1-W}{2}\right)T_c, & W-1<N<2W\\ (W-1)T_c, & N\geqslant 2W\end{cases} \tag{2.10}$$

T_ω 表示竞争窗口 W 随机选择的回退时间，其中 $floor(x)$ 返回最接近的整数小于或等于 x，传输开始时间的概率定义为

$$p(T_t=t)=\frac{1}{W} \tag{2.11}$$

通信网络中有 N 台车辆在 W 中选择回退时间，但只有 K 台车辆在第 1 位置中传输，其中 $\sum_{t=0}^{l-1}p(T_t=t)$ 表示 $l-1$ 位置在第一次尝试前通过的概率，定义为

$$p(l,N,W,k)=\left[1-\sum_{t=0}^{l-1}p(T_t=t)\right]^N\begin{bmatrix}N\\k\end{bmatrix}\left[\frac{p(T_t=l)}{1-\sum_{t=0}^{l-1}p(T_t-t)}\right]^k\times\left[1-\frac{p(T_t=l)}{1-\sum_{t=0}^{l-1}p(T_t=t)}\right]^{M-k} \tag{2.12}$$

式中，$\dfrac{p(T_t=l)}{1-\sum_{t=0}^{l-1}p(T_t=t)}$ 表示在剩下的 $(T+W-1)$ 个位置选择任意一个位置的概率。

每次成功发送信标的 N 辆车的平均数量控制通道间隔表示如下：

$$X(t,N)=\sum_{l=0}^{t}\left\{p(l,N,W,1)[1+X(t-l+1-T_s,N-1)]+\sum_{k=2}^{M}p(l,N,W,k)X(t-l+1-T_c,N-k)\right\} \tag{2.13}$$

因此车辆 j 成功传输的概率为

$$p_j=\frac{X(t,N-1)}{N-1} \tag{2.14}$$

车辆 j 与车辆 $j-n$ 之间基于专用短程通信技术的 V2V 通信信号强度定义如下：

$$q_{j,j-n}=\begin{cases}\sigma\left(1-\dfrac{\Delta x_{j,j-n}}{L}\right), & \Delta x_{j,j-n}<L\\ 0, & \Delta x_{j,j-n}\geqslant L\end{cases} \tag{2.15}$$

式中，L 为最大通信距离；$\Delta x_{j,j-n}$ 为车辆 j 与车辆 $j-n$ 之间的车头时距；$\sigma\in[0,1]$，定义为与通信环境有关的干扰系数，如果通信环境良好，则 $\sigma=1$，$0\leqslant\sigma<1$ 表示通信信号受外界干扰，如建筑物、雷暴天气等，$\sigma=0$ 表示通信信号由于强烈干扰被切断。如果 $q_{j,j-n}>0$，则表示通信连接可能有机会被建立，$\xi_{j,j-n}=1$ 表示车辆 j 与车辆 $j-n$ 之间的连接已经建立，否则 $\xi_{j,j-n}=0$。

基于式(2.14)和式(2.15)，通信连接概率函数表示如下：

$$Q_{j,j-n}(\xi_{j,j-n}=1\mid q_{j,j-n}>0)=p_j f(q_{j,j-n},\Delta x_{j,j-n},L,\cdots) \tag{2.16}$$

式中，$Q_{j,j-n}$ 表示车辆 j 能收到车辆 $j-n$ 信息的概率。

考虑到不可忽略的干扰和丢包，当概率达到一定标准时，连接是可靠的。具体地说，我们定义赫维赛德阶跃函数如下：

$$\theta_{j,j-n}=\Theta(Q_{j,j-n}-\mu) \tag{2.17}$$

式中，μ 为可靠连接和不可连接的阈值，可表示为

$$\theta_{j,j-n}=\begin{cases}0, & Q_{j,j-n}<\mu\\ 1, & \text{其他}\end{cases} \tag{2.18}$$

$\theta_{j,j-n}$ 作为信息交换的参数，车辆 j 能收到车辆 $j-n$ 信息，并且连接是可靠的，则 $\theta_{j,j-n}=1$；否则 $\theta_{j,j-n}=0$。

因此，通信拓扑可以描述的相邻矩阵如下：

$$\boldsymbol{A}=\begin{bmatrix}\theta_{0,0} & \cdots & \theta_{0,N}\\ \vdots & \ddots & \vdots\\ \theta_{N,0} & \cdots & \theta_{N,N}\end{bmatrix} \tag{2.19}$$

2.3　固定拓扑结构与切换通信拓扑结构

给定一个特定的通信拓扑结构，车辆间的感知和通信质量也会影响车辆队列的行为。例如，雷达感知的精度影响车辆队列控制的鲁棒性等性能。同时，无线通信质量显著影响车辆队列控制[14,15]的安全性等性能。因此，在车辆队列中考虑传感和无线通信质量是非常重要的。对于可以通过调度、功率和速率等来控制通信质量的无线通信，考虑其和车辆队列的联合控制是很重要的[16]。现有的基于 IEEE 802.11p 的车间无线通信不能实现对同信道无线干扰的可预测控制，因此无法保证通信质量的可预测控制。随着无线控制网络的最新突破，无线通信特性可以可预测方式进行控制，从而开启了车载无线网络与车辆队列协同控制设计的大门[16]。

2.3.1　固定拓扑结构

当通信环境良好时，车辆间的通信拓扑固定，那么，决定车辆获取信息来源的因素则在于选择的固定通信拓扑类型。根据以上通信拓扑表征方法，可对各类典型的通信拓扑结构进行表征，如 PF 拓扑表示当前车辆可单向获取最邻近前车信息；双向领导-跟随者(bidirectional-predecessor-following，BDLF)拓扑表示当前车辆不仅可单向获取最邻近前车信息，同时可与领导车辆相互获取对方信息；TPLF 拓扑表示当前车辆不仅可单向获取最邻近前车信息，还可以单向获取次邻近前车信息和领导车辆信息[13](表 2.1)。

表 2.1　不同通信拓扑结构场景图及其连接矩阵

拓扑结构	场景图	连接矩阵 $\boldsymbol{A}$
PF	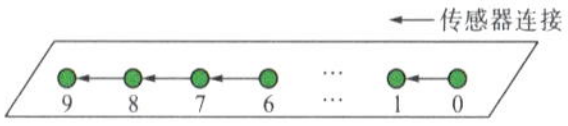	$\begin{bmatrix} \theta_{0,0} & \theta_{0,1} & 0 & \cdots & \cdots & 0 \\ 0 & \theta_{1,1} & \theta_{1,2} & \cdots & \cdots & 0 \\ \vdots & \vdots & \ddots & \ddots & & \vdots \\ \vdots & \vdots & & & \ddots & 0 \\ 0 & \vdots & & & \ddots & \theta_{n-1,n} \\ 0 & 0 & \cdots & \cdots & \cdots & \theta_{n,n} \end{bmatrix}$
BDLF	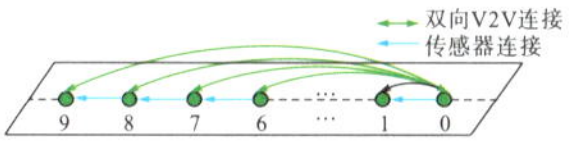	$\begin{bmatrix} \theta_{0,0} & \theta_{0,1} & \theta_{0,2} & \cdots & \cdots & \theta_{0,n} \\ \theta_{1,0} & \theta_{1,1} & \theta_{1,2} & 0 & \cdots & 0 \\ \vdots & \vdots & \ddots & \ddots & & \vdots \\ \vdots & \vdots & & \ddots & \ddots & 0 \\ 0 & \vdots & & & \ddots & \theta_{n-1,n} \\ \theta_{n,0} & 0 & \cdots & \cdots & \cdots & \theta_{n,n} \end{bmatrix}$
TPLF	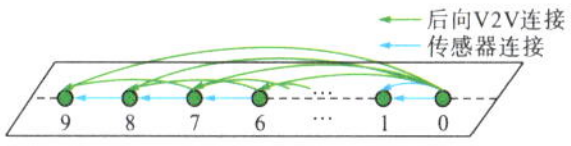	$\begin{bmatrix} \theta_{0,0} & \theta_{0,1} & \theta_{0,2} & \cdots & \cdots & \cdots & \theta_{0,n} \\ 0 & \theta_{1,1} & \theta_{1,2} & \theta_{1,3} & 0 & \cdots & 0 \\ \vdots & \vdots & \ddots & \ddots & \ddots & & \vdots \\ \vdots & \vdots & & \ddots & \ddots & \ddots & 0 \\ \vdots & \vdots & & & \ddots & \ddots & \theta_{n-2,n} \\ 0 & \vdots & & & & \ddots & \theta_{n-1,n} \\ 0 & 0 & \cdots & \cdots & \cdots & 0 & \theta_{n,n} \end{bmatrix}$

2.3.2 切换拓扑结构

切换通信拓扑，存在以下两种情况[13]：

当通信环境较差时，车-车之间的通信拓扑结构会因此呈现不稳定情况，此时，表征通信拓扑结构的连接矩阵中的元素也会随之改变。如图 2.3 所示，交通流受恶劣通信环境影响，某些通信连接逐渐断开，可利用通信拓扑的切换来表征，如 TPLF→BDLF→PF。

交通流中车辆数目的改变也会引起拓扑结构的变化，如队列中的车辆汇入、汇出过程，会造成连接矩阵维度的变化。其中，车辆汇入过程使得连接矩阵维度增加；车辆汇出过程使得连接矩阵维度减少。

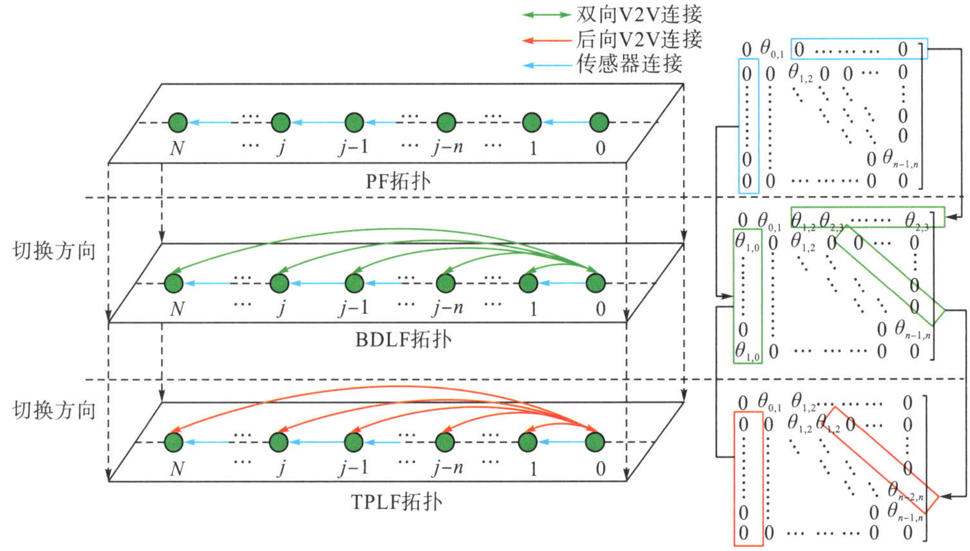

图 2.3　拓扑切换过程与其矩阵元素变化规律

参 考 文 献

[1] 卜月华，吴建专，顾国华，等. 图论及其应用(第一版)[M]. 南京：东南大学出版社，2002：1-13.

[2] 殷剑宏，吴开亚. 图论及其算法(第一版)[M]. 合肥：中国科学技术大学出版社，2003：1-10.

[3] Seiler P，Pant A，Hedrick J K. Disturbance propagation in vehicle strings[J]. IEEE Transactions on Automatic Control，2004，49(10)：1835-1842.

[4] Zheng Y，Li S E，Li K，et al. Stability margin improvement of vehicular platoon considering undirected topology and asymmetric control[J]. IEEE Transactions on Control Systems Technology，2016，24(4)：1253-1265.

[5] Hao H，Barooah P，Mehta P. Stability margin scaling laws for distributed formation control as a function of network structure[J]. IEEE Transactions on Automatic Control，2011，56(4)：923-929.

[6] Wang J，Li S E，Lu Y. Longitudinal collision mitigation via coordinated braking of multiple vehicles using model predictive control[J]. Integrated Computer Aided Engineering，2015，22(2)：171-185.

[7] Bamieh B，Jovanovic M，Mitra P，et al. Coherence in large-scale networks：Dimension-dependent limitations of local feedback[J].

IEEE Transactions on Automatic Control，2012，57(9)：2235-2249.

[8] Zheng Y，Li S E，Wang J，et al. Influence of information flow topology on closed-loop stability of vehicle platoon with rigid formation[A]. 17th International. IEEE Conference. ITSC[C]，2014：2094-2100.

[9] Zheng Y，Li S E，Wang J，et al. Stability and scalability of homogeneous vehicular platoon：Study on influence of information flow topologies[J]. IEEE Transactions on Intelligent Transportation Systems，2016，17(1)：14-26.

[10] Zhang H，Che X，Liu X，et al. Adaptive instantiation of the protocol interference model in wireless networked sensing and control[J]. ACM Transactions on Sensor Networks，2014，10(2)：1-48.

[11] Godsil C，Royle G. Algebraic graph theory[M]. New York：Springer-Verlag，2001.

[12] Li Y，Chen W，Peeta S，et al. Platoon control of connected multi-vehicle systems under V2X communications：Design and experiments[J]. IEEE Transactions on Intelligent Transportation Systems，2020，21(5)：1891-1902.

[13] Zhao H，Li Y，Hao W，et al. Evaluating the effects of switching period of communication topologies and delays on electric connected vehicles stream with car-following theory[J]. IEEE Transactions on Intelligent Transportation Systems，doi：10.1109/TITS.2020.3006122.

[14] Xu L，Wang L，Yin G，et al. Communication information structures and contents for enhanced safety of highway vehicle platoons[J]. IEEE Transactions on Vehicular Technology，2014，63(9)：4206-4220.

[15] Xu L，Wang L，Yin G，et al. Impact of communication erasure channels on safety of highway vehicle platoons[J]. IEEE Transactions on Intelligent Transportation Systems，2015，16(3)：1456-1468.

[16] Guo G，Wen S. Communication scheduling and control of a platoon of vehicles in VANETs[J]. IEEE Transactions on Intelligent Transportation Systems，2016，17(6) 1551-1563.

第3章 间距策略

车辆队列控制中间距策略的选择对于车辆队列行驶的稳定性和燃油经济性都有较大的影响，在实际应用中应根据不同应用场景和控制目标来选择合适的间距策略。通常被采用的间距策略有恒定间距(constant spacing，CS)策略、恒定时距(constant time headway，CTH)策略、延时距离(delay-based spacing，DBS)策略、可变时距(variable time headway，VTH)策略和非线性距离(nonlinear spacing，NLS)策略[1-8]，本章将具体讲解各种策略的定义和应用场景。间距策略对车辆行驶的稳定性和燃油消耗有较大的影响。车队行驶时的空气动力学模型如图3.1所示。根据图中气流的变化曲线可以看出，当车辆间距越近时，后车所受的空气阻力相应更小，反之更大，因此在设计车辆队列控制器时期望车辆间距越小，然而更小的车辆间距则更容易导致车辆追尾和碰撞，这是一个矛盾的问题，需要根据不同的应用场景和控制目标加以权衡。

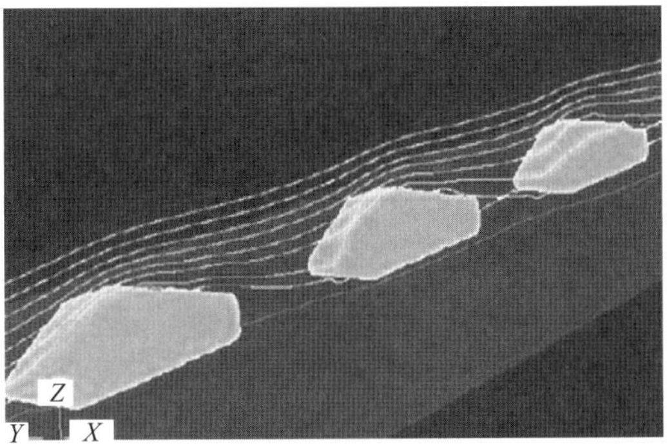

图3.1 车队行驶时的空气动力学模型

3.1 恒定间距策略

3.1.1 恒定间距策略定义

CS策略要求每辆车与队列中前一辆车保持恒定的距离。CS策略是设计车辆队列纵向控制器的一种策略。因为可行性高和易于实施使其成为一种常用的选择。然而CS策略并不满足车辆队列的串稳定性。CS策略间距如图3.2所示。

令 x_i 和 v_i 分别表示车辆 i 的纵向位置和速度，满足以下运动学关系：

$$\dot{x}_i(t)=\frac{\mathrm{d}x_i}{\mathrm{d}t}(t)=v_i(t) \tag{3.1}$$

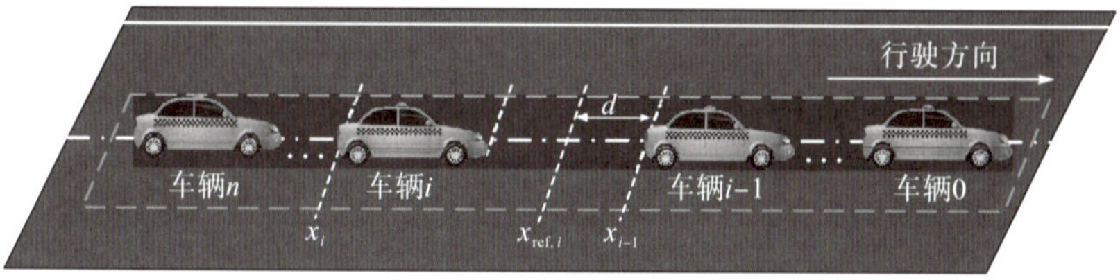

图 3.2　CS 策略车辆间距示意图

如图 3.2 所示，CS 策略描述了车辆 i 和其前车 $i-1$ 的期望位置关系。

CS 策略采用以下形式[1,2]：

$$x_{\mathrm{ref},i}(t)=x_{i-1}(t)-d \tag{3.2}$$

其中，d 为期望的车辆间距且 $d\geqslant 0$；x_{i-1} 为前车的位置。

通过假设 $x_i(t)=x_{\mathrm{ref},i}(t)$ 和考虑式(3.1)，式(3.2)表明速度会同时发生变化，即得到 $v_i(t)=v_{i-1}(t)$。

3.1.2　恒定间距策略的特点

由于采用 CS 策略设计车辆队列控制器时车辆间的期望间距是一个定值，不随车辆速度的变化而变化，因此，控制器的输出仅与间距的大小有关。当车辆间距很大时，所产生的加速度就会很大，而当车辆间距小于期望间距时控制器才会产生相应的减速度值。因此，车辆的加速度会随着车辆间距的变化有较大的波动。采用 CS 策略时，设计如下场景：①车辆初始速度与头车相同；②车辆间的初始间距大于期望间距常量；③用 8 辆车构成一个队列。

根据上述场景进行仿真，从车辆速度曲线图(图 3.3)可以看出，在初始阶段车辆的速度波动较大，具有较大的加速度/减速度，且队列第一次达到稳定时，约花费 100s 的时间。

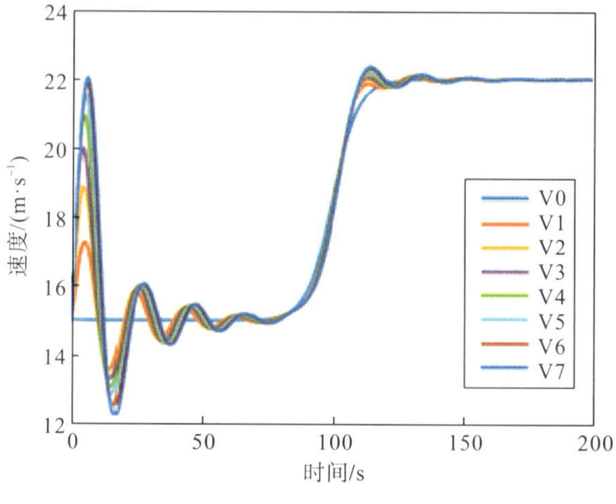

图 3.3　采用 CS 策略时的车辆速度曲线图

3.2 恒定时距策略

3.2.1 恒定时距策略定义

CTH 策略是控制车间距离的一种传统策略，属于变间距策略。在该策略中，车辆的期望间距与自身车速呈线性关系，在一定程度上符合驾驶员的特性，但限制了可实现的交通流密度。CTH 间距策略可采用以下形式[3-5]：

$$x_{\mathrm{ref},i}(t) = x_{i-1}(t) - d - hv_i(t) \tag{3.3}$$

式中，$x_{\mathrm{ref},i}$ 为 i 车的期望位置；x_{i-1} 为前车位置；$hv_i(t)$ 为与前车速度相关的可变的期望间距；d 为固定的期望间距且 $d \geqslant 0$。

CTH 策略车辆间距如图 3.4 所示。

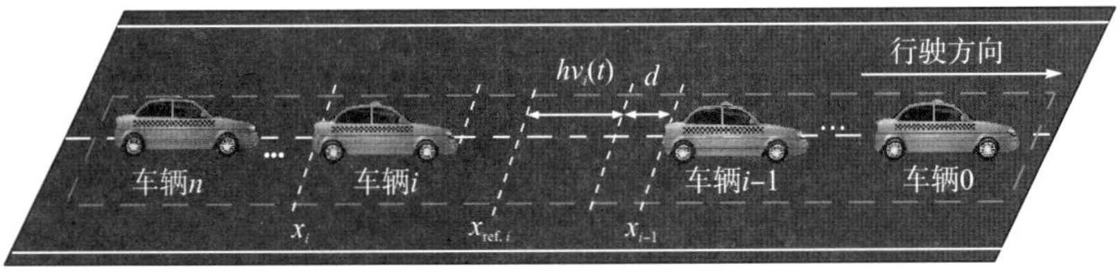

图 3.4 CTH 策略车辆间距示意图

相较于 CS 策略，CTH 策略仅通过车载信息，就能确保车辆队列的串稳定性。串稳定性是指车辆间距误差从车头到车尾沿车队方向传递时不会放大，如果车距误差和速度误差会沿着车队方向的传递而扩大，那么很有可能会导致事故的发生。安全车距的确定与车队的串稳定性有着密切的关系。对于 CS 策略，其理想的跟车距离是一个常数，它并不依赖于被控制车辆的速度。对于 CTH 策略，其理想的跟车距离是一个与被控车辆速度相关的函数，通常情况下更能保证车辆队列行驶的串稳定性。

3.2.2 恒定时距策略的特点

采用 CTH 策略设计车辆队列控制器时，车辆间的期望间距随车辆速度的变化而变化，因此，控制器的输出不仅与间距的大小有关，而且与车辆速度大小有关。直观的表现是当车辆的速度大时，所期望的车辆间距较大，当车辆速度小时，所期望的车辆间距较小。因此，车辆行驶时的速度相对于采用 CS 策略具有更加平缓的特点，但是根据式(3.2)和式(3.3)可知，CTH 策略的期望车辆间距大于或等于 CS 策略的期望车辆间距。采用与 CS 策略相同的场景设置，仅间距策略不同时的车辆队列速度图如图 3.5 所示。

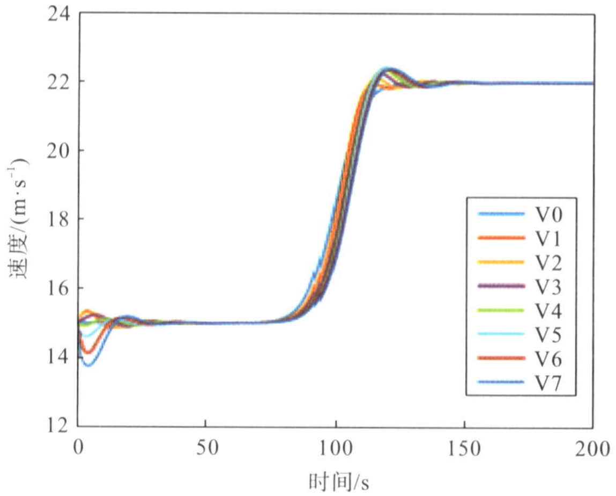

图 3.5 采用 CTH 策略时的车辆队列速度图

3.3 延时距离策略

3.3.1 延时距离策略定义

DBS 策略是一种在空间上能保证车辆以相同的速度曲线进行跟踪的间距控制策略，从而避免了车辆在上坡阶段需要保持更高的速度行驶，因而能够降低车辆队列的行驶能耗。DBS 策略通常应用在重型卡车编队控制中，主要应用于具有陡坡的场景中。DBS 策略可以表示为[6]

$$x_{\mathrm{ref},i}(t)=x_{i-1}(t-\Delta t) \tag{3.4}$$

式中，$x_{\mathrm{ref},i}$ 为 i 车的期望位置；x_{i-1} 为前车位置，时间间隔 $\Delta t>0$ 。

DBS 车辆间距如图 3.6 所示。

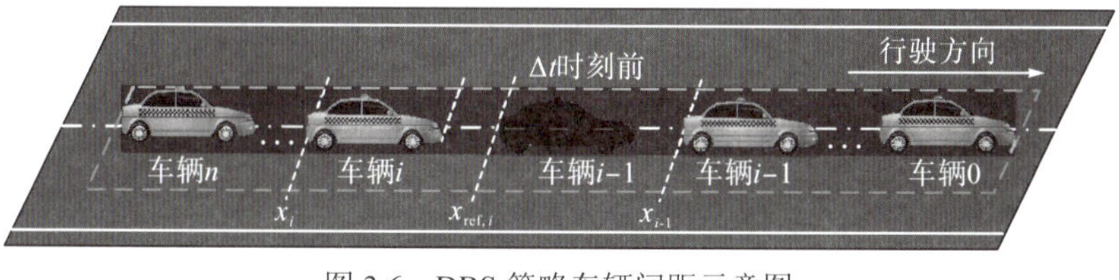

图 3.6 DBS 策略车辆间距示意图

3.3.2 延时距离策略的特点

DBS 策略是针对车辆在陡坡环境下的行驶而设计的间距策略，针对陡坡地形的特点，车辆在上坡时需要加速，而 CTH 策略和 CS 策略只与车辆间距和车辆速度有关，在间距距离和速度达到期望值时遇到陡坡路段，后车可能减速，从而导致车辆队列在陡坡行驶时比较困难。图 3.7 为分别采用 CS 策略、CTH 策略和 DBS 策略情况下队列中车辆速度相对于时间 t 和空间 s 的曲线图。其中黑色粗线是领导车辆的速度，灰色细线是跟随车辆的速度。

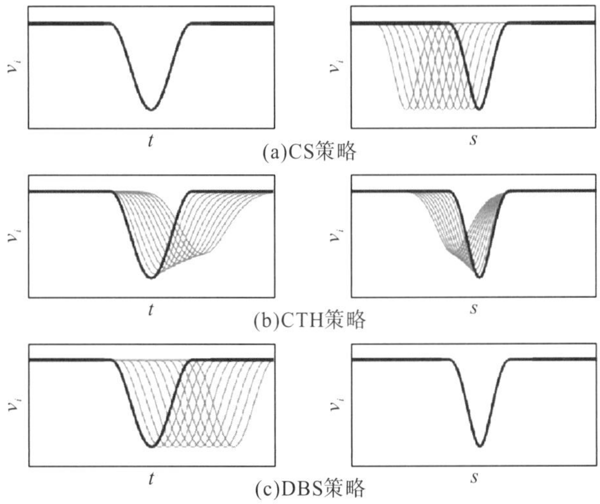

图 3.7　三种策略相对于时间 t 和空间 s 的曲线图[6]

从图 3.7 可知，CS 策略在时间 t 上领导车辆与跟随车辆具有相同的速度曲线，而在空间 s 上具有滞后的特点。CTH 策略在时间 t 和空间 s 上具有超前或滞后的特点，且跟随车辆的速度都小于领导车辆的速度。DBS 策略在时间 t 上具有超前的特点，而在空间 s 上领导车辆与跟随车辆具有相同的速度曲线。由于在上坡场景下要求车辆在相同位置具有相同的速度，从而后车不必减速行驶，更加符合实际情况，因此 DBS 策略是较好的选择。

3.4　可变时距策略

3.4.1　可变时距策略定义

VTH 策略是一个关于速度的非线性函数。与 CTH 策略相比，基于驾驶员驾驶参数的 VTH 策略具有更好的交通容量和更低的能耗。在低速行驶时，VTH 策略下的距离小于 CTH 策略下的距离，这有助于提高道路利用率并减少交通拥堵。在高速行驶时，VTH 策略下的距离大于 CTH 策略下的距离，因此可以确保安全驾驶并避免发生追尾事故。其间距策略可描述为[7]

$$x_{\mathrm{ref},i}(t) = x_0(t) - d_{i0} - h_{i0}v_0 - c_{i0}v_0^2 \tag{3.5}$$

式中，$x_{\mathrm{ref},i}$ 为 i 车的期望位置；x_0 为领导车辆的位置；d_{i0} 为 i 车与领导车辆间期望的固定距离；h_{i0} 为领导车辆速度的系数；c_{i0} 为领导车辆速度平方的系数。

VTH 策略车辆间距如图 3.8 所示。

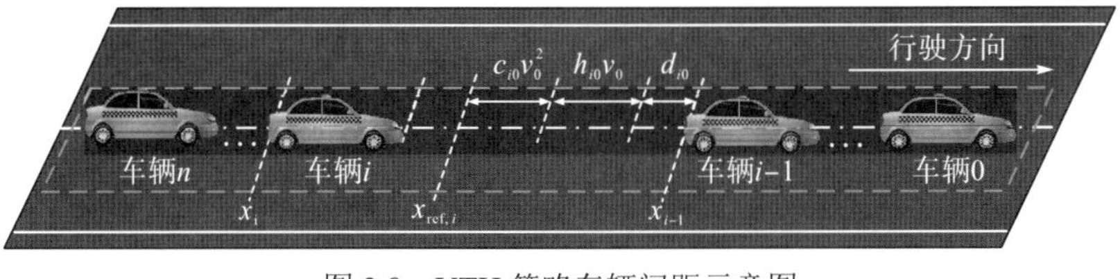

图 3.8　VTH 策略车辆间距示意图

3.4.2　可变时距策略的特点

相比于 CTH 策略，VTH 策略在其基础上增加了 v_0^2 项，因此车辆队列更容易受到速度的影响，相比于 CTH 策略，VTH 策略在低速行驶情况下具有更小的车辆间距，而高速行驶时车辆间距更大，更能保证车辆的行驶安全。图 3.9 为采用 VTH 策略时的车辆队列速度图。相比于 CS 策略，VTH 策略具有更平缓的速度曲线，且收敛时间更短。与 CTH 策略相比效果似乎更差，但有可能是初始条件或控制参数的影响，由于本章只讨论间距策略因而并不做深入研究。

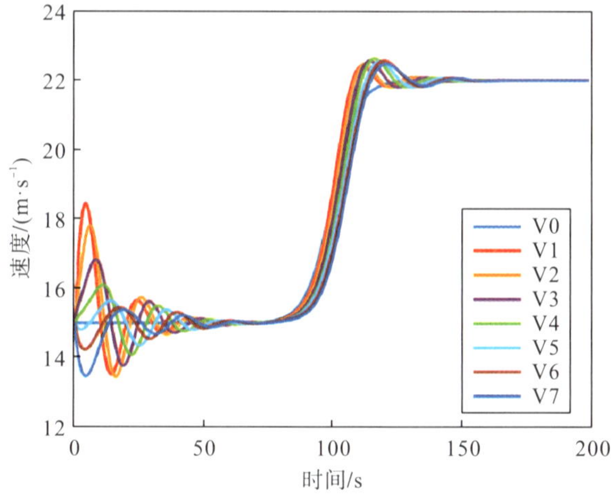

图 3.9　采用 VTH 策略时的车辆队列速度图

3.5　非线性距离策略

NLS 策略是指相邻两辆车之间的期望距离是车速的非线性函数，相比于恒定距离和 CTH 构型，这种方式具有同时改善交通流稳定性和提高交通流密度的潜能[8]。其间距策略可描述为

$$x_{\mathrm{ref},i}(t)=x_{i-1}(t)-g(\dot{x}_i) \tag{3.6}$$

式中，$x_{\mathrm{ref},i}$ 为 i 车的期望位置；x_{i-1} 为前车位置；$\dot{x}_i$ 为 i 车的速度；$g(\dot{x}_i)$ 为关于速度的非线性函数。$g(\dot{x}_i)$ 函数的选取一般需满足三个条件：①间距策略和相关控制器应该保证单台车辆的稳定性；②间距策略和相关控制器应该保证车辆队列系统的串稳定性；③间距策略应该保证交通流的稳定。NLS 策略车辆间距如图 3.10 所示。

所提出的控制器具有与 CTH 间隔控制器相同的结构，但是车速时间常数被速度相关的时间车速代替。相应的线性化间距策略为

$$x_{\mathrm{ref},i}(t)=x_{i-1}(t)-g(\dot{x}_{i,0})-\frac{\partial g}{\partial s_i}(\dot{x}_i-\dot{x}_{i,0}) \tag{3.7}$$

式中，$\dot{x}_{i,0}$ 为车辆队列稳定时的速度。

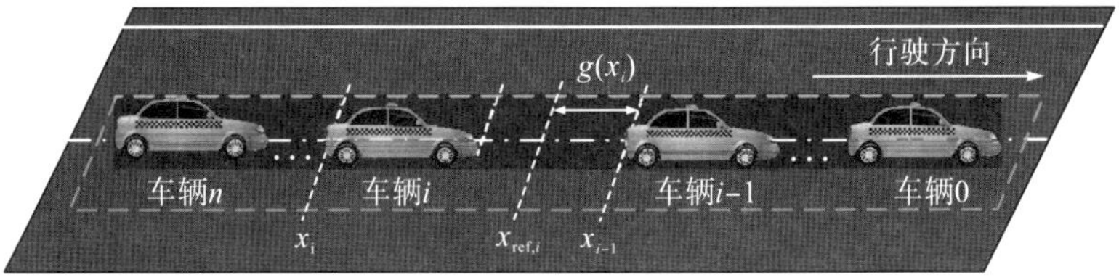

图 3.10 NLS 策略车辆间距示意图

参 考 文 献

[1] Kazemi G R，Azadi S. Stable decentralized control of a platoon of vehicles with heterogeneous information feedback[J]. IEEE Transactions on Vehicular Technology，2013，62(9)：4299-4308.

[2] Zheng Y，Bian Y G，Li S，et al. Cooperative control of heterogeneous connected vehicles with directed acyclic interactions[J]. IEEE Intelligent Transportation Systems Magazine，DOI：10.1109/MITS.2018.2889654.

[3] Chehardoli H，Ghasemi A. Adaptive centralized/decentralized control and identification of 1-D heterogeneous vehicular platoons based on constant time headway policy[J]. IEEE Transactions on Intelligent Transportation Systems，2018，19(10)：3376-3386.

[4] Ma Y，Li Z，Malekian R，et al. Hierarchical fuzzy logic-based variable structure control for vehicles platooning[J]. IEEE Transactions on Intelligent Transportation Systems，2019，20(4)：1329-1340.

[5] Viel C，Vautier U，Wan J，et al. Platooning control for heterogeneous sailboats based on constant time headway[J]. IEEE Transactions on Intelligent Transportation Systems，2020，21(5)：2078-2089.

[6] Besselink B，Johansson K H. String stability and a delay-based spacing policy for vehicle platoons subject to disturbances[J]. IEEE Transactions on Automatic Control，2017，62(9)：4376-4391.

[7] Yanakiev D，Kanellakopoulos I. Nonlinear spacing policies for automated heavy-duty vehicles[J]. IEEE Transactions on Vehicular Technology，1998，47(4)：1365-1377.

[8] Santhanakrishnan K，Rajamani R. On spacing policies for highway vehicle automation[J]. IEEE Transactions on Intelligent Transportation Systems，2003，4(4)：198-204.

第 4 章　稳定性分析

车辆队列系统是由两台或两台以上的车辆组成的以期望的巡航速度和车间距离行驶的车辆编队，如图 4.1 所示。与人类驾驶员驾驶车辆相比，自动车辆队列控制系统具有减少车距的优势(即严密的编队)，因此被认为是减少交通拥堵，空气阻力和燃料消耗的有前途的解决方案。

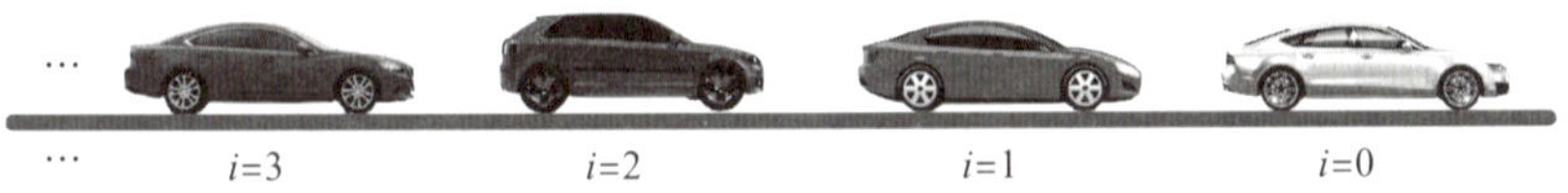

图 4.1　车辆队列系统

严密的编队控制有一个特别的困难，称为串不稳定性，即系统状态的干扰会沿着车辆编队中的第一辆车向最后一辆车逐渐放大。车辆队列的串不稳定性将导致堵塞(如车辆频繁地启停)，甚至发生碰撞追尾事故，车辆队列的串不稳定性即降低了交通通行的效率，还增加了行车的安全隐患。为了解决上述问题，很多学者对车辆队列系统的稳定性进行了广泛的研究，车辆队列系统的稳定性问题可以分为个体稳定性和串稳定性[1]。

一个车辆队列系统是串稳定的，如果满足系统状态的干扰向车辆队列下游传播(车辆编队中的第一辆车向最后一辆车)，则扰动带来的影响不会被逐级放大。

4.1　车辆队列系统稳定性分类

4.1.1　个体稳定性

个体稳定性描述了单台车辆收敛到期望轨迹的能力[1,2]，如果单台车辆能够无限收敛到期望轨迹附近，则可以说单台车辆具备个体稳定性，如图 4.2 所示。

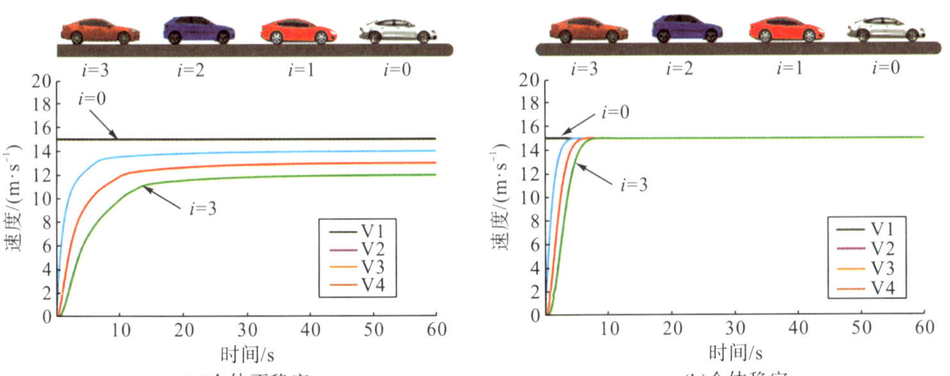

(a)个体不稳定　　(b)个体稳定

图 4.2　车辆队列系统的个体稳定性示意图

4.1.2　串稳定性

串稳定性描述了整个车辆队列抗干扰以及受到干扰后的恢复能力，如果在车辆队列中的某个位置出现了外界扰动，当该扰动在车辆队列中沿着下游传播时，扰动带来的影响不会被逐级放大，则可以说该车辆队列具备串稳定性[1]，如图 4.3 所示。

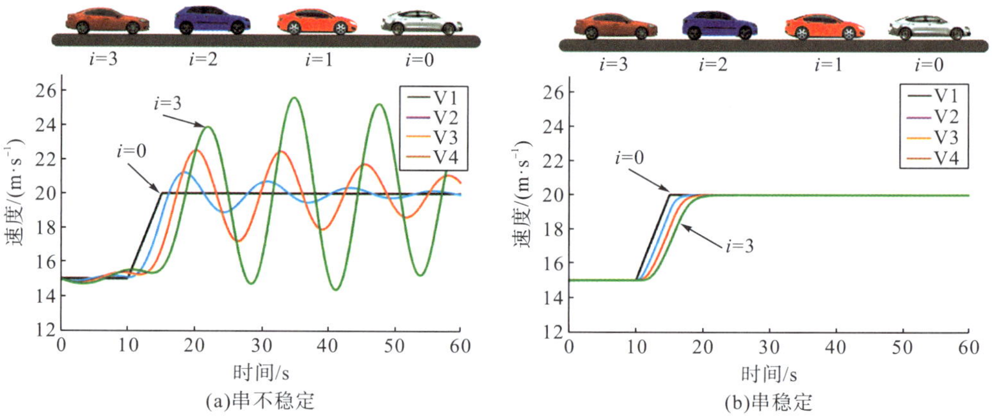

图 4.3　车辆队列系统的串稳定性示意图

4.1.3　两种稳定性的关联

具备个体稳定性的车辆队列系统会因为某个扰动而导致交通堵塞(如车辆频繁地启停)，并且随着车辆队列规模的增加，这种情况更加严重。具备串稳定性的车辆队列系统不会因为某个扰动而导致交通堵塞，并且随着车辆队列规模的增加，扰动给车辆队列中下游车辆带来的负面影响会逐渐减少，甚至消失。

在车辆队列系统中，个体的稳定性往往都能够满足，但满足串的稳定性却有严格的条件，因此，在接下来的章节中，我们将重点分析车辆队列系统中的串稳定性问题。

4.2　车辆队列系统串稳定性的分类定义

4.2.1　串稳定性的原始定义

定义 4.1　如果车辆队列在任意有界初始扰动下，所有车辆的位置都保持在有界范围内波动，并且当时间 $t \to \infty$ 时这些波动趋于零，则该车辆队列是串稳定的[3]。

在该定义中，指定了两个属性：所有车辆位置波动的有界性和收敛性。特别地，在任意长度的车辆队列中都应该满足扰动的有界性，因为它保证了串稳定性的概念是可延伸的，即允许从车辆队列中增加或减少一些车辆，不会影响串的稳定性。在某些情况下，收敛性也称为个体稳定性。

4.2.2　频域串稳定性的定义

定义 4.2　对于采用前车跟随式通信拓扑结构的线性车辆队列系统，如果在车辆 i 和其前车 i-1 之间的输出传递函数 $G_{i-1,i}$ 满足如下关系：

$$\left\|G_{i-1,i}(j\omega)\right\|_{H_\infty} \leqslant 1, \forall i \in S_{e,m}, \forall m \in N \tag{4.1}$$

则该系统是强频域串稳定的[4]。

在该定义中，强频域串稳定性只针对采用前车跟随式通信拓扑结构的线性车辆队列系统，对于采用其他通信拓扑结构(如双向通信拓扑结构)的车辆队列系统无效。考虑前车跟随式的演进通信拓扑结构——多前车跟随式以及多前车加领航车跟随式通信拓扑结构，有如下修正的定义方法。

定义 4.3　对于采用多前车跟随式或多前车加领航车跟随式通信拓扑结构的线性车辆队列系统，如果在领航车 0 和任意车辆 i 之间的输出传递函数 $G_{i-1,i}$ 满足[4]：

$$\left\|G_{0,i}(j\omega)\right\|_{H_\infty} \leqslant 1, \forall i \in S_{e,m}, \forall m \in N \tag{4.2}$$

则该系统是频域串稳定的；如果满足[5]：

$$\left\|G_{0,i}(j\omega)\right\|_{H_\infty} \leqslant 1, \forall i > N, \forall m \in N \tag{4.3}$$

则该系统是完全串稳定的。

定义 4.4　对于采用多前车跟随式或多前车加领航车跟随式通信拓扑结构的线性车辆队列系统，如果在领航车 0 和队尾车辆 m 之间的输出传递函数 $G_{0,m}$ 满足如下关系[6]：

$$\left\|G_{0,m}(j\omega)\right\|_{H_\infty} \leqslant 1, \forall m \in N \tag{4.4}$$

则该系统是首尾相衔串稳定的。

在上述定义中，频域串稳定性也称为弱频域串稳定性，因为相比于强频域串稳定性，弱频域串稳定性适用于更灵活的通信拓扑结构，而不局限于前车跟随式通信拓扑结构。完全串稳定性是频域串稳定性的一种特殊情况；首尾相衔串稳定性主要用于混合交通流中的串稳定性分析。

4.2.3　时域串稳定性的定义

考虑采用多前车跟随式的网联车辆队列系统如下式所示[1]：

$$\dot{x}_i = f_i(x_i, x_{i-1}, \cdots, x_{i-r}) \tag{4.5}$$

式中，$x \in R^n$ 为 n 维状态变量；$i \in N$ 为车辆编号；r 为与 i 车有通信连接的前车数量；$f(0,\cdots,0)=0$。

定义 4.5　对于初始条件 $x_i = 0$，$i \in N$ 如果给定任意无限小的正数 $\varepsilon>0$，存在一个 $\delta > 0$，使如下关系成立[7]：

$$\sup_i \left|x_i(0)\right| < \delta \Rightarrow \sup_i \left\|x_i(t)\right\|_\infty < \varepsilon \tag{4.6}$$

则该系统是时域串稳定的。

定义 4.6 对于初始条件 $x_i = 0,\ i \in N$，如果满足时域串稳定性且 $\sup\limits_i \|x_i(t)\|_\infty \to 0$，则该系统是渐进时域串稳定的[7]。

时域范围内定义串稳定性的优势在于不需要对车辆队列系统进行线性化假设，可直接用于非线性系统的分析，且可以直接采用一般化通信拓扑结构的车辆队列系统的串稳定性分析。

4.2.4 L_p 串稳定性

考虑前车跟随式的车辆队列状态空间系统如下式所示[1]：

$$\begin{cases} \dot{x}_0 = f_r(x_0, u_r) \\ \dot{x}_i = f_i(x_i, x_{i-1}) \\ y_i = h(x_i) \end{cases} \tag{4.7}$$

式中，u_r 为领航车辆的外部输入；x_i 为状态变量；y_i 为系统输出；$i \in S_{e,m}$。

定义 4.7 对于式(4.7)，在平衡点 $x_i = 0,\ i \in S_{e,m}$ 处，如果存在 K 函数 α 和 β，对于任意的初始扰动 $x(0)$ 和任意的控制输入 u_r，满足：

$$\sup_i \|y_i(t)\|_{L_p} \leqslant \alpha(\|u_r(t)\|_{L_p}) + \beta(\|x(0)\|_{L_p}), \forall m \in N \tag{4.8}$$

则该系统是 L_p 串稳定的[8]。

定义 4.8 如果式(4.7)在平衡点 $x_1 = 0,\ i \in S_{e,m}$ 处满足 L_p 串稳定，则 $x(0) = 0$ 且满足：

$$\|y_i(t) - h(0)\|_{L_p} \leqslant \|y_{i-1}(t) - h(0)\|_{L_p}, \forall i \in S_{e,m}/\{1\}, \forall m \in N/\{1\} \tag{4.9}$$

该系统是严格 L_p 串稳定的[8]。

定义 4.9 如果式(4.7)在平衡点 $x_i = 0,\ i \in S_m$ 处存在 KL 函数 β、K 函数 σ 以及常数 $k_1, k_2 \in R^+$，对于任意的初始条件 $x_i(0)$ 和扰动 $\omega_i(t), i \in S_m$，满足：

$$\sup_i |x_i(0)| \leqslant k_1, \sup_i \|\omega_i(t)\|_\infty \leqslant k_2 \tag{4.10}$$

对于所有 $t \geqslant 0$，上述不等式的解 $x_i(t), i \in S_m$，满足

$$\sup_i |x_i(t)| \leqslant \beta(\sup_i |x_i(0)|, t) + \sigma(\sup_i \|\omega_i\|_\infty^{[0,t]}), \forall m \in N \tag{4.11}$$

则该系统是扰动串稳定的[9]。

对比 L_p 串稳定性、严格 L_p 串稳定性，扰动串稳定性的定义方式保证了系统状态可由 $\sigma(\sup\limits_i \|\omega_i\|_\infty^{[0,t]})$ 到达一个界定的区域，并且对于任意长度的车辆队列系统均能保证扰动的有界性，因此扰动串稳定性的定义方式延伸性更好，更适合于实际运用中。

4.3 各类串稳定性定义的等价关系

从控制理论的角度，串稳定性的定义可划分为以下三种类型[1]：①李雅普诺夫意义下

的稳定性；②输入-状态串稳定性；③输入-输出串稳定性。这三种类型是上述串稳定性定义之间的联系桥梁。

4.3.1 李雅普诺夫串稳定性

基于李雅普诺夫稳定性理论，延伸出来的串稳定性主要包括：李雅普诺夫串稳定性和渐进李雅普诺夫串稳定性。考虑一个车辆队列系统如下式所示[1]：

$$\begin{cases} \dot{x} = f(x,\omega) \\ y = g(x) \end{cases} \tag{4.12}$$

其中，函数 $f(x,\omega): R^{mn} \times R^{m} \to R^{mn}$； $g(x)$ 是全局利普希茨连续可微的； $x \in R^{mn}$ 是系统的状态向量； $y \in R^{m}$ 是系统的输出； $\omega \in R^{m}$ 是扰动变量； $m \in N$ 是车辆队列的长度； $n \in N$ 是子系统的状态顺序。

定义 4.10 如果式(4.12)在平衡点 $x_e = 0$ 处，对于任意 $\varepsilon > 0$ ， $\exists \delta = \delta(\varepsilon) > 0$ ，满足：

$$\left\| x(0) \right\|_p < \delta \Rightarrow \left\| x(t) \right\|_p < \varepsilon, \forall t \geqslant 0, \forall \mathrm{m} \in \mathrm{N} \tag{4.13}$$

则系统是李雅普诺夫串稳定的[10]。

定义 4.11 如果式(4.12)在平衡点 $x_e = 0$ 处满足李雅普诺夫串稳定性，并且 $x(t)$ 渐进趋于零，则系统是渐进李雅普诺夫串稳定的[10]。

值得注意的是，(渐进)李雅普诺夫串稳定性是(渐进)时域串稳定性从 L_∞ 范数到 L_p 范数的直接描述。

4.3.2 输入-输出串稳定性

定义 4.12 如果式(4.12)的所有输入都属于 L_p 空间(即 $\left\|\omega\right\|_{L_p} < \infty$)，对于任意长度 $m \in N$ 的车辆队列，其输出也属于 L_p 空间，则可以定义系统的增益为

$$\gamma_p(H) = \sup \frac{\left\| y \right\|_{L_p}}{\left\| \omega \right\|_{L_p}} \tag{4.14}$$

如果式(4.12)的增益是有界的，则式(4.12)是输入-输出串稳定的[11]。

4.3.3 输入-状态串稳定性

定义 4.13 对于式(4.12)，如果存在一个 KL 函数 β 、K 函数 γ 以及常数 $k_1, k_2 \in R^+$ ，对于初始扰动 $x(0)$ 和 $\omega_a(t)$ ，满足：

$$\left\| x(0) \right\|_p < k_1, \left\| \omega_a(\cdot) \right\|_{L_\infty}^{[0,t]} < k_2 \tag{4.15}$$

则存在

$$\left\| x(t) \right\|_p \leqslant \beta\left(\left\| x(0) \right\|_p, t \right) + \gamma\left(\left\| \omega_a(\cdot) \right\|_{L_p}^{[0,r]} \right), \forall t \geqslant 0, \forall m \in N \tag{4.16}$$

使系统是输入-状态串稳定性的[1]。

4.3.4 等价关系

根据前面提出的三类串稳定性的定义，即李雅普诺夫意义下的串稳定性、输入-状态串稳定性、输入-输出串稳定性，可以得到前面所提各类串稳定性定义的等价关系，如图 4.4 所示[1]。

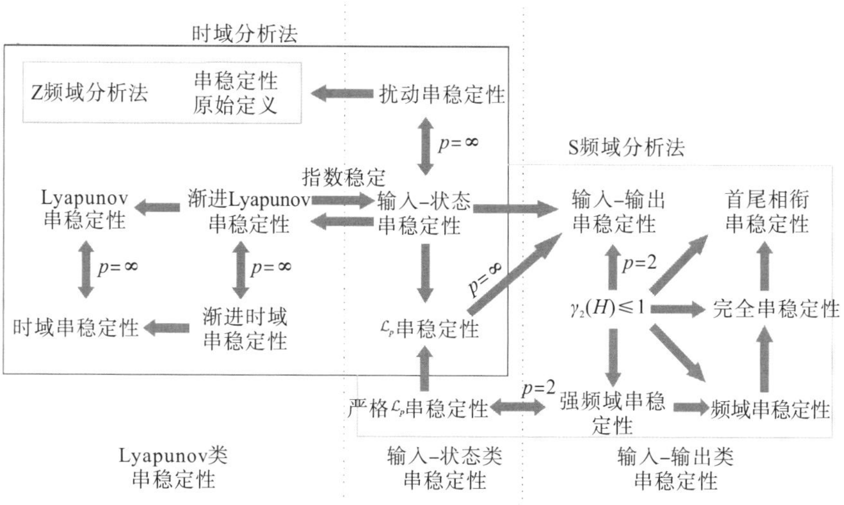

图 4.4　各类串稳定性定义的等价关系

在图 4.4 中箭头旁边为等价关系成立的假设条件，当假设条件 $p=\infty$ 成立时，李雅普诺夫串稳定性 $\Leftrightarrow$ 时域串稳定性。无假设条件的箭头，代表两种串稳定性定义可以根据箭头的方向直接等价，渐进时域串稳定性 $\Rightarrow$ 时域串稳定性，强频域串稳定性 $\Rightarrow$ 频域串稳定性。

4.4　队列稳定性的分析方法

4.4.1　频域分析

1. S 域

S 域分析方法的关键步骤是在系统输出和输入之间通过拉普拉斯变换构造出传递函数。如果传递函数的 H_∞ 范数小于等于 1，则串稳定性可以被保证。如果一个车辆队列的传播动力学描述成如下式所示：

$$X_i(S)=\sum_{j=1}^{r}G_j(s)X_{i-j}(s) \tag{4.17}$$

则可以定义一个多项式和稳定半径如下式所示：

$$P_r(Z) = z^r - \sum_{1}^{r} \alpha_j z^{r-j}$$

$$\rho = \max\{|z| : P_r(z) = 0\} \tag{4.18}$$

其中，$\alpha_j = \|G_j\|_{H_\infty}$；$P_r(z)=0$ 是特征方程；ρ 的值越小，车辆队列串的稳定性能越好，相邻两车之间的车间距保持得越严格。特别地，当满足 $\rho<1$ 时，车辆队列是串稳定性的。

采用在 S 域中分析串的稳定性仍具有如下限制：①假设车辆队列系统是线性的；②S 域分析方法通过调节信号的能量，但不调节其最大振幅；③具有一般通信拓扑结构(如无向拓扑)的系统仍然很难处理。

2. Z 域

Z 域分析法常用来分析无穷的匀质线性队列系统(即线性空间时不变和无穷维系统)。一个无穷的匀质线性队列系统可以描述成如下式所示[3]：

$$\begin{cases} \dot{x}_k = \sum_{j=-\infty}^{\infty} (A_{k-j}x_j + B_{k-j}u_j) \\ y_k = \sum_{j=-\infty}^{\infty} H_{k-j}x_j \\ u_k = Fy_k \end{cases} \tag{4.19}$$

其中，$k \in R$；F 是一个应用于所有结构化控制器中的静态反馈增益；A_k、B_k 是受 k 影响的静态矩阵，当 $k \to \infty$ 时，A_k、B_k 的值将以指数方式趋近于 0。应用 Z 变换和卷积理论[12]可以得

$$\begin{cases} \dot{X}(z) = A(z)X(z) + B(z)U(z) \\ Y(z) = H(z)X(z) \\ U(z) = FY(z) \end{cases} \tag{4.20}$$

因此，闭环系统的动力学模型为

$$\dot{X}(z) = [A(z) + B(z)FH(z)]X(z) \tag{4.21}$$

通过在 Z 域内分析式(4.21)的特征根的分布情况，可以得到式(4.21)的稳定性条件[13]。特别地，通过 Z 域来进行队列稳定性分析的方法仅适用于无穷的匀质线性队列系统，如式(4.19)所示，A_{k-j}、B_{k-j}、H_{k-j} 和 F 仅仅与车辆的标识距离有关，即 $k-j$，而不是独立地由车辆标识 k 所决定。

上述这种考虑线性化的无限长的车辆队列系统，在实际运用中存在限制。但是，对于理解一种有限长的情况，这种无限长的情况并不总是一种有用的案例。通过认识在有限长的车辆队列系统中，第一辆车和最后一辆车的动力学可能与其他车辆有显著差异，可以直观地理解这一点。

4.4.2 时域分析

为了分析非线性车辆队列系统和一般化通信拓扑结构系统的串的稳定性，李雅普诺夫分析方法和特征值分析方法[14]引起了越来越多学者的关注。为了与 Z 域和 S 域分析方法区分开来，我们称这些方法为时域分析方法，因为在该类分析中，系统不存在积分变换。

时域分析串的稳定性的关键步骤是针对状态信号变量构造出一个李雅普诺夫函数 $V_i(t)$，如采用系统状态变量 $x_i(t)$ 来分析李雅普诺夫函数的性质，当 $t \to \infty$ 时，如果所有 $V_i(t)$ 都能渐进收敛到 0，即 $V_i(t) \to \infty$，则所有的 $x_i(t)$ 也将渐进收敛到 0，即 $x_i(t) \to \infty$，此时将满足渐近时域内串的稳定。

通过定义辅助函数来模拟一般化通信拓扑结构系统的影响[1]：

$$V(d^{-1},t) = \int_{j=1}^{\infty} V_i(t) d^{-i} \tag{4.22}$$

如果耦合性足够小，那么 V 将以指数方式趋近于 0，即 $V \to 0$。因此 $V_i(t)$、$x_i(t)$ 也将以指数方式趋近于 0，这意味着此时串稳定性满足著名的弱耦合定理。

通过时域分析串稳定性的主要难点在于如何构造出李雅普诺夫函数 $V_i(t)$，这对于某些特定问题来说有时很难解决。然而，由于李雅普诺夫分析法与输入到状态属性之间的紧密联系，李雅普诺夫分析法在串稳定性分析中尤其值得更多关注。

特征值分析方式通常用于分析采用一般化通信拓扑结构下的线性车辆队列系统。如果闭环系统动力学的所有特征值都位于复平面的左半部，则该车辆队列系统是渐近稳定的。特别地，如果该参数适合于任何长度的车辆队列系统，则该系统是李雅普诺夫渐进稳定的。但是，对于一般化通信拓扑结构，由于闭环矩阵没有特殊的结构，因此随着车辆队列中车辆台数的增加，该方法往往难以分析特征值。

4.5 分析方法的比较

串稳定性的特性主要从以下两个方面描述了车辆队列系统的特性。

(1) 时间上：当 $t \to \infty$ 时，扰动状态收敛到零。

(2) 空间上：当车辆队列的长度 $m \to \infty$ 时，扰动状态是有界的。

根据车辆队列系统的时间和空间特性，将上述提及的所有串稳定性分析方法进行了分类，如图 4.5 所示。各种分析方法的优缺点如下。

第一，Z 域方法具有相当局限性，因其仅分析线性空间时不变无限系统的空间特性，对于理解有限长的车辆队列系统并非总是一种有用的范例。通过对 Z 域中闭环系统的动力学进行特征值分析，可以间接地分析出系统在时间上的特性。

第二，得益于其理论上的便利性，S 域方法被广泛地运用于分析串的稳定性。然而，这些方法只能分析具有特定通信拓扑结构的线性系统的时间特性。此外，只能根据能量（L_2 范数）而不是其最大幅度（L_∞ 范数）调节系统输出。

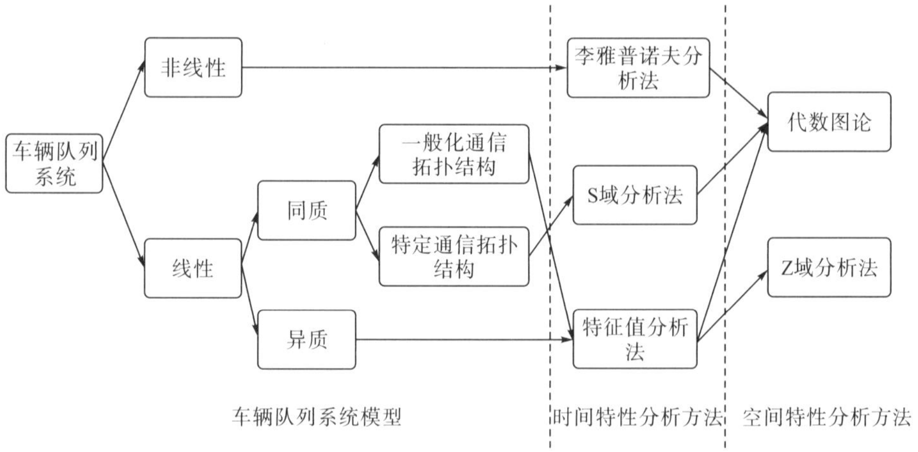

图 4.5　不同车辆队列系统分析方法的实际选择流程图

第三，提出了针对非线性系统的李雅普诺夫分析法。尽管对于构造李雅普诺夫函数而言有些困难，但是由于这些方法与输入到状态属性之间的紧密联系，因此也引起了广泛的关注与应用。

第四，特征值分析方法可用于具有线性假设限制的一般化通信拓扑结构的车辆队列系统，但对于具有一般化通信拓扑结构的无限系统，使用特征值分析法仍然很难得到结果。为了解决这种难题，一种偏微分方程(partial differential equation，PDE)的方法被用来估计 BD 通信拓扑系统的可延伸性[15]。通过 PDE 方法得到的特征值来预测最不稳定特征值的行为，以解释随着车辆台数的增加，闭环稳定性的逐步损失，但 PDE 方法仅适用于采用 BD 通信拓扑的车辆队列系统。

综上分析，首先，对于线性车辆队列系统，由于现有的方式不能分析其在空间上的特性，因此具有一般化通信拓扑结构的串的稳定性分析依然较难，但 S 域方法、特征值分析法以及代数图论方法是一个解决此类问题的较好的方式；其次，由于车辆动力学的非线性本质、精确线性化技术的困难(如参数不确定性[16])，以及非线性控制器的应用，非线性系统的串稳定性分析更为重要，对于非线性车辆队列系统，采用李雅普诺夫分析法更为常见。

参 考 文 献

[1] Feng S, Zhang Y, Li S E, et al. String stability for vehicular platoon control: Definitions and analysis methods[J]. Annual Reviews in Control，2019，47：81-97.

[2] Dolk V S，Ploeg J，Heemels W M H. Event-triggered control for string-stable vehicle platooning[J]. IEEE Transactions on Intelligent Transportation Systems，2017，18(12)：3486-3500.

[3] Chu K E. Decentralized control of high-speed vehicular strings[J]. Transportation Science，1974，8(4)：361-384.

[4] Naus G J L, Vugts R P A, Ploeg J, et al. String-stable CACC design and experimental validation: A frequency-domain approach[J]. IEEE Transactions on Vehicular Technology，2010，59(9)：4268-4279.

[5] Khatir M E，Davidson E J. Bounded stability and eventual string stability of a large platoon of vehicles using non-identical

controllers[A]. in Proceedings of the IEEE Conference on Decision and Control[C]，2005：1111-1116.

[6] Ge J I，Orosz G. Dynamics of connected vehicle systems with delayed acceleration feedback[J]. Transportation Research Part C，2014，46(9)：46-64.

[7] Swaroop D，Hedrick J K. String stability of interconnected systems[J]. IEEE Transactions on automatic control，1996，41(3)：1806-1810.

[8] Ploeg J，Nathan V D W，Nijmeijer H. Lp string stability of cascaded systems：Application to vehicle platooning[J]. IEEE Transactions on Control Systems Technology，2014，22(2)：786-793.

[9] Besselink B，Johansson K H. String Stability and a delay-based spacing policy for vehicle platoons subject to disturbances[J]. IEEE Transactions on Automatic Control，2017，62(9)：4376-4391.

[10] Marquez H J. Nonlinear control systems：Analysis and design[J]. IEEE Transactions on Automatic Control，2002，49(7)：1225-1226.

[11] Sontag E D. Input to State Stability：Basic Concepts and Results[M]. Berlin Springer，2008，163-220.

[12] Jury E I. Theory and Application of the z-transform Method[M]. New York：Robert E. Krieger publishing company，1964.

[13] Curtain R F，Iftime O，Zwart H. A comparison between LQR control for a long string of SISO systems and LQR control of the infinite spatially invariant version[J]. Automatica，2010，46(10)：1604-1615.

[14] Zheng Y，Li S E，Li K，et al. Stability margin improvement of vehicular platoon considering undirected topology and asymmetric control[J]. IEEE Transactions on Control Systems Technology，2016，24(4)：1253-1265.

[15] Hao H，Barooah P，Mehta P G. Stability margin Scaliug laws for distributed formation control as a function of network structure[J]. IEEE Transactions on Automatic Control，2011，56(4)：923-929.

[16] Chehardoli H，Ghasemi A I. Adaptive centralized/decentralized control and identification of 1-D heterogeneous vehicular platoons based on constant time headway policy[J]. IEEE Transactions on Intelligent Transportation Systems，2018，19(10)：3376-3386.

第 5 章　队列控制器设计与分析方法

5.1　单队列控制

5.1.1　结构化道路场景下的车辆队列纵向控制

在结构化道路环境下，考虑异质通信延时和车辆跟驰行为影响，对车辆队列协同控制进行了研究。在智能网联环境下，智能网联车之间可以进行信息交互，使用代数图论来描述系统的通信拓扑结构。基于领导者-跟随者模型来研究智能网联环境下车辆队列的协同控制。考虑到异质通信延时和车辆跟驰行为影响，本节提出一种基于一致性的非线性车辆队列协同控制算法。进一步利用李雅普诺夫-克拉索夫斯基稳定性定理方法，分析所提车辆队列协同控制算法的稳定性条件，进而分析交通系统中车辆编队队形的动态特性。通过对不同通信延时情况下车辆位置、速度、加速度、车辆间距仿真图的对比，分析不同通信延时因素对编队控制的影响，以验证所提车辆队列协同控制算法在不同通信延时影响下的有效性。

1. 问题描述

为了实现智能网联环境下车-车/车-路系统的协同、稳定运行，研究考虑车辆跟驰行为与异质通信延时影响下的车辆队列协同控制算法。如图 5.1(a) 所示，在结构化道路场景下，一串车在道路中心线上行驶，但是没有形成稳定的编队，其车间距与速度还没有达到一致；图 5.1(b) 为车辆间的通信拓扑图。由于通信连接和负载变化带来的通信延时会对车辆队列协同控制产生很大的影响。因此，如何利用车辆间的作用关系，在考虑通信延时的情景下，设计有效的队列协同控制算法，使车辆队列以安全的车辆间距和安全速度保持一致的队形，即车间距一致以及车速一致，是本节主要的研究内容。

如图 5.1(a) 所示，一串车(包含 $n+1$ 辆互联车)在直道路上行驶，其中包含 1 辆领导车辆，标为车辆 L ，n 辆跟随车辆，标为车辆 1～n 。为了更加有效地利用通信容量，在本节中使用 PLF 拓扑[图 5.1(b)]来刻画在智能网联环境下的车辆互联。其中，在车队中跟随车辆可以通过车车通信实时地获取该车最邻近前车和领导车辆的状态信息，包括位置、速度和加速度信息。

1) 车辆模型

采用的车辆模型是基于二阶积分器模型，即领导者-跟随者模型，其表达式如下[1-4]：

$$\begin{cases} \dot{x}_i(t) = v_i(t) \\ \dot{v}_i(t) = u_i(t) \end{cases},\ i = L, 1, 2, \cdots, n \tag{5.1}$$

其中，$x_i(t), v_i(t) \in R$ 为队列中第 i 辆车在时刻 t 的位置和速度；$u_i(t) \in R$ 为第 i 辆车在时刻 t 的控制输入。如果 $i = L$ ，则 $x_L(t)$ 和 $v_L(t) \in R$ 为领导车辆 L 在时刻 t 的位置和速度，$u_L(t) \in R$ 为领导车辆 L 在时刻 t 的控制输入。为了便于后续分析，假设领导车辆以匀速 $v_0 \in R$ 运动，次数 $u_L(t) = 0$ 。

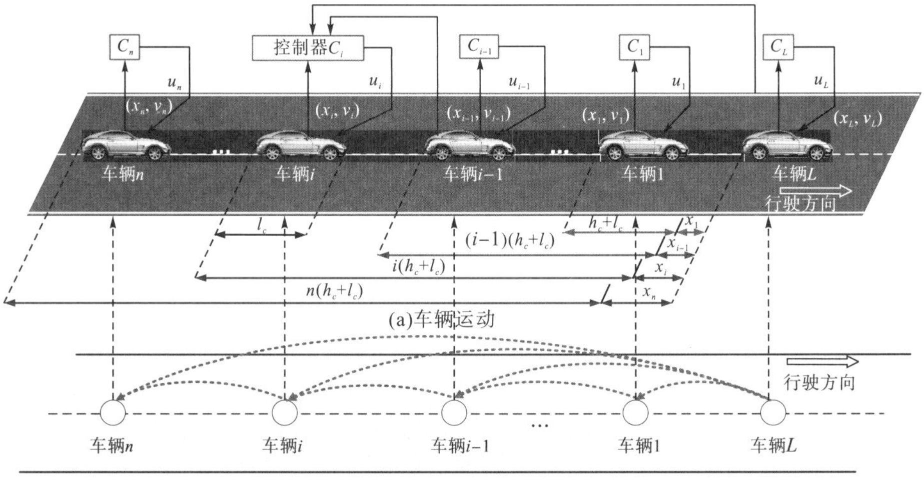

(b)PLF拓扑

图 5.1　智能网联环境下的队列协同控制示意图

2）控制目标

车辆队列的控制目标是通过设计非线性延时控制算法，从而实现车辆队列关于车辆间距与车辆速度的一致性。对于队列中的每一辆车 $i\in\{1,2,\cdots,n\}$，其目标可以被表示为

$$x_i(t)\to x_L(t)-i(h_c+l_c),\ v_i(t)\to v_L(t) \tag{5.2}$$

式中，l_c 为车辆的车身长度；h_c 为相邻两车之间期望的安全间距。

构造位置误差与速度误差如下：

$$\begin{cases}\tilde{x}_i(t)=x_L(t)-x_i(t)-i(h_c+l_c)\\ \tilde{v}_i(t)=v_i(t)-v_L(t)\end{cases} \tag{5.3}$$

定义 $\tilde{\boldsymbol{x}}(t)=[\tilde{x}_1(t),\ldots,\tilde{x}_n(t)]^{\mathrm{T}},\tilde{\boldsymbol{v}}(t)=[\tilde{v}_1(t),\ldots,\tilde{v}_n(t)]^{\mathrm{T}}$ $\tilde{\boldsymbol{\varepsilon}}(t)=[\tilde{\boldsymbol{x}}(t)\ \tilde{\boldsymbol{v}}(t)]^{\mathrm{T}}$，则控制目标可以被改写为

$$\lim_{t\to\infty}\|\tilde{\varepsilon}(t)\|=0 \tag{5.4}$$

根据上述的分析，结构化道路场景下的车辆队列控制技术路线图如图 5.2 所示。

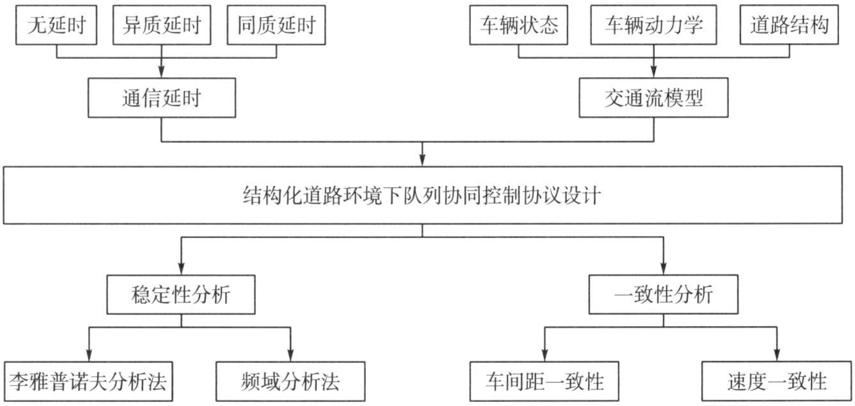

图 5.2　结构化道路场景下的车辆队列控制技术路线图

2. 基于一致性的非线性队列协同控制协议设计

通过考虑车辆间相互作用关系，目标车辆 i 与周围车辆之间的位置差和速度差，以及目标车辆 i 与领导车辆之间的位置差与速度差，设计如下车辆队列控制器[5-6]。

$$\begin{aligned} u_i(t) = & \sum_{j=1}^{n} a_{ij}(\alpha\{V_i[h_{ij}(t)] - v_i(t)\} \\ & + \beta\{v_j[t-\tau_{ij}(t)] - v_i(t)\} + \gamma\{x_j[t-\tau_{ij}(t)] - x_i(t) + v_L[t-\tau_{iL}(t)]\tau_{ij}(t) - r_{ij}\}) \\ & + k_{iL}(\beta\{v_L[t-\tau_{iL}(t)] - v_i(t)\} + \gamma\{x_L[t-\tau_{iL}(t)] + v_L(t-\tau_{iL})\tau_{iL}(t) - x_i(t) - r_{iL}\}) \end{aligned} \tag{5.5}$$

式中，a_{ij} 为邻接矩阵的元素，表示车辆 j 与车辆 i 之间的通信连接；k_{iL} 为连接矩阵中的元素，表示领导车辆 L 与车辆 i 之间的连接；α，β，$\gamma > 0$ 为正常数增益参数；$r_{iL} = i(l_c + h_c)$，为车辆 i 与领导车辆 L 之间的期望间距，l_c 为车辆长度，h_c 为相邻两车之间期望的车辆间距；$r_{i,j} = r_{iL} - r_{jL} = (i-j)(l_c + h_c)$，为车辆 i 与车辆 j 之间的期望间距；$\tau_{ij}(t)$ 为信息从车辆 j 传送到车辆 i 所产生的时变通信延时，一般 $\tau_{ij}(t) \neq \tau_{ji}(t)$；$\tau_{iL}(t)$ 为信息从领导车辆 L 传送到车辆 i 所产生的时变通信延时。

需要指出的是，在所提非线性控制协议中，$\sum_{j=1}^{n} a_{ij}(\alpha\{V_i[h_{ij}(t)] - v_i(t)\}$，为车辆 i 与车辆 j 之间的跟驰行为；$\sum_{j=1}^{n} a_{ij}(\beta\{v_j[t-\tau_{ij}(t)] - v_i(t)\} + \gamma\{x_j[t-\tau_{ij}(t)] - x_i(t) + v_L[t-\tau_{iL}(t)]\tau_{ij}(t) - r_{ij}\})$ 为车辆 i 与车辆 j 之间的速度与位置一致性；$k_{iL}(\beta\{v_L[t-\tau_{iL}(t)] - v_i(t)\} + \gamma\{x_L[t-\tau_{iL}(t)] + v_L(t-\tau_{iL})\tau_{iL}(t) - x_i(t) - r_{iL}\})$ 为车辆 i 与领导车辆 L 之间的一致性。由于存在延时，$v_L(t-\tau_{iL}(t))\tau_{ij}(t)$ 将作为车辆 i 与车辆 j 之间的位置补偿，而 $v_L(t-\tau_{iL})\tau_{iL}(t)$ 将作为车辆 i 与车辆 L 之间的位置补偿。

此外，车辆 i 与车辆 j 之间的车辆跟驰行为通过如下非线性方程定义：

$$V_i[h_{ij}(t)] = V_1 + V_2 \tanh\left\{C_1[h_{ij}(t)] - C_2\right\} \tag{5.6}$$

其中，V_1、V_2、C_1、C_2 都是大于零的常数。

车辆 i 与车辆 j 之间车尾到车尾之间的平均距离定义为

$$h_{ij}(t) = \frac{x_j(t) - x_i(t) - (i-j)l_c}{i-j} \tag{5.7}$$

在实际的车辆队列中一般 $i \neq j$，且 h_{ij} 可以为任意的正常数。

根据式(5.1)和式(5.3)，式(5.5)可以被改写为

$$\begin{cases} \dot{\tilde{x}}_i(t) = \tilde{v}_i(t) \\ \dot{\tilde{v}}_i(t) = \displaystyle\sum_{j=1}^{n} a_{ij}(\alpha\{V_i[h_{ij}(t)] - V_i[h_{ij}^*(t)] - \tilde{v}_i(t)\} + \beta\{\tilde{v}_j[t-\tau_{ij}(t)] - \tilde{v}_i(t)\} \\ \qquad + \gamma\{\tilde{x}_j[t-\tau_{ij}(t)] - \tilde{x}_i(t)\}) - k_{iL}[\beta\tilde{v}_i(t) + \gamma\tilde{x}_i(t)] + \displaystyle\sum_{j=1}^{n}\beta[v_L(t-\tau_{ij}) - v_L(t)] \\ \qquad + \gamma(v_L[t-\tau_{iL}(t)]\tau_{ij} - \{x_L(t) - x_L[t-\tau_{ij}(t)]\} + k_{iL}(\beta\{v_L[t-\tau_{iL}(t)] - v_L(t)\}) \\ \qquad + \gamma(v_L[t-\tau_{iL}(t)]\tau_{iL} - \{x_L(t) - x_L[t-\tau_{iL}(t)]\}) \end{cases} \tag{5.8}$$

因为领导车辆以匀速前进，这意味着 $v_L[t-\tau_{ij}(t)]=v_L[t-\tau_{iL}(t)]=v_L(t)$， $x_L(t)-x_L[t-\tau_{iL}(t)]=v_L\tau_{iL}(t)$ 和 $x_L(t)-x_L[t-\tau_{ij}(t)]=v_L\tau_{ij}(t)$ 。因此式(5.8)可以被改写为

$$\begin{cases}\dot{\tilde{x}}_i(t)=\tilde{v}_i(t)\\ \dot{\tilde{v}}_i(t)=\sum_{j=1}^{n}a_{ij}(\alpha\{V_i[h_{ij}(t)]-V_i[h_{ij}^*(t)]-\tilde{v}_i(t)\}+\beta\{\tilde{v}_j[t-\tau_{ij}(t)]\\ \quad -\tilde{v}_i(t)\}+\gamma\{\tilde{x}_j[t-\tau_{ij}(t)]-\tilde{x}_i(t)\})-k_{iL}[\beta\tilde{v}_i(t)+\gamma\tilde{x}_i(t)]\end{cases} \tag{5.9}$$

式中， $h_{ij}^*(t)=h_c$ ； $V_i[h_{ij}^*(t)]=v_L(t)$ 。

根据式(5.6)，利用泰勒公式将非线性函数 $V_i[h_{ij}(t)]$ 在 $h_{ij}^*(t)$ 处进行一阶泰勒展开可以得

$$V_i[h_{i,j}(t)]=V_i[h_{i,j}^*(t)]+V_i'[h_{i,j}^*(t)][h_{i,j}(t)-h_{i,j}^*(t)] \tag{5.10}$$

式中， $h_{i,j}(t)-h_{i,j}^*(t)=\{\tilde{x}_j[t-\tau_{ij}(t)]-\tilde{x}_i(t)\}/(i-j)$ 。

则式(5.10)可以改写为

$$V_i[h_{i,j}(t)]-V_i[h_{i,j}^*(t)]=\frac{\{\tilde{x}_j\left[t-\tau_{ij}(t)\right]-\tilde{x}_i(t)\}V_i'[h_{i,j}^*(t)]}{i-j} \tag{5.11}$$

令

$$\varphi_{i,j}\left[\xi_{i,j}(t)\right]=\frac{V_i'[h_{i,j}^*(t)]}{i-j} \tag{5.12}$$

则式(5.9)可以改写为

$$\begin{cases}\dot{\tilde{x}}_i(t)=\tilde{v}_i(t)\\ \dot{\tilde{v}}_i(t)=\sum_{j=1}^{n}a_{i,j}(\{\alpha\varphi_{i,j}[\xi_{i,j}(t)]+\gamma\}\{\tilde{x}_j[t-\tau_{ij}(t)]-\tilde{x}_i(t)\})\\ \quad +\beta\{\tilde{v}_j[t-\tau_{ij}(t)]-(\alpha+\beta)\tilde{v}_i(t)\}-k_{i,L}[\beta\tilde{v}_i(t)+\gamma\tilde{x}_i(t)]\end{cases} \tag{5.13}$$

为了以更紧凑的形式描述车辆之间的异质通信延时，定义 $\tau_p(t),p=1,2,\cdots,m$ $\left[m\leqslant n(n-1)\right]$，其中 $\tau_p(t)\in\{\tau_{ij}(t):i,j=1,\cdots,n,i\neq j\}$ 。

根据式(5.4)，则(5.13)可以被改写为

$$\dot{\tilde{\boldsymbol{\varepsilon}}}(t)=A_0\tilde{\boldsymbol{\varepsilon}}(t)+\sum_{p=1}^{m}A_p\tilde{\boldsymbol{\varepsilon}}[t-\tau_p(t)] \tag{5.14}$$

其中，对于 $p=1,2,\cdots,m$

$$\boldsymbol{A}_0=\begin{bmatrix}\boldsymbol{0}_{n\times n} & \boldsymbol{I}_{n\times n}\\ -\left\{\left[\alpha\varphi_{i,j}(\xi_{i,j})+\gamma\right]D+K\gamma\right\} & -[(\alpha+\beta)D+K\beta]\end{bmatrix}$$

$$\boldsymbol{A}_p=\begin{bmatrix}\boldsymbol{0}_{n\times n} & \boldsymbol{0}_{n\times n}\\ \left[\alpha\varphi_{i,j}(\xi_{i,j})+\gamma\right]\boldsymbol{B}_p & \beta\boldsymbol{B}_p\end{bmatrix} \tag{5.15}$$

其中，

$$
\boldsymbol{B}_p = \begin{bmatrix} 0 & a_{12,p} & \cdots & \cdots & a_{1n,p} \\ a_{21,p} & 0 & \ddots & & \vdots \\ \vdots & \ddots & 0 & \ddots & \vdots \\ \vdots & & \ddots & \ddots & a_{(n-1)n,p} \\ a_{n1,p} & \cdots & \cdots & a_{n(n-1),p} & 0 \end{bmatrix} \tag{5.16}
$$

$a_{ij,p} = \begin{cases} a_{ij}, p = i \\ 0,\ p \neq i \end{cases}$， $i,j = 1,\cdots,n$； $\boldsymbol{B}_p \in \boldsymbol{R}^{n\times n}$， $p = 1,\cdots,m$ 和 $\boldsymbol{B} = \sum_{p=1}^{m} \boldsymbol{B}_p$， $\boldsymbol{B} = \boldsymbol{A}$ 。

3. 稳定性与一致性

1) 稳定性与一致性分析

针对上述所提的非线性控制器，本节将借助李雅普诺夫–克拉索夫斯其(Lyapunov-Krasovskii)稳定性定理分析所提的非线性控制器的稳定性。

引理 5.1　给定一个复系数多项式如下[7]：

$$
r(z) = z^2 + (a + \mathrm{i}b)z + c + \mathrm{i}d \tag{5.17}
$$

其中， $a,b,c,d \in R$ 。当且仅当 $a > 0$ 和 $abd + a^2c - d^2 > 0$ 时， $r(z)$ 是赫尔维茨稳定的。

引理 5.2　对于任意的 $\boldsymbol{a},\boldsymbol{b} \in \boldsymbol{R}^n$ 和任意的正定矩阵 $\boldsymbol{F} \in \boldsymbol{R}^{n\times n}$ ，有[8]

$$
2\boldsymbol{a}^{\mathrm{T}}\boldsymbol{c} \leqslant \boldsymbol{a}^{\mathrm{T}}\boldsymbol{F}\boldsymbol{a} + \boldsymbol{c}^{\mathrm{T}}\boldsymbol{F}^{-1}\boldsymbol{c} \tag{5.18}
$$

引理 5.3　(埃尔米特–阿达玛不等式)[9]函数 $f: I \subseteq \boldsymbol{R} \to \boldsymbol{R}$ 是定义在实数区间 I 上的凸映射，则如下不等式成立：

$$
f\left(\frac{a+b}{2}\right) \leqslant \frac{1}{b-a}\int_a^b f(x)\mathrm{d}x \leqslant \frac{f(a)+f(b)}{2} \tag{5.19}
$$

其中， $a,b \in I$ 且 $a < b$ 。

定义 5.1　设 $\phi \in C([a,b],\boldsymbol{R}^n)$ 是从 $[a,b]$ 映射到 $\boldsymbol{R}^n$ 上的函数，则函数 ϕ 的一致范数定义如下：

$$
\|\phi\|_c = \max_{\theta\in[a,b]} \|\phi(s)\| \tag{5.20}
$$

其中，向量范数 $\|\cdot\|$ 为 2-范数。

设 $r > 0$ 为给定的实数，代表系统的最大延时。 $C([-r,0],\boldsymbol{R}^n)$ 表示 $[-r,0]$ 映射到 $\boldsymbol{R}^n$ 上的所有函数所组成的空间。若 $x(t)$ 为 $[t_0 - r, +\infty)$ 上的连续函数，则定义 $x_t(\theta) = x(t+\theta)$， $\forall \theta \in [-r,0]$， $t \geqslant t_0$。考虑如下泛函微分方程：

$$
\begin{cases} \dot{x}(t) = f(t,x_t), t \geqslant t_0 \\ x_t(\theta) = \phi(\theta),\quad \theta \in [-r,0] \end{cases} \tag{5.21}
$$

假设 $\phi \in C$ ，函数 $f: \boldsymbol{R} \times C([-r,0],\boldsymbol{R}^n) \to \boldsymbol{R}$ 连续且对 ϕ 满足利普希茨条件 $f(t,0) = 0$， $\forall t \in \boldsymbol{R}$ 。

引理 5.4　(李雅普诺夫–克拉索夫斯基稳定性定理)[10,11]：假设 $f: \boldsymbol{R} \times \boldsymbol{R} \to \boldsymbol{R}^n$ 把 $\boldsymbol{R} \times C$ 的有界子集映射入 $\boldsymbol{R}^n$ 的有界子集， $u(s)$ 、 $v(s)$ 与 $w(s)$ 为连续非负非减函数且当 $s > 0$ 时 $u(s) > 0$， $v(s) > 0$ 以及 $u(0) = v(0) = 0$ 。如果存在连续函数 $E: \boldsymbol{R} \times C_{n,h} \to \boldsymbol{R}^n$ 使

$$
u(\|\phi(0)\|) \leqslant E(t,\phi) \leqslant v(\|\phi\|_c) \tag{5.22}
$$

且

$$\dot{E}(t,\phi)=\lim_{\varepsilon\to 0^+}\sup\frac{E\left[t+\varepsilon,x_{t+\varepsilon}(t,\phi)\right]-E(t,\phi)}{\varepsilon}\leqslant -w[\|\phi(0)\|] \tag{5.23}$$

则(5.21)的零解是一致稳定的。当 $s>0$ 时有 $w(s)>0$，则方程在 $x=0$ 处是一致渐进稳定的。

此外，如果

$$\lim_{s\to\infty}u(s)=+\infty \tag{5.24}$$

则泛函微分方程在 $x=0$ 处是全局一致渐进稳定。

在分析所提非线性控制协议一致性之前，考虑如下牛顿-莱布尼茨公式：

$$\tilde{\boldsymbol{\varepsilon}}\left[t-\tau_p(t)\right]=\tilde{\boldsymbol{\varepsilon}}(t)-\int_{-\tau_p(t)}^{0}\dot{\tilde{\boldsymbol{\varepsilon}}}(t+s)\mathrm{d}s \tag{5.25}$$

将式(5.25)代入式(5.14)中可得

$$\tilde{\boldsymbol{\varepsilon}}(t-\tau_p)=\tilde{\boldsymbol{\varepsilon}}(t)-\sum_{q=0}^{m}\boldsymbol{A}_i\int_{-\tau_p(t)}^{0}\tilde{\boldsymbol{\varepsilon}}[t+s-\tau_q(t+s)]\mathrm{d}s \tag{5.26}$$

其中，$\boldsymbol{A}_0,\boldsymbol{A}_1,\cdots,\boldsymbol{A}_m$ 的意义同式(5.15)；$\tau_0(t+s)\equiv 0$。

将式(5.26)代入式(5.14)中有

$$\dot{\tilde{\boldsymbol{\varepsilon}}}(t)=\boldsymbol{A}_0\tilde{\boldsymbol{\varepsilon}}(t)+\sum_{p=1}^{m}\boldsymbol{A}_p\tilde{\boldsymbol{\varepsilon}}(t)-\sum_{p=1}^{m}\sum_{q=0}^{m}\boldsymbol{A}_p\boldsymbol{A}_q\int_{-\tau_p(t)}^{0}\left\{\tilde{\boldsymbol{\varepsilon}}[t+s-\tau_q(t+s)]\right\}\mathrm{d}s \tag{5.27}$$

从式(5.15)可以得知，当 $p=1,\cdots,m$ 和 $q=1,\cdots,m(q\neq 0)$ 时，$\boldsymbol{A}_p\boldsymbol{A}_q=0$。因此，式(5.27)可以被改写为

$$\dot{\tilde{\boldsymbol{\varepsilon}}}(t)=\boldsymbol{M}\tilde{\boldsymbol{\varepsilon}}(t)-\sum_{p=1}^{m}\boldsymbol{C}_p\int_{-\tau_p(t)}^{0}\tilde{\boldsymbol{\varepsilon}}(t+s)\mathrm{d}s \tag{5.28}$$

其中

$$\boldsymbol{M}=\boldsymbol{A}_0+\sum_{i=1}^{m}\boldsymbol{A}_i=\begin{bmatrix}\boldsymbol{0}_{n\times n} & \boldsymbol{I}_{n\times n}\\ -[G(D-B)+K\gamma] & -[\delta D+(K-B)\beta]\end{bmatrix} \tag{5.29}$$

$$\boldsymbol{C}_p=\boldsymbol{A}_p\boldsymbol{A}_0=\begin{bmatrix}\boldsymbol{0}_{n\times n} & \boldsymbol{0}_{n\times n}\\ -(GD+K\gamma)\beta B & GB-(\delta D+K\beta)\beta B\end{bmatrix} \tag{5.30}$$

式中，$G=\alpha\varphi_{i,j}(\xi_{i,j})+\gamma$；$\delta=\alpha+\beta$。

定理 5.1 当且仅当控制协议[式(5.5)]中的控制参数 α，β，γ 满足 $\alpha>0$，$\beta>0$ 和 $\gamma>0$，且

$$\mathrm{Re}(\theta_i)>0 \tag{5.31}$$

$$\mathrm{Re}(\theta_i)\mathrm{Im}(\theta_i)\mathrm{Im}(\zeta_i)+\mathrm{Re}^2(\theta_i)\mathrm{Re}(\zeta_i)-\mathrm{Im}^2(\zeta_i)>0 \tag{5.32}$$

成立时，$\boldsymbol{M}$ 是赫尔维茨稳定的。

其中，$\theta_i\in\sigma(\boldsymbol{H}_1)$；$\zeta_i\in\sigma(\boldsymbol{H}_2)$，$i=1,\cdots,n$；$\sigma(\boldsymbol{H}_1)$ 为属于矩阵 $\boldsymbol{H}_1$ 的所有特征值集；$\sigma(\boldsymbol{H}_2)$ 为属于矩阵 $\boldsymbol{H}_2$ 的所有特征值集；$\boldsymbol{H}_1=\alpha D+\beta(U+K)$ $\boldsymbol{H}_2=(\alpha\varphi_{i,j}+\gamma)U+K\gamma$，$U=D-B$。

证明： 令 λ 为系统矩阵 $\boldsymbol{M}$ 的特征值，则其满足：

$$\begin{aligned}\det(\lambda\boldsymbol{I}_{2n}-\boldsymbol{M})&=\det\{\lambda^2\boldsymbol{I}_{n\times n}+[\delta D+\beta(K-B)]\lambda\boldsymbol{I}_{n\times n}+G(D-B)+K\gamma\}\\&=\det(\lambda^2\boldsymbol{I}_{n\times n}+\boldsymbol{H}_1\lambda\boldsymbol{I}_{n\times n}+\boldsymbol{H}_2)\end{aligned} \tag{5.33}$$

式(5.33)可以改写为

$$\det(\lambda \boldsymbol{I}_{2n} - \boldsymbol{M}) = \prod_{i=1}^{n}(\lambda^2 + \theta_i\lambda + \zeta_i) \tag{5.34}$$

则系统矩阵 $\boldsymbol{M}$ 是赫尔维茨稳定的，等价于特征多项式 $R(\lambda)=\lambda^2+\theta_i\lambda+\zeta_i$ 的所有特征值的实部、虚部均满足引理 5.1 中赫尔维茨稳定条件，其中 $\theta_i\in\sigma(\boldsymbol{H}_1)$，$\zeta_i\in\sigma(\boldsymbol{H}_2)$，即 $\mathrm{Re}(\theta_i)>0$，$\mathrm{Re}(\theta_i)\mathrm{Im}(\theta_i)\mathrm{Im}(\zeta_i)+\mathrm{Re}^2(\theta_i)\mathrm{Re}(\zeta_i)-\mathrm{Im}^2(\zeta_i)>0$。定理 5.1 得证。

定理 5.2　考虑式(5.14)所示的延时系统，设置控制协议中的控制参数 $a_{i,j}$、k_{iL}、α、β、γ 满足定理5.1中的条件。假设通信延时 $\tau_p(t)$ 是有界的，且其满足 $\tau_p(t)\in[0,\tau_{\max}]$，$\dot{\tau}_p(t)\in(-\infty,d_p](\forall t,\forall p)$，其中延时上界的导数满足 $d_p\leqslant 1$，则存在给定延时常数 $\tau^*>0$ 且 $\tau_p(t)<\tau^*,\forall p,\forall t$，当且仅当领导车辆 L 是全局可达的，且 $\tau_p(t)<\tau^*$ 时，车辆队列的一致性可以被实现，即

$$\lim_{t\to\infty}\tilde{\varepsilon}(t)=0 \tag{5.35}$$

证明充分性：根据引理 5.4，构造如下合适的李雅普诺夫-克拉索夫斯基函数[10]：

$$V[\tilde{\varepsilon}(t)]=\tilde{\varepsilon}^{\mathrm{T}}(t)\boldsymbol{P}\tilde{\varepsilon}(t)+\sum_{p=1}^{m}\int_{t-\tau_p(t)}^{t}\tilde{\varepsilon}^{\mathrm{T}}(\eta)\boldsymbol{S}_p\tilde{\varepsilon}(\eta)\mathrm{d}\eta \tag{5.36}$$

其中，$\boldsymbol{P}=\boldsymbol{P}^{\mathrm{T}}>0$，$\boldsymbol{S}_p>0\big(p=1,\cdots,m\big)$ 是选择合适的矩阵。

定义如下满足引理 5.4 中假设的单调非减正函数：

$$\begin{aligned} g[\tilde{\varepsilon}(t)]&=\tilde{\varepsilon}^{\mathrm{T}}(t)\boldsymbol{P}\tilde{\varepsilon}(t)\\ z[\tilde{\varepsilon}(t-\tau^*)]&=\tilde{\varepsilon}^{\mathrm{T}}(t)\boldsymbol{P}\tilde{\varepsilon}(t)+\sum_{p=1}^{m}\int_{t-\tau^*}^{t}\tilde{\varepsilon}^{\mathrm{T}}(\eta)\boldsymbol{S}_p\tilde{\varepsilon}(\eta)\mathrm{d}\eta \end{aligned} \tag{5.37}$$

其中，τ^* 是最大通信延时。

根据式(5.36)与式(5.37)，则 $V[\tilde{\varepsilon}(t)]$ 满足引理 5.4 中的式(5.21)，即

$$g[\tilde{\varepsilon}(t)]\leqslant V[\tilde{\varepsilon}(t)]\leqslant z[\tilde{\varepsilon}(t-\tau^*)] \tag{5.38}$$

对李雅普诺夫-克拉索夫斯基函数 $V[\tilde{\varepsilon}(t)]$ 求导有

$$\dot{V}(\tilde{\varepsilon})=\dot{\tilde{\varepsilon}}^{\mathrm{T}}(t)\boldsymbol{P}\tilde{\varepsilon}(t)+\tilde{\varepsilon}^{\mathrm{T}}(t)\boldsymbol{P}\dot{\tilde{\varepsilon}}(t)+\sum_{p=1}^{m}\tilde{\varepsilon}^{\mathrm{T}}(\eta)\boldsymbol{S}_p\tilde{\varepsilon}(\eta)\big|_{\eta=t-\tau_p(t)}^{\eta=t} \tag{5.39}$$

将式(5.28)代入式(5.39)中，有

$$\begin{aligned} \dot{V}(\tilde{\varepsilon})&=\tilde{\varepsilon}^{\mathrm{T}}(t)(\boldsymbol{PM}+\boldsymbol{M}^{\mathrm{T}}\boldsymbol{P}+\sum_{p=1}^{m}\boldsymbol{S}_p)\tilde{\varepsilon}(t)-[1-\dot{\tau}_p(t)]\\ &\sum_{p=1}^{m}\{\tilde{\varepsilon}^{\mathrm{T}}[t-\tau_p(t)]\boldsymbol{S}_p\tilde{\varepsilon}[t-\tau_p(t)]\}-2\boldsymbol{\varepsilon}^{\mathrm{T}}(t)\boldsymbol{P}\sum_{p=1}^{m}\mathrm{C}_p\int_{-\tau_p(t)}^{0}\tilde{\varepsilon}(t+s)\mathrm{d}s \end{aligned} \tag{5.40}$$

由定理 5.1 可知，领导车辆是全局可达的，且 $\boldsymbol{M}$ 是赫尔维茨稳定的。根据李雅普诺夫理论，选取合适的矩阵 $\boldsymbol{P}>0$ 且其满足 $\boldsymbol{P}=\boldsymbol{P}^{\mathrm{T}}$，令 $\boldsymbol{PM}+\boldsymbol{M}^{\mathrm{T}}\boldsymbol{P}=-\boldsymbol{Q}$，其中 $\boldsymbol{Q}>0$。

根据引理 5.2，定义 $\boldsymbol{a}^{\mathrm{T}}=\tilde{\varepsilon}^{\mathrm{T}}\boldsymbol{PC}_p$，$\boldsymbol{c}=\tilde{\varepsilon}(t+s)$ 和 $\boldsymbol{F}=\boldsymbol{P}^{-1}$，则其满足：

$$\begin{aligned} 2\tilde{\varepsilon}^{\mathrm{T}}\boldsymbol{PC}_p\tilde{\varepsilon}(t+s)&\leqslant\tilde{\varepsilon}^{\mathrm{T}}\boldsymbol{PC}_p\boldsymbol{P}^{-1}(\tilde{\varepsilon}^{\mathrm{T}}\boldsymbol{PC}_p)^{\mathrm{T}}+\tilde{\varepsilon}^{\mathrm{T}}(t+s)\boldsymbol{P}\tilde{\varepsilon}(t+s)\\ &\leqslant\tilde{\varepsilon}^{\mathrm{T}}\boldsymbol{PC}_p\boldsymbol{P}^{-1}\boldsymbol{C}_p^{\mathrm{T}}\boldsymbol{P}^{\mathrm{T}}\tilde{\varepsilon}+\tilde{\varepsilon}^{\mathrm{T}}(t+s)\boldsymbol{P}\tilde{\varepsilon}(t+s) \end{aligned} \tag{5.41}$$

对不等式两边同时求积分可得

$$2\boldsymbol{\varepsilon}^{\mathrm{T}}(t)\boldsymbol{P}\sum_{p=1}^{m}\boldsymbol{C}_p\int_{-\tau_p(t)}^{0}\tilde{\boldsymbol{\varepsilon}}(t+s)\mathrm{d}s\leqslant\tau_p(t)\tilde{\boldsymbol{\varepsilon}}^{\mathrm{T}}\boldsymbol{P}\boldsymbol{C}_p\boldsymbol{P}^{-1}\boldsymbol{C}_p^{\mathrm{T}}\boldsymbol{P}^{\mathrm{T}}\tilde{\boldsymbol{\varepsilon}} + \int_{-\tau_p(t)}^{0}\tilde{\boldsymbol{\varepsilon}}^{\mathrm{T}}(t+s)\boldsymbol{P}\tilde{\boldsymbol{\varepsilon}}(t+s)\mathrm{d}s \tag{5.42}$$

则式(5.40)可以改写为

$$\begin{aligned}\dot{V}(\boldsymbol{\varepsilon})\leqslant&-\tilde{\boldsymbol{\varepsilon}}^{\mathrm{T}}(t)\boldsymbol{Q}\tilde{\boldsymbol{\varepsilon}}(t)+\tilde{\boldsymbol{\varepsilon}}^{\mathrm{T}}(t)\sum_{p=1}^{m}\boldsymbol{S}_p\tilde{\boldsymbol{\varepsilon}}(t)-[1-\dot{\tau}_p(t)]\sum_{p=1}^{m}\{\tilde{\boldsymbol{\varepsilon}}^{\mathrm{T}}[t-\tau_p(t)]\boldsymbol{S}_p\tilde{\boldsymbol{\varepsilon}}[t-\tau_p(t)]\}\\&-\sum_{p=1}^{m}[\tau_p(t)\tilde{\boldsymbol{\varepsilon}}^{\mathrm{T}}(t)\boldsymbol{P}\boldsymbol{C}_p\boldsymbol{P}^{-1}\boldsymbol{P}^{\mathrm{T}}\tilde{\boldsymbol{\varepsilon}}(t)]-\sum_{p=1}^{m}\left[\int_{-\tau_p(t)}^{0}\tilde{\boldsymbol{\varepsilon}}^{\mathrm{T}}(t+s)\boldsymbol{P}\tilde{\boldsymbol{\varepsilon}}(t+s)\mathrm{d}s\right]\end{aligned} \tag{5.43}$$

根据引理 5.3 可得，式(5.43)中 $\int_{-\tau_p(t)}^{0}\tilde{\boldsymbol{\varepsilon}}^{\mathrm{T}}(t+s)\boldsymbol{P}\tilde{\boldsymbol{\varepsilon}}(t+s)\mathrm{d}s$ 满足：

$$\begin{aligned}&\int_{-\tau_p(t)}^{0}\tilde{\boldsymbol{\varepsilon}}^{\mathrm{T}}(t+s)\boldsymbol{P}\tilde{\boldsymbol{\varepsilon}}(t+s)\mathrm{d}s\\&\leqslant\frac{\tau_p(t)}{2}\left\{\tilde{\boldsymbol{\varepsilon}}^{\mathrm{T}}(t)\boldsymbol{P}\tilde{\boldsymbol{\varepsilon}}(t)+\tilde{\boldsymbol{\varepsilon}}^{\mathrm{T}}[t+\tau_p(t)]\boldsymbol{P}\tilde{\boldsymbol{\varepsilon}}[t+\tau_p(t)]\right\}\\&<\frac{\tau^*}{2}\left\{\tilde{\boldsymbol{\varepsilon}}^{\mathrm{T}}(t)\boldsymbol{P}\tilde{\boldsymbol{\varepsilon}}(t)+\tilde{\boldsymbol{\varepsilon}}^{\mathrm{T}}[t+\tau_p(t)]\boldsymbol{P}\tilde{\boldsymbol{\varepsilon}}[t+\tau_p(t)]\right\}\end{aligned} \tag{5.44}$$

其中，τ^* 是最大通信延时，通信延时 $\tau_p(t)$ 满足 $\tau_p(t)<\tau^*,\forall p,\forall t$ 。

将式(5.45)代入式(5.43)可以得

$$\begin{aligned}\dot{V}(\tilde{\boldsymbol{\varepsilon}})<&-\tilde{\boldsymbol{\varepsilon}}^{\mathrm{T}}(t)\boldsymbol{Q}\tilde{\boldsymbol{\varepsilon}}(t)+\tilde{\boldsymbol{\varepsilon}}^{\mathrm{T}}(t)\sum_{p=1}^{m}\boldsymbol{S}_p\tilde{\boldsymbol{\varepsilon}}(t)-(1-d_p)\sum_{p=1}^{m}\left\{\tilde{\boldsymbol{\varepsilon}}^{\mathrm{T}}\left[t-\tau_p(t)\right]\boldsymbol{S}_p\tilde{\boldsymbol{\varepsilon}}\left[t-\tau_p(t)\right]\right\}\\&-\sum_{p=1}^{m}[\tau^*\tilde{\boldsymbol{\varepsilon}}^{\mathrm{T}}(t)\boldsymbol{P}\boldsymbol{C}_p\boldsymbol{P}^{-1}\boldsymbol{P}^{\mathrm{T}}\tilde{\boldsymbol{\varepsilon}}(t)]-\frac{\tau^*}{2}\left\{\tilde{\boldsymbol{\varepsilon}}^{\mathrm{T}}(t)\boldsymbol{P}\tilde{\boldsymbol{\varepsilon}}(t)+\tilde{\boldsymbol{\varepsilon}}^{\mathrm{T}}\left[t+\tau_p(t)\right]\boldsymbol{P}\tilde{\boldsymbol{\varepsilon}}\left[t+\tau_p(t)\right]\right\}\end{aligned} \tag{5.45}$$

定义增广状态误差向量 $\boldsymbol{v}(t)=[\tilde{\boldsymbol{\varepsilon}}(t),\tilde{\boldsymbol{\varepsilon}}(t-\tau_1(t)),\cdots,\tilde{\boldsymbol{\varepsilon}}[t-\tau_m(t)]]^{\mathrm{T}}$ ，则式(5.45)可以改写为

$$\dot{V}(t)<\boldsymbol{v}^{\mathrm{T}}(t)\boldsymbol{\Lambda}\boldsymbol{v}(t) \tag{5.46}$$

其中对角矩阵 $\boldsymbol{\Lambda}=\mathrm{diag}(\boldsymbol{\Lambda}_1,\boldsymbol{\Lambda}_2,\cdots,\boldsymbol{\Lambda}_{m+1})$ ，其对角元素为

$$\begin{cases}\boldsymbol{\Lambda}_1=-\boldsymbol{Q}+\sum_{p=1}^{m}\boldsymbol{S}_p-\sum_{p=1}^{m}\frac{\tau^*}{2}\left[2\boldsymbol{P}\boldsymbol{C}_p\boldsymbol{P}^{-1}\boldsymbol{C}_p^{\mathrm{T}}\boldsymbol{P}^{\mathrm{T}}+\boldsymbol{P}\right]\\\boldsymbol{\Lambda}_2=-\frac{\tau^*}{2}\boldsymbol{P}-\boldsymbol{S}_1(1-d_1)\\\quad\vdots\\\boldsymbol{\Lambda}_{m+1}=-\frac{\tau^*}{2}\boldsymbol{P}-\boldsymbol{S}_m(1-d_m)\end{cases} \tag{5.47}$$

为了保证车辆队列系统[式(5.14)]是一致稳定的，根据引理 5.4，对角矩阵方块阵 Λ 应该是负定的，即对角阵中的矩阵都是负定的。又因为 $d_p\leqslant1,\forall p=1,\cdots,m$ ，则式(5.47)中所有的 $\boldsymbol{\Lambda}_i,i=2,\cdots,m+1$ 都是负定的。因此，为了保证对角矩阵 $\boldsymbol{\Lambda}$ 是负定的，则式(5.47)中的 $\boldsymbol{\Lambda}_1$ 必须为负定，即

$$\Lambda_1 = -\boldsymbol{Q} + \sum_{p=1}^{m} \boldsymbol{S}_p - \sum_{p=1}^{m} \frac{\tau^*}{2}\left[2\boldsymbol{P}\boldsymbol{C}_p\boldsymbol{P}^{-1}\boldsymbol{C}_p^{\mathrm{T}}\boldsymbol{P}^{\mathrm{T}} + \boldsymbol{P}\right] < 0 \tag{5.48}$$

可得

$$\tau^* < \frac{\|\sum_{p=1}^{m}\boldsymbol{S}_p - \boldsymbol{Q}\|}{\|\sum_{p=1}^{m}\boldsymbol{P}\boldsymbol{C}_p\boldsymbol{P}^{-1}\boldsymbol{C}_p^{\mathrm{T}}\boldsymbol{P}^{\mathrm{T}} + \frac{\boldsymbol{P}}{2}\|} \tag{5.49}$$

需要指出的是，需要选取合适的矩阵 $\boldsymbol{S}$ 和 $\boldsymbol{P}$ 使得式(5.49)中的分母不为零。

对于任意延时满足 $\tau_p(t) < \tau^*, \forall p, \forall t$，则车辆队列系统[式(5.14)]是渐进稳定的。如果延时为零，则令 $\tau_p(t) = 0, p = 1,\cdots,m$，则从式(5.28)可得系统 $\dot{\tilde{\varepsilon}}(t) = \boldsymbol{M}\tilde{\varepsilon}(t)$ 是渐进稳定的，因此根据定理 5.1 可知，定理 5.2 成立。因此，可以得到 $\lim\limits_{t\to\infty}\|\tilde{\varepsilon}(t)\| = 0$，这意味着 $\lim\limits_{t\to\infty}\|\tilde{x}_i(t)\| = \lim\limits_{t\to\infty}\|x_L(t) - x_i(t) - i(l_c + h_c)\| = 0$，$\lim\limits_{t\to\infty}\|\tilde{v}_i(t)\| = \lim\limits_{t\to\infty}\|v_i(t) - v_L(t)\| = 0$，即定理 5.2 得证。

注 5.1　根据定理 5.2 可得，在所提控制协议[式(5.5)]的作用下，一串车可以形成稳定的车辆队列。具体地，车辆间距能够收敛到期望间距 r_{ij}，同时车辆的速度可以收敛到期望的速度 v_L。这意味着车辆队列的位置一致性与速度一致性在所提控制协议的作用下能够得到保证。

注 5.2　当车辆队列的位置一致性在所提控制协议的作用下得到保证时，则可以确保车辆间距为期望的安全间距 r_{ij}。这意味着可以避免追尾事故的发生。

注 5.3　借助李雅普诺夫-克拉索夫斯基稳定性理论，严格地分析了车辆队列延时系统的稳定性。因此车辆队列的稳定性能够得到保证。

2)收敛速度分析

车辆队列的收敛速度也是车辆队列收敛性分析中一个重要考虑的因素，下面将对车辆队列的收敛速度进行分析。

通过泰勒展开，将式(5.14)在 t 处进行一阶泰勒展开有

$$\dot{\tilde{\varepsilon}}(t) = \boldsymbol{A}_0\tilde{\varepsilon}(t) + \sum_{p=1}^{m}\boldsymbol{A}_p[\tilde{\varepsilon}(t) - \tau_p(t)\dot{\tilde{\varepsilon}}(t)] \tag{5.50}$$

化简有

$$\dot{\tilde{\varepsilon}}(t) = [\boldsymbol{I} + \tau_p(t)\sum_{p=1}^{m}\boldsymbol{A}_p]^{-1}\boldsymbol{M}\tilde{\varepsilon}(t) \tag{5.51}$$

其中 $\boldsymbol{M} = \boldsymbol{A}_0 + \sum_{p=1}^{m}\boldsymbol{A}_p$。令 $\overline{\boldsymbol{A}} = [\boldsymbol{I} + \tau_p(t)\sum_{p=1}^{m}\boldsymbol{A}_p]^{-1}\boldsymbol{M}$，可得

$$\dot{\tilde{\varepsilon}}(t) = \overline{\boldsymbol{A}}\tilde{\varepsilon}(t) \tag{5.52}$$

而式(5.52)的解为

$$\tilde{\varepsilon}(t) = \mathrm{e}^{\overline{A}t}\tilde{\varepsilon}(0) \tag{5.53}$$

因此有

$$\|\tilde{\varepsilon}(t)\| = \|\mathrm{e}^{\overline{A}t}\tilde{\varepsilon}(0)\| \tag{5.54}$$

因为 $\bar{\boldsymbol{A}}$ 是稳定的(赫尔维茨矩阵)，因此存在 $\exists \Gamma,\varsigma>0$ 且 $\Gamma,\varsigma \in \boldsymbol{R}$，使得 $\|\mathrm{e}^{\bar{A}t}\| \leqslant \Gamma \mathrm{e}^{-\varsigma t}$，这表明如果 $t\to\infty$，则 $\|\mathrm{e}^{\bar{A}t}\tilde{\boldsymbol{\varepsilon}}(0)\|\to 0$。

注 5.4 车辆队列的收敛时间主要由矩阵决定。因此车辆队列的收敛速度可以通过选择合适的控制参数 α、β 和 γ 来改变，以满足车辆队列系统收敛性能的要求。

4. 数值仿真

为了验证所提控制协议的有效性，针对如图 5.1 所示的智能网联车辆队列场景，将采用十辆车组成的车辆队列，包括 1 辆领导车辆与 9 辆跟随车辆。进一步，为了研究通信延时对车辆队列控制性能的影响，我们将设置三种不同的场景，即无延时、异质延时与同质延时。

针对数值仿真，仿真的采样间隔设置为 $\Delta t = 0.01\mathrm{s}$。车辆队列的初始状态见表 5.1。控制器参数设置见表 5.2。

表 5.1 车辆的初始状态信息

初始状态	车辆									
	领导车辆	跟随车辆 1	跟随车辆 2	跟随车辆 3	跟随车辆 4	跟随车辆 5	跟随车辆 6	跟随车辆 7	跟随车辆 8	跟随车辆 9
位置/m	108.0	94.0	80.5	67.5	55.0	43.0	31.5	20.5	10.0	0.0
速度/$(\mathrm{m\cdot s^{-1}})$	7	7	7	7	7	7	7	7	7	7
期望间距/m	0	5	10	15	20	25	30	35	40	45
异质延时/s	0.00	0.15	0.18	0.19	0.20	0.21	0.22	0.23	0.27	0.30
同质延时/s	0.20	0.20	0.20	0.20	0.20	0.20	0.20	0.20	0.20	0.20

表 5.2 车辆队列控制参数

参数	α	β	γ	V_1	V_2	C_1	C_2	h_c	l_c
数值	$3.50\mathrm{s}^{-1}$	$0.1\mathrm{s}^{-2}$	$0.52\mathrm{s}^{-1}$	$6.75\mathrm{m\cdot s}^{1}$	$7.91\mathrm{m\cdot s}^{-1}$	$0.13\mathrm{m}^{-1}$	1.59m	5m	5m

为了研究所提控制协议在不同稳定车辆队列速度场景下的有效性，领导车辆期望的速度设置如下：

$$v_L(t)=\begin{cases}7, & 0\leqslant t<30\\ \left(7+\dfrac{8}{1+\mathrm{e}^{-0.5t+25}}\right), & 30\leqslant t<70\\ 15, & 70\leqslant t<80\\ \left(15-\dfrac{15}{1+\mathrm{e}^{-0.5t+48}}\right), & 80\leqslant t<140\end{cases} \tag{5.55}$$

其中，$v_L(t)$ 的单位是 m/s；t 的单位是 s。

此外，车辆队列往往会受到外部干扰的影响，为了研究所提控制器对外部扰动的抗干扰性，将针对上述三种场景下的领导车辆作用如下外部扰动：

$$\xi_L(t)=0.3\sin[2\pi(t-30)]\mathrm{e}^{-(t-30)/10},\quad t\geqslant 30 \tag{5.56}$$

针对不同通信延时场景，跟随车辆采用所提控制协议时，车辆队列的位置、间距误差、速度、速度差和加速度分别如图 5.3～图 5.7 所示。

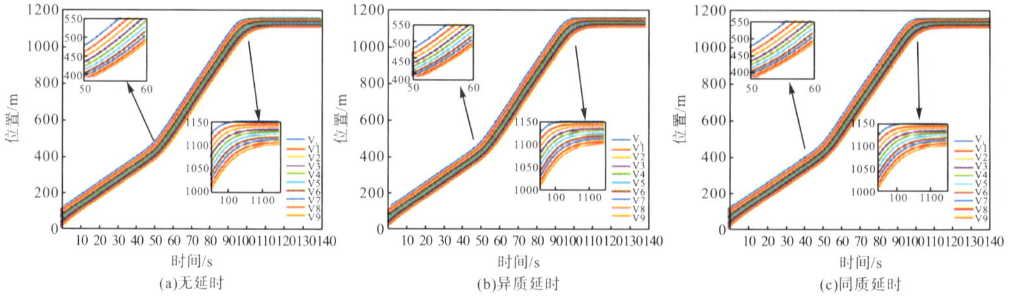

图 5.3 车辆队列的位置图

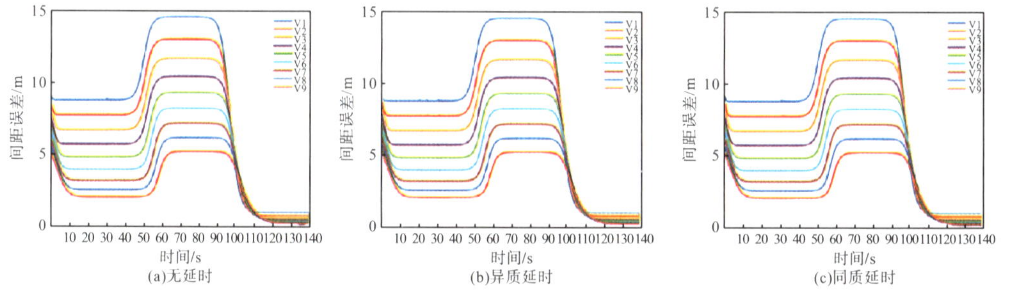

图 5.4 车辆队列的间距误差图

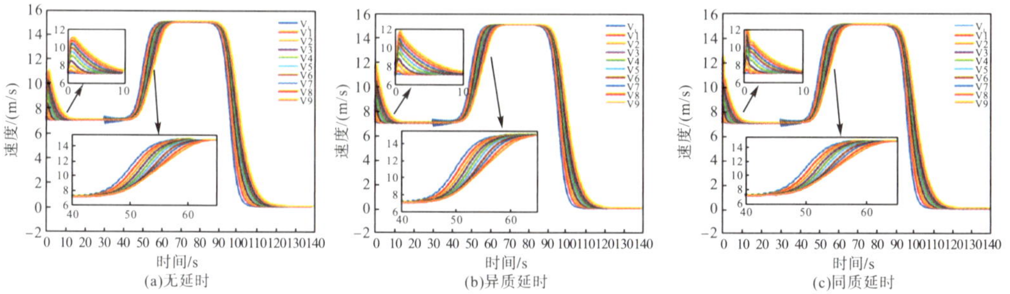

图 5.5 车辆队列的速度图

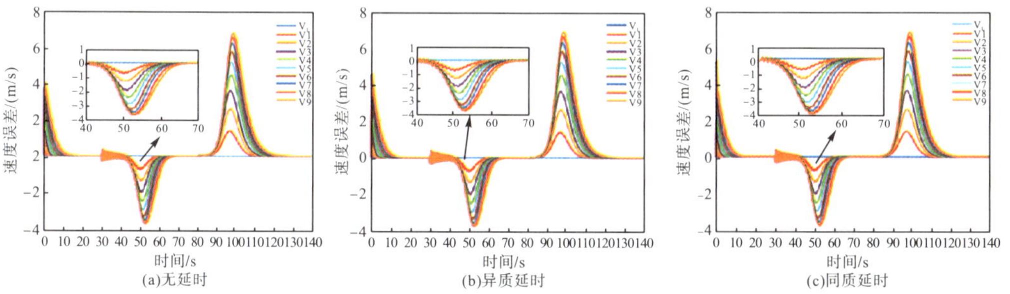

图 5.6 车辆队列的速度差图

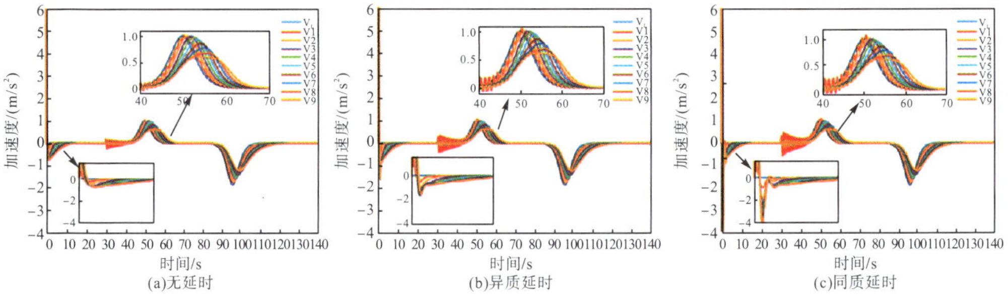

图 5.7 车辆队列的加速度图

针对图 5.3～图 5.7 三种通信延时场景(无延时、异质延时和同质延时)，跟随车辆都首先加速追赶领导车辆，最后达到稳定状态；当领导车辆加速时，跟随车辆重新加速跟随领导车辆直到到达下一个平稳状态，其间跟随车辆能够平滑地跟随领导车辆；当领导车辆开始减速制动时，跟随车辆也迅速地做出反应减速并制动，最终平稳地停在领导车辆后方，同时车辆间距保持在安全稳定的期望车辆间距——5m。图 5.4 可以进一步说明车辆队列在所提控制器的作用下，可以形成稳定的车辆队列，即一致的车辆间距。从图 5.4 可以看出，在时间间隔 $20s \leqslant t \leqslant 30s$，车辆间距差从不同的初始值可以收敛到正的间距差。在时间间隔 $70s \leqslant t \leqslant 80s$，经过一个加速过程车辆间距差又收敛到另一个正的间距差。最终，间距差平滑地收敛到零。图 5.3 和图 5.4 说明相邻车辆间距 $x_{i-1}-x_i$ 始终是安全的，并最后收敛到期望的安全距离 h_c=5m。同时进一步验证了所提的非线性控制协议可以避免追尾碰撞，并且实现队列车辆间距一致性。

由图 5.5 可以看出，当 $t \leqslant 20s$ 时，跟随车辆首先从初始时刻加速跟随领导车辆，当跟随车辆到达速度峰值时，开始逐渐减速到 7m/s，经过 15s 左右，跟随车辆的速度与领导车辆的速度一致。其中，对应三种通信延时场景(无延时、异质延时和同质延时)的速度峰值分别为 11m/s、11.8m/s 和 12.1m/s。而当时 $30s \leqslant t \leqslant 80s$，领导车辆开始从 7m/s 加速到 15m/s，跟随车辆将会在非线性控制器的作用下调整自身的车辆速度以跟随领导车辆，直到跟随车辆的速度达到领导车辆的速度，即 15m/s。这是因为在车辆队列控制器设计时考虑了车辆跟驰行为的影响。当 $80s \leqslant t \leqslant 140s$ 时，领导车辆减速停止，跟随车辆根据领导车辆的速度调整自身速度，直到停止。同时由图 5.5(c)还可以看出，当 $0s \leqslant t \leqslant 30s$ 且较大的同质延时与外部扰动式(5.54)作用于领导车辆时，车辆速度会出现波动，说明了如果通信延时超过临界值，则通信延时会影响车辆队列的稳定性。

由图 5.6 可以看出，在三种通信延时场景下(无延时、异质延时和同质延时)速度误差的最大值分别为 4.0m/s、4.3m/s 和 5.2m/s。同时由图 5.6(c)还可以看出，速度误差也出现扰动，说明如果通信延时超过临界值，则通信延时会影响车辆队列的稳定性。从图 5.7 可以看出，所有车辆的最大减速度都小于 $4m/s^2$。同时，在异质延时与同质延时场景下，加速度出现了扰动，也说明通信延时会对车辆队列的稳定性产生影响。

综上所述，由图 5.3～图 5.7 可知，车辆队列在所提控制协议的作用下能够实现车辆队列的位置、速度与加速度/减速度一致性；所提的非线性一致性控制协议能够有效避免负的间距差、负的速度以及不合理的加速度；对于通信延时影响的分析说明了如果通信延时超过临界值，则通信延时会影响车辆队列的稳定性。表 5.3 说明不同通信延时下车辆队列控制性能的影响。

表 5.3　不同通信延时下对车辆控制性能的影响

性能	延时		
	无延时	异质延时	同质延时
间距误差	正	正	正
速度	正	正	正
最大速度差	4.0m/s	4.3m/s	5.2m/s
加速度波动幅度	$0.80m/s^2$	$1.70m/s^2$	$4.01m/s^2$

5. 小结

本部分主要针对结构化道路，通过考虑跟驰行为设计车辆队列协同控制协议。首先，基于领导-跟随者模型，结合车车通信，综合考虑跟随车辆之间，跟随车辆与领导车辆间的位置差以及速度差信息，车辆间的相互作用，即车辆跟驰行为，以及通信延时的影响，提出一种改进的车辆队列协同控制律，不仅使得车辆间距、车辆速度达到一致性，而且使车队中车辆的行为符合交通流刻画的规律；其次，利用分析带延时系统的李雅普诺夫-克拉索夫斯基方法及李雅普诺夫稳定性定理，分析所提车辆队列协同控制律的稳定性条件，进而分析交通系统中车辆编队队形的动态特性。通过数值仿真，观察车辆协同控制中，车辆间的编队队形变化效果，以验证控制律的有效性。

为了分析不同通信延时对车辆队列协同控制性能的影响。在不同延时场景下，分析车辆队列系统的稳定性，进而得到所提车辆队列协同控制律的稳定性条件。通过对不同延时场景下车辆队列的位置、间距、速度、加速度的对比分析，分析不同延时场景对编队控制的影响，以验证所提车辆队列协同控制律在不同延时影响下的有效性。

5.1.2　基于积分滑模的车辆队列制动控制研究

针对车辆制动场景，综合考虑车辆间的作用关系，通信拓扑以及车辆初始状态，提出一种基于积分滑模控制的车辆队列制动控制算法。首先，由于领导车辆对于车辆队列制动控制会产生重要影响，因此将单独设计领导车辆的运动轨迹；其次，针对跟随车辆，考虑车辆间相互作用关系以及领导车辆的影响，本书设计滑模面和积分滑模控制器，并借助李雅普诺夫函数分析车辆队列系统的收敛性，再次，借助拉普拉斯变换，分析车辆队列的串稳定性；最后通过数值仿真和现场实验验证所提控制器的有效性。

1. 问题描述

上述研究内容中车辆队列最终形成稳定的队列驾驶模式，进一步，稳定的车辆队列将最终制动停止下来，因此车辆队列制动场景如图 5.8(a)所示。车车通信拓扑结构为 PF 通信拓扑结构，如图 5.8(b)所示。其中，图 5.8(a)中 TSP 为领导车辆的期望目标停止位置

(target stop position，TSP)。针对队列中的领导车辆，如何设计合适的控制算法，使得领导车辆可以安全平稳地停止在 TSP；同时针对跟随车辆，如何设计合适的非线性控制算法，以刻画跟随车辆在制动过程中的非线性因素，同时使得跟随车辆安全平稳地停在领导车辆后面。

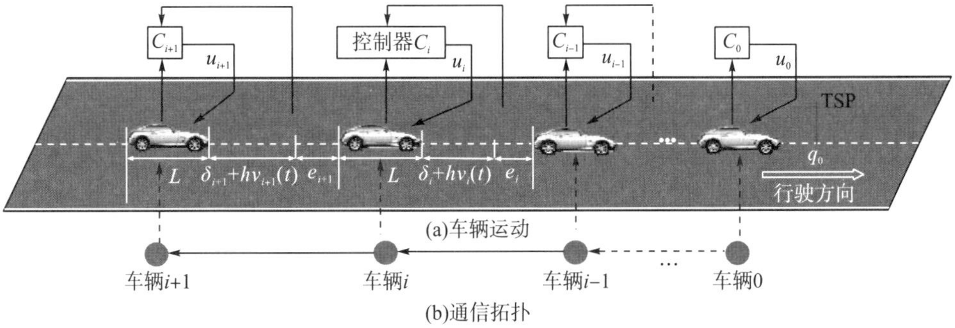

图 5.8 车辆队列的分布式控制器

1) 车辆模型

如图 5.8(a)所示，车辆队列包含 $n+1$ 辆车，包括 1 辆领导车辆和 n 辆跟随车辆。对于队列中的每辆车，其运动学模型如下[1,2][11-13]：

$$\begin{cases}\dot{x}_i(t)=v_i(t)\\ \dot{v}_i(t)=u_i(t)+\xi_i(t)\end{cases},\quad i=0,1,\cdots,n \tag{5.57}$$

其中，$x_i(t),v_i(t)\in\boldsymbol{R}$ 是队列中第 i 辆车在时刻 t 的位置和速度；$u_i(t)\in\boldsymbol{R}$ 是第 i 辆车在时刻 t 的控制输入；$\xi_i(t)$ 是在时刻 t 作用第 i 辆车上的外部扰动。

如果 $i=0$，则表征 $x_0(t)$，$v_0(t)\in\boldsymbol{R}$ 是领导车辆在时刻 t 的位置和速度；$u_0(t)\in\boldsymbol{R}$ 是领导车辆在时刻 t 的控制输入；$\xi_0(t)$ 表示于时刻 t 作用在领导车辆的外部扰动。

此外，假设外部扰动是有界的，即 $\xi_i(t)$ 满足

$$\underline{\xi_i}\leqslant\xi_i(t)\leqslant\overline{\xi_i} \tag{5.58}$$

其中，$\underline{\xi_i}$、$\overline{\xi_i}$ 分别为 $\xi_i(t)$ 的上、下界，都为常数。

为了研究车辆队列的串稳定性，基于 CTH 间距误差的定义，车辆 $i-1$ 与车辆 i 的间距误差被定义为

$$e_i(t)=x_{i-1}(t)-x_i(t)-hv_i(t)-\delta-L \tag{5.59}$$

其中，h 是时间常数；δ 是车辆停止时的车辆间距；L 为车辆自身长度。

2) 控制目标

本部分的研究目的是设计合适的制动控制算法，使得队列中的领导车辆安全平稳地停止在目标停止位置，跟随车辆也安全平稳地停在领导车辆后面，且车辆间的间距差和速度达到一致，即满足如下条件。

(1) 领导车辆可以渐进地停止在 TSP。

$$\lim_{t\to\infty}\|x_0(t)\|=q_0,\lim_{t\to\infty}\|v_0(t)\|=0 \tag{5.60}$$

(2)跟随车辆间距可以收敛到一致的车辆停止间距。

$$\lim_{t\to\infty}\|e_i(t)\|=0,\lim_{t\to\infty}\|v_{i-1}(t)-v_i(t)\|=0 \tag{5.61}$$

通过上述的分析，车辆队列制动控制的研究技术路线图如图 5.9 所示。

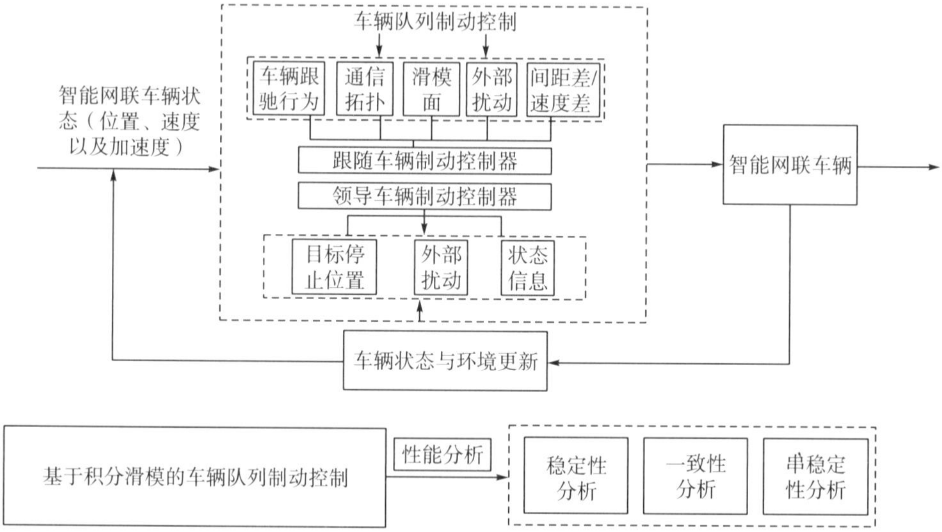

图 5.9　车辆队列制动控制研究技术路线图

2. 领导车辆控制协议设计

在车辆队列制动控制场景中，领导车辆的状态对跟随车辆的控制器设计具有很重要的影响。因此在本部分，我们将针对领导车辆单独设计控制协议，可以使得领导车辆能够安全平稳地停在目标停止位置。

考虑到领导车辆受到外部制动力的作用，参考文献[14]中针对车辆队列制动控制协议的设计，领导车辆的控制器设计如下[5,15]：

$$u_0(t)=f_0[x_0(t)]+g_0[v_0(t)]+F_{0b}[q_0,x_0(t)] \tag{5.62}$$

其中，$x_0(t)$ 和 $v_0(t)$ 是在 t 时刻领导车辆的位置和速度；q_0 是领导车辆 TSP；$F_{0b}(\cdot)$ 是领导车辆在制动过程中所受到的外部制动力；$f_0(\cdot)$ 和 $g_0(\cdot)$ 分别为关于领导车辆的位置和速度函数。其中，$f_0(\cdot)$、$g_0(\cdot)$ 和 $F_{0b}(\cdot)$ 定义如下：

$$\begin{cases} f_0[x_0(t)]=0 \\ g_0[v_0(t)]=-bv_0(t) \\ F_{0b}(\cdot)=c[q_0-x_0(t)] \end{cases} \tag{5.63}$$

将式(5.63)代入式(5.62)中，可得领导车辆的控制器如下：

$$u_0(t)=-bv_0(t)+c[q_0-x_0(t)] \tag{5.64}$$

其中，b 和 c 是正的控制参数。

注 5.5　针对领导车辆控制器，本部分利用外部制动力[$F_{0b}(\cdot)$]来驱使领导车辆减速停止。同时，跟随车辆在所提的积分滑模制动协议的作用下减速直到停止，并且确保车队中跟随车辆的行为满足交通流所刻画的规律。

3. 基于积分滑模控制的队列制动控制协议设计

本部分针对车辆队列中的跟随车辆设计积分滑模控制协议，使得跟随车辆根据领导车辆的状态安全平稳地停止在领导车辆后面，其中跟随车辆的速度平稳安全地减小到零，跟随车辆的间距保持为安全的目标车辆间距。基于积分滑模控制的跟随者制动控制协议包括两部分：一是滑模面设计，二是积分滑模制动控制协议设计。

1)滑模面设计

在积分滑模制动协议设计之前，首先设计积分滑模面。队列中的车辆的滑模面设计如下[5,15]：

$$s_i(t)=e_i(t)+\int_0^t\{\lambda e_i(\tau)+f_i[x_{i-1}(\tau),x_i(\tau),v_i(\tau)]\}\mathrm{d}\tau \tag{5.65}$$

其中，

$$f_i[x_{i-1}(t),x_i(t),v_i(t)]=\alpha\{W[\Delta x_i(t)]-v_i(t)\}+\beta[v_{i-1}(t)-v_i(t)] \tag{5.66}$$

$$W[\Delta x_i(t)]=\tanh[\Delta x_i(t)-x_c]+\tanh(x_c) \tag{5.67}$$

其中，$\alpha>0$，$\beta\geqslant0$ 和 $\lambda>0$ 是常系数；$\tanh(\cdot)$ 是反正切函数；x_c 是安全间距。

需要指出的是，在设计的滑模面[式(5.55)]中，$s_i(t)$ 的收敛可以保证间距误差收敛到零，但是不能保证车辆队列的串稳定性。因此，需要构造如下新的滑模面：

$$S_i(t)=\begin{cases}qs_i(t)-s_{i+1}(t), & i=1,\cdots,n-1\\ qs_i(t), & i=n\end{cases} \tag{5.68}$$

其中，$q\neq0$ 且 q 是常数。

将滑模面(5.68)可以改写为

$$\boldsymbol{S}(t)=\boldsymbol{Q}\boldsymbol{s}(t) \tag{5.69}$$

其中，$\boldsymbol{s}(t)=[s_1(t)\ s_2(t)\ \cdots s_n(t)]^{\mathrm{T}}$；$\boldsymbol{S}(t)=[S_1(t)\ S_2(t)\ \cdots S_n(t)]^{\mathrm{T}}$。

$$\boldsymbol{Q}=\begin{bmatrix}q & -1 & \cdots & 0 & 0\\ 0 & q & -1 & \cdots & 0\\ \vdots & \vdots & \ddots & \ddots & \vdots\\ 0 & 0 & \cdots & q & -1\\ 0 & 0 & \cdots & 0 & q\end{bmatrix}$$

因为 $q\neq0$ 且是常数，所以矩阵 $\boldsymbol{Q}$ 是可逆的。

2)积分滑模制动控制协议设计

本部分将根据上述所设计的积分滑模面，对跟随车辆设计基于积分滑模的制动控制协议。对式(5.67)求导有

$$\dot{S}_i(t)=\begin{cases}q\{v_{i-1}(t)-v_i(t)-h[u_i(t)+\xi_i(t)]\}+A_i(t), & i=1,\cdots,n-1\\ q\{v_{n-1}(t)-v_n(t)-h[u_n(t)+\xi_n(t)]\}+A_n(t), & i=n\end{cases} \tag{5.70}$$

其中，$A_i(t)=q[\lambda e_i(t)+f_i]-[\dot{e}_{i+1}(t)+\lambda e_{i+1}(t)+f_{i+1}]$；$A_n(t)=q[\lambda e_n(t)+f_n]$；$\xi_i(t)$，$i=1,\cdots,n-1,n$ 为外部扰动。

为了简化分析，令

$$|\tilde{\bar{\xi}}_i(t)=\hat{\bar{\xi}}_i(t)-\bar{\xi}_i(t)|\leqslant\tilde{\bar{\xi}}_{\max,i},|\tilde{\underline{\xi}}_i(t)=\hat{\underline{\xi}}_i(t)-\underline{\xi}_i(t)|\leqslant\tilde{\underline{\xi}}_{\max,i} \tag{5.71}$$

其中，$\hat{\bar{\xi}}_i(t)$ 和 $\hat{\underline{\xi}}_i(t)$ 分别是外部扰动的最大值 $\bar{\xi}_i(t)$ 与最小值 $\underline{\xi}_i(t)$ 的估计值；$\tilde{\bar{\xi}}_{\max,i}$ 和 $\tilde{\underline{\xi}}_{\max,i}$ 分别为扰动上界与扰动下界的最大估计值。

根据李雅普诺夫理论，对于跟随车辆的积分滑模控制器设计如下[5,15]：

$$u_i(t)=\frac{1}{h}[v_{i-1}(t)-v_i(t)]+\frac{1}{qh}\{A_i+k\,\mathrm{sgn}[S_i(t)]\}-[(1-\mu_i)\hat{\bar{\xi}}_i(t)+\mu_i\hat{\underline{\xi}}_i(t)] \tag{5.72}$$

其中，k 是正常数；$\mathrm{sgn}(\cdot)$ 是符号函数。

$$A_i=\begin{cases} q[\lambda e_i(t)+f_i]-[\dot{e}_{i+1}(t)+\lambda e_{i+1}(t)+f_{i+1}], & i=1,2,\cdots,n-1 \\ q\lambda e_n(t), & i=n \end{cases} \tag{5.73}$$

根据文献[12]中的方法，对于外部扰动的自适应控制率被设计为

$$\dot{\hat{\bar{\xi}}}_i(t)=-\eta_i qhS_i(t),\dot{\hat{\underline{\xi}}}(t)=-\eta_i qhS_i(t) \tag{5.74}$$

其中，$\eta_i>0,\ i=1,\cdots,n$ 为常数。

同时 μ_i 的定义如下：

$$q>0,u_i=\begin{cases}1, & S_i(t)>0\\ 0, & S_i(t)\leqslant 0\end{cases};\quad q<0,\quad u_i=\begin{cases}1, & S_i(t)\leqslant 0\\ 0, & S_i(t)>0\end{cases} \tag{5.75}$$

4. 一致性分析与串稳定性分析

本部分将对领导车辆控制器[式(5.62)]与针对跟随者的积分滑模控制器[式(5.72)]的收敛性分析，以及车辆队列系统的串稳定性分析。

1) 领导车辆收敛性分析

在车辆队列制动过程中，领导车辆对跟随车辆的制动具有很重要的影响，因此需要对领导车辆单独进行收敛性分析。如果定理 5.3 成立，则领导车辆的收敛性能够得到保证。

定理 5.3　考虑到如图 5.8 所示的车辆队列制动场景，如果领导车辆中的参数 b 和 c 满足 $b>0,c>0$ 且 $b/2\sqrt{c}\geqslant 1$，则在所提的领导车辆控制器的作用下，队列中领导车辆能够安全平稳地停在目标停止位置，即式(5.59)成立。

证明：对于领导车辆，假设领导车辆没有受到外部扰动的影响，即 $\xi_0(t)=0$，将式(5.64)代入式(5.57)有

$$\ddot{x}_0(t)+b\dot{x}_0(t)+cx_0(t)=cq_0 \tag{5.76}$$

则式(5.76)的通解为

$$x_0(t)=C_0x_0^*(t)+x_0{}'(t) \tag{5.77}$$

其中，$x_0{}'(t)$ 是特解；$x_0^*(t)$ 是通解。

根据式(5.76)可得

$$x_0{}'(t)=q_0,\quad \lim_{t\to\infty}\|x_0^*(t)\|=0 \tag{5.78}$$

根据式(5.77)与式(5.78)可得

$$\lim_{t\to\infty}\|x_0(t)\|=q_0 \tag{5.79}$$

同理，领导车辆的速度为

$$v_0(t)=C_0\dot{x}_0^*(t)+\dot{x}_0{}'(t) \tag{5.80}$$

由式(5.78)和式(5.80)可得

$$\lim_{t\to\infty}\|v_0(t)\|=0 \tag{5.81}$$

则根据式(5.79)与式(5.81)，领导车辆在控制器[式(5.8)]的作用下，可以安全平稳地停在目标停止位置。定理 5.3 得证。

2)跟随车辆收敛性分析

在对跟随车辆的积分滑模控制器进行收敛性分析之前，先介绍如下引理。

引理 5.5：(芭芭拉引理)[16]如果映射 $\phi(t)$，$R\to R$ 是一致连续函数，则当 $t\geqslant 0$ 且 $\lim_{t\to\infty}\int_0^t\phi(\tau)\mathrm{d}\tau<\infty$ 时，$\lim_{t\to\infty}\phi(t)=0$。

定理 5.4 在积分滑模面[式(5.65)]与[式(5.69)]以及积分滑模控制器[式(5.72)]的作用下，如果控制器参数满足 $\alpha>0$，$\beta\geqslant 0$ 和 $\lambda>0$，则车辆队列是李雅普诺夫稳定的，同时也可以得到

$$\lim_{t\to\infty}S_i(t)=0,\lim_{t\to\infty}s_i(t)=0,\lim_{t\to\infty}s_{i+1}(t)=0$$

证明：构造合适的李雅普诺夫函数如下：

$$V_1(t)=\frac{1}{2}\sum_{i=1}^{n}[S_i^2+\frac{1-\mu_i}{\eta_i}\tilde{\bar{\xi}}_i^2(t)+\frac{\mu_i}{\eta_i}\tilde{\underline{\xi}}_i^2(t)] \tag{5.82}$$

对 $V_1(t)$ 求导并代入式(5.70)、式(5.72)、式(5.73)有

$$\begin{aligned}\dot{V}_1(t)=\sum_{i=1}^{n}\Big[&S_i(t)\{qh[(1-\mu_i)\hat{\bar{\xi}}_i(t)+\mu_i\hat{\underline{\xi}}_i(t)]\}-k\,|\,S_i(t)\,|\\&-qh\xi_i(t)S_i(t)+\frac{1-\mu_i}{\eta_i}\tilde{\bar{\xi}}_i(t)\dot{\tilde{\bar{\xi}}}_i(t)+\frac{\mu_i}{\eta_i}\tilde{\underline{\xi}}_i(t)\dot{\tilde{\underline{\xi}}}_i(t)\Big]\end{aligned} \tag{5.83}$$

因为 $\bar{\xi}_i(t)$ 和 $\underline{\xi}_i(t)$ 是外部扰动的上、下界，且其为常数，同时根据式(5.68)，有 $\dot{\tilde{\bar{\xi}}}_i(t)=\dot{\hat{\bar{\xi}}}_i(t)$ 和 $\dot{\tilde{\underline{\xi}}}_i(t)=\dot{\hat{\underline{\xi}}}_i(t)$。

根据式(5.75)有

$$-qh\xi_i(t)S_i(t)\leqslant-qh[(1-\mu_i)\bar{\xi}_i+\mu_i\underline{\xi}_i]S_i(t) \tag{5.84}$$

将式(5.74)、式(5.75)和式(5.84)代入式(5.83)，可得

$$\begin{aligned}\dot{V}_1(t)\leqslant\sum_{i=1}^{n}\Big[&S_i(t)\{qh[(1-\mu_i)\tilde{\bar{\xi}}_i(t)+\mu_i\tilde{\underline{\xi}}_i(t)]\}-k\,|\,S_i(t)\,|\\&+\frac{1-\mu_i}{\eta_i}\tilde{\bar{\xi}}_i(t)\dot{\hat{\bar{\xi}}}_i(t)+\frac{\mu_i}{\eta_i}\tilde{\underline{\xi}}_i(t)\dot{\hat{\underline{\xi}}}_i(t)\Big]\leqslant-\sum_{i=1}^{n}k\,|\,S_i(t)\,|\end{aligned} \tag{5.85}$$

最后有

$$\dot{V}_1(t)\leqslant-k\sum_{i=1}^{n}|\,S_i(t)\,|\leqslant 0 \tag{5.86}$$

因为$\dot{V}_1(t)\leqslant 0$，且$V_1(t)$是一个非增函数，所以$V_1(t)\leqslant V_1(0)<\infty$。同时，对式(5.83)求导有

$$
\begin{aligned}
\ddot{V}_1(t)=\sum_{i=1}^{n}\{&\dot{S}_i(t)[qh(1-\mu_i)\hat{\bar{\xi}}_i(t)+\mu_i\hat{\underline{\xi}}_i(t)]+S_i(t)[qh(1-\mu_i)\dot{\hat{\bar{\xi}}}_i(t)+\mu_i\dot{\hat{\underline{\xi}}}_i(t)]\\
&-k\dot{S}_i(t)\mathrm{sgn}[S_i(t)]-qh[\dot{\xi}_i(t)S_i(t)+\xi_i(t)\dot{S}_i(t)]+\frac{1-\mu_i}{\eta_i}[\dot{\tilde{\bar{\xi}}}_i(t)\dot{\hat{\bar{\xi}}}_i(t)+\tilde{\bar{\xi}}_i(t)\ddot{\hat{\bar{\xi}}}_i(t)]\\
&+\frac{\mu_i}{\eta_i}[\dot{\tilde{\underline{\xi}}}_i(t)\dot{\hat{\underline{\xi}}}_i(t)+\tilde{\underline{\xi}}_i(t)\ddot{\hat{\underline{\xi}}}_i(t)]\}
\end{aligned}
\tag{5.87}
$$

根据式(5.58)和式(5.74)可以得知，$\xi_i(t),\hat{\bar{\xi}}_i(t),\tilde{\bar{\xi}}_i(t),\dot{\tilde{\bar{\xi}}}_i(t),\dot{\hat{\bar{\xi}}}_i(t),\ddot{\hat{\bar{\xi}}}_i(t)$ $\hat{\underline{\xi}}_i(t),\tilde{\underline{\xi}}_i(t),\dot{\tilde{\underline{\xi}}}_i(t),\dot{\hat{\underline{\xi}}}_i(t),$ $\ddot{\hat{\underline{\xi}}}_i(t)\in L_\infty$。因为$V_1(t)\in L_\infty$，因此根据式(5.25)，$S_i(t)\in L_\infty$。根据式(5.67)，有$s_i(t)$, $s_{i+1}(t)\in L_\infty$。此外，根据式(5.65)有$v_{i-1}(t)$, $v_i(t)\in L_\infty$，又因为$\mathrm{sgn}[S_i(t)]\in L_\infty$，因此根据式(5.72)，可以得到$u_i(t)\in L_\infty$。进一步，因为$f_i(t)\in L_\infty$，根据式(5.65)，有$e_i(t)\in L_\infty$。最后，根据式(5.59)，可得$\dot{e}_i(t)\in L_\infty$。根据上述的讨论以及式(5.87)，可知$\ddot{V}_1(t)\in L_\infty$。因此$\dot{V}_1(t)$是一致连续的。

此外，有

$$
\int_0^\infty|\dot{V}_1(\tau)|\mathrm{d}\tau=|V_1(\infty)|-|V_1(0)|<\infty
\tag{5.88}
$$

根据式(5.88)有$\dot{V}_1(t)\in L_2$。因此根据引理 5.5，有$\lim\limits_{t\to\infty}\dot{V}_1(t)=0$。进一步，根据式(5.86)，有$\lim\limits_{t\to\infty}\dot{V}_1(t)\leqslant\lim\limits_{t\to\infty}(-k\sum\limits_{i=1}^{n}|S_i(t)|)\leqslant 0$。因此有$\lim\limits_{t\to\infty}(-k\sum\limits_{i=1}^{n}|S_i(t)|)=0$，又因为$k$是正数，因此$\lim\limits_{t\to\infty}S_i(t)=0$。根据式(5.68)，因为$q\neq 0$且$\boldsymbol{Q}$是可逆的，因此其等价于$\boldsymbol{S}=0$和$\boldsymbol{s}=0$。因此有$\lim\limits_{t\to\infty}s_i(t)=0$，$\lim\limits_{t\to\infty}s_{i+1}(t)=0$。定理 5.4 得证。

定理 5.5　考虑到如图 5.8 所示的车辆队列制动场景，如果积分滑模控制器［式(5.72)］中的参数满足$\alpha>0$，$\beta\geqslant 0$和$\lambda>0$，则队列中的跟随车辆能够渐进地停在领导车辆期望的目标停止位置，同时车辆间的间距误差收敛到零，即式(5.61)成立。

证明： 根据式(5.59)，有$\dot{e}_i(t)=v_{i-1}(t)-v_i(t)-h\dot{v}_i(t)$。因为$v_{i-1}(t),v_i(t)$和$\dot{v}_i(t)\in L_\infty$，因此，$\dot{e}_i(t)\in L_\infty$且$\dot{e}_i(t)$是一致连续的，即

$$
\int_0^\infty|e_i(\tau)|\mathrm{d}\tau=|e_i(\infty)|-|e_i(0)|<\infty
\tag{5.89}
$$

根据式(5.89)，有$e_i(t)\in L_2$。因此根据引理 5.5，有$\lim\limits_{t\to\infty}e_i(t)=0$。进一步，根据定理 5.4，有$\lim\limits_{t\to\infty}s_i(t)=0$。因此，根据式(5.65)，有$\lim\limits_{t\to\infty}f_i(t)=0$。

类似地，根据引理 5.5，进一步可以得到$\lim\limits_{t\to\infty}\dot{e}_i(t)=0$和$\lim\limits_{t\to\infty}\dot{v}_i(t)=0$。因此，根据式(5.59)，有$\lim\limits_{t\to\infty}[v_{i-1}(t)-v_i(t)]=0$。结合定理 5.4，可得$\lim\limits_{t\to\infty}\|e_i(t)\|=0$，$\lim\limits_{t\to\infty}\|v_{i-1}(t)-v_i(t)\|=0$。定理 5.5 得证。

注 5.6　为了避免因为符号函数$\mathrm{sgn}[S_i(t)]$引起的颤动，在本书中使用$S_i(t)/[\|S_i(t)\|+\varepsilon]$来替代$\mathrm{sgn}[S_i(t)]$，其中$\varepsilon$是一个小的正常数。

3) 车辆队列串稳定性分析

车辆队列的串稳定性是车辆队列控制中的一个重要特性。其要求在所提控制器的作用下，车辆队列保持稳定时，车辆间距误差从下游往上游传播越来越小。因此，为了分析车辆队列的串稳定性，首先给出车辆队列串稳定的定义。

定义 5.2 串稳定性(string stability，SS)[4][17-28]**：** 对于误差传递函数 $G_i(s)=E_{i+1}(s)/E_i(s)$，其中 $E_i(s)$ 为相邻车辆间距误差 $e_i(t)=x_i(t)-x_{i-1}(t)-d_{i,i-1}$ 的拉普拉斯变换，如果 $\|G_i(s)\|\leqslant 1(i=1,\cdots,n)$ 成立，则称车辆队列满足串稳定性。

首先，将第 i 辆车误差状态 e_i 换到 s 域，得到频域形式的位置误差表达式 $E_i(s)$；然后，考虑 $i=1$ 与 $i=2$ 时的位置误差表达式，得到 $G_1(s)=E_2(s)/E_1(s)$，进一步考虑 $i=k$ 时的误差传递函数，通过数学归纳法得到 $G_i(s)$。最后验证队列稳定性要求 $\|G_i(s)\|\leqslant 1\ (i=1,\cdots,n)$，求得队列满足串稳定性的条件。

定理 5.6 考虑到如图 5.8 所示的车辆队列制动场景，如果初始时刻 $e_i(0)=0$，则在所提积分滑模制动控制器[式(5.72)]的作用下，如果参数 q 满足 $0<|q|\leqslant 1$，则车辆队列的串稳定性可以得到保证，即

$$\|G_i(s)\|=\left\|\frac{E_{i+1}(s)}{E_i(s)}\right\|\leqslant 1 \tag{5.90}$$

证明： 根据式(5.67)和定理 5.4，我们知道 $S_i(t)=qs_i(t)-s_{i+1}(t)$ 收敛到零。令 $S_i(t)=0$，根据式(5.65)，有

$$q\left\{e_i(t)+\int_0^t[\lambda e_i(\tau)+f_i(\tau)]\mathrm{d}\tau\right\}=e_{i+1}(t)+\int_0^t[\lambda e_{i+1}(\tau)+f_{i+1}(\tau)]\mathrm{d}\tau \tag{5.91}$$

因为 $e_i(0)=0$ 和 $e_i^{(-1)}(0)\triangleq\int_{-\infty}^0 e_i(t)\mathrm{d}t=0$，对式(5.91)两边同时取拉普拉斯变换有

$$q\left\{E_i(s)+[\lambda E_i(s)+\frac{F_i(s)}{s}]\right\}=E_{i+1}(s)+\frac{\lambda E_{i+1}(s)+F_{i+1}(s)}{s} \tag{5.92}$$

由式(5.92)可得

$$G_i(s)=\frac{E_{i+1}(s)}{E_i(s)}=q-\frac{F_{i+1}(s)-F_i(s)}{E_i(s)(s+\lambda)} \tag{5.93}$$

根据式(5.59)和式(5.65)，利用泰勒展开式，同时有 $\lim\limits_{t\to\infty}\Delta v_i(t)=0$ 和 $\lim\limits_{t\to\infty}\Delta x_i(t)=\delta$，可得

$$\lim_{s\to 0}G_i(s)=\lim_{s\to 0}\left[q-\frac{F_{i+1}(s)-F_i(s)}{E_i(s)(s+\lambda)}\right]=q \tag{5.94}$$

当 q 满足 $0<|q|\leqslant 1$ 时，$\|G_i(s)\|\leqslant 1$ 能够得到保证，即所提控制器能够保证车辆队列的串稳定性。定理 5.6 得证。

注 5.7 在本书中，车辆队列串稳定性定义 5.2 中的拉普拉斯变换是针对车辆间距误差 $e_i(t)$ 的，其定义如式(5.59)。根据定义 5.2，如果式(5.90)成立，则车辆队列的串稳定性可以得到保证，即瞬时间距误差从车辆队列下游往上游传播逐渐衰减。

注 5.8 在本书中，针对车辆队列所设计的积分滑模控制器不同于传统的滑模控制。其主要区别为当初始时刻 $e_i(0)$=0 时，对于 $t>0$，所设计的滑模面 $S_i(t)$ 等于零。为了说明

此区别，构造合适的李雅普诺夫函数 $V_2(t)=\frac{1}{2}\sum_{i=1}^{n}S_i^2(t)$，对其求导有 $\dot{V}_2(t)=\sum_{i=1}^{N}\{qh[(1-\mu_i)\hat{\bar{\xi}}_i(t)+\mu_i\hat{\underline{\xi}}_i(t)]S_i(t)-k\,|\,S_i(t)|\}$。根据式(5.71)，有 $\dot{V}_2(t)\leqslant-\sum_{i=1}^{N}(k-|q|\max_{1\leqslant i<N}\{h\hat{\bar{\xi}}_{\max,i}(t),\ h\hat{\underline{\xi}}_{\max,i}(t)\})|S_i(t)|$。进一步有 $\dot{V}_2(t)=-\sum_{i=1}^{N}(k-|q|\max_{1\leqslant i<N}\{h\hat{\bar{\xi}}_{\max,i}(t),h\hat{\underline{\xi}}_{\max,i}(t)\})[2V_2(t)]^{1/2}$，如果 $k-|q|\max_{1\leqslant i<N}\{h\hat{\bar{\xi}}_{\max,i}(t),\ h\hat{\underline{\xi}}_{\max,i}(t)\}>0$，则 $\dot{V}_2(t)\leqslant0$，即滑动运动一直保持在滑模面 $S(t)$ 上。具体地，因为初始时刻有 $e_i(0)=0$，考虑到 $S_i(0)=0\Leftrightarrow V_2(0)=0$，所以有 $V_2(t)\geqslant0$。由以上分析可得当 $t\geqslant0$ 时，$V_2(t)=0$。相应地，可以得到对于任意的 $t\geqslant0$，有 $S_i(t)=0$。

5. 实验验证

为了验证所提控制协议的有效性，针对如图 5.8 所示的智能网联车辆队列场景，我们将采用六辆车组成的车辆队列，包括一辆领导车辆与五辆跟随车辆。进一步，为了研究外部扰动对车辆队列控制性能的影响，我们将针对三种不同的场景，即无扰动/外部扰动作用于领导车辆以及外部扰动作用于队列中所有车辆。

针对数值仿真，仿真的采样间隔设置为 $\Delta t=0.01\text{s}$。忽略车辆的自身长度的影响。车辆队列的初始状态信息见表 5.4。车辆队列的控制器参数设置见表 5.5。

三种场景下的外部扰动具体如下。

场景 1：无扰动场景。

$$\xi_i(t)=0,\ i=0,\cdots,n \tag{5.95}$$

场景 2：外部扰动作用于领导车辆场景。

$$\xi_i(t)=0.3\sin(2\pi t)\mathrm{e}^{-t/5},\quad t\geqslant3, i=0 \tag{5.96}$$

场景 3：外部扰动作用于队列中所有车辆场景。

$$\xi_i(t)=0.3\sin(2\pi t)\mathrm{e}^{-t/5},\quad t\geqslant3, i=0,\cdots,n \tag{5.97}$$

因此，外部扰动上界和下界估计的初始条件分别为 $\hat{\bar{\xi}}(0)=0.3[1,1,1,1,1,1,1]^{\mathrm{T}}$，$\hat{\underline{\xi}}(0)=-0.3[1,1,1,1,1,1,1]^{\mathrm{T}}$。

表 5.4　车辆队列的初始状态信息

初始状态	车辆					
	领导车辆	跟随车辆 1	跟随车辆 2	跟随车辆 3	跟随车辆 4	跟随车辆 5
位置/m	101.0	85.0	69.0	53.0	37.0	21.5
速度/(m·s^{-1})	15	15	15	15	15	15
期望间距/m	0	1	2	3	4	5

表 5.5　车辆队列的控制参数

参数	α	β	λ	q	k	η_i	b	c	ε	δ	x_c
数值	0.005s^{-1}	0.01s^{-2}	0.05	0.90	30	0.01	1.3s^{-1}	0.4 s^{-2}	0.5	1m	2m

需要指出的是，关于领导车辆的控制参数 b 和 c 满足定理 5.3 中领导车辆的稳定条件 $b/2\sqrt{c}\geqslant 1$，否则，在车辆队列制动过程中，将会出现扰动。关于跟随车辆的控制参数 α，β 和 λ 则需要满足定理 5.4 和定理 5.5 中的条件，即 $\alpha>0$，$\beta\geqslant 0$ 和 $\lambda>0$，否则会影响车辆队列制动过程中的平滑性，甚至会导致车辆队列制动不稳定。

图 5.10～图 5.16 是车辆队列的状态轨迹图。图 5.10 是在领导车辆控制器[式(5.64)]与跟随车辆控制器[式(5.72)]作用下的车辆队列的位置轨迹图。可以看出，在三种扰动场景下，领导车辆在控制器[式(5.64)]的作用下都能够平稳安全地停止在目标 TSP（$q_0=150\,\text{m}$），跟随车辆也能够收敛到期望的位置，同时车辆间距可以保持为安全的车辆停止间距。图 5.11 为车辆队列位置差。可以看出，在所提控制器的作用下，可以有效地避免追尾事故的发生。图 5.12 是车辆队列速度轨迹图。可以看出，队列中的车辆都可以从初始速度平稳安全地减小至零，减速过程经历了 25s。需要指出的是，在整个减速过程中，没有为负的车辆速度，表明没有出现倒车现象；其次，减速过程中的速度抖动不是很明显，表明减速过程较为平滑。图 5.13 是车辆队列控制输入图。根据式(5.57)，控制输入 $u_i(t)$ 即为车辆队列的加速度。因此，从图 5.13 可以看出，领导车辆最大的减速度不超过 4m/s^2，同时跟随车辆的最大减速度也不超过 4m/s^2。此外，图 5.13～图 5.15 显示外部扰动对于车辆队列位置与速度的影响较小。然而，图 5.13(b)显示领导车辆的加速度出现扰动，图 5.13(c)所有车辆的加速度都出现扰动，说明外部扰动会影响车辆队列的稳定性。图 5.14 是车辆队列的速度差。可以看出，队列中的车辆能够逐渐减速并最终停止在期望的位置，即领导车辆首先减速至零，而跟随车辆跟随领导车辆逐步依次减速至零。同时，图 5.14(b)和图 5.14(c)速度差都出现扰动，其内在原因与图 5.13(b)与图 5.13(c)类似。

图 5.15 是车辆队列的间距误差。由图可知，没有出现负的间距误差，同时最大的间距误差不超过 0.14m。这是因为在设计针对跟随车辆的基于积分滑模的控制器时考虑了车辆间的车辆跟驰行为。此外，车辆之间的间距误差在大约 25s 内都收敛到零，并且车辆间的间距误差随着车辆编号的增加而减小，即车辆间的间距误差从车辆队列下游往队列上游传播逐渐减小。说明所提积分滑模控制器不仅能够保证车辆队列中每台车辆的稳定性，同时也可以保证车辆队列在制动过程中保持串稳定性（即 $\|e_6(t)\|\leqslant\|e_5(t)\|\leqslant\cdots\leqslant\|e_1(t)\|$）。同时所提控制器对于存在外部扰动的场景，具有鲁棒性。通过比较图 5.15(a)、图 5.15(b)、图 5.15(c)可以说明所提控制器对于外部扰动具有较强的鲁棒性以及可以保证车辆队列的串稳定性。图 5.16 是滑模面图。由图可知，滑模面在 $0\leqslant t\leqslant 25\text{s}$ 出现较大的波动。其中，在车辆队列稳定性分析过程中，有 $S_i(t)=0, t\geqslant 0$，而仿真图中却不是一直为零，这是由于滑模面出现抖动而造成的。在数值仿真中符号函数 $\text{sgn}[S_i(t)]$ 被 $S_i(t)/[\|S_i(t)\|+\varepsilon]$ 替换。图 5.16 也说明了外部扰动对滑模面的影响。由于外部扰动作用在领导车辆上，图 5.16(b)出现了波动。在外部扰动作用于所有车辆上时，图 5.16(c)出现了更大的波动。但是滑模面最终在三种扰动情况下都收敛到零。

如图 5.10～图 5.16 所示，针对领导车辆所提的控制器能够使得领导车辆安全渐进平稳地停在目标停止位置，同时所提的积分滑模控制器能够使得跟随车辆能够安全地停在领导车辆流后面，并且车辆间距收敛到一致的安全距离。此外，由仿真图可知，所提控制器能够避免负的间距误差、负的间距以及不合理的减速度。同时，对扰动影响的研究也说明了所提积分滑模控制器对外部扰动具有鲁棒性。

本部分针对车辆队列制动场景，首先，对于领导车辆，设计线性控制器，使得领导车辆安全平稳地停止在目标停止位置。其次，对于跟随车辆，采用滑模控制方法，一是设计滑模面，二是基于所设计的滑模面，设计积分滑模制动控制器。特别地，所设计的积分滑模控制器考虑车辆间距误差，相邻车辆的速度差以及车辆间的跟驰行为。再次，借助李雅普诺夫稳定性理论分析车辆队列的收敛性，并通过传递函数方法分析车辆队列的串稳定性。最后，通过数值仿真验证所提的控制器的有效性。仿真结果说明了所提控制策略能够实现位置与速度的一致性以及车辆队列的串稳定性。

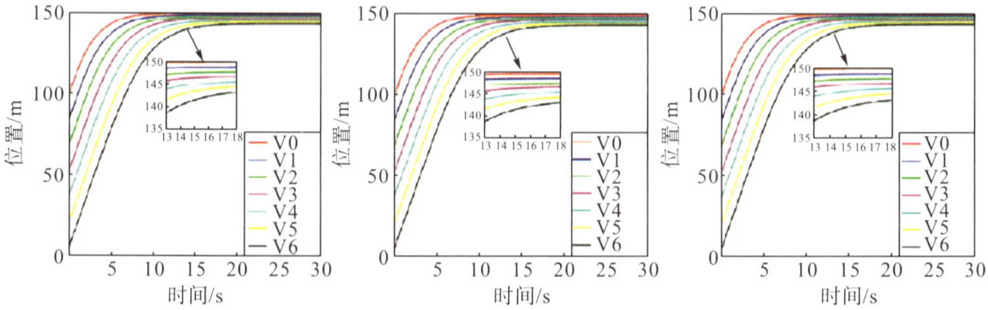

(a)无扰动　(b)领导车辆有扰动　(c)所有车辆都有扰动

图 5.10　车辆队列位置轨迹图

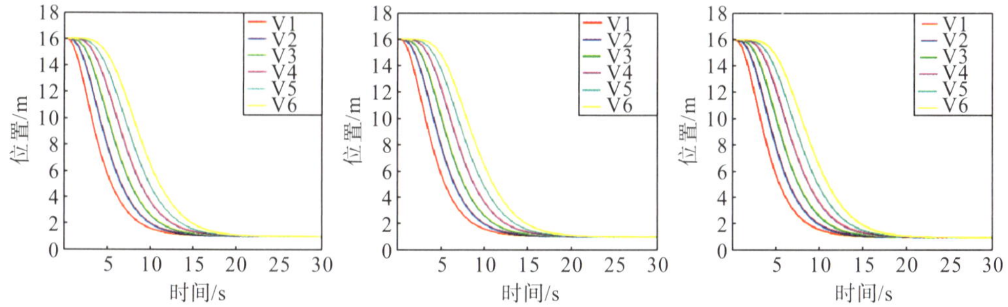

(a)无扰动　(b)领导车辆有扰动　(c)所有车辆都有扰动

图 5.11　车辆队列位置差

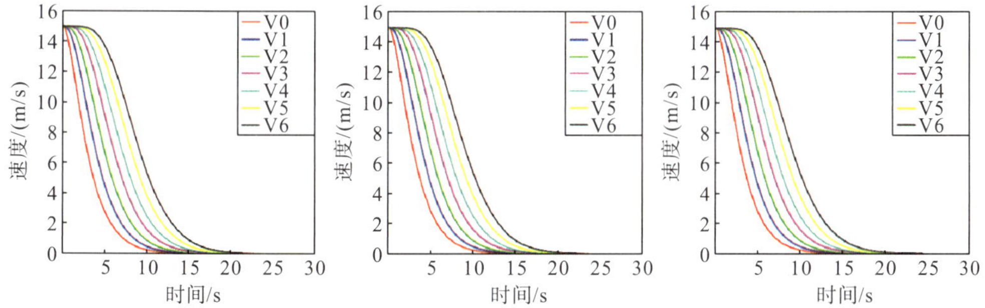

(a)无扰动　(b)领导车辆有扰动　(c)所有车辆都有扰动

图 5.12　车辆队列速度轨迹图

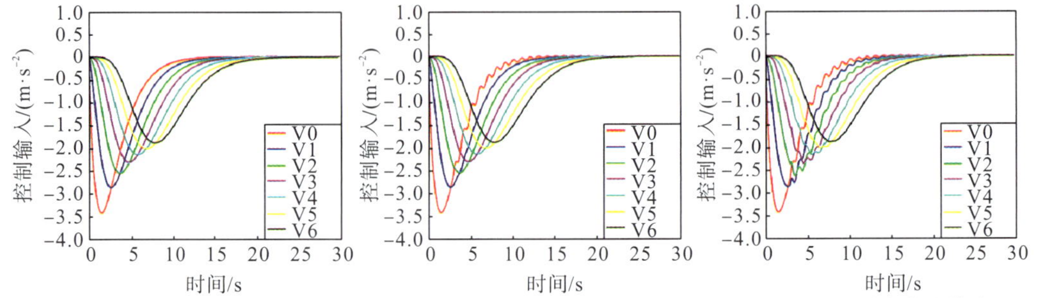

(a)无扰动 (b)领导车辆有扰动 (c)所有车辆都有扰动

图 5.13 车辆队列控制输入图

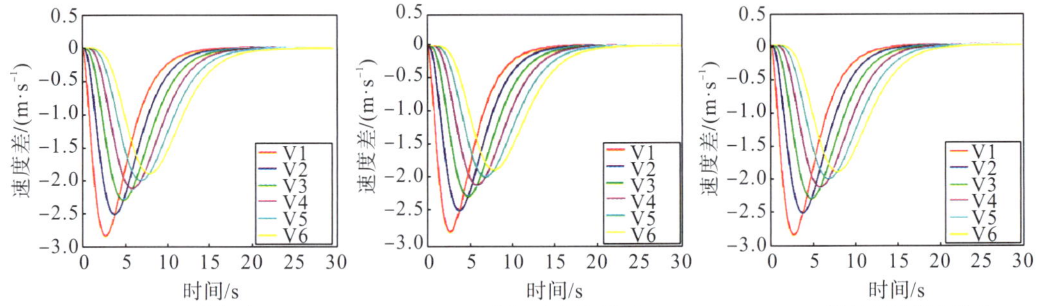

(a)无扰动 (b)领导车辆有扰动 (c)所有车辆都有扰动

图 5.14 车辆队列速度差

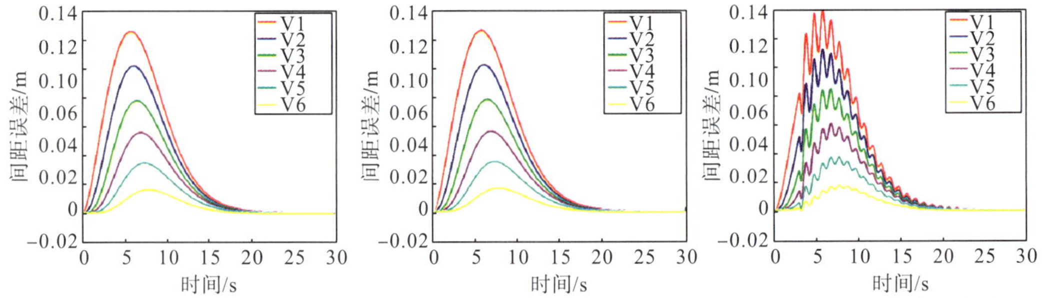

(a)无扰动 (b)领导车辆有扰动 (c)所有车辆都有扰动

图 5.15 车辆队列间距误差

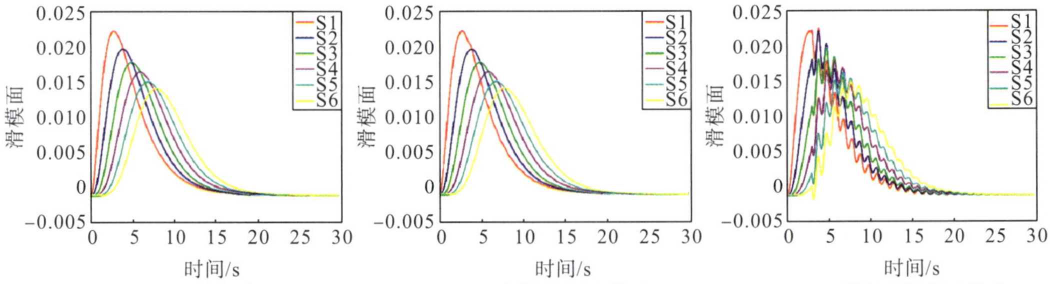

(a)无扰动 (b)领导车辆有扰动 (c)所有车辆都有扰动

图 5.16 车辆队列滑模面

5.1.3　非结构化道路场景下的车辆队列控制

针对更一般的道路场景，非结构化道路环境下，车辆随机地分布在道路的两侧，即存在侧向车辆间距，如何设计合适的控制算法，使得车辆从道路的两边向中心靠近，并最终按队列驾驶模型行驶是车辆队列控制中的一个重要问题。针对此问题，本书对道路结构信息、通信异质延时以及车辆跟驰影响的车辆队列协同控制进行综合考虑研究，提出基于一致性的纵向和侧向控制算法，其中纵向控制算法使得车辆队列保持安全的期望间距和一致的速度行驶，侧向控制算法可以促使在道路两边的车辆靠近道路中心线，并形成队列驾驶模式。进一步，借助李雅普诺夫稳定性理论，对所提的纵向控制算法和侧向控制算法进行稳定性、一致性和收敛速度分析。设置考虑不同延时的场景，通过仿真说明纵向控制算法和侧向控制算法的有效性。

1. 问题描述

为了研究更一般化的场景，针对非结构化道路场景[图 5.17(a)]，在初始时刻，车辆不在同一车道上，而是随机地分布在非结构化道路上，其通信拓扑为 PLF 通信拓扑；其次，由于通信连接和负载变化带来的通信延时，会对车辆队列的协同控制产生影响；进一步，由于非结构化道路的影响，车辆侧向间距对于车辆队列协同控制也有较大影响。因此本部分将针对智能网联环境下的非结构化道路场景设计有效的控制协议，使其尽可能以安全的车辆间距和速度保持一致的队形，即车间距一致以及车速一致，达到图 5.17(b)所示的车辆队列运行场景。

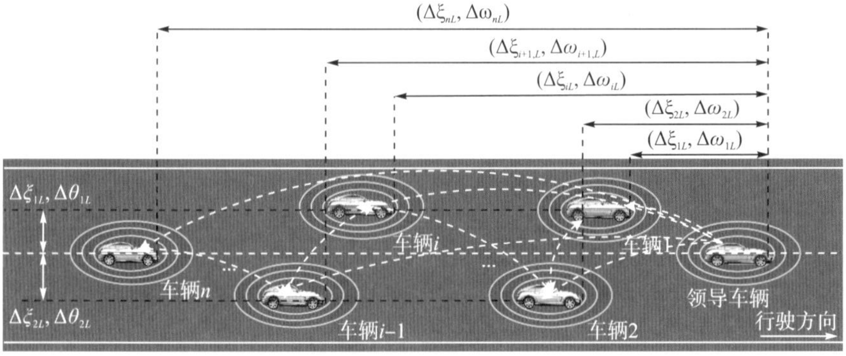

(a)车辆队列初始时刻运行模式

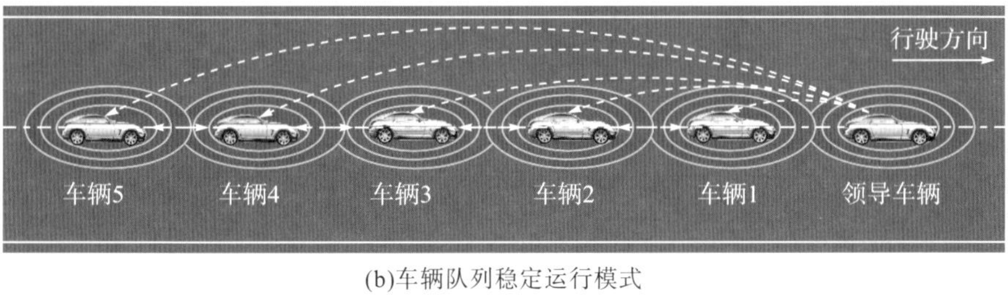

(b)车辆队列稳定运行模式

图 5.17　非结构化道路环境下车辆队列行驶模式

1) 车辆模型

图 5.17(a)所示的场景中，道路中 $n+1$ 辆车，包括 1 辆领导车辆与 n 辆跟随车辆，随机地分布在道路的两侧，其中每辆车的运动学方程如下：

$$\begin{cases}\dot{\boldsymbol{q}}_i(t)=\boldsymbol{p}_i(t)\\ \dot{\boldsymbol{p}}_i(t)=\boldsymbol{u}_i(t)\end{cases} \tag{5.98}$$

其中，$\boldsymbol{q}_i(t),\boldsymbol{p}_i(t)\in\boldsymbol{R}^2,\boldsymbol{q}_i(t)=[\xi_i(t),\zeta_i(t)]^{\mathrm{T}},\boldsymbol{p}_i(t)=[\omega_i(t),\theta_i(t)]^{\mathrm{T}}$ 分别是车辆 i 在时刻 t 的位置与速度，包括纵向位置 $\xi_i(t)$ 和横向位置 $\zeta_i(t)$，以及纵向速度 $\omega_i(t)$ 与横向速度 $\theta_i(t)$；$\boldsymbol{u}_i(t)\in\boldsymbol{R}^2,\boldsymbol{u}_i(t)=[\chi_i(t),\mu_i(t)]^{\mathrm{T}}$ 是车辆 i 在时刻 t 的控制输入，包括纵向控制输入 $\chi_i(t)$ 与横向控制输入 $\mu_i(t)$，其中 $i=L,1,2,\cdots,n$。

2) 控制目标

本部分的研究目的是设计合适的基于一致性的纵横向控制器，使得车辆队列在非结构化道路上能够实现队列行驶模式，即车辆队列的纵向横向一致性可以得到保证。

(1) 车辆队列的纵向一致性可以得到保证，即队列的纵向位置差达到安全一致的车辆间距以及纵向速度与领导车辆一致。

$$\lim_{t\to\infty}\|\xi_i(t)-\xi_L(t)-r_i\|=0,\ \lim_{t\to\infty}\|\omega_i(t)-\omega_L(t)\|=0 \tag{5.99}$$

其中，$r_i=i(h+l_c)$ 是跟随车辆 i 与领导车辆 L 之间期望的车辆间距；h 是相邻车辆之间的安全纵向车辆间距；l_c 是车辆的车身长度，为常数。

(2) 车辆队列的侧向一致性可以得到保证，即队列中跟随车辆的侧向位置与领导车辆的侧向位置一致，且侧向速度也一致：

$$\lim_{t\to\infty}\|\zeta_i(t)-\zeta_L(t)\|=0,\ \lim_{t\to\infty}\|\theta_i(t)-\theta_L(t)\|=0 \tag{5.100}$$

根据上述分析，本部分的研究内容的技术方案如图 5.18 所示。

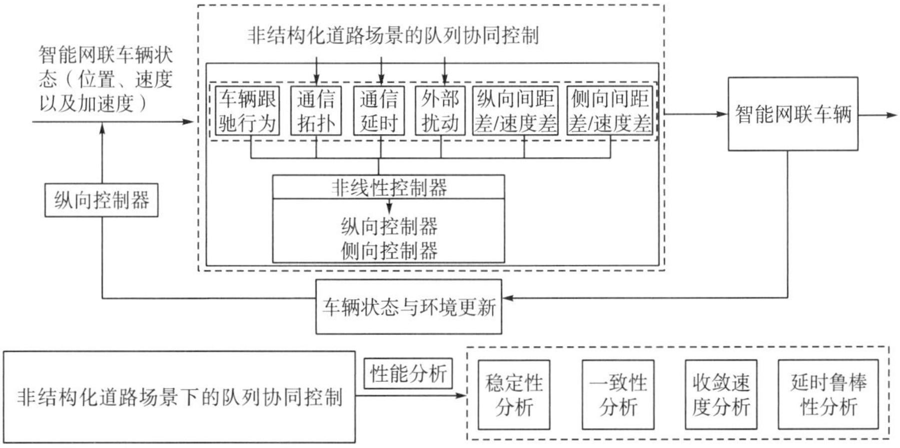

图 5.18 非结构化道路场景下的车辆队列控制技术路线图

2. 车辆队列控制器设计

针对非结构化道路场景，考虑车辆跟驰行为、车辆的侧向位置以及通信延时的影响，本部分拟设计纵向侧向控制器，以期实现稳定的队列行驶模式。由于非结构化道路的影响，车辆侧向间距对于车辆队列协同控制也有较大影响，因此考虑到队列的侧向位置与速度以及通信延时对车辆队列控制的影响，设计侧向控制器，以期实现队列的侧向一致性。

1) 纵向队列控制协议设计

车辆队列纵向控制器的设计基于领导者-跟随者模型，结合车车通信，综合考虑跟随车辆之间、跟随车辆与领导车辆间的位置差及速度差信息，车辆间的相互作用(即车辆跟驰行为)，以及通信延时的影响，提出一种改进的车辆队列协同控制协议，不仅使得车辆间距、车辆速度达到一致性，而且使队列中车辆的行为符合交通流刻画的规律。

所设计的纵向控制器如下[5,28]：

$$\begin{aligned}\chi_i(t)=&\sum_{j=1}^{n-1}a_{ij}(\kappa_1\{W_i[d_{ij}(t)]-\omega_i(t)\}\\&+\kappa_2(\{\omega_j[t-\varepsilon_{ij}(t)]-\omega_i(t)\}+\kappa_3\{\xi_j[t-\varepsilon_{ij}(t)]-\xi_i(t)+\omega_L[t-\varepsilon_0(t)]\varepsilon_{ij}(t)-r_{ij}\})\\&+k_i(\kappa_2\{\omega_L[t-\varepsilon_0(t)]-\omega_i(t)\}+\kappa_3\{\xi_L[t-\varepsilon_0(t)]-\xi_i(t)+\omega_L[t-\varepsilon_0(t)]\varepsilon_0(t)-r_i\})\end{aligned} \tag{5.101}$$

其中，a_{ij} 是车辆 i 与车辆 j 之间的通信连接；k_i 是车辆 i 与领导车辆之间的通信连接；$r_{ij}=-r_{ji}$ 是跟随车辆 i 与车辆 j 之间期望的车辆间距；κ_1、κ_2 和 κ_3 是合适的控制参数，$\varepsilon_{ij}(t)$ 和 $\varepsilon_0(t)$ 分别是跟随车辆 i 与 j 之间的时变异质延时，跟随车辆 i 与领导车辆之间的时变异质延时，一般而言 $\varepsilon_{ij}(t)\neq\varepsilon_{ji}(t)$。此外，车车之间的通信延时一般是有界的，即对于 $j=1,\cdots,n$，$0\leqslant\varepsilon_{ij}(t)\leqslant\varepsilon^*$，$\varepsilon^*$ 是通信延时的上界。

需要指出的是，在所提的纵向控制器中，主要包括三部分：一是跟随车辆之间的跟驰行为；二是跟随车辆之间的速度差与位置差，需要指出的是由于车辆 i 与车辆 j 之间的通信延时 $\varepsilon_{ij}(t)$，$\omega_L[t-\varepsilon_0(t)]\varepsilon_{ij}(t)$ 将作为车辆 i 与车辆 j 之间的位置补偿项；三是跟随车辆 i 与领导车辆之间的位置差与速度差，同样地，由于车辆 i 与领导车辆之间的通信延时 $\varepsilon_0(t)$，$\omega_L[t-\varepsilon_0(t)]\varepsilon_0(t)$ 将作为车辆 i 与领导车辆之间的位置补偿项。

此外，纵向控制器式(5.101)中的非线性函数 $W_i[d_{ij}(t)]$ 定义如下：

$$W_i[d_{ij}(t)]=Q_1+Q_2\tanh\{L_1[d_{ij}(t)]-L_2\} \tag{5.102}$$

其中，Q_1、Q_2、L_1 和 L_2 都是正常数。

而车辆 i 与车辆 j 车尾与车尾之间的平均距离为 $d_{ij}(t)$，其定义为

$$d_{ij}(t)=\frac{\xi_j[t-\tau_{ij}(t)]-\xi_i(t)-(i-j)l_c}{i-j} \tag{5.103}$$

一般而言，$i\neq j$，且其为正常数。

定义纵向位置误差与速度差分别为 $\tilde{\xi}_i(t)=\xi_i(t)-\xi_L(t)-r_i$，$\tilde{\omega}_i(t)=\omega_i(t)-\omega_L(t)$，则结合式(5.101)与式(5.98)有

$$\begin{cases}\dot{\tilde{\xi}}_i(t)=\tilde{\omega}_i(t)\\ \dot{\tilde{\omega}}_i(t)=\sum\limits_{j=1}^{n-1}a_{ij}(\kappa_1\{W_i[d_{ij}(t)]-W_i[d_{ij}^*(t)]-\tilde{\omega}_i(t)\}+\kappa_2\{\tilde{\omega}_j[t-\varepsilon_{ij}(t)]\\ \qquad-\tilde{\omega}_i(t)\}+\kappa_3\{\tilde{\xi}_j[t-\varepsilon_{ij}(t)]-\tilde{\xi}_i(t)\})-k_i[\kappa_2\tilde{\omega}_i(t)+\kappa_3\tilde{\xi}_i(t)]\end{cases} \tag{5.104}$$

其中，$d_{ij}^*(t)$ 是车辆 i 与车辆 j 之间期望的平均安全间距，即 $d_{ij}^*(t)=h$。

利用泰勒展开公式，将非线性函数 $W_i[d_{ij}(t)]$ 展开如下：

$$W_i[h_{ij}(t)]=W_i[d_{ij}^*(t)]+\dot{W}_i[d_{ij}^*(t)][d_{ij}(t)-d_{ij}^*(t)] \tag{5.105}$$

其中，$d_{ij}(t)-d_{ij}^*(t)=\dfrac{\tilde{\xi}_j[t-\varepsilon_{ij}(t)]-\tilde{\xi}_i(t)}{i-j}$，则式(5.105)可以被改写为

$$W_i[d_{ij}(t)]-W_i[d_{ij}^*(t)]=\frac{\{\tilde{\xi}_j[t-\varepsilon_{ij}(t)]-\tilde{\xi}_i(t)\}\dot{W}_i[d_{ij}^*(t)]}{i-j} \tag{5.106}$$

定义

$$\psi_{ij}[\eta_{ij}(t)]=\frac{\dot{W}_i[d_{ij}^*(t)]}{i-j} \tag{5.107}$$

则结合式(5.106)，式(5.105)可以被改写为

$$\begin{cases}\dot{\tilde{\xi}}_i(t)=\tilde{\omega}_i(t)\\ \dot{\tilde{\omega}}_i(t)=\sum\limits_{j=1}^{n-1}a_{ij}(\{\kappa_1\psi_{ij}[\eta_{ij}(t)]+\kappa_3\}\{\tilde{\xi}_j[t-\tau_{ij}(t)]-\tilde{\xi}_i(t)\}\\ \qquad +\kappa_2\tilde{\omega}_j[t-\tau_{ij}(t)]-(\kappa_1+\kappa_2)\tilde{\omega}_i(t))-k_i[\kappa_2\tilde{\omega}_i(t)+\kappa_3\tilde{\xi}_i(t)]\end{cases} \tag{5.108}$$

构造状态向量矩阵 $\boldsymbol{X}(t)=[\tilde{\xi}_1(t),\cdots,\tilde{\xi}_n(t)]^{\mathrm{T}}$、$\boldsymbol{V}(t)=[\tilde{\omega}_1(t),\cdots,\tilde{\omega}_n(t)]^{\mathrm{T}}$ 以及 $\boldsymbol{T}(t)=[\boldsymbol{X}(t)\ \boldsymbol{V}(t)]^{\mathrm{T}}$。因此式(5.108)可以被改写为

$$\dot{\boldsymbol{T}}(t)=\mathrm{Z}_0\boldsymbol{T}(t)+\sum_{p=1}^{m}\mathrm{Z}_p\boldsymbol{T}[t-\varepsilon_p(t)] \tag{5.109}$$

其中，Z_0 和 Z_p 定义为如下：

$$\boldsymbol{Z}_0=\begin{bmatrix}\boldsymbol{0}_{n\times n} & \boldsymbol{I}_{n\times n}\\ -\{[\kappa_1\psi_{ij}(\eta_{ij})+\kappa_3]H+K\kappa_3\} & -[(\kappa_1+\kappa_2)H+K\kappa_2]\end{bmatrix}$$

$$\boldsymbol{Z}_p=\begin{bmatrix}\boldsymbol{0}_{n\times n} & \boldsymbol{0}_{n\times n}\\ [\kappa_1\psi_{ij}(\eta_{ij})+\kappa_3]\boldsymbol{N}_p & \kappa_2\boldsymbol{N}_p\end{bmatrix} \tag{5.110}$$

$$\boldsymbol{N}_p=\begin{bmatrix}0 & a_{12,p} & \cdots & \cdots & a_{1n,p}\\ a_{21,p} & 0 & & & \vdots\\ \vdots & & 0 & & \vdots\\ \vdots & & & \ddots & a_{(n-1)n,p}\\ a_{n1,p} & \cdots & \cdots & a_{n(n-1),p} & 0\end{bmatrix} \tag{5.111}$$

其中，$a_{ij,p}=\begin{cases}a_{ij}, p=i\\ 0,\ \ p\neq i\end{cases}$，$i,j=1,\cdots,n$，$\boldsymbol{N}_p\in\boldsymbol{R},\ p=1,\cdots,m$，同时 $\boldsymbol{B}=\sum\limits_{p=1}^{m}\boldsymbol{N}_p$，$\boldsymbol{B}=\boldsymbol{A}$。此外，$\varepsilon_{ij}(t)$ 被定义为 $\varepsilon_p(t)$，$p=1,2,\cdots,m[m\leqslant n(n-1)]$，其为集合 $\{\varepsilon_{ij}(t):i,j=1,\cdots,n,\ i\neq j\}$ 中的元素。

2）侧向队列控制协议设计

同样地，综合考虑跟随车辆之间、跟随车辆与领导车辆间的侧向位置差及速度差信息，以及通信延时的影响，提出一种车辆队列侧向控制器，使得车辆间侧向间距、车辆速度达到一致。

所设计的侧向控制器如下：

$$\mu_i(t)=-\sigma_1\sum_{i=1}^{n}k_i\{\zeta_i[t-\tau_i(t)]-\zeta_L(t)\}+\sigma_2\sum_{i=1}^{n-1}k_i\{\theta_i[t-\tau_i(t)]-\theta_L(t)\} \tag{5.112}$$

其中，$\tau_i(t)$ 是跟随车辆 i 与领导车辆之间的通信延时。

此外，假设领导车辆的侧向速度 $\theta_L(t)$ 为常数且为零。

定义侧向位置差与速度差为 $Y_i(t)=\zeta_i(t)-\zeta_L(t)$，$\Theta_i(t)=\theta_i(t)-\theta_L(t)$，结合式(5.98)与式(5.112)可得

$$\begin{cases}\dot{Y}_i(t)=\Theta_i(t)\\ \dot{\Theta}_i(t)=-\sigma_1k_iY_i[t-\tau_i(t)]-\sigma_2k_i\Theta_i[t-\tau_i(t)]\end{cases} \tag{5.113}$$

构造侧向状态向量 $\boldsymbol{Y}(t)=[Y_1(t),Y_2(t),\cdots,Y_n(t)]$，$\boldsymbol{\Theta}(t)=[\Theta_1(t),\Theta_2(t),\cdots,\Theta_n(t)]$ 和 $\boldsymbol{J}(t)=[\boldsymbol{Y}(t)\quad \boldsymbol{\Theta}(t)]$，则式(5.113)可以被改写为

$$\dot{\boldsymbol{J}}(t)=\boldsymbol{UJ}[t-\tau(t)] \tag{5.114}$$

其中 $\boldsymbol{U}=\begin{bmatrix}\boldsymbol{0}_{n\times n} & \boldsymbol{I}_{n\times n}\\ K\sigma_1 & K\sigma_2\end{bmatrix}$，$K\in\boldsymbol{R}$。

3. 稳定性和一致性分析

本部分将针对上述所提的纵向侧向控制器，借助李雅普诺夫-克拉索夫斯基稳定性理论分析车辆队列的稳定性与一致性。本部分主要包括三部分：一是纵向稳定性与一致性分析；二是侧向稳定性与一致性分析；三是车辆队列收敛速度分析。

1)纵向稳定性和一致性分析

本部分针对所提的非线性纵向控制器[式(5.101)]，分析车辆队列的纵向稳定性。为了处理纵向带延时一致性问题，利用牛顿-莱布尼茨公式：

$$\boldsymbol{T}(t-\varepsilon_p)=\boldsymbol{T}(t)-\int_{-\varepsilon_p(t)}^{0}\dot{\boldsymbol{T}}(t+s)\mathrm{d}s \tag{5.115}$$

将式(5.109)代入式(5.115)有

$$\dot{\boldsymbol{T}}(t)=\boldsymbol{T}(t)-\sum_{q=0}^{m}Z_i\int_{-\varepsilon_p(t)}^{0}\boldsymbol{T}[t+s-\varepsilon_q(t+s)]\mathrm{d}s \tag{5.116}$$

其中，$Z_0,Z_1,\cdots,Z_m$ 已在式(5.110)中定义，且 $\varepsilon_0(t+s)=0$。

根据式(5.116)，则式(5.109)可以改写为

$$\dot{\boldsymbol{T}}(t)=\boldsymbol{FT}(t)-\sum_{q=0}^{m}\boldsymbol{C}_p\int_{-\varepsilon_p(t)}^{0}\boldsymbol{T}(t+s)\mathrm{d}s \tag{5.117}$$

其中，$\boldsymbol{F}$ 和 $\boldsymbol{C}_p$ 定义如下：

$$\begin{aligned}\boldsymbol{F}&=\sum_{j=0}^{n}Z_j=\begin{bmatrix}\boldsymbol{0}_{n\times n} & \boldsymbol{I}_{n\times n}\\ -[G(H-B)+K\kappa_3] & -[\mu H+(K-B)\kappa_2]\end{bmatrix}\\ \boldsymbol{C}_p&=\boldsymbol{Z}_p\boldsymbol{Z}_0=\begin{bmatrix}\boldsymbol{0}_{n\times n} & \boldsymbol{0}_{n\times n}\\ -(GH+K\kappa_3)\kappa_2B & GB-(\mu H+K\kappa_2)\kappa_2B\end{bmatrix}\end{aligned} \tag{5.118}$$

且 $G=\kappa_1\psi_{ij}(\eta_{ij})+\kappa_3$， $\mu=\kappa_1+\kappa_2$ 。

定理 5.7 考虑如图 5.17(a)所示的非结构化道路场景，针对延时系统[式(5.109)]以及所提纵向控制器[式(5.101)]，并且假设纵向异质通信延时满足 $0\leqslant\varepsilon_j(t)\leqslant\varepsilon^*$，$\dot{\varepsilon}_j(t)\leqslant\pi_1\leqslant 1$，其中 $j=1,\cdots,n$ 。则有①纵向最大通信延时 ε^* 是有界的；②纵向位置与速度一致性可以得到保证，即

$$\lim_{t\to\infty}\|\tilde{\xi}_i(t)\|=\|\xi_i(t)-\xi_L(t)-r_i\|=0$$

$$\lim_{t\to\infty}\|\tilde{\omega}_i(t)\|=\|\omega_i(t)-\omega_L(t)\|=0$$

证明： 选择合适的李雅普诺夫-克拉索夫斯基函数[10]：

$$V_1(t)=\boldsymbol{T}^{\mathrm{T}}(t)\boldsymbol{M}\boldsymbol{T}(t)+\sum_{p=1}^{m}\int_{t-\varepsilon_p(t)}^{t}\boldsymbol{T}^{\mathrm{T}}(s)\boldsymbol{N}\boldsymbol{T}(s)\mathrm{d}s \tag{5.119}$$

其中，$\boldsymbol{M}=\boldsymbol{M}^{\mathrm{T}}>0$ 且 $\boldsymbol{N}>0$ 。

对式(5.119)求导有

$$\begin{aligned}\dot{V}_1(t)=&\dot{\boldsymbol{T}}^{\mathrm{T}}(t)\boldsymbol{M}\boldsymbol{T}(t)+\boldsymbol{T}^{\mathrm{T}}(t)\boldsymbol{M}\dot{\boldsymbol{T}}(t)+\sum_{p=1}^{m}\{\boldsymbol{T}^{\mathrm{T}}(t)\boldsymbol{N}\boldsymbol{T}(t)\\&-[1-\dot{\varepsilon}_p(t)]\boldsymbol{T}^{\mathrm{T}}[t-\varepsilon_p(t)]\boldsymbol{N}\boldsymbol{T}[t-\varepsilon_p(t)]\}\end{aligned} \tag{5.120}$$

将式(5.117)代入式(5.121)中有

$$\begin{aligned}\dot{V}_1(t)=&\boldsymbol{T}^{\mathrm{T}}(t)(\boldsymbol{F}^{\mathrm{T}}\boldsymbol{M}+\boldsymbol{M}\boldsymbol{F}+\boldsymbol{N})\boldsymbol{T}(t)-2\boldsymbol{T}^{\mathrm{T}}(t)\boldsymbol{M}\sum_{p=1}^{m}\boldsymbol{C}_p\int_{-\varepsilon_p(t)}^{0}\boldsymbol{T}(t+s)\mathrm{d}s\\&-\sum_{p=1}^{m}\{[1-\dot{\varepsilon}_p(t)]\boldsymbol{T}^{\mathrm{T}}[t-\varepsilon_p(t)]\boldsymbol{N}\boldsymbol{T}[t-\varepsilon_p(t)]\}\end{aligned} \tag{5.121}$$

又由于

$$\begin{aligned}2\boldsymbol{T}^{\mathrm{T}}(t)\boldsymbol{M}\sum_{p=1}^{m}\boldsymbol{C}_p\int_{-\varepsilon_p(t)}^{0}\boldsymbol{T}(t+s)\mathrm{d}s\leqslant&\varepsilon_p(t)\boldsymbol{T}^{\mathrm{T}}(t)\boldsymbol{M}\boldsymbol{C}_p\boldsymbol{M}^{-1}\boldsymbol{C}_p^{\mathrm{T}}\boldsymbol{M}^{\mathrm{T}}\boldsymbol{T}(t)\\&+\int_{-\varepsilon_p(t)}^{0}\boldsymbol{T}^{\mathrm{T}}(t+s)\boldsymbol{M}\boldsymbol{T}(t+s)\mathrm{d}s\end{aligned} \tag{5.122}$$

同时有

$$\int_{-\varepsilon_p(t)}^{0}\boldsymbol{T}^{\mathrm{T}}(t+s)\boldsymbol{M}\boldsymbol{T}(t+s)\mathrm{d}s\leqslant\frac{\varepsilon^*}{2}\{\boldsymbol{T}^{\mathrm{T}}(t)\boldsymbol{M}\boldsymbol{T}(t)+\boldsymbol{T}^{\mathrm{T}}[t-\varepsilon_p(t)]\boldsymbol{M}\boldsymbol{T}[t-\varepsilon_p(t)]\} \tag{5.123}$$

则式(5.121)可以被改写为

$$\begin{aligned}\dot{V}_1(t)\leqslant&\boldsymbol{T}^{\mathrm{T}}(t)(\boldsymbol{F}^{\mathrm{T}}\boldsymbol{M}+\boldsymbol{M}\boldsymbol{F}+\boldsymbol{N}-\varepsilon^*\boldsymbol{M}\boldsymbol{C}_p\boldsymbol{M}^{-1}\boldsymbol{C}_p^{\mathrm{T}}\boldsymbol{M}^{\mathrm{T}})\boldsymbol{T}(t)\\&-\sum_{p=1}^{m}\frac{\varepsilon^*}{2}\{\boldsymbol{T}^{\mathrm{T}}(t)\boldsymbol{M}\boldsymbol{T}(t)+\boldsymbol{T}^{\mathrm{T}}[t-\varepsilon_p(t)]\boldsymbol{M}\boldsymbol{T}[t-\varepsilon_p(t)]\}\\&-\sum_{p=1}^{m}\{[1-\dot{\varepsilon}_p(t)]\boldsymbol{T}^{\mathrm{T}}[t-\varepsilon_p(t)]\boldsymbol{N}\boldsymbol{T}[t-\varepsilon_p(t)]\}\end{aligned} \tag{5.124}$$

构造纵向状态向量如下：

$$\vartheta(t)=\{\boldsymbol{T}(t),\boldsymbol{T}[t-\varepsilon_1(t)],\cdots,\boldsymbol{T}[t-\varepsilon_p(t)],\cdots,\boldsymbol{T}[t-\varepsilon_m(t)]\}^{\mathrm{T}} \tag{5.125}$$

则根据式(5.124)和式(5.125)，可得

$$\dot{V}_1(t) \leqslant \boldsymbol{\vartheta}^{\mathrm{T}}(t)\boldsymbol{\Lambda}_1\boldsymbol{\vartheta}(t) \tag{5.126}$$

其中，$\boldsymbol{\Lambda}_1 = \mathrm{diag}(\phi_1, \cdots, \phi_{m+1})$，矩阵对角线元素为

$$\begin{gathered}
\boldsymbol{\phi}_1 = \boldsymbol{F}^{\mathrm{T}}\boldsymbol{M} + \boldsymbol{M}\boldsymbol{F} + \boldsymbol{N} - \varepsilon^* \sum_{p=1}^{m} \left(\boldsymbol{M}\boldsymbol{C}_p \boldsymbol{M}^{-1} \boldsymbol{C}_p^{\mathrm{T}} \boldsymbol{M}^{\mathrm{T}} + \frac{\boldsymbol{M}}{2} \right) \\
\boldsymbol{\phi}_2 = -\frac{\varepsilon^*}{2}\boldsymbol{M} - (1-\pi_1)\boldsymbol{N} \\
\vdots \\
\boldsymbol{\phi}_{m+1} = -\frac{\varepsilon^*}{2}\boldsymbol{M} - (1-\pi_1)\boldsymbol{N}
\end{gathered} \tag{5.127}$$

为了保证$\dot{V}_1(t) \leqslant 0$，根据李雅普诺夫-克拉索夫斯基稳定性理论，对角方块矩阵$\boldsymbol{\Lambda}_1$需为负定。因为$\pi_1 \leqslant 1$，即所有矩阵$\boldsymbol{\phi}_i (i = 2, \cdots, m+1)$都是负定的。因此只有当矩阵$\boldsymbol{\phi}_1$是负定的，对角方块矩阵$\boldsymbol{\Lambda}_1$才是负定的，即

$$\boldsymbol{F}^{\mathrm{T}}\boldsymbol{M} + \boldsymbol{M}\boldsymbol{F} + \boldsymbol{N} - \varepsilon^* \sum_{p=1}^{m} \left(\boldsymbol{M}\boldsymbol{C}_p \boldsymbol{M}^{-1} \boldsymbol{C}_p^{\mathrm{T}} \boldsymbol{M}^{\mathrm{T}} + \frac{\boldsymbol{M}}{2} \right) < 0 \tag{5.128}$$

则通信延时上界满足：

$$\varepsilon^* \leqslant \frac{\| \boldsymbol{F}^{\mathrm{T}}\boldsymbol{M} + \boldsymbol{M}\boldsymbol{F} + \boldsymbol{N} \|}{\| \sum_{p=1}^{m} (\boldsymbol{M}\boldsymbol{C}_p \boldsymbol{M}^{-1} \boldsymbol{C}_p^{\mathrm{T}} \boldsymbol{M}^{\mathrm{T}} + \frac{\boldsymbol{M}}{2}) \|} < \infty \tag{5.129}$$

需要指出的是，需要选择合适的矩阵$\boldsymbol{M}$和$\boldsymbol{N}$使得式(5.129)分母不为零。

因此，根据式(5.129)可知，车辆队列纵向延时ε^*是有界的。因此如果车辆队列的通信延时满足式(5.129)，则车辆队列纵向控制是稳定的。

进一步，如果纵向通信延时满足式(5.129)，则$\dot{E}_1(t) \leqslant 0$成立，队列系统式(5.109)是渐进稳定的。因此有$\lim\limits_{t\to\infty} \| \boldsymbol{T}(t) - \boldsymbol{T}_e \| = 0$，其中$\boldsymbol{T}_e = [0,0]^{\mathrm{T}}$，即$\lim\limits_{t\to\infty} \| \boldsymbol{T}(t) \| = 0$，意味着$\lim\limits_{t\to\infty} \| \tilde{\xi}_i(t) \| = \| \xi_i(t) - \xi_L(t) - r_i \| = 0$和$\lim\limits_{t\to\infty} \| \tilde{\omega}_i(t) \| = \| \omega_i(t) - \omega_L(t) \| = 0$。车辆队列的纵向一致性得到了保证。定理 5.7 得证。

2) 侧向稳定性和一致性分析

本部分将针对所设计的侧向控制器[式(5.112)]，借助李雅普诺夫-克拉索夫斯基稳定性理论，分析车辆队列的侧向收敛性与一致性。

根据牛顿-莱布尼茨公式有

$$\boldsymbol{J}[t - \tau_i(t)] = \boldsymbol{J}(t) - \int_{-\tau_i(t)}^{0} \dot{\boldsymbol{J}}(t+s)\mathrm{d}s \tag{5.130}$$

将式(5.130)代入到式(5.116)有

$$\boldsymbol{J}[t - \tau_i(t)] = \boldsymbol{J}(t) - \sum_{i=1}^{n} \boldsymbol{U}_i \int_{-\tau_i(t)}^{0} \boldsymbol{J}[t + s - \tau_i(t+s)]\mathrm{d}s \tag{5.131}$$

然后有

$$\dot{\boldsymbol{J}}(t) = f\boldsymbol{J}(t) - \sum_{i=1}^{n} \boldsymbol{C}_l \int_{-\tau_i(t)}^{0} \boldsymbol{J}[t + s - \tau_i(t+s)]\mathrm{d}s \tag{5.132}$$

其中，$f=\sum_{i=1}^{n}\boldsymbol{U}_i$，$\boldsymbol{C}_l=\boldsymbol{U}_i\boldsymbol{U}_i$。

定理 5.8 考虑如图 5.17(a)所示的非结构化道路场景，针对所提的侧向控制器[式(5.114)]和侧向控制器[式(5.112)]，如果控制器[式(5.112)]中的参数σ_1和σ_2都是正常数，且侧向异质通信延时满足$0\leqslant\tau_i(t)\leqslant\tau^*$，$\dot{\tau}_i(t)\leqslant\pi_2\leqslant 1$，其中$i=1,\cdots,n$，则有①侧向异质延时$\tau^*$是有界的；②侧向位置与速度的一致性得到保证，即

$$\lim_{t\to\infty}\|Y_i(t)\|=\|\zeta_i(t)-\zeta_L(t)\|=0$$

$$\lim_{t\to\infty}\|\Theta_i(t)\|=\|\theta_i(t)-\theta_L(t)\|=0$$

证明：选择合适的李雅普诺夫-克拉索夫斯基函数[29]：

$$V_2[\boldsymbol{J}(t)]=\boldsymbol{J}^{\mathrm{T}}(t)\boldsymbol{Q}\boldsymbol{J}(t)+\sum_{i=1}^{n}\int_{t-\tau_i(t)}^{t}\boldsymbol{J}^{\mathrm{T}}(\varsigma)\boldsymbol{S}\boldsymbol{J}(\varsigma)\mathrm{d}\varsigma \tag{5.133}$$

其中，$\boldsymbol{Q}=\boldsymbol{Q}^{\mathrm{T}}>0$且$\boldsymbol{S}>0$是合适的矩阵

对式(5.133)求导有

$$\dot{V}_2[\boldsymbol{J}(t)]=\dot{\boldsymbol{J}}^{\mathrm{T}}(t)\boldsymbol{Q}\boldsymbol{J}(t)+\boldsymbol{J}^{\mathrm{T}}(t)\boldsymbol{Q}\dot{\boldsymbol{J}}(t)+\sum_{i=1}^{n}[\boldsymbol{J}^{\mathrm{T}}(\varsigma)\boldsymbol{S}\boldsymbol{J}(\varsigma)]\dot{\varsigma}\,|_{\varsigma=t-\tau_i(t)}^{\varsigma=t} \tag{5.134}$$

基于式(5.132)与式(5.134)，进一步有

$$\begin{aligned}\dot{V}_2[\boldsymbol{J}(t)]<{}&\boldsymbol{J}^{\mathrm{T}}(t)(\boldsymbol{Q}\boldsymbol{f}+\boldsymbol{f}^{\mathrm{T}}\boldsymbol{Q})\boldsymbol{J}(t)+\boldsymbol{J}^{\mathrm{T}}(t)\boldsymbol{S}\boldsymbol{J}(t)\\&-\sum_{i=1}^{n-1}(\delta^*\boldsymbol{J}^{\mathrm{T}}\boldsymbol{Q}\boldsymbol{C}_l\boldsymbol{Q}^{-1}\boldsymbol{C}_l^{\mathrm{T}}\boldsymbol{Q}^{\mathrm{T}}\boldsymbol{J}+\frac{\delta^*}{2}\{\boldsymbol{J}^{\mathrm{T}}\boldsymbol{Q}\boldsymbol{J}+\boldsymbol{J}^{\mathrm{T}}[t-\tau_i(t)]\\&\cdot\boldsymbol{Q}\boldsymbol{J}^{\mathrm{T}}[t-\tau_i(t)]\}-\sum_{i=1}^{n}\{\boldsymbol{J}^{\mathrm{T}}[t-\tau_i(t)]\boldsymbol{S}\boldsymbol{J}[t-\tau_i(t)](1-\pi_2)\})\end{aligned} \tag{5.135}$$

构造侧向状态向量：

$$\boldsymbol{\upsilon}(t)=\{\boldsymbol{J}(t),\boldsymbol{J}[t-\tau_1(t)],\cdots,\boldsymbol{J}[t-\tau_n(t)]\}^{\mathrm{T}} \tag{5.136}$$

则根据式(5.135)与式(5.136)，有

$$\dot{V}_2[\boldsymbol{J}(t)]<\boldsymbol{\upsilon}^{\mathrm{T}}(t)\boldsymbol{\varLambda}_2\boldsymbol{\upsilon}(t) \tag{5.137}$$

其中，$\boldsymbol{\varLambda}_2=\mathrm{diag}(\boldsymbol{\varphi}_1,\boldsymbol{\varphi}_2,\cdots,\boldsymbol{\varphi}_n)$是对角方块矩阵，其对角元素分别为

$$\begin{aligned}\boldsymbol{\varphi}_1&=\boldsymbol{Q}\boldsymbol{f}+\boldsymbol{f}^{\mathrm{T}}\boldsymbol{Q}+\boldsymbol{S}-\delta^*\sum_{i=1}^{n}\left(\boldsymbol{Q}\boldsymbol{C}_l\boldsymbol{Q}^{-1}\boldsymbol{C}_l^{\mathrm{T}}\boldsymbol{Q}^{\mathrm{T}}+\frac{\boldsymbol{Q}}{2}\right)\\\boldsymbol{\varphi}_2&=-\frac{\delta^*}{2}\boldsymbol{Q}-(1-\pi_2)\boldsymbol{S}\\&\ \ \vdots\\\boldsymbol{\varphi}_n&=-\frac{\delta^*}{2}\boldsymbol{Q}-(1-\pi_2)\boldsymbol{S}\end{aligned} \tag{5.138}$$

同理，只有当$\boldsymbol{\varphi}_1$是负定的，$\boldsymbol{\varLambda}_2$才是负定的，即侧向通信延时需要满足：

$$\tau^*\leqslant\frac{\|\boldsymbol{Q}\boldsymbol{f}+\boldsymbol{f}^{\mathrm{T}}\boldsymbol{Q}+\boldsymbol{S}\|}{\left\|\sum_{i=1}^{n}\left(\boldsymbol{Q}\boldsymbol{C}_l\boldsymbol{Q}^{-1}\boldsymbol{C}_l^{\mathrm{T}}\boldsymbol{Q}^{\mathrm{T}}+\frac{\boldsymbol{Q}}{2}\right)\right\|}<\infty \tag{5.139}$$

因此侧向通信延时是有界的。

基于式(5.139)，如果侧向通信延时满足式(5.139)，则 $\dot{V}_2[\boldsymbol{J}(t)]<0$ 成立，侧向队列系统式(5.114)是渐进稳定的，意味着 $\lim\limits_{t\to\infty}\|\boldsymbol{J}(t)-\boldsymbol{J}_e\|=0$，$\boldsymbol{J}_e=[0,0]^{\mathrm{T}}$。因此侧向位置与速度的一致性可以得到保证，即 $\lim\limits_{t\to\infty}\|Y_i(t)\|=\|\zeta_i(t)-\zeta_L(t)\|=0$，$\lim\limits_{t\to\infty}\|\Theta_i(t)\|=\|\theta_i(t)-\theta_L(t)\|=0$。定理 5.8 得证。

3) 收敛速度分析

由上述分析可得，车辆队列的位置与速度一致性可以得到保证。但是仅得到车辆队列的稳定性条件，而实际上，队列位置与速度收敛快慢也是队列控制中需要重点考虑的因素，因此本部分将从两个方面(即纵向与侧向)，对车辆队列进行收敛速度分析。

利用泰勒展开公式，由式(5.109)可得

$$\dot{\boldsymbol{T}}(t)=\left[\boldsymbol{I}+\varepsilon_p(t)\sum_{p=1}^{m}\boldsymbol{Z}_p\right]^{-1}\boldsymbol{F}\boldsymbol{T}(t) \tag{5.140}$$

其中，$\boldsymbol{F}=\boldsymbol{Z}_0+\sum\limits_{p=1}^{m}\boldsymbol{Z}_p$，其在式(5.118)中已经定义。

令 $\bar{\boldsymbol{A}}=[\boldsymbol{I}+\varepsilon_p(t)\sum\limits_{p=1}^{m}\boldsymbol{Z}_p]^{-1}\boldsymbol{F}$，则可得

$$\dot{\boldsymbol{T}}(t)=\bar{\boldsymbol{A}}\boldsymbol{T}(t) \tag{5.141}$$

则式(5.141)的通解为

$$\boldsymbol{T}(t)=\mathrm{e}^{\bar{\boldsymbol{A}}t}\boldsymbol{T}(0) \tag{5.142}$$

因此，可得

$$|\boldsymbol{T}(t)\|=\|\mathrm{e}^{\bar{\boldsymbol{A}}t}\boldsymbol{T}(0)\| \tag{5.143}$$

类似地，由(5.114)可得

$$\dot{\boldsymbol{J}}(t)=[\boldsymbol{I}+\tau_i(t)\sum_{i=1}^{n}\boldsymbol{U}_i]^{-1}\sum_{i=1}^{n}\boldsymbol{U}_i\boldsymbol{J}(t) \tag{5.144}$$

令 $\bar{\boldsymbol{B}}=[\boldsymbol{I}+\tau_i(t)\sum\limits_{i=1}^{n}\boldsymbol{U}_i]^{-1}\sum\limits_{i=1}^{n}\boldsymbol{U}_i$，则有

$$\dot{\boldsymbol{J}}(t)=\bar{\boldsymbol{B}}\boldsymbol{J}(t) \tag{5.145}$$

因此有

$$\|\boldsymbol{J}(t)\|=\|\mathrm{e}^{\bar{\boldsymbol{B}}t}\boldsymbol{J}(0)\| \tag{5.146}$$

因为 $\bar{\boldsymbol{A}}$、$\bar{\boldsymbol{B}}$ 都是赫尔维茨稳定的，因此存在 $\Gamma,\gamma>0,\rho,\partial>0$ 并且 $\Gamma,\gamma\in\boldsymbol{R}$，$\rho,\partial\in\boldsymbol{R}$，使得 $\|\mathrm{e}^{\bar{\boldsymbol{A}}t}\|\leqslant\Gamma\mathrm{e}^{-\gamma t}$，$\|\mathrm{e}^{\bar{\boldsymbol{B}}t}\|\leqslant\rho\mathrm{e}^{-\partial t}$。其意味着当 $t\to\infty,\|\mathrm{e}^{\bar{\boldsymbol{A}}t}\boldsymbol{T}(0)\|\to 0$，$\|\mathrm{e}^{\bar{\boldsymbol{B}}t}\boldsymbol{J}(0)\|\to 0$。因此队列纵向侧向的收敛时间分别由矩阵 $\bar{\boldsymbol{A}}$、$\bar{\boldsymbol{B}}$ 决定。因此车辆队列系统的收敛速度可由纵向控制器参数 k_1、k_2 和 k_3，以及侧向控制参数 σ_1 和 σ_2 决定。

4. 数值仿真实验

首先为了验证所提控制协议的有效性，针对图 5.17(a)中的场景，车辆随机地分布在道路的两侧，将采用六辆车组成的车队，包括 1 辆领导车辆与 5 辆跟随车辆；其次，为了

研究通信延时对车辆队列纵向/侧向控制性能的影响，将设置三种不同的场景：无延时、异质延时与同质延时。

针对数值仿真，仿真的采样间隔设置为$\Delta t = 0.01\text{s}$。车辆队列的初始状态见表 5.6。车辆队列控制器参数见表 5.7。

表 5.6 车辆队列初始状态

初始状态	车辆					
	领导车辆	跟随车辆 1	跟随车辆 2	跟随车辆 3	跟随车辆 4	跟随车辆 5
位置/m	$(68,30)^{\mathrm{T}}$	$(52,31)^{\mathrm{T}}$	$(39,29)^{\mathrm{T}}$	$(25,31)^{\mathrm{T}}$	$(14,29)^{\mathrm{T}}$	$(2.5,30)^{\mathrm{T}}$
速度/$(\text{m}\cdot\text{s}^{-1})$	$(10,0)^{\mathrm{T}}$	$(10,-1)^{\mathrm{T}}$	$(10,1)^{\mathrm{T}}$	$(10,-1)^{\mathrm{T}}$	$(10,1)^{\mathrm{T}}$	$(10,0)^{\mathrm{T}}$
期望间距/m	$(0,0)^{\mathrm{T}}$	$(-5,0)^{\mathrm{T}}$	$(-10,0)^{\mathrm{T}}$	$(-15,0)^{\mathrm{T}}$	$(-20,0)^{\mathrm{T}}$	$(-25,0)^{\mathrm{T}}$
异质延时/s	0	0.15	0.18	0.19	0.20	0.21
同质延时/s	0.20	0.20	0.20	0.20	0.20	0.20

表 5.7 车辆队列的控制参数

参数	κ_1	κ_2	κ_3	Q_1	Q_2	L_1	L_2	h	l_c
数值	0.01s^{-1}	1.55s^{-2}	1.55s^{-1}	6.75m/s	7.91m/s	0.13m^{-1}	1.59	5m	5m

领导车辆期望的速度设置如下：

$$\omega_L(t)=\begin{cases}10, & 0\leqslant t<20\\ \left(10+\dfrac{10}{1+\mathrm{e}^{-0.5t+10}}\right), & 20\leqslant t<60\\ 20, & \text{其他}\end{cases} \tag{5.147}$$

其中，$\omega_L(t)$的单位为 m/s；t 的单位为 s。

此外，车辆队列往往会受到外部干扰的影响，为了研究所提控制器对外部扰动的抗干扰性，将对上述三种场景下的领导车辆作用如下的外部扰动：

$$\upsilon(t)=0.3\sin(2\pi t)\mathrm{e}^{-t/5},\quad t\geqslant 20 \tag{5.148}$$

图 5.19～图 5.27 是车辆队列的仿真图。图 5.19 是车辆队列轨迹图，上层是车辆队列仿真图，下层是对应的场景图。从轨迹图中可以看出，在初始时刻，队列中的车辆分布在非结构化道路的两侧，在所提纵向控制器[式(5.101)]与侧向控制器[式(5.112)]的作用下，形成一串车辆队列，此时车辆的纵向速度还不一样，纵向车辆间距也不一致，在车辆跟驰行为的影响下，车辆队列最终形成队列驾驶模式，其纵向速度一致，同时纵向车辆间距也一致。由图 5.19 可以看出，图 5.19(b)出现轻微扰动，而图 5.19(c)出现较大扰动。由仿真可知，如果异质通信延时大于 0.45s，则车辆队列的轨迹图出现较大扰动，影响车辆队列控制的稳定性。图 5.20 是车辆队列的三维速度图，其包含队列的纵向速度与侧向速度。由速度图可以看出，队列中的跟随车辆根据领导车辆的状态，逐渐从非结构化道路两侧加速追赶领导车辆，并保持安全的车辆间距。同样地，对比图 5.20 可知，如果异质通信延时大于 0.45s，则通信延时会影响车辆队列控制的稳定性。

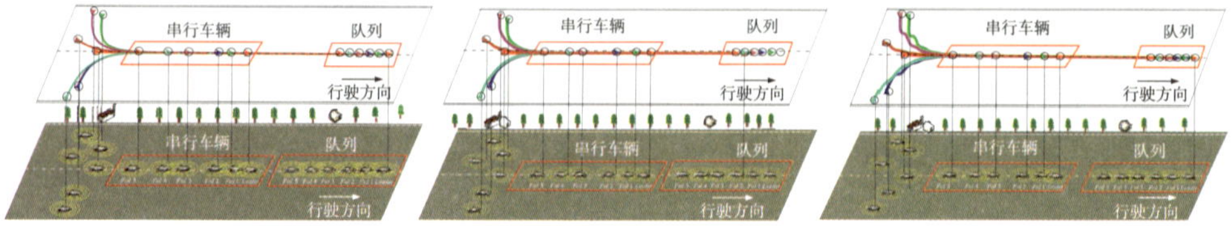

(a)无延时　　(b)异质延时　　(c)同质延时

图 5.19　车辆队列轨迹图

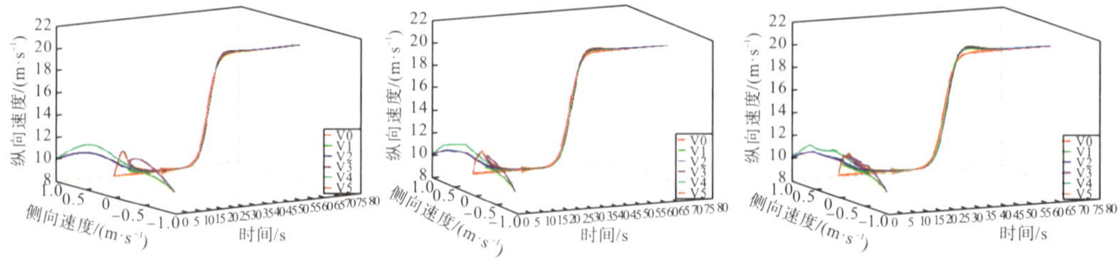

(a)无延时　　(b)异质延时　　(c)同质延时

图 5.20　车辆队列的三维速度图

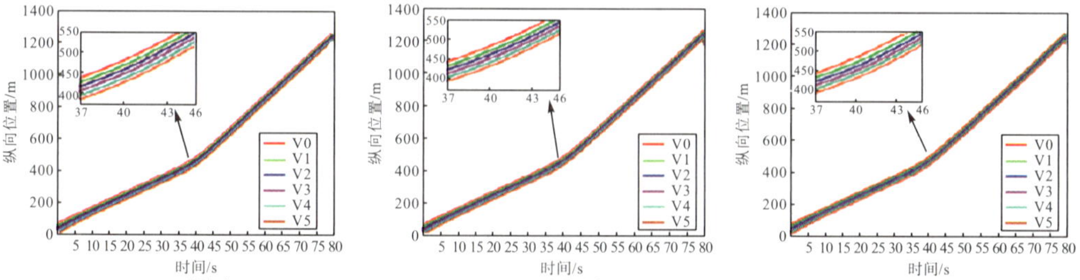

(a)无延时　　(b)异质延时　　(c)同质延时

图 5.21　车辆队列的纵向位置图

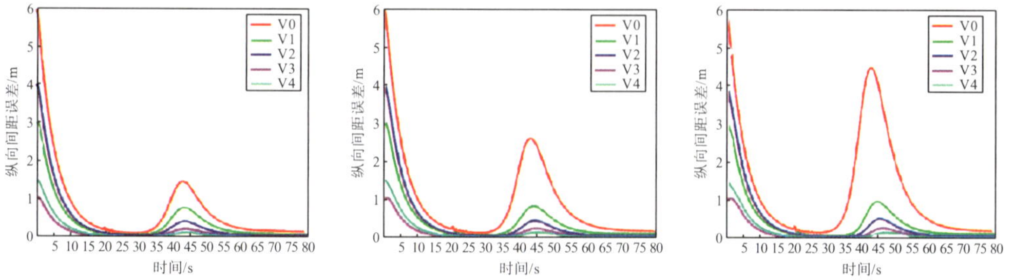

(a)无延时　　(b)异质延时　　(c)同质延时

图 5.22　车辆队列的纵向间距误差图

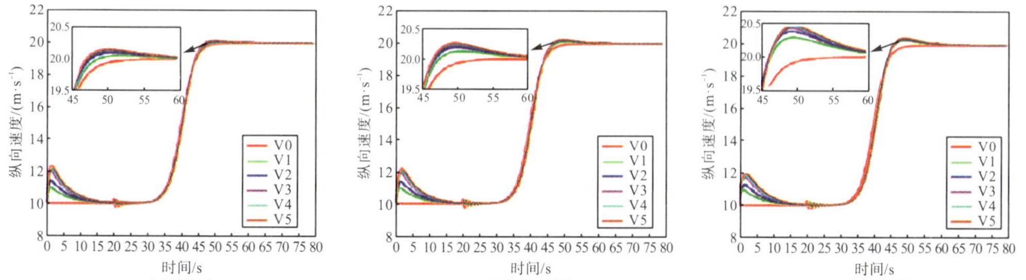

(a)无延时　　(b)异质延时　　(c)同质延时

图 5.23　车辆队列的纵向速度图

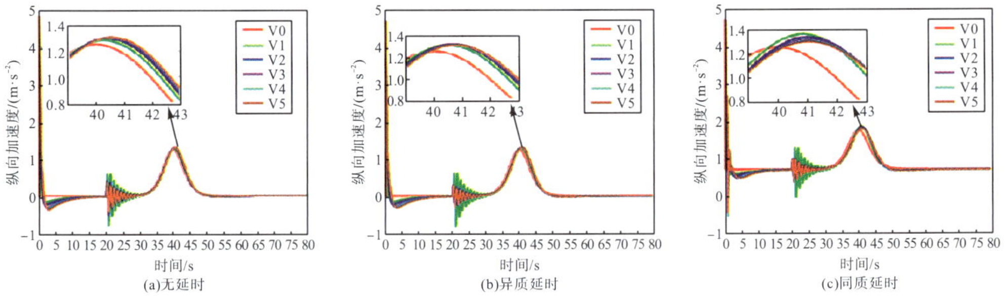

图 5.24 车辆队列的纵向加速度图

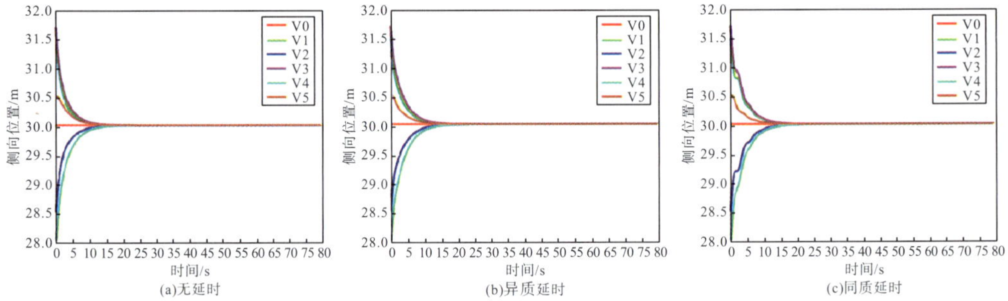

图 5.25 车辆队列的侧向位置图

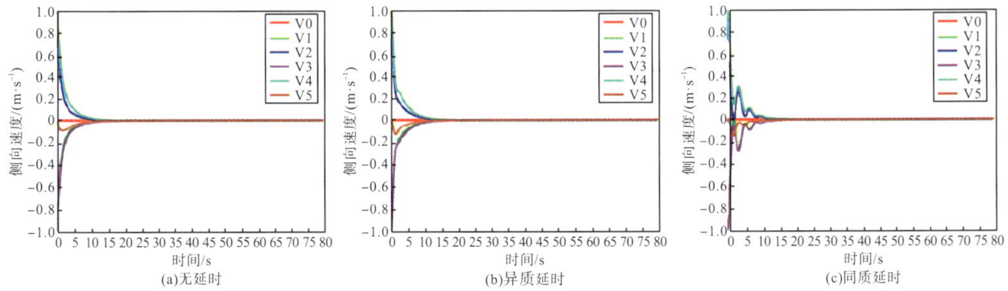

图 5.26 车辆队列的侧向速度图

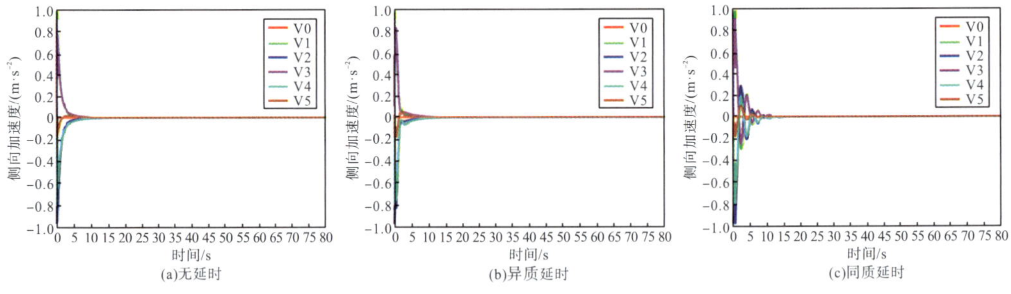

图 5.27 车辆队列的侧向加速度图

图 5.21 是车辆队列的纵向位置图。由图可知，队列中跟随车辆逐渐地跟随领导车辆，并且相邻车辆之间的车辆间距保持为一个确定的期望的安全车辆间距。图 5.22 是车辆队列的纵向间距误差图，进一步说明了队列的纵向位置一致性可以得到保证。由图可知，车辆间距误差（$\xi_{i-1}-\xi_i-h$）在初始时刻从不同的初始值能够逐渐快速地收敛到零，即车辆间距$\left(\xi_{i-1}-\xi_i\right)$保持为期望安全的车辆间距 h=5m 。需要指出的是，由车辆间距误差图可以看出，车辆间距误差始终大于零，说明车辆队列在所提的纵向侧向控制器的作用下可以避免追尾事故的发生，这是因为在所提的纵向控制器[式(5.27)]中考虑到了跟驰行为的影响。图 5.23 是车辆队列的纵向速度图。队列中领导车辆纵向速度（ω_L）保持为稳定的纵向速度，而跟随车辆的纵向速度从初始纵向速度(10m/s)逐渐开始加速，根据车辆跟驰行为调整车辆的纵向速度。在 $t=20$s 时，外部扰动[式(5.148)]作用于领导车辆，因此纵向速度图出现扰动。对比图 5.23 中各分图可以得知，图 5.23(c)中的最大纵向速度最大，其次为图 5.23(b)，最小为图 5.23(a)，即车辆队列的最大纵向速度会随着通信延时的增大而增大，最终影响车辆队列的稳定性。需要指出的是，在纵向速度仿真图中，没有出现负的速度，即不会出现车辆倒车现象，这是因为在纵向控制器的设计中考虑到了车辆跟驰行为的影响。此外，外部扰动会恶化车辆队列的稳定性，但是随着时间的推移，在所提控制器的作用下，外部扰动逐渐减弱，说明所提控制器存在鲁棒性。图 5.24 是车辆队列的纵向加速度图。由图可知，在考虑外部扰动的情况下，队列中车辆的纵向最大减速度都不超过 1.5m/s^2，最大加速度不超过 5m/s^2，避免了不合理的加/减速度。同时，队列的纵向加速度比较平滑，说明队列中车辆的舒适感较好。最终，纵向仿真图 5.21~图 5.24 验证了所提纵向控制器的有效性。

图 5.25 是车辆队列的侧向位置图。由图可知，车辆队列中的跟随车辆侧向位置逐渐靠近领导车辆，即侧向位置差逐渐收敛到零。同时，图 5.25(b)出现扰动，而图 5.25(c)出现较大扰动，说明侧向延时会影响队列的侧向稳定性。图 5.26 是车辆队列的侧向速度图，队列中跟随车辆的侧向速度收敛到领导车辆的侧向速度(0m/s)。图 5.27 是车辆队列的侧向加速度图。由图可知，最大侧向加/减速度小于 1m/s^2。侧向仿真图 5.25~图 5.27 也验证了所提侧向控制器的有效性。

5. 小结

本部分针对更一般化的场景——非结构化道路场景，考虑车辆跟驰行为、车辆的侧向位置以及通信延时的影响，设计纵向控制算法和侧向控制协议，以期实现稳定的队列行驶模式。其中，纵向控制协议包含三部分内容：跟随者之间的位置差、速度差，跟随车辆与领导车辆之间的位置差、速度差，以及车辆间的相互作用(即车辆跟驰行为)影响。通过李雅普诺夫-克拉索夫斯基稳定性理论分析其对车辆队列收敛性与稳定性。针对侧向控制协议，考虑跟随车辆与领导车辆间的侧向位置差与速度差，设计侧向控制协议，然后通过李雅普诺夫稳定性方法，对其进行稳定性与收敛性分析。通过数值仿真验证所提纵向、侧向控制协议的有效性。

5.2 汇入-汇出控制

5.2.1 车辆队列控制场景设计

车辆队列控制场景主要分为车队形成、车辆入队以及车辆出队三个场景，三个场景的详细描述如下。

1. 车队形成

初始情况下，N 辆自由车辆在同一条道路上自由行驶，接着自由车辆中的车辆 0 成为领导车辆，进而其他车辆向领导车辆发送入队请求，从而在领导车辆的控制下逐渐加入该车辆队列，最终形成包含 N 辆车的稳定车辆队列，该车辆队列在领导车辆的控制下向前行驶[图 5.28(a)]。

2. 车辆入队

初始情况下，车辆 1 为自由车辆并行驶在与车辆队列相邻的车道上，该车辆队列由 $N-1$ 台车辆形成。当车辆 1 计划加入车辆队列时，车辆 1 首先向领导车辆发送加入车队的请求，在领导车辆批准了该请求后，车辆 1 在领导车辆的控制下逐步加入车辆队列，最终形成包含 N 辆车的稳定车辆队列[图 5.28(b)]。

3. 车辆出队

初始情况下，由 N 辆车组成的车辆队列行驶在道路上，车辆 1 计划离开车队并自由行驶，那么车辆 1 首先向领导车辆发送出队请求，在领导车辆批准该出队请求后，车辆 1 会在领导车辆的控制下通过变道操作离开车队。最终车辆队列剩下 $N-1$ 辆车，并保持稳定地行驶[图 5.28(c)]。

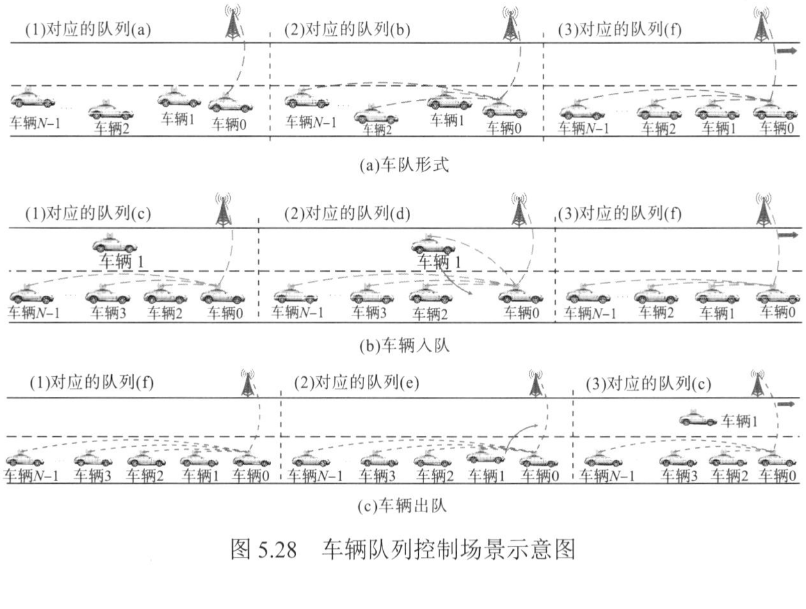

图 5.28 车辆队列控制场景示意图

通过智能网联环境下的车辆队列控制场景进行分析与描述，可以对车辆的相关行驶行为有更深的理解，在此基础上，可以根据所有场景的综合特点设计控制算法，以期设计的控制算法能够在真车实验中达到较好的效果。

5.2.2　纵向车辆队列控制算法

1. 纵向车辆队列控制算法设计

如图 5.29 所示，为了保证在车辆队列内部的成员车辆的间距保持稳定且各成员车辆的速度亦保持一致，需要设计相应的纵向车辆队列控制算法以使车辆队列内部成员的纵向间距保持稳定，从而形成稳定的车辆队列。

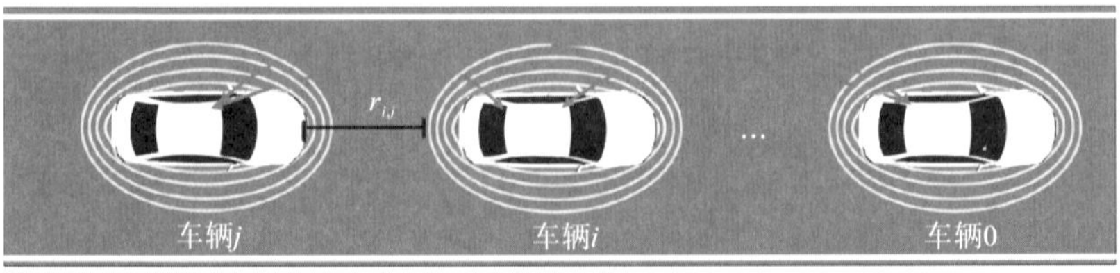

图 5.29　纵向车队控制算法示意图

由于在智能网联环境下，车辆之间的信息是可以交互的，在通信范围内，任意一辆装备有车载设备(on-board unit，OBU)的车辆都能够通过 V2V 获取其他相同类型车辆的运动状态信息，同时，为了防止信息的滥用，在设计控制器时首先需要考虑已设计的 BDLF 通信拓扑结构的特点，依据该 BDLF 通信拓扑结构的特点，并利用二阶控制原理设计控制算法，设计的纵向控制算法如下[30-33]：

$$\begin{cases} \dot{x}_i(t) = v_i(t) \\ \dot{v}_i(t) = -\sum_{j=0}^{n-1} C_{ij}(\delta\{V[h_{i,j}(t)] - v_i(t)\} + [x_i(t) - x_j(t) - r_{i,j}] \\ \qquad + \mu[v_i(t) - v_j(t)] - \gamma_i\{[x_i(t) - x_0(t) - r_i] + \rho[v_i(t) - v_0(t)]\}) \end{cases} \tag{5.149}$$

其中，$h_{i,j} = \dfrac{x_i(t) - x_j(t)}{j - i}$ 是车辆 i 与车辆 j 之间的平均纵向间距；r_i 是车辆 i 与领导车辆之间的期望纵向间距；$r_{i,j}$ 是车辆 i 与车辆 j 之间的期望纵向间距；δ 、μ 以及 ρ 为实数参数，针对不同的车辆可调整参数以获得更精确的控制效果。

该控制器中融合了连接矩阵，将该车辆队列中的所有先导车辆的运动状态(如速度、位置)考虑在内，根据当前车辆与先导车辆的速度差以及位置差输出控制结果，从而获得更加精确且全面的控制效果。此外，一些线性控制器忽略了车辆之间的相互作用，有可能会导致负速度或负间距差，即车辆后退或发生碰撞，这在实践中是不合理的。相反，所提出的非线性控制器[式(5.149)]结合了车辆之间的相互作用[即 $V(\cdot)$]，可避免负速度以及负间距差的产生，使其更加符合实际，同时，车辆可以在位置和速度方面平稳地达到共识状态，并且车辆的行为与交通流理论一致。

2. 纵向车辆队列控制算法的收敛性分析

为了验证算法的有效性，以期在实际的实验中能够取得预期成果，需要对纵向车辆队列控制算法进行收敛性分析。

首先，为了方便对式(5.149)进行渐进稳定性分析，定义如下公式：

$$\tilde{x}_i(t)=x_i(t)-x_0(t)-r_i \tag{5.150}$$

将式(5.150)代入式(5.149)中，可得

$$\begin{cases}\dot{\tilde{x}}_i(t)=\tilde{v}_i(t)\\ \dot{\tilde{v}}_i(t)=-\sum\limits_{j=0}^{n-1}C_{ij}(\delta\{V[h_{i,j}(t)]-V[h^*{}_{i,j}(t)]-\tilde{v}_i(t)\}\\ \qquad +[\tilde{x}_i(t)-\tilde{x}_j(t)]+\mu[\tilde{v}_i(t)-\tilde{v}_j(t)])-\gamma_i[\tilde{x}_i(t)+\rho\tilde{v}_i(t)]\end{cases} \tag{5.151}$$

为了方便，需要对式(5.151)中的一些变量进行简写，其中包括 $V[h_{i,j}(t)]-V[h^*{}_{i,j}(t)]=\dfrac{\dot{V}[h^*{}_{i,j}(t)]}{j-i}[\tilde{x}_i(t)-\tilde{x}_j(t)]$ 以及 $\varphi_{i,j}[\xi_{i,j}(t)]=\dfrac{\dot{V}[h^*{}_{i,j}(t)]}{j-i}$，因此式(5.151)可被重写为

$$\begin{cases}\dot{\tilde{x}}_i(t)=\tilde{v}_i(t)\\ \dot{\tilde{v}}_i(t)=-\sum\limits_{j=0}^{n-1}C_{ij}(\{\delta\varphi_{i,j}[\xi_{i,j}(t)]+1\}[\tilde{x}_i(t)-\tilde{x}_j(t)]\\ \qquad +(\mu-\delta)\tilde{v}_i(t)-\mu\tilde{v}_j(t))-\gamma_i[\tilde{x}_i(t)+\rho\tilde{v}_i(t)]\end{cases} \tag{5.152}$$

令 $\tilde{\boldsymbol{x}}=[\tilde{x}_1,\cdots,\tilde{x}_n]^{\mathrm{T}}$，$\tilde{\boldsymbol{v}}=[\tilde{v}_1,\cdots,\tilde{v}_n]^{\mathrm{T}}$，$\tilde{\boldsymbol{\varepsilon}}=[\tilde{\boldsymbol{x}}^{\mathrm{T}}\tilde{\boldsymbol{v}}^{\mathrm{T}}]^{\mathrm{T}}$。因此，式(5.152)可继续被重写为

$$\dot{\tilde{\boldsymbol{\varepsilon}}}(t)=\boldsymbol{A}\tilde{\boldsymbol{\varepsilon}}(t) \tag{5.153}$$

其中，

$$\boldsymbol{A}=\begin{bmatrix}\boldsymbol{0}_{n\times n} & \boldsymbol{I}_{n\times n}\\ (\delta\varphi_{i,j}+1)(\boldsymbol{O}-\boldsymbol{C}_j)-\Gamma_i & (\mu-\delta)\boldsymbol{O}-\mu\boldsymbol{C}_j-\Gamma_i\rho\end{bmatrix}$$

$$\boldsymbol{C}_j=\begin{bmatrix}0 & \cdots & c_{1j} & \cdots & 0\\ 0 & \cdots & c_{2j} & \cdots & 0\\ \vdots & & \vdots & & \vdots\\ 0 & \cdots & c_{nj} & \cdots & 0\end{bmatrix}$$

且 $\boldsymbol{O}=\mathrm{diag}\{o_1,\cdots,o_n\}$，$o_i=\sum\limits_{j=1}^{n}c_{ij}$。

为了证明式(5.153)的收敛性，首先需要引入相关的定理和引理

引理 5.6[5]首先给定一个给定复系数多项式：

$$r(z)=z^2+(a+\mathrm{i}b)z+c+\mathrm{i}d \tag{5.154}$$

其中，$a,b,c,d\in R$；$r(z)$ 可达到赫尔维茨稳定，其达到稳定的条件是当且仅当 $a>0$ 以及 $abd+a^2c-d^2>0$ 时。

定理 5.9 在车辆队列纵向控制算法[式(5.149)]中，当 $\delta>0$，$\mu>0$ 以及 $\rho>0$ 时，可以得

$$\lim_{t\to\infty}\tilde{\boldsymbol{\varepsilon}}(t)=0 \tag{5.155}$$

证明： 首先定义 λ 为矩阵 $\boldsymbol{A}$ 的特征方程，因此，可得

$$
\begin{aligned}
&\det(\lambda \boldsymbol{I}_{2n}-\boldsymbol{A})\\
&=\begin{vmatrix} \lambda \boldsymbol{I}_{n\times n} & -\boldsymbol{I}_{n\times n} \\ -(\delta\varphi_{i,j}+1)(\boldsymbol{O}-\boldsymbol{C}_j)+\boldsymbol{\Gamma}_i & \lambda \boldsymbol{I}_{n\times n}-(\mu-\delta)\boldsymbol{O}+\mu\boldsymbol{C}_j+\boldsymbol{\Gamma}_i\rho \end{vmatrix}\\
&=\det(\lambda^2 \boldsymbol{I}_{n\times n}+\boldsymbol{H}_1\lambda \boldsymbol{I}_{n\times n}+\boldsymbol{H}_2)
\end{aligned}
\tag{5.156}
$$

其中，$\boldsymbol{H}_1=\mu\boldsymbol{C}_j-(\mu-\delta)\boldsymbol{O}+\boldsymbol{\Gamma}_i\rho$ 且 $\boldsymbol{H}_2=-(\delta\varphi_{i,j}+1)(\boldsymbol{O}-\boldsymbol{C}_j)+\boldsymbol{\Gamma}_i$。

同时，为了保证矩阵 $\boldsymbol{A}$ 能够达到赫尔维茨稳定，首先需要定义 $\theta_i\in\sigma(\boldsymbol{H}_1)$，$\zeta_i\in\sigma(\boldsymbol{H}_2)$，$i=1,\cdots,n$。其中，$\sigma(\boldsymbol{H}_1)$ 为矩阵 $\boldsymbol{H}_1$ 所有特征值的集合，$\sigma(\boldsymbol{H}_2)$ 为矩阵 $\boldsymbol{H}_2$ 所有特征值的集合。因此，将相应特征值的集合进行简化后，式(5.156)可进一步写为

$$
\det(\lambda \boldsymbol{I}_{2n}-\boldsymbol{A})=\prod_{i=1}^{n}(\lambda^2+\theta_i\lambda+\zeta_i) \tag{5.157}
$$

因此，基于上述分析，矩阵 $\boldsymbol{A}$ 的赫尔维茨稳定条件可以近似看作一个多项式 $R(\lambda)$，即 $R(\lambda)=\lambda^2+\theta_i\lambda+\zeta_i$，其中对于任意的 θ_i，均满足 $\theta_i\in\sigma(\boldsymbol{H}_1)$，对于任意的 ζ_i，均满足 $\zeta_i\in\sigma(\boldsymbol{H}_2)$。

同时，基于定理 5.9，并且已知 $\delta>0$，$\mu>0$ 以及 $\rho>0$，因此，可以得到如下结论。

(1) $\mathrm{Re}(\theta_i)>0$（此结论可由正定矩阵 $\boldsymbol{A}$ 推导而来）。

(2) 下式将得到满足：

$$
\mathrm{Re}(\theta_i)\mathrm{Im}(\theta_i)\mathrm{Im}(\zeta_i)+\mathrm{Re}^2(\theta_i)\mathrm{Re}(\zeta_i)-\mathrm{Im}^2(\zeta_i)>0 \tag{5.158}
$$

因此，根据上述两条结论，可以得到矩阵 $\boldsymbol{A}$ 是赫尔维茨稳定的。进而可得，纵向车辆队列控制算法[式(5.150)]也是渐进稳定的，这意味着在车辆队列行驶的过程中，当 $t\to\infty$ 时，$\tilde{\boldsymbol{\varepsilon}}(t)\to 0$，即当时间逐渐增大时，车辆队列内部成员车辆之间的间距误差会逐渐减小至零，最后形成稳定的车辆队列。

通过上述证明过程，可以确定如果智能网联环境下，各车辆采用此纵向车辆队列控制算法，那么在实际的实验中，该车辆队列会在该控制算法的控制下逐步实现稳定，以达到较好的实验效果。

5.2.3　横向车辆队列控制算法

1. 横向车辆队列控制算法设计

如图 5.30 所示，横向车辆队列控制算法用于控制车辆的横向行为。一方面，横向车辆队列控制算法用于让后车依据领导车辆的行驶中心线自我调整，保证车辆队列的所有车辆能够同时行驶在同一中心线上，以此让车辆队列内部所有成员车辆稳定行驶；另一方面，在进行车队形成、车辆入队以及车辆出队行为的过程中，即将形成车队的车辆、加入车辆队列的车辆或即将离开车辆队列的车辆需要在此控制算法下逐步进行相应的操作，从而调整自己在车道中的相应位置，以稳定地实现车队形成、车辆入队以及车辆出队行为。

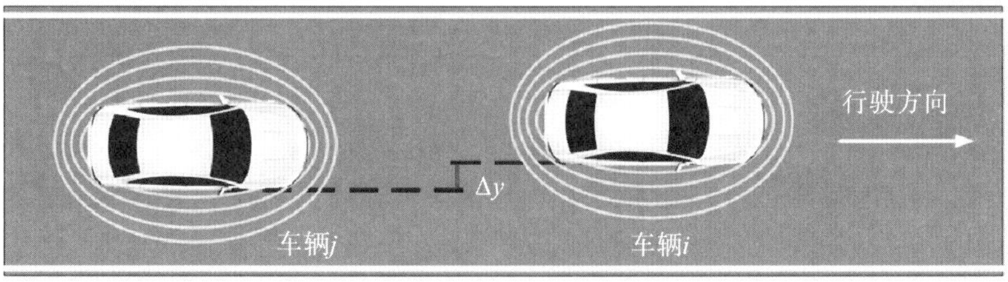

图 5.30 横向车队控制算法示意图

本节采用了文献[34]中的方法用于横向控制算法设计，该控制算法以每辆车与车道右边线的距离为自变量，以此设计一个基础方程，该方程的因变量与车辆距离当前车道右边线的距离以及车道宽度有关，该方程的具体内容被设计成如下形式：

$$g(y)=\frac{(y-L_r)}{L_r y},\ 0<y\leqslant 2L_r \tag{5.159}$$

其中，y 为车辆与当前车道右边线的距离；L_r 为当前车道宽度的一半。

进而，基于式(5.159)，采用文献[34]中的方法，横向车辆队列控制算法设计如下[30,31]：

$$g_i=-G_1\sum_{\kappa=1}^{2}g\left(\left\|\overline{y}_{i,L_\kappa}-y_i\right\|_\sigma\right)n_{i,L_\kappa}+G_2\sum_{\kappa=1}^{2}(\overline{\psi}_{i,L_\kappa}-\psi_i) \tag{5.160}$$

其中，ψ_i 为车辆 i 的横向速度；L_κ 为车道的宽度，针对车辆入队以及车辆出队的情况，故 $\kappa=1,2$；$\overline{y}_{i,L_\kappa}$ 为车辆 i 距离车道右边线的距离；$\overline{\psi}_{i,L_\kappa}$ 为车辆 i 在车道右边线方向上的分速度；G_1、G_2 为常数且 $G_1>0$，$G_2>0$，可根据实际的车辆进行调整，以达到较好的控制效果；g_i 为横向加速度，以控制跟随车辆与领导车辆保持在同一行驶中心线上。

同时

$$\|z\|_\sigma=\frac{\left(\sqrt{1+q\|z\|^2}-1\right)}{q} \tag{5.161}$$

需要注意的是，在式(5.161)中，$q>0$。

此外，式(5.160)中的系数可定义为

$$n_{i,L_\kappa}=\frac{\overline{y}_{i,L_\kappa}-y_i}{\sqrt{1+\ell\left\|\overline{y}_{i,L_\kappa}-y_i\right\|_\sigma^2}} \tag{5.162}$$

其中，$\ell>0$ 为常数。

2. 横向车辆队列控制算法的收敛性分析

为了验证该横向车辆队列控制算法的有效性，以期在实际的实验中能够取得预期成果，需要对横向车辆队列控制算法进行收敛性分析，若该横向车辆队列控制算法能够收敛，则该控制算法能够用于实际的实验中。

为了证明式(5.160)的收敛性，需要引入相关的定理。

定理 5.10 考虑共有 N 辆车行驶在一条笔直的道路上，假设在初始情况下，总的能量为 $E_0=E[y(0),\psi(0)]$，该能量值是已知的，并且满足 $\|y_{i,L_\kappa}(t)-\overline{y}_i(t)\|\geqslant 1$，因此在横向车

辆队列控制算法[式(5.160)]中，当整个车辆队列接近稳定时，以下的相关描述都成立。

(1)车辆i及其横向方向上的相应边界之间的距离满足：

$$1 \leqslant \| y_i - \overline{y}_{i,L_\kappa} \|_\sigma \leqslant \min\{2L, e^{E_0/\Phi_1}\} \tag{5.163}$$

其中，Φ_1为正值常数。

(2)在同一个车辆队列中的各车辆会逐渐在同一条道路的中心线上行驶。例如，

$$\lim_{t\to\infty} \| y_i(t) - \overline{y}_{i,L_\kappa}(t) \| = L_r \tag{5.164}$$

(3)在该车辆队列中的任意车辆i，其速度误差将会逐渐接近于 0，满足：

$$\lim_{t\to\infty} \| \psi_i(t) - \overline{\psi}_{i,L_\kappa}(t) \| = 0 \tag{5.165}$$

(1)~(3)中所述内容的证明过程与文献[34]中的类似，故在本书中省略。

5.2.4　车辆队列控制算法的串稳定性分析

在车辆队列的控制算法设计过程中，串稳定性是衡量其是否能够使车辆队列稳定行驶的重要特征。因此，本节将着重分析已设计的车辆队列控制算法的串稳定性。

为了分析串稳定性，给出如下定义：

定义 5.3[19]　初始情况下$x_i = 0$，其中$i \in \boldsymbol{N}$。如果式(5.165)的动态性能满足串稳定，对于任意的$\Theta > 0$，会存在$\Xi > 0$，例如，

$$\|e_i(0)\|_\infty < \Theta \Rightarrow \sup_i \|e_i(\cdot)\|_\infty < \Xi \tag{5.166}$$

针对图 5.29 中的场景，在定义 5.3 的相关理论下，车辆队列能够在控制算法[式(5.149)]的控制下达到串稳定。

证明：首先定义纵向间距误差为

$$e_i(t) = x_{i-1}(t) - x_i(t) - s \tag{5.167}$$

其中，s为在稳定车辆队列中的期望纵向间距。

然后，给定$a_{i-1}(t)$和$a_i(t)$是有界的，可以得出$\ddot{e}_i(t) = a_{i-1}(t) - a_i(t)$的结论，这就意味着$\ddot{e}_i(t) \in L_\infty$，因此，$\dot{e}_i(t)$是一致连续的

此外，有如下关系成立：

$$\int_0^\infty |\dot{e}_i(t)| \mathrm{d}t = |e_i(\infty)| - |e_i(0)| < \infty \tag{5.168}$$

根据式(5.168)，可知$\dot{e}_i(t) \in L_2$。因此，基于引理 5.5 可以得到$\lim\limits_{t\to\infty} \dot{e}_i(t) = 0$。相应地，可知$\dot{e}_i(t) \in L_\infty$。近似地，由于$e_i(0) = 0$，因此，存在$e_i(t) \in L_2$。因此，基于引理 5.5 可进一步得出$\lim\limits_{t\to\infty} e_i(t) = 0$。

定义一个$\xi > 0$，则有$\|e_i(0)\|_\infty = \sup_i |e_i(0)| = 0 < \xi$。另外，需要注意的是$\lim\limits_{t\to\infty} e_i(t) = 0$，$e_i(0) = 0$，以及$e_i(t) \in L_2$。因此，当$\exists M, \eta > 0$成立时，使得$\sup\limits_{t\in[0,\infty)} {}_i |e_i(t)| = M < \eta$成立，其中$t \in [0, \infty)$。

基于上述的分析内容，根据式(5.168)，在式(5.149)控制下的车辆队列的串稳定性能够满足。证明完毕。

本节根据串稳定性在文献[34]中的定义，运用基于无穷大范数方法分析了车辆队列的串稳定性。该结果表明，车辆队列可以消除扰动效应，从而保证车辆队列的稳定形势，亦具备串稳定性的性质。

5.2.5 小结

本部分首先对车辆队列控制场景进行了描述，并建立连接矩阵以描述车队形成、车辆入队以及车辆出队三个场景的实施过程。进一步，根据三个场景的主要实施过程，分别设计了纵向车辆队列控制算法以及横向车辆队列控制算法，可分别使车辆在车辆队列中与前车保持稳定的纵向间距，并与前车行驶在同一车道的中心线上。此外，横向车辆队列控制算法亦可用于车辆入队以及车辆出队中的换道过程，以期能够顺利完成车辆入队以及车辆出队场景。最后，针对所提出算法进行了串稳定性分析，以分析所提出算法的有效性。此外，本研究所提出的车辆队列控制场景以及控制算法将在场地实验中进行运用。

5.3 多队列控制

基于上述单个车辆队列的控制研究，本部分针对多个车辆队列，结合实际的交通场景，进一步研究多个车辆队列的协同控制问题。通过考虑队列中车辆之间的作用关系以及队列间车辆的相互影响，设计基于群一致性的多队列协同控制算法。进而，利用劳斯稳定理论和李雅普诺夫方法，对控制算法进行一致性和稳定性分析，既保证队列中车辆状态的局部一致性，又保证队列间车辆状态的群一致性。最后通过数值仿真来验证算法的有效性，并进一步分析不同的队列协同驾驶模式对道路通行能力的影响。

5.3.1 问题描述

如图 5.31 所示，在实际的交通场景中，道路中的多条车道存在多个车辆队列，但由于道路环境的约束(如遇到道路施工障碍)或其他目的需求(如完成巡逻、救援、探查等任务)，需要不同车道上的车辆队列相互协作与配合来完成。但是现有关于车辆队列控制研究较多关注单个车辆队列的控制性能，而较少涉及多个车辆队列的协同控制。对此，针对多个车辆队列的协同控制问题，借鉴群体一致性的思想，对不同车辆队列中的领导车辆及同一队列中的领导车辆和跟随者车辆，分别设计相应的控制算法，提出一种基于群一致性的分层协同控制方法，既保证车辆队列内部车辆状态的局部一致性，又保证车辆队列间车辆状态的群一致性，以实现多个车辆队列的协同控制。

首先，基于信息物理系统方法，提出一种包含车辆运动描述、通信拓扑、控制器和协同驾驶模式的四层框架，以描述多个车辆队列中车辆之间的协同运行机制，如图 5.32 所示。

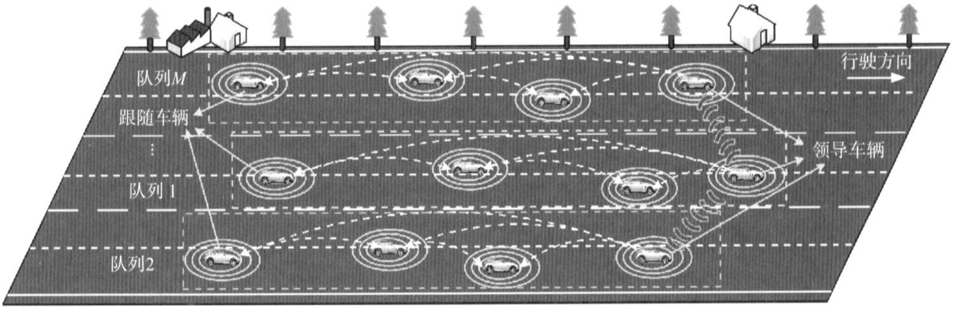

图 5.31　多个车辆队列控制场景

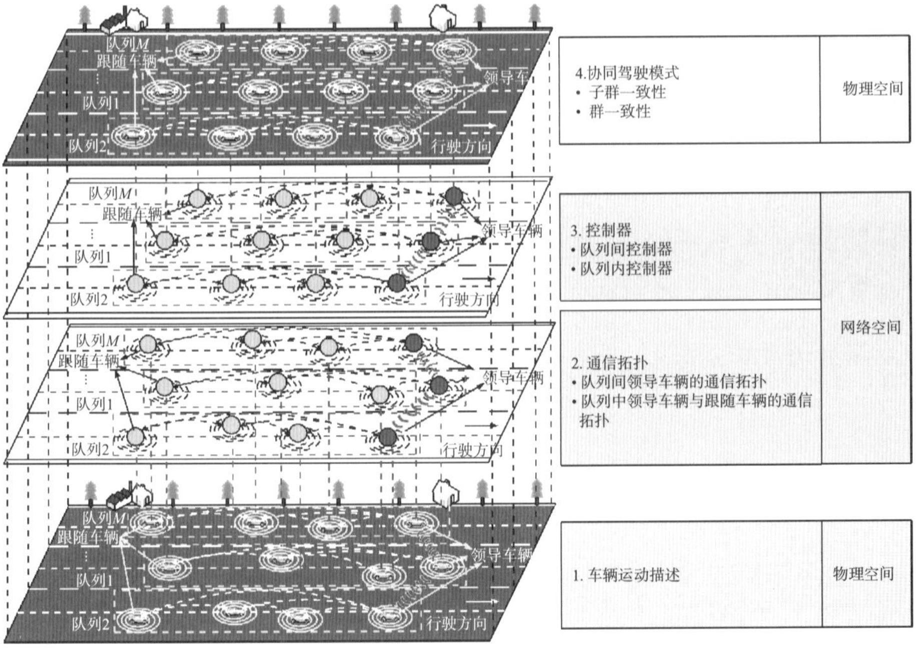

图 5.32　协同驾驶模式的四层框架

第一层为物理层，用于描述道路中车辆的运动状态。

第二层为信息层，用于描述车辆间的通信拓扑结构，其中包括了队列中车辆的通信拓扑结构，即跟随车辆与其他跟随车辆、领导车辆间的通信连接；队列间车辆的通信拓扑结构，即不同车辆队列中领导车辆间的通信连接。

第三层为控制层，针对多个车辆队列，设计基于群一致性的分层协同控制算法，主要包括两部分：一方面，针对车辆队列中的车辆，通过考虑跟随车辆与其最邻近车辆间的车辆间距和速度差，以及跟随车辆与该队列中领导车辆间的车辆间距和速度差，设计基于局部一致性的控制算法；另一方面，针对车辆队列间的车辆，通过考虑不同队列中的领导车辆与领导队列中的领导车辆之间的车辆间距和速度差，设计基于群一致性的控制算法，实现多个车辆队列的分层协同控制。

第四层为物理层，基于所设计的群一致性控制协议，不仅保证队列中车辆状态的局部一致性，而且保证队列间车辆状态的群一致性。最后，基于上述算法，实现串行和并行两种协同驾驶模式，并分析不同协同驾驶模式下道路的通行能力。

5.3.2 基于群一致性的多个车辆队列协同控制算法设计

领导车辆的动力学模型描述为

$$\begin{cases}\dot{\boldsymbol{x}}_L^k(t)=\boldsymbol{v}_L^k(t)\\ \dot{\boldsymbol{v}}_L^k(t)=\boldsymbol{u}_L^k(t)\end{cases} \tag{5.169}$$

其中，$\boldsymbol{x}_L^k(t)=[p_L^k(t),q_L^k(t)]^{\mathrm{T}}$、$\boldsymbol{v}_L^k(t)=[w_L^k(t),\theta_L^k(t)]^{\mathrm{T}}$ 和 $\boldsymbol{u}_L^k(t)=[\chi_L^k(t),\mu_L^k(t)]^{\mathrm{T}}$，分别为第 k 个队列领导车辆的纵向、侧向位置和速度；$\boldsymbol{u}_L^k(t)\in\boldsymbol{R}$ 为控制输入。

需要注意的是，当 k=1 时，表示多个队列中的领导队列。

跟随车辆的动力学模型描述为

$$\begin{cases}\dot{\boldsymbol{x}}_i^k(t)=\boldsymbol{v}_i^k(t)\\ \dot{\boldsymbol{v}}_i^k(t)=\boldsymbol{u}_i^k(t)\end{cases} \tag{5.170}$$

其中，$\boldsymbol{x}_i^k(t)=[p_i^k(t),q_i^k(t)]^{\mathrm{T}}$、$\boldsymbol{v}_i^k(t)=[w_i^k(t),\theta_i^k(t)]^{\mathrm{T}}$ 和 $\boldsymbol{u}_i^k(t)=[\chi_i^k(t),\mu_i^k(t)]^{\mathrm{T}}$，分别为第 k 个队列中跟随车辆的纵向、侧向位置和速度。

1. 队列中基于局部一致性的纵向队列控制算法

针对车辆队列中的车辆，通过考虑跟随车辆与其最邻近车辆间的车辆间距和速度差，以及跟随车辆与该队列中领导车辆间的车辆间距和速度差，设计基于局部一致性的控制算法[5,28]：

$$\begin{aligned}\chi_i^k(t)=&-\sum_{j=1}^{N}a_{ij}^k\{\gamma_1[p_i^k(t)-p_j^k(t)-r_{ij}^k]+\gamma_2[w_i^k(t)\\&-w_j^k(t)]\}-\pi_i^k\{\gamma_1[p_i^k(t)-p_L^k(t)-r_i^k]+\gamma_2[w_i^k(t)-w_L^k(t)]\}\end{aligned} \tag{5.171}$$

其中，a_{ij}^k 为第 k 个车辆队列中的跟随车辆间的邻接矩阵元素；π_i^k 为第 k 个车辆队列中的跟随车辆与领导车辆间的连接矩阵元素；γ_1 和 γ_2 为控制参数。

2. 队列间基于群一致性的纵向队列控制算法

针对车辆队列间的领导车辆，通过考虑不同队列中的领导车辆与领导队列中的领导车辆之间的车辆间距和速度差，设计基于群一致性的控制算法[5,28]：

$$\chi_L^k(t)=-d_1[p_L^k(t)-p_L^1(t)-r_L^k]-d_2[w_L^k(t)-w_L^1(t)]+\dot{w}_L^1(t) \tag{5.172}$$

其中，d_1，$d_2>0$，表示不同队列中的领导车辆能够收到领导队列中的领导车辆状态信息。

3. 单队列侧向队列控制算法

针对车辆队列中的车辆侧向控制器设计，利用定义人工势函数来分析设计队列的侧向控制算法。定义人工势函数如下：

$$f(q)=\frac{q-l}{lq},0<q<2l \tag{5.173}$$

其中，l 为车道宽度的一半。

车辆队列侧向控制器设计如下：

$$\mu_i^k = -\alpha_1 \sum_{m=1}^{2} f(\| \bar{q}_{i,l_{km}}^k - q_i^k \|_\sigma) n_{i,l_{km}}^k + \alpha_2 \sum_{m=1}^{2} (\bar{\theta}_{i,l_{km}}^k - \theta_i^k) \tag{5.174}$$

其中，α_1，$\alpha_2 > 0$。

4. 多队列侧向队列控制算法

定义人工势函数如下：

$$f'(q) = \frac{q - Ml}{lq}, 0 < q < 2Ml \tag{5.175}$$

其中，M 为队列的个数。

车辆队列侧向控制器设计如下[5,28]：

$$\mu_L^k = -\beta_1 \sum_{m=1}^{2} f'(\| \bar{q}_{L,l_m}^k - q_L^k \|_\sigma) n_{L,l_m}^k + \beta_2 \sum_{m=1}^{2} (\bar{\theta}_{L,l_m}^k - \theta_L^k) \tag{5.176}$$

其中，β_1，$\beta_2 > 0$。

5.3.3 一致性和稳定性分析

1. 局部纵向一致性和稳定性分析

定理 5.11 假设队列中的通信拓扑结构为连通的，当采用控制算法[式(5.171)]时，如果参数 γ_1 和 γ_2 大于 0，则所提控制算法可实现队列中车辆局部一致性，即

$$\lim_{t\to\infty} \left\| p_i^k(t) - p_L^k(t) - r_i^k \right\| = 0$$

$$\lim_{t\to\infty} \left\| w_i^k(t) - w_L^k(t) \right\| = 0$$

队列中的跟随车辆与领导车辆形成期望间距，同时跟随车辆的速度最终与领导车辆保持一致，并以队列的方式行驶。

证明： 定义位置误差和速度误差分别为

$$\tilde{p}_i^k(t) = p_i^k(t) - p_L^k(t) - r_i^k \text{ 和 } \tilde{w}_i^k(t) = w_i^k(t) - w_L^k(t) \tag{5.177}$$

通过式(5.177)，控制算法[式(5.171)]可化简为

$$\begin{cases} \dot{\tilde{p}}_i^k(t) = \tilde{w}_i^k(t) \\ \dot{\tilde{w}}_i^k(t) = -\sum_{j=1}^{n} a_{ij}^k \{\gamma_1[\tilde{p}_i^k(t) - \tilde{p}_j^k(t)] + \gamma_2[\tilde{w}_i^k(t) - \tilde{w}_j^k(t)]\} \\ \qquad - \pi_i^k[\gamma_1 \tilde{p}_i^k(t) + \gamma_2 \tilde{w}_i^k(t)] \end{cases} \tag{5.178}$$

定义：

$$\boldsymbol{P}^k(t) = [\tilde{p}_1^k(t), \cdots, \tilde{p}_{N-1}^k(t)]^{\mathrm{T}}, \boldsymbol{W}^k(t) = [\tilde{w}_1^k(t), \cdots, \tilde{w}_{N-1}^k(t)]^{\mathrm{T}}, \boldsymbol{\Phi}^k(t) = [\boldsymbol{P}^k(t), \boldsymbol{W}^k(t)]^{\mathrm{T}} \tag{5.179}$$

控制算法[式(5.178)]化简为

$$\begin{cases} \dot{\boldsymbol{P}}^k(t) = \boldsymbol{W}^k(t) \\ \dot{\boldsymbol{W}}^k(t) = -\gamma_1(\boldsymbol{L} + \boldsymbol{\Pi})\boldsymbol{P}^k(t) - \gamma_2(\boldsymbol{L} + \boldsymbol{\Pi})\boldsymbol{W}^k(t) \end{cases} \tag{5.180}$$

因此，式(5.180)可以被改写为

$$\dot{\boldsymbol{\Phi}}^k(t)=\begin{pmatrix}\boldsymbol{0}_{(N-1)\times(N-1)} & \boldsymbol{I}_{(N-1)\times(N-1)}\\ -\gamma_1\boldsymbol{H} & -\gamma_2\boldsymbol{H}\end{pmatrix}\boldsymbol{\Phi}^k(t)=\boldsymbol{\Sigma}\boldsymbol{\Phi}^k(t) \tag{5.181}$$

其中，$\boldsymbol{H}=\boldsymbol{L}+\boldsymbol{\Pi}$，$\boldsymbol{\Sigma}=\begin{pmatrix}\boldsymbol{0}_{(N-1)\times(N-1)} & \boldsymbol{I}_{(N-1)\times(N-1)}\\ -\gamma_1\boldsymbol{H} & -\gamma_2\boldsymbol{H}\end{pmatrix}$，$\boldsymbol{\Pi}=\mathrm{diag}(\pi_1,\pi_2,\cdots,\pi_{N-1})$，$\boldsymbol{L}=[l_{ij}]$，$l_{ii}=\sum_{j\neq i}a_{ij}$，$l_{ij}=-a_{ij}$。

经过上述分析可知，局部一致性问题就转化为式(5.181)的稳定性问题，即只要$\boldsymbol{\Sigma}$的所有特征值均在复平面的左半平面即可。

令$\boldsymbol{H}$的特征值为$h_1,\cdots,h_n$。$\boldsymbol{H}$为厄米矩阵，则存在酉矩阵$\boldsymbol{U}$使得

$$\boldsymbol{U}^{-1}\boldsymbol{H}\boldsymbol{U}=\boldsymbol{\Lambda}=\mathrm{diag}(h_1,\cdots,h_{N-1}) \tag{5.182}$$

为了分析特征值的特性，我们先给出矩阵$\boldsymbol{H}$的特性：

引理 5.9

(1)矩阵$\boldsymbol{H}$的特征值为非负实数；

(2)当且仅当图G_n连通时，矩阵$\boldsymbol{H}$的特征值均为正实数。

注意到车辆间的通信拓扑结构为连通的，则根据引理 5.7，可以得到矩阵$\boldsymbol{H}$的特征值为非负实数，即$h_i>0$。根据式(5.181)和式(5.182)，有

$$\begin{aligned}&\det[\rho\boldsymbol{I}_{2(N-1)\times2(N-1)}-\boldsymbol{\Sigma}]\\&=\det[\rho^2\boldsymbol{I}_{(N-1)\times(N-1)}+\rho\gamma_2\boldsymbol{\Lambda}+\gamma_1\boldsymbol{\Lambda}]\\&=\prod_{i=1}^{n}(\rho^2+\rho\gamma_2h_i+\gamma_1h_i)\end{aligned} \tag{5.183}$$

其中，det 表示矩阵的行列式，对于每个$h_i>0$都对应$\boldsymbol{\Sigma}$的两个特征值：

$$\rho_{i\pm}=\frac{-\gamma_2h_i\pm\sqrt{\gamma_2^2h_i^2-4\gamma_1h_i}}{2} \tag{5.184}$$

注意到参数$\gamma_1,\gamma_2>0$。因此，基于式(5.183)和劳斯稳定理论，可得特征多项式$f(\rho_i)=\rho_i^2+\gamma_2h_i\rho_i+\gamma_1h_i$的根的实部在左半平面，即$\mathrm{Re}(\rho_{i\pm})<0$，因此，根据李雅普诺夫稳定性定理，误差方程[式(5.181)]为渐进稳定的。另外，由于系统[式(5.181)]是渐进稳定的，那么$\lim\limits_{t\to\infty}\|\boldsymbol{\Phi}^k(t)-\boldsymbol{\Phi}_e^k(t)\|=0$，其中$\boldsymbol{\Phi}_e^k(t)=0$，可得$\lim\limits_{t\to\infty}\|\boldsymbol{\Phi}^k(t)\|=0$，根据式(5.177)，可得$\lim\limits_{t\to\infty}\|\boldsymbol{P}^k(t)\|=\lim\limits_{t\to\infty}\|\boldsymbol{W}^k(t)\|=0$，即$\lim\limits_{t\to\infty}\|p_i^k(t)-p_L^k(t)-r_i^k\|=\lim\limits_{t\to\infty}\|\tilde{p}_i^k(t)\|=0$和$\lim\limits_{t\to\infty}\|w_i^k(t)-w_L^k(t)\|=\lim\limits_{t\to\infty}\|\tilde{w}_i^k\|=0$。

2. 群纵向一致性和稳定性分析

定理 5.12 假设队列间的通信拓扑结构为连通的，则当采用控制算法[式(5.172)]时，可实现队列间车辆的群一致性。

$$\lim_{t\to\infty}\left\|p_L^k(t)-p_L^1(t)-r_L^k\right\|=0；\ \lim_{t\to\infty}\left\|w_L^k(t)-w_L^1(t)\right\|=0 \tag{5.185}$$

不同队列间的领导与领导队列中的领导车辆之间的车间距形成期望间距，同时不同队列间的领导车辆速度保持一致。

证明： 通过解式(5.172)所示的微分方程求得车辆的运动轨迹，进而分析系统[式(5.172)]的稳定性。式(5.172)可视为如下的非齐次微分方程：

$$\ddot{p}_L^k(t)+d_2\dot{p}_L^k(t)+d_1p_L^k(t)=\ddot{p}_L^1(t)+d_2\dot{p}_L^1(t)+d_1[p_L^1(t)+r_L^k] \tag{5.186}$$

令式(5.180)的通解为 $p_L^k(t)=(p_L^k)^*(t)+c_L^kG_L^k(t)$，其中，$(p_L^k)^*(t)$ 是特解；$G_L^k(t)$ 是通解。通过式(5.186)可得

$$(p_L^k)^*(t)=p_L^1(t)+r_L^k,\ \lim_{t\to\infty}\|G_L^k(t)\|=0 \tag{5.187}$$

由式(5.186)和式(5.187)可得

$$\begin{aligned}\lim_{t\to\infty}c_L^kG_L^k(t)&=\lim_{t\to\infty}[p_L^k(t)-(p_L^k)^*(t)]\\&=\lim_{t\to\infty}[p_L^k(t)-p_L^1(t)-r_L^k]=0\end{aligned} \tag{5.188}$$

进一步有

$$\lim_{t\to\infty}c_L^k\dot{G}_L^k(t)=\lim_{t\to\infty}[w_L^k(t)-w_L^1(t)]=0 \tag{5.189}$$

因此式(5.185)得证。

3. *局部侧向一致性和稳定性分析*

定理 5.13　假设系统的初始总能量 $E_0=E[q^k(0),\theta^k(0)]$ 已知，且 $\|\overline{q}_{i,l_m}^k-q_i^k\|\geqslant 1$ 成立，则在控制器[式(5.173)]的作用下，队列中所有车辆的侧向位置与速度都将趋于稳定，同时以下条件成立。

(1) 队列中车辆 i 的侧向位置与对应的道路边界满足：

$$1\leqslant\|\overline{q}_{i,l_m}^k-q_i^k\|_\sigma\leqslant\min\{2l,\mathrm{e}^{E_0/c_1}\} \tag{5.190}$$

(2) 第 k 个车辆队列中车辆 i 的侧向位置都将收敛到车队中领导车辆的侧向位置，即

$$\lim_{t\to\infty}\|q_i^k(t)-\overline{q}_{i,l_m}^k(t)\|=l \tag{5.191}$$

(3) 第 k 个车辆队列中的车辆 i 的侧向速度差将收敛到零，即

$$\lim_{t\to\infty}\|\theta_i^k(t)-\overline{\theta}_{i,l_m}^k(t)\|=0 \tag{5.192}$$

证明： 令多车辆队列的总能量为

$$E(q^k,\theta^k)=V(q^k)+\frac{1}{2}\sum_{i,m}(\overline{\theta}_{i,l_m}^k-\theta_i^k)^{\mathrm{T}}(\overline{\theta}_{i,l_m}^k-\theta_i^k)^{\mathrm{T}} \tag{5.193}$$

其中，

$$V(q^k)=c_1\ln(\|\overline{q}_{i,l_m}^k-q_i^k\|_\sigma) \tag{5.194}$$

首先，对于定理 5.13 的条件(1)，有 $E(q^k,\theta^k)>0$，然后证明 $\dot{E}(q^k,\theta^k)<0$。从式(5.194)得知，如果 $\|\overline{q}_{i,l_m}^k-q_i^k\|\geqslant 1$ 成立，则 $V(q^k)>0$，说明 $E(q^k,\theta^k)\geqslant 0$。

从式(5.193)得

$$
\begin{aligned}
\dot{E}(q^k,\theta^k) &= {}_{q_i^k}V(q^k) + {}_{\bar{q}_{i,l_m}^k}V(q^k) - \sum_{i,m}(\bar{\theta}_{i,l_m}^k - \theta_i^k)^{\mathrm{T}}\mu_i^k \\
&= -c_1\frac{\theta_i^k - \bar{\theta}_{i,l_m}^k}{\|\bar{q}_{i,l_m}^k - q_i^k\|_\sigma} - \sum_{i,m}(\bar{\theta}_{i,l_m}^k - \theta_i^k)^{\mathrm{T}} \\
&\quad \cdot\left[\alpha_1\sum_{i,m}\frac{\|\bar{q}_{i,l_m}^k - q_i^k\|_\sigma - l}{\|\bar{q}_{i,l_m}^k - q_i^k\|_\sigma\, l}n_{i,l_m} + \sum_{i,m}\alpha_2(\bar{\theta}_{i,l_m}^k - \theta_i^k)^{\mathrm{T}}\right] \\
&\leqslant -\alpha_2\sum_{i,m}(\bar{\theta}_{i,l_m}^k - \theta_i^k)^{\mathrm{T}}(\bar{\theta}_{i,l_m}^k - \theta_i^k)\leqslant 0
\end{aligned}
\tag{5.195}
$$

因此，有 $\dot{E}(q^k,\theta^k)<0$。进一步，因为 $E_0 \geqslant E(q^k,\theta^k)\geqslant V(q^k)$，可得

$$
E_0 \geqslant V(q^k) \geqslant c_1 \ln(\|\bar{q}_{i,l_m}^k - q_i^k\|_\sigma)
\tag{5.196}
$$

基于式(5.196)，有 $\|\bar{q}_{i,l_m}^k - q_i^k\|_\sigma \leqslant \mathrm{e}^{E_0/c_1}$。需要指出的是，$1\leqslant\|\bar{q}_{i,l_m}^k - q_i^k\|_\sigma \leqslant 2l$，因此式(5.191)成立。

因为 $V(q^k)\geqslant 0$，由式(5.194)可得 $\sum_{i,m}(\bar{\theta}_{i,l_m}^k - \theta_i^k)^{\mathrm{T}}(\bar{\theta}_{i,l_m}^k - \theta_i^k)\leqslant 2E_0$，意味着 $\|\bar{\theta}_{i,l_m}^k - \theta_i^k\|\leqslant\sqrt{2E_0}$。因此，$\theta_i^k$ 是有界的。此外，根据式(5.190)可知 q_i^k 也是有界的。因此，集合 $\boldsymbol{\Omega}=\{(q^k,\theta^k)^{\mathrm{T}}\in\boldsymbol{R}^{2(N-1)}:E(q^k,\theta^k)<E_0\}$ 是一个不变集合。因此，有 $\lim\limits_{t\to\infty}[\theta_i^k(t)-\bar{\theta}_{i,l_m}^k(t)]=0$，式(5.192)成立。进一步，根据式(5.195)，q_i^k 收敛到平衡位置，从而得 $\lim\limits_{t\to\infty}\|q_i^k(t)-\bar{q}_{i,l_m}^k(t)\|=l$，因此，式(5.191)成立。定理 5.13 得证。

5.3.4 群侧向一致性和稳定性分析

定理 5.14 假设系统的初始总能量 $E_0' = E'[q_L^k(0),\theta_L^k(0)]$, $k=1,\cdots,M$ 已知，同时 $\|q_L^k - q_L^1\|_\sigma\geqslant 1$ 成立，则在控制器[式(5.178)]的作用下，队列中所有车辆的侧向位置与速度都将趋于稳定，同时以下条件成立。

(1) 第 k 个车辆队列中的领导车辆与领导队列中的领导车辆之间的侧向距离满足：

$$
1\leqslant\|q_L^k - q_L^1\|_\sigma\leqslant\min\{2Ml,\mathrm{e}^{E_0'/c_2}\}
\tag{5.197}
$$

(2) 第 k 个车辆队列中的领导车辆的位置将收敛到领导队列的中间位置，即

$$
\lim_{t\to\infty}\|q_L^k(t)-q_L^1(t)\|=l
\tag{5.198}
$$

(3) 第 k 个车辆队列中的领导车辆的速度将收敛到零，即

$$
\lim_{t\to\infty}\|\theta_L^k(t)-\theta_L^1(t)\|=0
\tag{5.199}
$$

证明： 构造如下总能量函数：

$$
E'(q_L^k,\theta_L^k)=V'(q_L^k)+\frac{1}{2}\sum_k(\theta_L^k-\theta_L^1)^{\mathrm{T}}(\theta_L^k-\theta_L^1)
\tag{5.200}
$$

其中，

$$
V'(q_L^k)=c_2\ln(\|q_L^k-q_L^1\|_\sigma)
\tag{5.201}
$$

如果 $\|q_L^k-q_L^1\|_\sigma\geqslant 1$ 成立，则有 $V'(q_L^k)>0$，同时 $E'(q_L^k,\theta_L^k)>0$。类似于定理 5.13，可

得 $\dot{E}'(q_L^k,\theta_L^k)\leqslant 0$。因此，进一步有

$$E_0'\geqslant V'(q_L^k,\theta_L^k)\geqslant c_2\ln(\|q_L^k-q_L^1\|_\sigma)\tag{5.202}$$

因此，可得 $\|q_L^k-q_L^1\|_\sigma\leqslant \mathrm{e}^{E_0'/c_2}$。同时，需要指出的是，$1\leqslant\|q_L^k-q_L^1\|_\sigma\leqslant 2Ml$，因此式(5.197)成立。定理 5.14 中条件(2)和(3)的证明与定理 5.13 中的类似，参考定理 5.13 的证明。

5.3.5　数值仿真

本节给出数值仿真结果，以验证上述算法的有效性和理论的正确性。仿真场景主要包括，①队列并行协同驾驶模式，②队列串行协同驾驶模式(图 5.33)。同时利用道路的吞吐量，分析不同的队列协同驾驶模式对道路通行能力的影响。

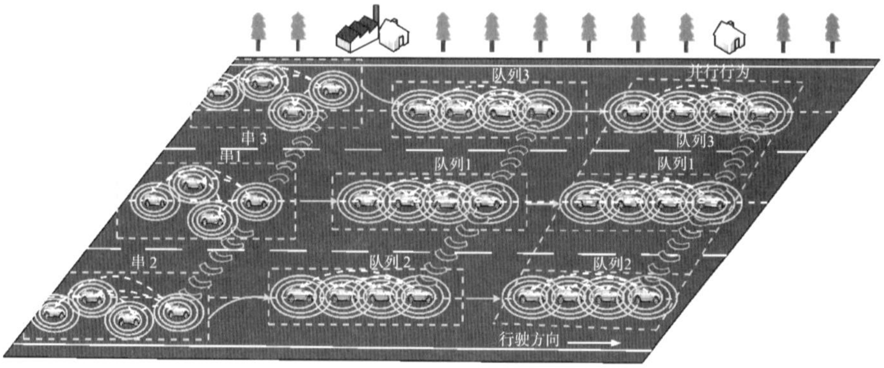

(a)并行协同驾驶模式

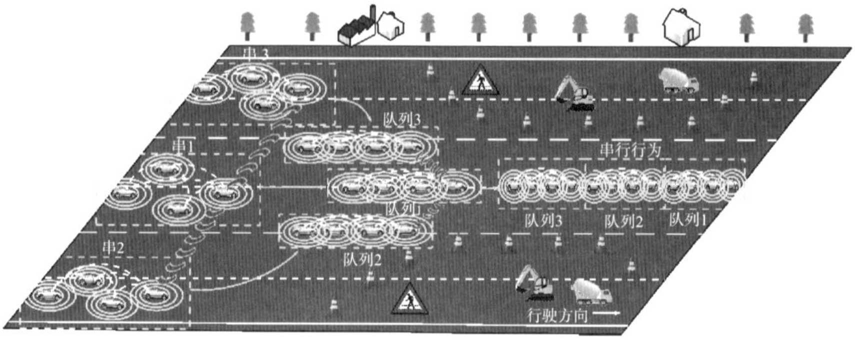

图 5.33　多个车辆队列协同控制场景

其他相同初始条件如下：

(1) $d_1=0.3$，$d_2=8$，$\gamma_1=0.3$，$\gamma_2=5.5$，$\alpha_1=\beta_1=8$，$\alpha_2=\beta_2=0.8$，$l=5\mathrm{m}$，$M=3$，$s=4.5\mathrm{m}$。

(2) 并行模式：期望间距 $r_L^1=(0,0)^{\mathrm{T}}\,\mathrm{m}$，$r_L^2=(0,-10)^{\mathrm{T}}\,\mathrm{m}$，$r_L^3=(0,10)^{\mathrm{T}}\,\mathrm{m}$。

(3) 串行模式：期望间距 $r_L^1=(0,0)^{\mathrm{T}}\,\mathrm{m}$，$r_L^2=(-20,0)^{\mathrm{T}}\,\mathrm{m}$，$r_L^3=(-40,0)^{\mathrm{T}}\,\mathrm{m}$。

(4) 队列车辆的初始状态见表 5.8。

表 5.8 队列车辆的初始状态

队列	位置	位置/m	速度/(m·s^{-1})	期望间距/m
队列 1	领导车辆	$(27, 15)^T$	$(5, 0)^T$	0
	跟随车辆 3	$(19, 14)^T$	$(5, 0)^T$	$(5, 0)^T$
	跟随车辆 2	$(13, 17)^T$	$(5, 0)^T$	$(10, 0)^T$
	跟随车辆 1	$(6, 11)^T$	$(5, 0)^T$	$(15, 0)^T$
队列 2	领导车辆	$(25, 25)^T$	$(6, 0)^T$	0
	跟随车辆 3	$(19, 23)^T$	$(6, 0)^T$	$(5, 0)^T$
	跟随车辆 2	$(12, 28)^T$	$(6, 0)^T$	$(10, 0)^T$
	跟随车辆 1	$(7, 21)^T$	$(6, 0)^T$	$(15, 0)^T$
队列 3	领导车辆	$(25, 5)^T$	$(4, 0)^T$	0
	跟随车辆 3	$(17, 8)^T$	$(4, 0)^T$	$(5, 0)^T$
	跟随车辆 2	$(11, 6)^T$	$(4, 0)^T$	$(10, 0)^T$
	跟随车辆 1	$(5, 3)^T$	$(4, 0)^T$	$(15, 0)^T$

1. 队列并行协同驾驶模式

在此场景中，队列中的车辆根据不同的角色(如领导者和跟随者)，采用对应的控制算法[式(5.171)和式(5.172)]，以实现并行协同驾驶模式。图 5.34 为多车辆队列的运行状态轨迹及传真图。上层为实验仿真结果，下层为所对应的车辆运行状态。通过图 5.34 可以看出，每条车道上的车辆首先形成了期望的稳定队列，然后不同车道上的多个车辆队列实现了并行协同驾驶模式。

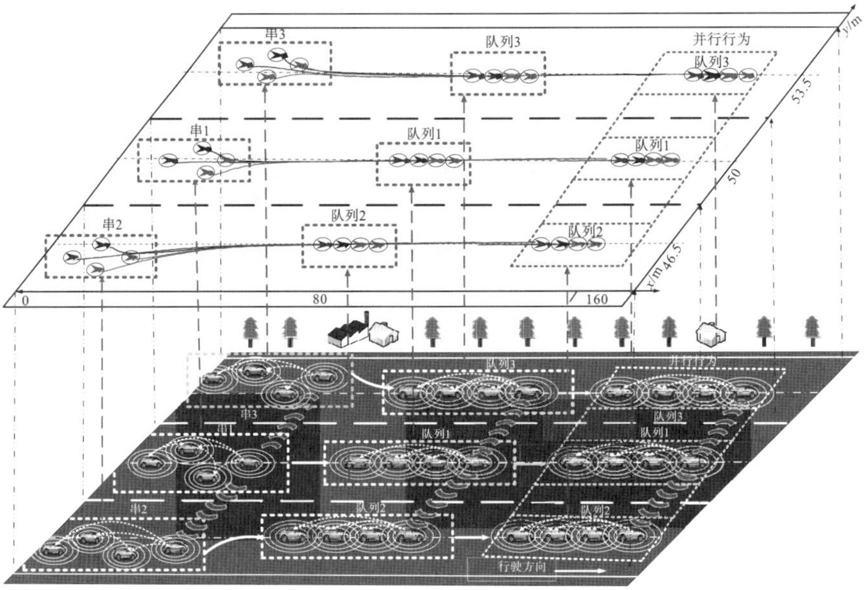

图 5.34 队列并行协同驾驶仿真图

图 5.35 为每个队列中车辆间距的曲线图，其中图 5.35(a)为纵向间距，图 5.35(b)为侧向间距。由仿真图 5.35，可以看出，在车队的整体行进过程中，不同的车车间纵向间距趋向于期望间距 5m，而车车间侧向间距趋向于期望间距 0m，达到期望的队列效果，从而保证队列中车辆行驶安全。图 5.36 为每个队列中车辆的速度，其中图 5.36(a)为 x 方向速度，图 5.36(b)为 y 方向速度。由图 5.36 可知，跟随车辆的 x 方向速度渐进趋于领导车辆的速度 6m/s，而跟随车辆的 y 方向速度收敛于零。因此，通过仿真图 5.35 和图 5.36 可以看出，每个队列中车辆的位置和速度实现了局部一致性。而通过图 5.34～图 5.36 可以得出，设计的控制算法不仅保证了队列中车辆状态的局部一致性(如每个车道上的车辆形成了稳定的车辆队列)，而且保证队列间车辆状态的群一致性(如不同车辆队列实现并行协同模式，队列间的期望间距趋于 3.5m，队列速度趋于 6m/s)。

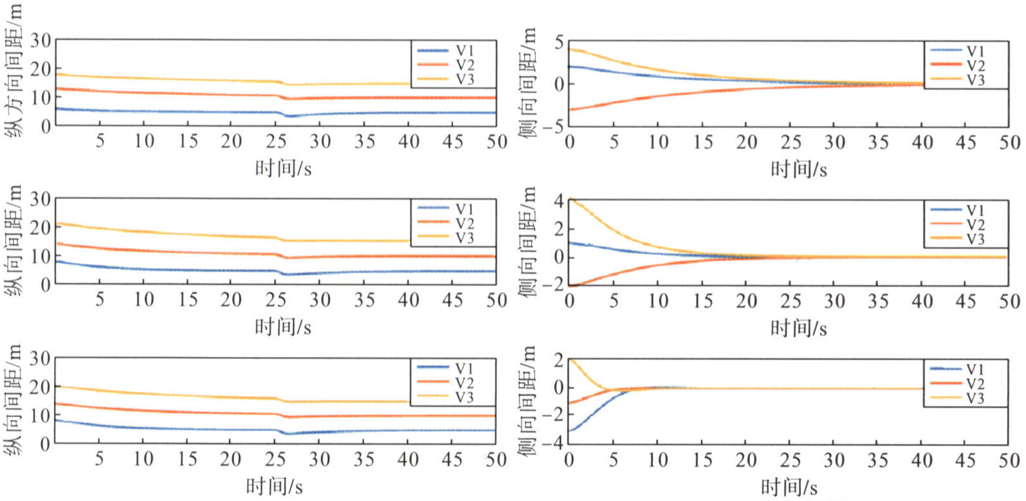

(a)纵向间距　(b)侧向间距

图 5.35　队列中车辆间间距曲线图

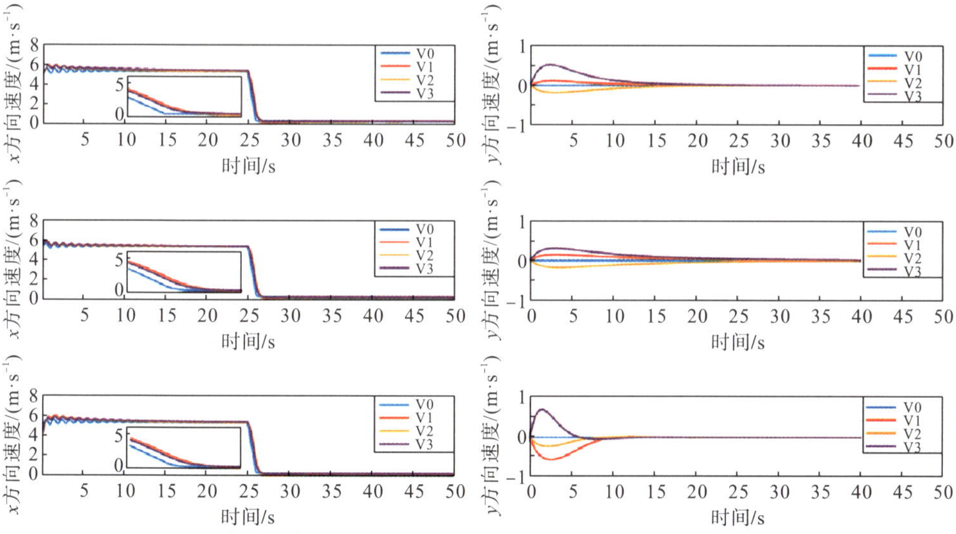

(a)x方向速度　(b)y方向速度

图 5.36　队列中车辆速度

2. 队列串行协同驾驶模式

在此场景中，队列中的车辆根据不同的角色(如领导者和跟随者)，采用对应的控制算法[式(5.171)和式(5.172)]，以实现串行协同驾驶模式。图 5.37 为多车辆队列的运行状态及仿真图。上层为实验仿真结果，下层为对应的车辆运行状态。通过图 5.37 可以看出，同车道上的车辆首先形成期望的稳定队列，然后不同车道上的多个车辆队列实现串行协同驾驶模式。

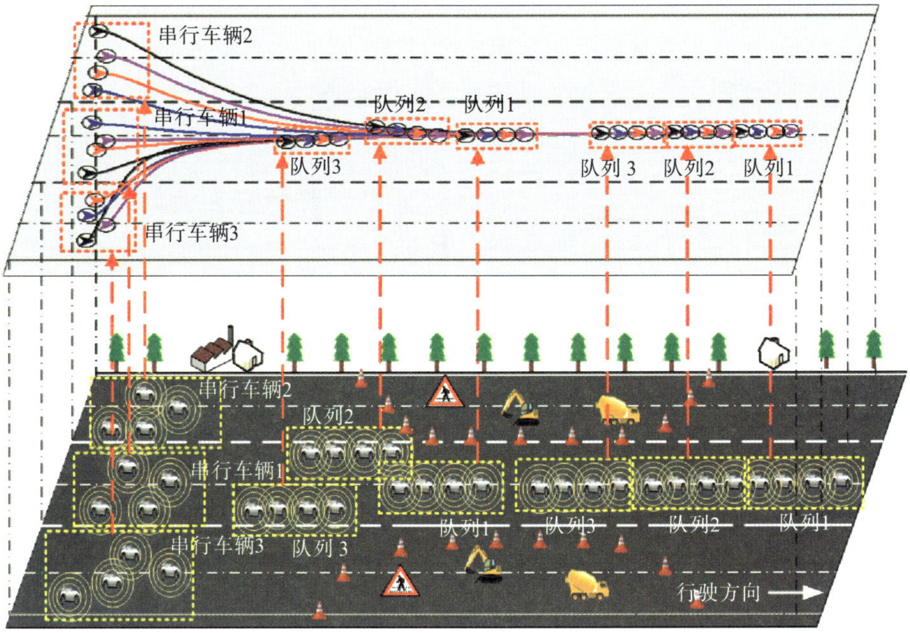

图 5.37 队列串行协同驾驶的运行状态及仿真图

图 5.38 为每个队列中车辆间距的曲线图，其中图 5.38(a)为纵向间距，图 5.38(b)为侧向间距。由仿真图 5.38 可以看出，在车队的整体行进过程中，不同的车车间纵向间距趋向于所期望间距 5m，而车车间侧向间距趋向于所期望间距 0m，达到期望的队列效果，从而保证了队列中车辆行驶安全。图 5.39 为每个队列中车辆的速度图，其中图 5.39(a)为 x 方向速度，图 5.39(b)为 y 方向速度。由图 5.39 可知，跟随车辆的 x 方向速度渐进趋于领导车辆的速度 6m/s，而跟随车辆的 y 方向速度收敛于零。因此，通过仿真图 5.38～图 5.39 可以看出，每个队列中车辆的位置和速度实现局部一致性。而通过仿真图 5.37～图 5.39 可以得出，设计的控制算法不仅保证队列中车辆状态的局部一致性(如每条车道上的车辆形成了稳定的车辆队列)，而且保证队列间车辆状态的群一致性(如不同车辆队列实现串行协同模式，队列间的期望间距趋于 20m，队列速度趋于 6m/s)。

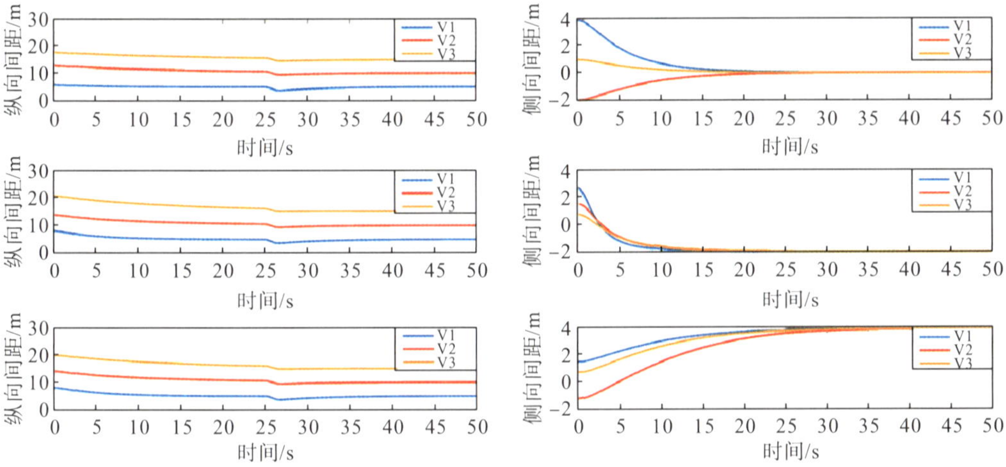

(a)纵向间距　　(b)侧向间距

图 5.38　队列中车辆间间距曲线图

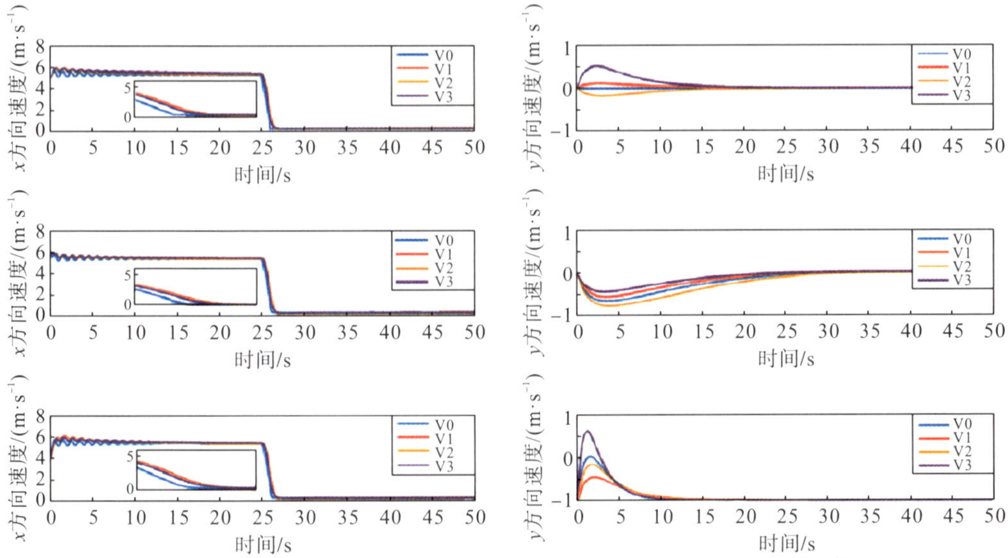

(a)x方向速度　　(b)y方向速度

图 5.39　队列中车辆速度图

3. 道路通行能力分析

基于所设计的群一致性控制协议，实现了串行和并行两种协同驾驶模式。为了评价两种车辆队列协同驾驶模式对道路通行能力的影响，定义道路的吞吐量：

$$C = V\frac{N}{Ns + (N-1)D_1 + D_2} \tag{5.203}$$

其中，D_1 为车辆队列中相邻车辆之间的间距，单位 m；D_2 为道路中不同车辆队列之间的间距，m；s 为车辆长度，m；V 为车辆队列的速度，m/min；N 为单条道路中单个车辆队列中的车辆数。

表 5.9 为不同协同驾驶模式下的道路吞吐量。通过对比可知队列并行协同驾驶模式下的道路吞吐量要高于串行驾驶模式下的道路吞吐量。主要原因是并行协同模式下，车道的空间能够被车辆更多地利用，如提高速度 V 减少相邻车车间间距 D_1；而在串行协同模式下，处在不同车道上的车辆队列由于环境的约束(前方遇到施工障碍)，需合并到同一车道上，道路的吞吐量明显下降，这符合实际的交通道路情况。

综上所述，可以得出以下结论：①所提的控制算法能使处在不同车道的多个车辆队列形成所期望的协同驾驶模式；②基于多队列协同控制算法，不仅能够保证每条车道上的车辆形成稳定的车辆队列(即局部一致性)，并且能够保证不同车辆队列实现并行/串行协同驾驶模式。

表 5.9　不同协同驾驶模式的道路吞吐量

指标	协同模式		
	初始状态	并行模式	串行模式
道路吞吐量/($veh \cdot min^{-1}$)①	108	108～150	23.4～38.4
队列速度/($m \cdot min^{-1}$)	300	300～402	216～360
队列数量	3	3	1

① Veh 的含义为“辆”，即车辆数。

5.3.6　小结

本部分研究了基于群一致性的多队列协同控制问题。通过考虑队列中车辆之间的作用关系以及考虑队列间车辆的相互影响，分别设计相应的控制协议，提出一种基于群一致性的分层协同控制方法。进而利用李雅普诺夫方法和劳斯稳定理论，对控制算法进行一致性和稳定性分析，同时保证了队列中车辆状态的局部一致性和队列间车辆状态的群一致性。最后展开多个车辆队列串行和并行协同驾驶的仿真验证，进一步分析不同的队列协同驾驶模式对道路通行能力的影响。

参考文献

[1] 韩璐. 基于鲁棒自适应控制的车辆领航编队控制方法研究[D]. 北京：北京交通大学，2015.

[2] Li S E，Zheng Y，Li K，et al. Platoon control of connected vehicles from a networked control perspective：Literature review，component modeling，and controller synthesis[J]. IEEE Transactions on Vehicular Technology，2017，DOI：10.1109/TVT.2017.2723881.

[3] Sokolov V，Larson J，Munson T，et al. Platoon formation through centralized routing and departure time coordination[J]. Transportation Research Record：Journal of the Transportation Research Board，2017，2667：10-16.

[4] Swaroop D，Hedrick J K，Choi S B. Direct adaptive longitudinal control of vehicle platoons[J]. IEEE Transactions on Vehicular Technology，2001，50(1)：150-161.

[5] 唐传聪. 考虑跟驰行为的智能网联车辆队列协同控制研究[D]. 重庆：重庆邮电大学，2019.

[6] Li Y，Tang C，Peeta S，et al. Nonlinear consensus-based connected vehicle platoon control incorporating car-following interactions and heterogeneous time delays[J]. IEEE Transactions on Intelligent Transportation Systems，2019，20(6)：2209-2219.

[7] Parks P C，Hahn V. Stability Theory [M]. Upper Saddle River：Prentice-Hall，Inc，1993.

[8] Horn R A，Johnson C R. Matrix Analysis[M]. Cambridge：University Press，1987.

[9] Salvi A，Santini S，Valente A. Design，analysis and performance evaluation of a third order distributed protocol for platooning in the presence of time-varying delays and switching topologies[J]. Transportation Research Part C: Emerging Technologies，2017，80：360-383.

[10] Bernardo M Di，Salvi A，Santini S. Distributed consensus strategy for platooning of vehicles in the presence of time-varying heterogeneous communication delays[J]. IEEE Transactions on Intelligent Transportation Systems，2015，16(1)：102-112.

[11] Dunbar W B，Caveney D S. Distributed receding horizon control of vehicle platoons：Stability and string stability[J]. IEEE Transactions on Automatic Control，2012，57(3)：620-633.

[12] Ge J I，Orosz G. Dynamics of connected vehicle systems with delayed acceleration feedback [J]. Transportation Research Part C：Emerging Technologies，2014，46：46-64.

[13] Barooah P，Mehta P G，Hespanha J P. Mistuning-based control design to improve closed-loop stability of vehicular platoons[J]. IEEE Transactions on Automatic Control，2009，54(9)：2100-2113.

[14] Chehardoli H，Ghasemi A. Adaptive centralized/decentralized control and identification of 1-d heterogeneous vehicular platoons based on constant time headway policy[J]. IEEE Transactions on Intelligent Transportation Systems，2018，19(10)：3376-3386.

[15] Li Y，Tang C，Peeta S，et al. Integral-sliding-mode braking control for a connected vehicle platoon：Theory and application[J]. IEEE Transactions on Industrial Electronics，2019，66(6)：4618-4628.

[16] Li Y F，Yang B，Zheng T X，et al. Extended-state-observer-based double-loop integral sliding-mode control of electronic throttle valve[J]. IEEE Transactions on Intelligent Transportation Systems，2015，16(5)：2501-2510.

[17] Zheng Y，Li S E，Li K，et al. Platooning of connected vehicles with undirected topologies：Robustness analysis and distributed H-infinity controller synthesis[J]. IEEE Transactions on Intelligent Transportation Systems，2018，19(5)：1353-1364.

[18] Li S E，Gao F，Li K Q，et al. Robust longitudinal control of multi-vehicle systems：A distributed H-infinity method[J]. IEEE Transactions on Intelligent Transportation Systems，2018，19(9)：2779-2788.

[19] Kwon J W，Chwa D. Adaptive bidirectional platoon control using a coupled sliding mode control method[J]. IEEE Transactions on Intelligent Transportation Systems，2014，15(5)：2040-2048.

[20] Li Z，Hu B，Li M，et al. String stability analysis for vehicle platooning under unreliable communication links with event-triggered strategy[J]. IEEE Transactions on Vehicular Technology，2019，DOI：10.1109/TVT.2019.2891681.

[21] Rodonyi G. An adaptive spacing policy guaranteeing string stability in multi-brand ad hoc platoons[J]. IEEE Transactions on Intelligent Transportation Systems，2018，19(6)：1902-1912.

[22] Ghasemi A，Kazemi R，Azadi S. Stable decentralized control of a platoon of vehicles with heterogeneous information feedback[J]. IEEE Transactions on Vehicular Technology，2013，62(9)：4299-4308.

[23] Swaroop D，Hedrick J K，Choi S B. Direct adaptive longitudinal control of vehicle platoons[J]. IEEE Transactions on Vehicular Technology，2001，50(1)：150-161.

[24] Guo X，Wang J，Liao F，et al. Distributed adaptive integrated-sliding-mode controller synthesis for string stability of vehicle platoons[J]. IEEE Transactions on Intelligent Transportation Systems，2016，17(9)：2419-2429.

[25] Ploeg J，Shukla D P，Wouw N V D，et al. Controller synthesis for string stability of vehicle platoons[J]. IEEE Transactions on Intelligent Transportation Systems，2014，15(2)：854-865.

[26] Besselink B，Johansson K H. String stability and a delay-based spacing policy for vehicle platoons subject to disturbances[J].

IEEE Transactions on Automatic Control，2017，62(9)，4376-4391.

[27] Lin F，Fardad M，Jovanovic M R. Optimal control of vehicular formations with nearest neighbor interactions[J]. IEEE Transactions on Automatic Control，2011，57(9)：2203-2218.

[28] 李科志. 车联网环境下基于反馈的智能车辆编队控制研究[D]. 重庆：重庆邮电大学，2017.

[29] Rodonyi G. An adaptive spacing policy guaranteeing string stability in multi-brand ad hoc platoons[J]. IEEE Transactions on Intelligent Transportation Systems，2018，19(6)：1902-1912.

[30] 陈文博. 智能网联环境下车辆队列控制算法与应用[D]. 重庆：重庆邮电大学，2019.

[31] 宋宇. 车辆互联环境下匀质车辆队列协同控制研究[D]. 重庆：重庆邮电大学，2018.

[32] Li Y，Chen W，Peeta S，et al. Platoon control of connected multi-vehicle systems under v2x communications：Design and experiments[J]. IEEE Transactions on Intelligent Transportation Systems，2019，21(5)：1891-1902.

[33] Li Y，Song Y，Yang B，et al. A new lattice hydrodynamic model considering the effects of bilateral gaps on vehicular traffic flow[J]. Nonlinear Dynamics. 2017，87(1)：1-11.

[34] Liu Y G，Xu B G. Improved protocols and stability analysis for multivehicle cooperative autonomous systems[J]. IEEE Transactions on Intelligent Transportation Systems，2015，16(5)：2700-2710.

第二篇　关键技术部分

第6章 定位技术

全球定位系统(global positioning system，GPS)是一种以人造地球卫星为基础的高精度无线电导航的定位系统，它在全球任何地方以及近地空间都能够提供准确的地理位置、车行速度及精确的时间信息。GPS自问世以来，就以其高精度、全天候、全球覆盖、方便灵活吸引了众多用户。GPS不仅是汽车的守护神，同时也是物流行业管理的智多星。随着物流业的快速发展,GPS有着举足轻重的作用,成为继汽车市场后的第二大主要消费群体。美国从20世纪70年代开始研制，历时20年，耗资200亿美元，于1994年全面建成，GPS是具有在海、陆、空进行全方位实时三维导航与定位功能的新一代卫星导航与定位系统[1]。

经近十年我国测绘等部门的使用表明，GPS以全天候、高精度、自动化、高效益等显著特点，赢得了广大测绘工作者的信赖，并成功地应用于大地测量、工程测量、航空摄影测量、运载工具导航和管制、地壳运动监测、工程变形监测、资源勘察、地球动力学等多种学科中，从而给测绘领域带来了一场深刻的技术革命[2]。

GPS主要包括：空间部分、地面监控部分和用户设备部分。

6.1 定位技术出现的历史背景

GPS是指利用GPS卫星，向全球各地全天候、实时性地提供三维位置、三维速度等信息的一种无线电导航定位系统。GPS的前身是1958年美国军方研制的一种“子午仪”(Transit)卫星定位系统(图6.1)，1964年正式投入使用，该系统用5～6颗卫星组成的星网工作，每天最多绕过地球13圈，并且无法给出高度信息，在定位精度方面也不尽如人意。然而，“子午仪”卫星定位系统使得研发部门对卫星定位取得了初步的经验，并验证了由卫星系统进行定位的可行性，这就为GPS的研制做了铺垫。由于卫星定位显示出

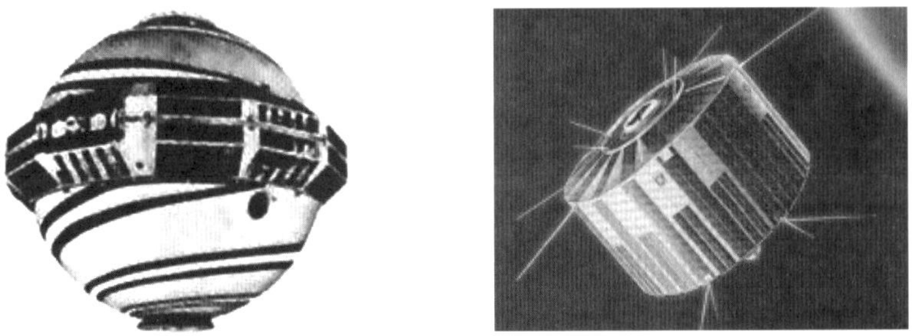

(a)Transit-2A卫星　　(b)Transit-4B卫星

图6.1 “子午仪”卫星定位系统相关卫星

在导航方面的巨大优越性以及“子午仪”卫星定位系统存在对潜艇和舰船导航方面的巨大缺陷，美国陆、海、空三军及民用部门都感到迫切需要一种新的卫星导航系统[3]。

20 世纪 70 年代，美国陆、海、空三军联合研制了新一代全球定位系统——GPS，到目前为止，GPS 已经经历了第一代和第二代，现在已升级到第三代，以保持其在导航定位系统中的霸主地位，从目前来看，GPS 是全球范围内精度最高、覆盖范围最广的导航定位系统[4]。

最初的 GPS 计划是在美国联合计划局的领导下制定的，该方案将 24 颗卫星放置在互成 120° 的 3 个轨道上。每个轨道上有 8 颗卫星，地球上任何一点均能观测到 6～9 颗卫星。这样，粗码精度可达 100m，精码精度为 10m。由于预算的压缩，GPS 计划不得不减少卫星发射数量，改为将 18 颗卫星分布在互成 60° 的 6 个轨道上，然而这一方案保障不了卫星的可靠性。1988 年又进行了最后一次修改：21 颗工作卫星和 3 颗备用卫星工作在互成 60° 角的 6 个轨道上(图 6.2)。这也是目前 GPS 卫星所使用的工作方式。

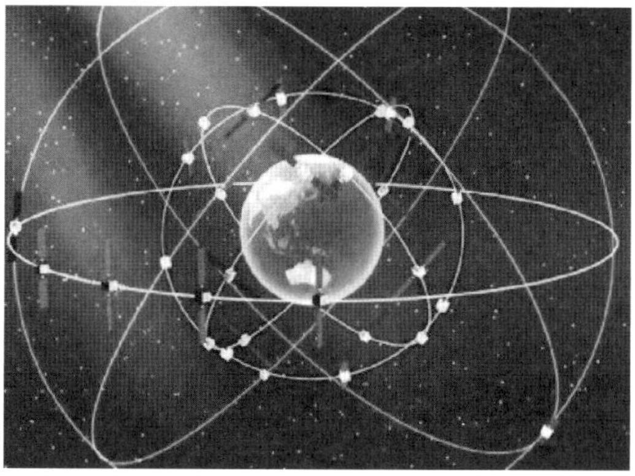

图 6.2 GPS 定位系统卫星

6.2 GPS 定位技术

6.2.1 GPS 定位技术定位原理

GPS 定位包括伪距单点定位、载波相位定位和实时差分定位[5]。

1. 伪距单点定位

伪距测量就是测定卫星到接收机的距离，即由卫星发射的测距码信号到达 GPS 接收机的传播时间乘以光速所得的距离。伪距单点定位就是利用 GPS 接收机在某一时刻测定与 4 颗以上 GPS 卫星的伪距及从卫星导航电文中获得的卫星瞬时坐标，采用距离交会法求出天线在 WGS-84 坐标系中的三维坐标。

2. 载波相位定位

载波相位测量是测定 GPS 卫星载波信号到接收机天线之间的相位延迟。GPS 卫星载波上调制了测距码和导航电文，接收机接收到卫星信号后，先将载波上的测距码和卫星电文去掉，重新获得载波，称为重建载波。GPS 接收机将卫星重建载波与接收机内由振荡器产生的本振信号通过相位计比相，即可得到相位差[5]。

3. 实时差分定位

GPS 实时差分定位的原理是在已有的精确地心坐标点上安放 GPS 接收机(称为基准站)，利用已知的地心坐标和星历计算 GPS 观测值的校正值，并通过无线电通信设备(称为数据链)将校正值发送给运动中的 GPS 接收机(称为流动站)。流动站利用校正值对自己的 GPS 观测值进行修正，以消除上述误差，从而提高实时定位精度。GPS 动态差分方法有多种，主要有位置差分、伪距差分(real time differential，RTD)、载波相位实时差分(real time kinematic，RTK)和广域差分等。

6.2.2 GPS 定位技术信号的接收与测量原理

1. 主动测距与被动测距

GPS 属于被动式卫星导航系统[5]，在被动式测距系统中，用户天线只需要接收来自这些卫星的导航定位信号，就可测得用户天线至卫星的距离或距离差。这种发送测距信号和接收测距信号分别位于两个不同地方的测距方式称为被动测距。用它所测得的站星距离，并利用已知的卫星在轨位置，可推算出用户天线的三维位置。这种基于被动测距原理的定位称为被动定位。如果发送设备所发射的测距信号经过反射器的反射或转发又返回到发送点，为其接收设备所接收，就测得测距信号所经历的距离。这种发送和接收测距信号位于同一个地方的测距原理称为主动测距。用它所测得的站星距离和已知的卫星在轨位置，也可推算出用户现时的三维位置。这种基于主动测距原理的定位称为主动定位。

2. GPS 伪距测量

GPS 采用多星高轨测距体制，以距离作为基本观测量，通过对 4 颗卫星同时进行伪距测量，即可推算出接收机的位置(图 6.3)。由于测距可在极短的时间内完成，即定位是在极短的时间内完成的，故可用于动态用户。

现代测距实质上是使用无线电信号测量其传播时间来推算距离。可以测量往返传播延迟，也可以测量单程传播延迟。往返传播测距即主动测距，要求卫星与用户均具备收发能力。对用户来说，这不仅大大增加了仪器的复杂程度，而且从隐蔽性来看也十分不利，因为发射信号易造成暴露。单程测距(即被动测距)则在很大程度上避免了上述缺点。但单程测距要求卫星与用户接收机的时钟同步。如果两个时钟不同步，那么在所测量的传播延迟时间中，除因卫星至用户接收机之间距离所引起的传播延迟外，还包含两个时钟的钟差。要达到卫星与用户时钟同步，在实际工作中很难做到，但可通过适当的方法解决这个问题。

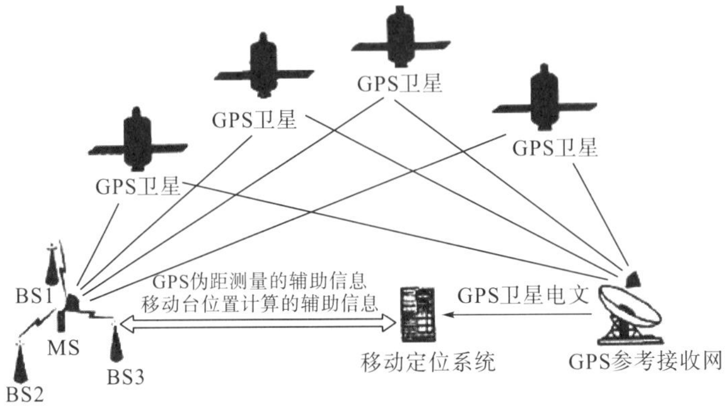

图 6.3　GPS 数据流向

3. 伪随机码与伪随机码测距

在有噪声干扰的情况下，综合考虑测距精度、信号带宽、所需功率及不同卫星识别等问题，全球定位系统采用了伪随机码测距技术。伪随机码又称为伪噪声码，是一种既可以预先确定并重复地产生和复制，又具有随机统计特性的二进制码序列。在深空通信场合，利用伪随机编码信号可以实现低信噪比接收，大大改善通信的可靠性，且可实现码分多址通信。此外，利用伪随机编码信号可以实现高性能的保密通信。这些特点正符合 GPS 系统的技术要求[6]。

根据信号检测理论的普遍结果，在噪声为具有均匀功率谱的白噪声的条件下，测距的最佳接收机是一个相关接收机。这种接收方式是用发射信号的复制信号(称为本地信号)和所接收到的信号与噪声之和进行相关计算，然后通过测量相关函数的最大值的位置来确定目标的距离。从相关接收的方式来看，要求测距信号具有类似白噪声的自相关特性。伪随机码测距技术就是这一思想的体现。

用伪随机码测定信号传播延迟，需检测相关输出的极大值。这只能靠逐码位地移动本地码进行检测。考虑到检测是在积分器进行积分之后进行的，积分时间又不宜太短，这样检测到最大相关输出就要花费一定的时间，即需要一定的捕获时间。在事先不知道待测距离及站钟钟差的情况下，码越长，所需要的捕获时间就越长。为了缩短捕获时间，GPS 卫星还播发一种短码，即 C/A 码，也称粗码。由于 C/A 码是采用两个具有良好互相关特性的同码序列构成的戈尔德码族，与 P 码保持同步，所以在捕获 C/A 码后，可以很方便地捕获 P 码[6]。

6.2.3　GPS 的组成部分

全球定位系统由三部分组成：空间部分(GPS 卫星)、地面监控部分和用户部分(图 6.4)[6]。GPS 卫星可连续向用户播发用于进行导航定位的测距信号和导航电文，并接收来自地面监控系统的各种信息和命令以维持系统的正常运转。地面监控系统的主要功能是跟踪 GPS 卫星，对其进行距离测量，确定卫星的运行轨道及卫星钟差改正数，进行预报后，再按规定格式编制成导航电文，并通过注入站送往卫星。地面监控系统还能通过注入站向卫星发布各种指令，调整卫星的轨道及时钟读数，修复故障或启用备用件等。用户则用 GPS 接收机来测定从接收机至 GPS 卫星的距离，并根据卫星星历所给出的观测瞬间卫星在空间的位置等信息求出自己的三维位置、三维运动速度和钟差等参数。目前，美国正致力于进一步改善整个系统的功能，如通过卫星间的相互跟踪来确定卫星轨道，以减少对地面监控系统的依赖程度，增强系统的自主性。

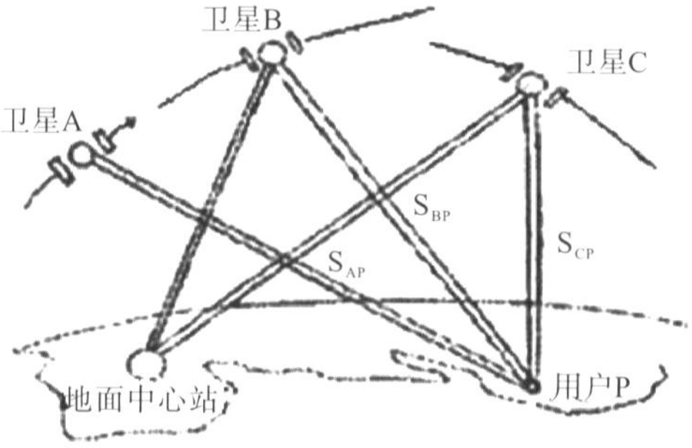

图 6.4　GPS 定位系统组成部分

1. 空间部分

GPS 卫星的主体呈圆柱形，两侧有太阳能帆板(图 6.5)，能自动对日定向。太阳能电池为卫星提供工作用电。每颗卫星都配备有多台原子钟，可为卫星提供高精度的时间标准。卫星上带有燃料和喷管，可在地面控制系统的控制下调整自己的运行轨道。GPS 卫星的基本功能是接收并存储来自地面控制系统的导航电文；在原子钟的控制下自动生成测距码和载波；并将测距码和导航电文调制在载波上播发给用户；按照地面控制系统的命令调整轨道，调整卫星钟，修复故障或启用备用件以维护整个系统的正常工作。不同型号的卫星的外形也各不相同[7]。

图 6.5　GPS 空间部分

GPS 卫星可分为试验卫星和工作卫星两类。各种类型的基本特征如下。

1)试验卫星

试验卫星也称原型卫星。卫星重 774kg(包括 310kg 燃料)，设计寿命为 5 年。为满足方案论证和整个系统试验、改进的需要，美国于1978～1985年从加利福尼亚州的范登堡空军基地用Atlas火箭先后发射了11颗试验卫星。其中，第7颗卫星发射失败，未进入预定轨道。1995年底，最后一颗试验卫星停止工作。

2)工作卫星

BlockⅡ卫星重约1.5t，设计寿命为7.5年。每颗卫星耗资4800万美元。1989年2月～1990年10月，从佛罗里达州的肯纳维拉尔空间基地用DeltaⅡ火箭发射了9颗BlockⅡ卫星。与试验卫星相比，BlockⅡ卫星做了许多改进，卫星可存储14天的导航电文，并具有实施SA和AS的能力。BlockⅡA卫星(A：advanced)重约17t，卫星设计寿命为7.5年，卫星具备互相通信的能力。卫星存储导航电文的能力增加至180天。SVN35和SVN36卫星上配备了激光反射棱镜，可以通过激光测距来分析卫星钟和卫星星历的误差，检验GPS测距的精度。反射棱镜的大小为24cm×20cm[8]。

2. 地面监控部分

地面监控部分由分布在世界各地的五个地面站组成(图6.6)，按功能可分为监测站、主控站和注入站三种。监测站内设有双频GPS接收机、高精度原子钟、气象参数测试仪和计算机等设备，主要任务是完成对GPS卫星信号的连续观测，并将搜集的数据和当地气象观测资料经过处理后传送到主控站。主控站除协调管理地面监控系统外，还负责将监测站的观测资料联合处理，推算卫星的星历、卫星钟差和大气修正参数，并将这些数据编制成导航电文送到注入站。另外，它还可以调整偏离轨道的卫星，使之沿预定轨道运行，调度备用卫星，以替代失效的卫星开展工作。注入站的主要任务是将主控站编制的导航电文、计算出的卫星星历和卫星钟差的改正数等，通过直径为3.6m的天线注入相应的卫星[9-11]。

图6.6 地面监控部分

3. 用户部分

用户设备主要由GPS接收机、硬件和数据处理软件、微处理机及终端设备组成(图6.7)。GPS接收机由主机、天线和电源组成。其主要任务是捕获、跟踪并锁定卫星信号；对接收的卫星信号进行处理，测量出GPS信号从卫星到接收机天线间传播的时间；译出GPS卫星发射的导航电文，实时计算接收机天线的三维位置、速度和时间[8]。

图 6.7　用户部分

6.2.4　GPS 的特点

GPS 是目前应用最为成功的卫星定位系统，被誉为人类定位技术的一个里程碑。归纳起来，系统具有以下特点[8]。

(1) 全球、全天候连续不断的导航定位能力。GPS 能为全球任何地点或近地空间的各类用户提供连续的、全天候的导航定位能力，用户不用发射信号，因而能满足多用户使用。

(2) 实时导航，定位精度高，观测时间短。利用 GPS 定位时，在 1s 内可以取得几次位置数据，这种近乎实时的导航能力对于高动态用户具有很大的意义，同时能为用户提供连续的三维位置、三维速度和精确的时间信息。目前利用 C/A 码的实时定位精度可达 20～50m，速度精度为 0.1m/s，经过特殊处理后可达 0.005m/s，相对定位精度可达毫米级。

随着 GPS 的不断完善和软件的不断更新，目前 20km 以内相对静态定位仅需 15～20min，快速静态相对定位测量时，当每个流动站与基准站相距在 15km 以内时，流动站观测时间只需 1～2min，然后可随时定位，每站观测只需几秒。

(3) 测站无须通视。GPS 测量只要求测站上空开阔，不要求测站之间互相通视，因此可节省大量的造标费用(一般造标费用占总经费的 30%～50%)。由于无须点间通视，点位位置根据需要可疏可密，这样就使得选点工作变得非常灵活，也可省去经典测量中的传算点、过渡点的测量工作。

(4) 可提供全球统一的三维地心坐标。GPS 测量可同时精确测定测站平面位置和大地高程。目前 GPS 水准可满足四等水准测量的精度。另外，GPS 定位是在全球统一的 WGS-84 坐标系统中计算的，因此全球不同地点的测量成果是相互关联的。

(5) 仪器操作简便。随着 GPS 接收机的不断改进，GPS 测量的自动化程度越来越高。在观测中测量员只需安置仪器，连接电缆线，量取天线高，监视仪器的工作状态，而其他观测工作，如卫星的捕获、跟踪观测和记录等均由仪器自动完成，结束测量时，仅需关闭电源，收好接收机，便完成了野外数据采集任务[12]。

如果一个测站上需做长时间的连续观测，还可以通过数据通信方式将所采集的数据传送到数据处理中心，实现全自动化的数据采集与处理。另外，接收机的体积也越来越小，相应的质量也越来越轻，极大地减轻了测量工作者的劳动强度，使野外工作变得更为轻松。

(6)抗干扰能力强、保密性好。GPS 采用扩频技术和伪码技术，用户只需接收 GPS 信号，自身不会发射信号，从而不会受到外界其他信号源的干扰[12]。

(7)功能多、应用广泛。GPS 是军、民两用系统，其应用范围十分广泛。具体的应用实例包括汽车导航和交通管理、巡线车辆管理、道路工程、个人定位以及导航仪等。

6.2.5 GPS 接收机

GPS 接收机的主要功能是接收 GPS 卫星信号并经过信号放大、变频、锁相处理，测定 GPS 信号从卫星到接收机天线间的传播时间，解释导航电文，实时计算 GPS 天线所在位置(三维坐标)及运行速度等。GPS 接收机是一种被动式无线电定位设备，按不同用途分为导航型接收机、测地型接收机、授时型接收机和姿态测量型接收机；按接收机通道数可以分为多通道接收机、序贯通道接收机和多路复用通道接收机[11]。

1. GPS 接收机的组成

GPS 接收机主要由 GPS 接收机电线、GPS 接收机主机和 GPS 接收机电源三部分组成。

(1)GPS 接收机天线(图 6.8)。GPS 接收机天线由天线单元和前置放大器两部分组成。天线的作用是将 GPS 卫星信号的微弱电磁波能量转化为相应电流，并通过前置放大器将接收到的 GPS 信号放大[11]。

(2)GPS 接收机主机(图 6.9)。接收机主机由变频器、信号通道、微处理器、存储器和显示器组成。变频器的主要任务是使接收到的 L 频段射频信号变成低频信号。信号通道是软硬件结合的电路，是接收机的核心部分，其作用是搜索、牵引并跟踪卫星，对广播电文信号进行解扩、解调成为广播电文，进行伪距测量、载波相位测量及多普勒频移测量。存储器用于存储一小时一次的卫星星历、卫星历书、接收机采集到的码相位伪距观测值、载波相位观测值及多普勒频移。微处理器是 GPS 接收机工作的核心，GPS 接收机的工作都是在微机指令的统一协同下进行的。GPS 接收机都有液晶显示屏，以提供 GPS 接收机的工作信息，并配有一个控制键盘，以便用户控制接收机的工作[11]。

图 6.8 接收机天线

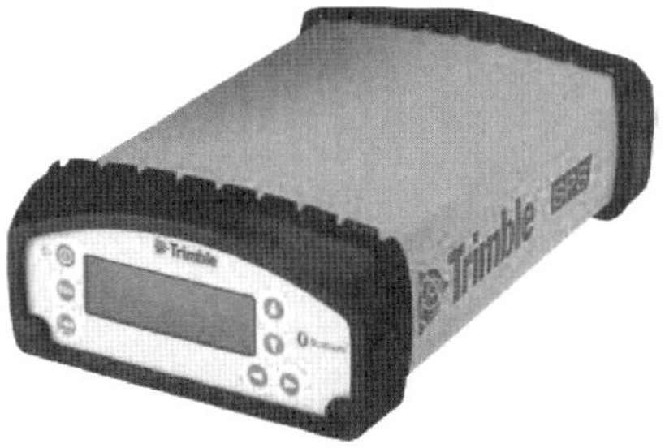

图 6.9 GPS 接收机主机

(3)GPS 接收机电源。GPS 接收机电源有两种：一种为内电源，一般采用锂电池，主要对随机存储器(random access memory，RAM)供电；另一种为外接电源，常用可充电的 12V 直流镍镉电池组(图 6.10)。

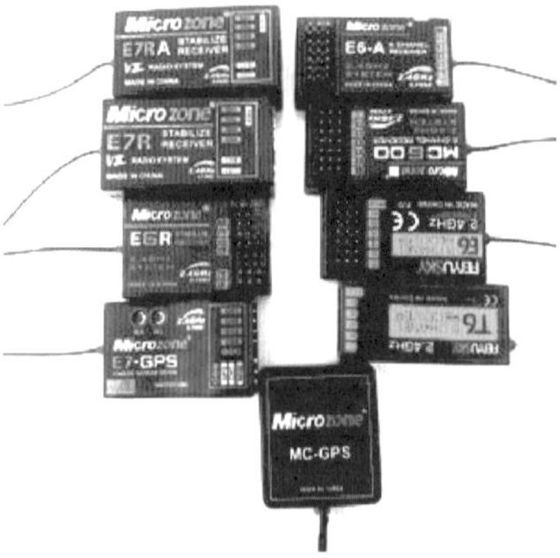

图 6.10　镍镉电池组

2. GPS 接收机分类

GPS 接收机按照不同的分类标准，可以分为不同类型[12]。

(1) 根据工作原理划分，可分为码相关型接收机、平方型接收机和混合型接收机。码相关型接收机能够产生与所测卫星测距码结构完全相同的复制码，利用的是 C/A 码或 P 码，条件是掌握测距码结构。平方型接收机利用载波信号的平方技术去掉调制码，获得载波相位测量所必需的载波信号，该机只利用卫星信号，无须解码，不必掌握测距码结构，又称无码接收机。混合型接收机综合利用了码相关技术和平方技术的优点，同时获得码相位和精密载波相位观测量，目前广泛使用[11,12]。

(2) 根据接收机信号通道类型划分，可分为多通道接收机、序贯通道接收机及多路复用通道接收机。多通道接收机具有多个卫星信号通道，每个通道只连续跟踪一个卫星信号，也称连续跟踪型接收机。序贯通道接收机只有 1～2 个信号通道，为了跟踪多个卫星，在相应软件控制下按时序依次对各卫星信号进行跟踪量测，依次量测一个循环所需时间较长(大于 20m/s)，对卫星信号的跟踪是不连续的。多路复用通道接收机与序贯通道接收机相似，也只有 1～2 个信号通道，在相应软件控制下按时序依次对各卫星信号进行跟踪量测，因此量测一个循环所需时间较短(小于 20m/s)，可保持对卫星信号的连续跟踪。

(3) 根据所接收的卫星信号频率划分，可分为单频接收机和双频接收机。单频接收机(L1) 只接收调制的 L1 信号，虽然可利用导航电文提供的参数，对观测量进行电离层影响修正，但由于修正模型尚不完善，精度较差，主要用于小于 20km 的短基线精密定位。双频接收机(L1+L2) 同时接收 L1 和 L2 两种信号，利用双频技术，可消除或减弱电离层折射对观测量的影响，定位精度较高。按信号频率对卫星信号进行划分是使用较多的类型。

(4) 根据接收机用途划分，可分为导航型接收机、测量型接收机和授时型接收机。导航型接收机主要用于确定船舶、车辆、飞机等运载体的实时位置和速度，保障其按预定路线航行或选择最佳路线。导航型接收机采用测码伪距为观测量的单点实时定位或差分 GPS 定位，精度低，结构简单，价格便宜，应用广泛。测量型接收机采用载波相位观测量进行相对定位，精度高，观测数据可测后处理或实时处理 ，需配备功能完善的数据处理软件，与导航型接收机相比，结构复杂，价格昂贵。授时型接收机主要用于天文台或地面监控站，进行时频同步测定。

3. 接收机工作原理

天线的基本作用是把来自卫星信号的能量转化为相应的电流，并经前置放大器进行频率变换，以便对信号进行跟踪、处理和量测。

当 GPS 卫星在用户视界升起时，接收机能够捕获按一定卫星高度截止角所选择的待测卫星，并能够跟踪这些卫星的运行；对所接收到的 GPS 信号，具有变换、放大和处理的功能，以便测量出 GPS 信号从卫星到接收天线的传播时间，解译出 GPS 卫星所发送的导航电文，实时地计算出测站的二维位置，甚至三维速度和时间。GPS 信号接收机不仅需要功能较强的机内软件，而且需要一个多功能的 GPS 数据测后处理软件包。接收机加处理软件包，才是完整的 GPS 信号用户设备。

4. 接收设备的误差

接收设备的误差主要包括观测误差、接收机钟差、载波相位观测的整周不确定性影响和天线相位中心位置偏差。

(1) 观测误差。除分辨误差外，还包括接收天线相对测站点的安置误差。分辨误差一般认为约为信号波长的 1%。安置误差主要有天线的置平与对中误差和量取天线相位中心高度(天线高) 误差。例如，当天线高 1.6m 时，置平误差为 0.10°时，对中误差为 2.10mm。

(2) 接收机钟差。GPS 接收机一般设有高精度的石英钟，日频率稳定度为 10～11。如果接收机钟与卫星钟之间的同步差为 1s，则引起的等效距离误差为 300m。处理接收机钟差的方法有如下几种：①作为未知数，在数据处理中求解；②利用观测值求差方法，减弱接收机钟差影响；③定位精度要求较高时，可采用外接频标，如铷、铯原子钟，提高接收机时间标准精度。

(3) 载波相位观测的整周不确定性影响。无法直接确定载波相位相应起始历元在传播路径上变化的整周数。同时存在因卫星信号被阻挡和受到干扰，而产生信号跟踪中断和整周变跳的情况。

(4) 天线相位中心位置偏差。GPS 定位中，观测值都是以接收机天线的相位中心位置为准的，理论上，天线相位中心与仪器的几何中心应保持一致，实际中，其随着信号输入强度和方向不同而有所变化，同时与天线的质量有关，可达数毫米至数厘米。如何减小相位中心的偏移，是天线设计亟须解决的一个问题。

6.2.6 四大导航

四大导航如图 6.11 所示。

1. 美国全球定位系统

美国的全球定位系统(GPS) (图 6.12) 是 20 世纪 70 年代由美国陆、海、空三军联合研制的新型空间卫星导航定位系统。其主要作用是为陆、海、空三大领域提供实时、全天候和全球性的导航服务，并用于情报收集、核爆监测和应急通信等一些军事活动，是美国独霸全球战略的重要组成部分。经过二十余年的研究试验，耗资 300 亿美元，到 1994 年 3 月，全球覆盖率高达 98%的 24 颗 GPS 卫星全部布设完成[13]。

图 6.11　四大导航系统

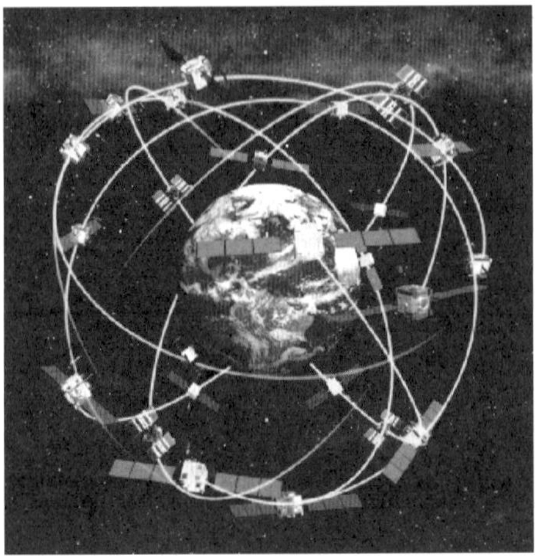

图 6.12　美国 GPS

GPS 是一个全球性、全天候、全天时、高精度的导航定位和时间传递系统。作为军民两用系统，提供两个等级的服务。近年来，美国政府为了加强其在全球导航市场的竞争力，撤销对 GPS 的 SA 干扰技术，标准定位服务、定位精度双频工作时实际可提高到 20m、授时精度可提高到 40ns，以此抑制其他国家建立与其平行的系统，并提倡以 GPS 和美国政府的增强系统作为国际使用的标准。

美国的全球定位系统包括绕地球运行的 27 颗卫星(24 颗运行、3 颗备用)，它们均匀地分布在 6 个轨道上。每颗卫星距离地面约 1.7×10^4km，能连续发射一定频率的无线电信号。只要持有便携式信号接收仪，无论身处陆地、海上还是空中，都能收到卫星发出的特定信号。接收仪中的计算机只要选取 4 颗或 4 颗以上卫星发出的信号进行分析，就能确定接收仪持有者的位置。GPS 除导航外，还具有其他多种用途，如科学家可以利用它来监测地壳的微小移动，从而帮助预报地震；测绘人员可以利用它来确定地面边界；汽车司机在迷途时可以通过它能找到方向；军队依可以靠它来保证正确的前进方向。

2. 欧盟“伽利略”卫星导航系统

欧盟“伽利略”(Galileo)卫星导航系统(以下简称 Galileo 系统)是世界上第一个基于民用的全球卫星导航定位系统，是欧盟为了打破美国的 GPS 在卫星导航定位领域的垄断而开发的全球导航卫星系统，有欧洲版 GPS 之称，如图 6.13 所示。

图 6.13　欧盟“伽利略”卫星导航系统

2010 年 1 月 7 日，欧盟委员会称 Galileo 系统将于 2014 年投入运营，耗资 30 亿欧元，韩国、中国、日本、阿根廷、澳大利亚、俄罗斯等国都参与了该计划，目标完成时间是 2008 年，但由于技术等各种原因，进展十分缓慢，原定关键计划时间节点一拖再拖。Galileo 计划的目标是建设独立的、全球性的民用导航和定位系统，中国也向 Galileo 计划投资了 296 万美元。Galileo 系统将为欧盟成员国和中国的公路、铁路、空中和海洋运输甚至徒步旅行者有保障地提供精度为 1m 的定位导航服务，从而也将打破美国独霸全球卫星导航系统的格局。

Galileo 系统采用了性能极为先进的新技术，保持系统的独立性的同时，又考虑了与其他卫星导航系统(重点考虑的是 GPS)的兼容性和互操作性。

Galileo 系统主要由三大部分组成：空间星座部分、地面监控与服务设施部分和用户设备部分。

空间星座部分由分布在三个轨道上的 30 颗中高度圆轨道卫星构成，卫星分布在三个高度为 23616km，倾角为 56° 的轨道上，每个轨道有 9 颗工作卫星外加其他备用卫星，备用卫星停留在高于正常轨道 300km 的轨道上，能使任何人在任何时间、任何地点准确定位，误差不超过 3m。Galileo 星座具有较好的精度因子(dilution of precision，DOP)值分布特性，定位精度也优于 GPS 定位精度。地面监控与服务设施部分包括两个位于欧盟的伽利略控制中心(Galileo control center，GCC)和 20 个分布在全球的伽利略传感器站(Galileo sensor station，GSS)。除此之外，还有实现卫星和控制中心进行数据交换的 5 个 S 波段上行站和 10 个 C 波段下行站，伽利略控制中心主要控制卫星的运转和导航任务的管理。20 个传感器站通过冗余通信网络向控制中心传送数据。用户设备部分主要由导航定位模块和通信模块组成。

Galileo 系统可以发送实时的高精度定位信息，这是现有的卫星导航系统所没有的，同时 Galileo 系统能够保证在许多特殊情况下提供服务，如果失败也能在几秒钟内通知客户。与美国的 GPS 相比，Galileo 系统更先进，也更可靠。美国 GPS 提供的卫星信号，只能发现地面约 10m 长的物体，而 Galileo 系统的卫星则能发现 1m 长的目标。一位军事专家形象地比喻说，GPS 只能找到街道，而 Galileo 系统则可找到家门。

3. 俄罗斯“格洛纳斯”导航系统

俄罗斯“格洛纳斯”(Glonass) 导航系统(以下简称 Glonass 系统)最早开发于苏联时期，如图 6.14 所示。1993 年，俄罗斯开始独自建立本国的全球卫星导航系统，原计划 2007 年年底之前开始运营，2009 年年底之前将服务范围拓展到全球，但由于资金等各种原因，系统仍在持续开发阶段。Glonass 系统至少需要 18 颗卫星才可以为俄罗斯全境提供定位和导航服务，如果要提供全球服务，则需要 24 颗卫星在轨工作，另有 6 颗卫星在轨备用。据俄罗斯官方报道，该系统完全建成后，其定位和导航误差范围仅为 23m，就精度而言将处于世界领先水平。

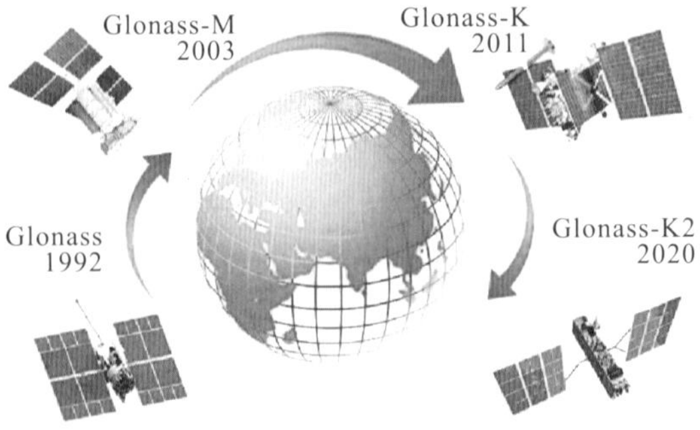

图 6.14　俄罗斯“格洛纳斯”导航系统

Glonass 系统与 GPS 类似，也由空间星座部分、地面监控部分以及用户设备部分组成。空间星座部分主要由 2～4 颗卫星组成，均匀分布在三个近圆形的轨道面上，每个轨道面有 8 颗卫星，轨道高度为 19100km，运行周期为 11h15min，轨道倾角比 GPS 略大，为 64.8°。地面监控部分以及用户设备部分均与 GPS 差不多。

目前，Glonass 系统与 GPS 最主要的不同之处是信号结构不同。Glonass 系统采用的是频分多址(frequency division multiple access，FDMA)技术，即在不同的载波频率上用相同的码来广播导航信号。Glonass 由各自的轨道信号频率区分，有 24 个间隔点，以 1～24 命名。而 GPS 采用的是码分多址(code division multiple access，CDMA)技术，所有 GPS 卫星的载波频率是相同的，均由各自的伪随机噪声码(pseudo random number，PRN)区别开来，它的伪随机码为 1～32，使用其中的 24 个。2018 年，俄罗斯官方宣布，在新一代 Glonass-M 卫星中将增加 CDMA 信号(1575.42MHz 和 1176.45MHz，分别对应 GPS 的 L1 和 L5 载波信号)，同时增加卫星数量，扩展地面增强系统，升级地面控制和完整性监测，以拓展市场，从而满足更多用户的需要。

4. 中国北斗卫星导航系统

北斗卫星导航系统(Beidou satellite navigation system，BNSY)是中国建立的自主发展、独立运行的全球卫星导航与通信系统，如图 6.15 所示。与美国 GPS、俄罗斯“格洛纳斯”系统、欧盟“伽利略”系统并称全球四大卫星导航系统。

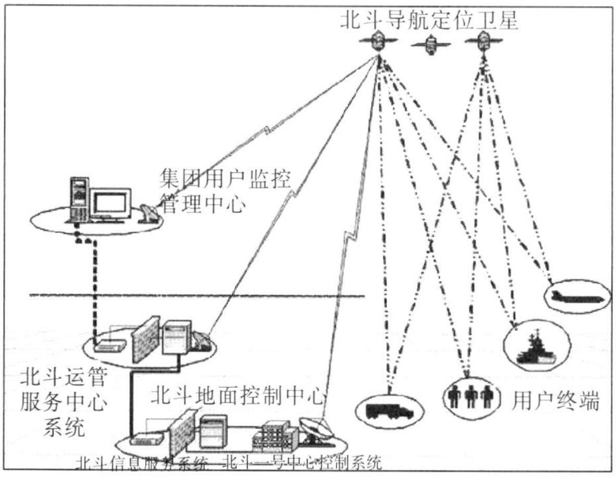

图 6.15 北斗卫星导航系统

北斗卫星导航系统由空间端、地面端和用户端三部分组成。空间端包括 3 颗静止轨道卫星和 30 颗非静止轨道卫星，30 颗非静止轨道卫星又细分为 27 颗中轨道地球(medium earth orbit，MEO)(含 3 颗备份卫星)卫星和 3 颗倾斜地球同步轨道(inclined geo-synchronous orbit，IGSO)卫星，27 颗 MEO 卫星平均分布在倾角为 55° 的三个平面上，轨道高度为 21500km。地面端包括主控站、注入站和监测站等若干个地面站。用户端包括北斗用户终端以及与其他卫星导航系统兼容的终端。北斗卫星导航系统可在全球范围内全天候、全天时地为各类用户提供高精度、高可靠的定位、导航、授时服务，并兼具短报文通信能力。北斗卫星导航系统的建设目标是建成独立自主、开放兼容、技术先进、稳定可靠及覆盖全球的卫星导航系统。北斗卫星导航系统提供开放服务(open service，OS)和授权服务(authorization service，AS)两种服务，其中开放服务是向全球用户免费提供定位、测速和授时服务，定位精度为 10m，测速精度为 0.2m/s，授时精度达 50ns；授权服务是为有高精度、高可靠卫星导航需求的用户提供定位、测速、授时和通信服务以及系统完好性信息。北斗导航终端与 GPS、Galileo 和 Glonass 相比，优势在于短信服务和导航结合，增加了通信功能；全天候快速定位，极少的通信盲区，精度与 GPS 相当，而在增强区域(即亚太地区)精度甚至会超过 GPS；向全世界提供的服务都是免费的，在提供无源导航定位和授时等服务时，用户数量没有限制，且与 GPS 兼容；自主系统，高强度加密设计，安全、可靠、稳定，适合关键部门应用。

6.3　定位技术的应用及未来展望

全球定位系统一般主要是指 GPS，尽管俄罗斯、中国等也纷纷建立了自身的全球定位系统，但就技术而言，美国建立的 GPS 技术处于先进地位。本节所指的定位系统的应用主要是 GPS 的应用，相信在不久的将来，其他定位系统也将发挥自身的作用，同样也能实现在相应领域的应用。

1. 精密工程、测量及变形监测中的应用

将应用 GPS 卫星定位技术建立的控制网称为 GPS 网(图 6.16)。GPS 网分为两大类：一类是全球或全国性的高精度 GPS 网；另一类是区域性的 GPS 网。GPS 网可以运用到测量等科研任务中，例如，大地测量的科研任务是研究地球形状及其随时间的变化，利用全球覆盖的高精度 GPS 网建立起高精度的动态坐标框架。区域性的 GPS 网是指国家 C、D、E 级 GPS 网或专为工程项目布测的工程 GPS 网。

图 6.16　测量中的应用

2. 交通系统中的应用

对当前位置的定位以及对目标物的定位是地面车辆导航系统的两个关键技术。前者需要 GPS 获取点位根据，而后者则偏重以数字地图为基础，确定点位置，这实际上是一个地图相关分析的问题。

随着城市建设规模的扩大，车辆日益增多，交通运输的经营管理和合理调度、警用车辆的指挥和安全管理已成为公安、交通系统的一个重要问题。GPS 导航定位技术的出现给车辆、轮船等交通工具的导航定位提供了具体的实时的定位能力(图 6.17)。用于公安、交通系统的主要有车辆 GPS 定位与无线电通信系统相结合的指挥管理系统，以及应用 GPS 差分技术的指挥管理系统。GPS 车辆导航应用范围很广，如运输线路导航、突发事件车辆导航、车辆派遣等。一般智能型车辆和高速公路系统根据其功能可以分为 4 种：自动式系统、车队管理系统、咨询型导航系统和普查型系统。车队管理系统可对多辆车进行操作，

并设有调度中心；咨询型导航系统融合自动式系统和车队管理系统；普查型系统通常由自动式车辆加载摄像机或数字式的照相机组成，可用于获取时间、点位特性的道路信息[14,15]。

图 6.17 交通中的应用

3. 地球动力学中的应用

用 GPS 来监测全球和区域板块运动，监测区域地壳运动，对地球成因及动力机制进行研究(图 6.18)。研究地下断层活动模式、应力场变化，对地震危险值进行估计和预报。为了进行我国地壳形变监测，由中国地震局、总参测绘局、国家测绘局、中国科学院承担的“九五”重大科学工程项目“中国地壳运动监测网络工程”已于 2000 年建成。武汉测绘科技大学利用云南滇西两期 GPS 监测资料，反演红河断裂带地下断层活动模式，对 1996 年云南丽江地震做了较为准确的中期预报，其位置误差为 27km，震源深度误差为 0～6km。震级完全准确，揭示了用 GPS 监测资料做中期地震预报的可能性。

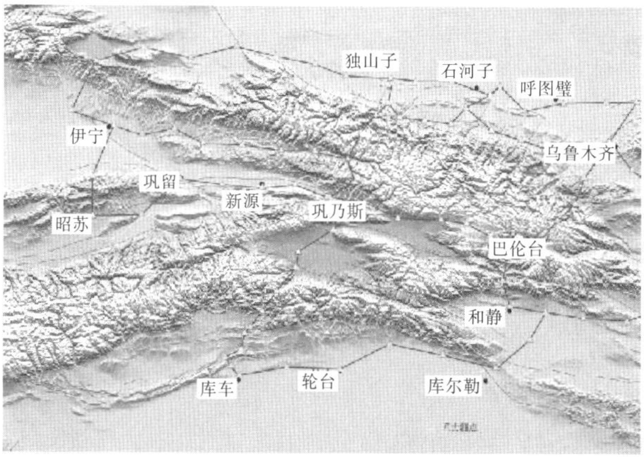

图 6.18 地球动力学中的应用

4. 气象学中的应用

利用 GPS 理论和技术来遥测地球大气，进行气象学研究的理论和方法称为 GPS 气象学(GPS meteorology，GPS/MET)。GPS/MET 的研究始于 20 世纪 80 年代后期，最先在美国起步，在美国取得理想的试验结果后，在其他国家(如日本)也逐步开始 GPS 在气象中的应用(图 6.19)。GPS/MET 探测数据具有覆盖范围广(全球)、高垂直分辨率、高精度和长期稳定的特点。

地球的大气相当于一个透镜，电磁波信号(如载波)在大气中的传输路径将因大气折射而发生曲折，气体密度越大，信号折射越强烈，波传输越慢，低轨 GPS 接收机接收到经折射的信号，可计算出综合信号折射率。经过适当的转换，电磁波的折射路径在各层大气中的垂直结构可以重构。无线电采用微波转换器由 GPS 卫星向接收机发射信号，传播中需经过某种介质，研究信号传输的性质就可以探清该介质的性质[16,17]。大气中有三种 GPS 信号折射源，即干燥物、水气和电离层物质。

图 6.19　气象中的应用

5. 军事中的应用

军事上可用于协同作战、导弹的制导、搜索及救援人员野外定位(图 6.20)。协同作战方面，GPS 可为各级指挥系统提供各种目标及事件所发生的时间和地点。导弹的制导方面，美伊战争 70%左右使用 GPS 辅助制导，使战斧式巡航导弹从距离 1600km 的地方准确地打击一个小房子目标成为了可能。搜索及救援人员野外定位方面，在茫茫的沙漠上，没有任何标志，主要靠导航卫星进行定位，才能知道自己在什么地方。

图 6.20　军事中的应用

6. 农业中的应用

GPS 系统在精细农业实施过程中异常重要：能对农田的各种信息给予精确定位，包括农机车辆导航、平地、精确播种、喷药、撒肥、数据管理，以及作物活力检测和变量控制(图 6.21)。精准农业中较为成熟的、效益较好的应用包括自动驾驶、施肥、喷药和播种等。GPS 对于土壤养分分布调查、检测作物产量和农田管理在效率、准确率上比人的管理高很多；在联合收割机上配置监视器和 GPS 接收机，构成作物产量监视系统；通过和土壤养分含量分布网的综合分析，可以找出影响作物产量的相关因素，从而进行具体的田间施肥等管理工作。利用棕色土壤和绿色作物叶子反射光波波长的差，可辨别土壤、作物和杂草。利用反射光波的差别，鉴别缺乏营养或感染病虫害的作物叶子。施加除草剂有两种方法：①利用杂草检测传感器，采集田间杂草信息，通过变量喷洒设备的控制系统，控制除草剂的喷施量；②事先用杂草传感器绘制出田间杂草斑块分布图，由电子地图输出处方，通过变量喷药机械实施喷洒。

图 6.21 农业中的应用

7. 野生动物保护中的应用

美国土地管理局于 20 世纪 10 年代中叶开发了基于 GPS 的地理信息系统(geographic information system，GIS)，美国土地局分季度收集一次野生动物资源的有关信息，如生态条件以及野生动物栖息地分布、野生动物数量等(图 6.22)。美国西部生活着数以万计的野

图 6.22 野生动物保护中的应用

马和野牛。建立野生动物管理系统，其主要目的在于：采用声音录入代替旧的手工输入方法；能显示当前和历史的飞行路线，对野生动物分布进行精确定位。实际工作中，在飞机或车辆上安装该系统，在空中寻找野生动物，用声音录入方式记录有关信息，GPS 点位数据自动存储到数据库中。必要时可以按照历史航线进行不同时期的对比分析，结合现时与历史资料可以进行野生动物活动区域的动态监测。

8. 突发事件中的应用

对突发事件的反应时间长短在某种程度上影响了事件的损失程度。在突发事件，如医疗、火警、交通事故的快速反应中，GPS 和 GIS 起到了决定性的作用(图 6.23)。一般地，建立突发事件救助系统可大致包括：①车载部分，载有 GPS 设备，通过适当软件处理，获得地理坐标；②通信系统，采用双通道蜂窝通信网，事件发生后，驾驶人员启动求助系统，发出请求帮助种类(报警、医疗等)及伤害程度等；③处理中心，可接收用户信号，在 GIS 的辅助下，迅速对事发地点进行查询、定位，并根据用户提供的求助信息类别，确定相应的急救措施。GIS 包括数字化的地图和属性信息，可以在数字地图上查询和定位，以及指挥调度人员选择最短路线，GPS 则可以使急救车辆的点位等信息及时反馈到主控中心，以便调度[18]。

图 6.23　突发事件中的应用

9. 旅游中的应用

随着人们生活质量的提高，GPS 服务逐步应用到私人旅游及野外考察中，到风景秀丽的地区去旅游，到原始大森林、雪山峡谷或者大沙漠地区去进行野外考察，安装于车内的 GPS 接收机将充分发挥其全球定位的功能成为驾驶者最忠实的向导(图 6.24)。在驱车游览风景的途中，乘车者可以随时知道车辆所在位置及行走速度和方向，从而避免迷路。即使在途中出现麻烦，GPS 监控服务中心会及时提供指示、连接最近的救援机构，积极采取行动。通过 GPS 监控中心提供的友情远程服务，即使乘车者车行万里，仍不失在家的感觉。提供出行路线规划是汽车导航系统的一项重要辅助功能，包括自动线路规划和线路设计。自动线路规划由计算机软件按要求自动设计最佳行驶路线，包括最快的路线、最简单的路线、通过高速公路路段次数最少的路线等的计算。人工线路设计是由驾驶者根据自己的目的地设计起点、终点和途经点等，自动建立线路库。

图 6.24　旅游中的应用

全球定位系统的应用还包括航空摄影测量，线路勘测及隧道贯通测量，地形、地籍及房地产测量，海洋测绘，工程施工测量，大桥施工控制网建立，海上勘探平台沉降监测，大桥动态实时形变监测，高层建筑实时变形监测等。GPS 更高效的服务在生产、生活中的各个领域得到了广泛应用[19,20]。

参 考 文 献

[1] 李长真. GPS 全球定位系统[J]. 现代物理知识，2000(COO)：90-92.

[2] Diggelen F V. A-GPS：Assisted GPS，GNSS，and SBAS[M]. London：Artech House，2009.

[3] 金际航，边少锋. 美国全球定位系统 GPS 现代化进展[J]. 舰船电子工程，2005，25(2)：15-18.

[4] Zhang Y D，Amin M G. Anti-Jamming GPS receiver with reduced phase distortions[J]. IEEE Signal Processing Letters，2012，19(10)：635-638.

[5] 洪大永. GPS 全球定位系统技术及其应用[M]. 厦门：厦门大学出版社，1998.

[6] 钱天爵，瞿学林. GPS 全球定位系统及其应用[M]. 北京：海潮出版社，1993.

[7] Ceruzzi P E. GPS[M]. Massachusetts：MIT Press，2018.

[8] 李德仁. GPS 全球定位系统在航空遥感精确定位中的应用[J]. 遥感学报，1991(3)：216-223.

[9] Rao B R，Kunysz W Fante R，etal. GPS/GNSS antennas[M]. London：Artech House，2012.

[10] Fernandez-Prades C，Presti L L，Falletti E. Satellite radiolocalization from GPS to GNSS and beyond：Novel technologies and applications for civil mass market[J]. Proceedings of the IEEE，2011，99(11)：1882-1904.

[11] 余丹，廖凯宁. GPS 全球定位系统的改进与发展[J]. 全球定位系统，2006，(1)：41-44.

[12] 高忠春. 浅析 GPS 卫星定位系统在工程测量中的应用[J]. 科技与企业，2015，(13)：143.

[13] 王伟. GPS 卫星定位系统的研发及其测量原理简述[J]. 成都航空职业技术学院学报：综合版，2011.

[14] 陈肇新，荆其一，陈宙. GPS 全球定位系统推动了导航定位技术的迅速发展[C]. 南平：中国空间科学学会空间探测专业委员会学术会议，1997.

[15] Rose C，Britt J，Allen J，et al. An integrated vehicle navigation system utilizing lane-detection and lateral position estimation systems in difficult environments for GPS[J]. IEEE Transactions on Intelligent Transportation Systems，2014，15(6)：2615-2629.

[16] Lowry A R，Rocken C，Sokolovskiy S V，et al. Vertical profiling of atmospheric refractivity from ground-based GPS[J]. Radio Science，2020，37(3)：1-21.

[17] Steiner L，Meindl M，Marty C，et al. Impact of GPS processing on the estimation of snow water equivalent using refracted GPS signals[J]. IEEE Transactions on Geoscience and Remote Sensing，2020，58(1)：123-135.

[18] Li X X，Ge Mk，Lu C X，et al. High-rate GPS seismology using real-time precise point positioning with ambiguity resolution[J]. IEEE Transactions on Geoscience and Remote Sensing，2014，52(10)：6165-6180.

[19] Miura S，Hsu L T，Chen F Y，et al. GPS error correction with pseudorange evaluation using three-dimensional maps[J]. IEEE Transactions on Intelligent Transportation Systems，2015，16(6)：3104-3115.

[20] Bours A，Cetin E，Dempster A G. Enhanced GPS interference detection and localization[J]. Electronics Letters，2014，50(19)：1391-1393.

第 7 章　图像处理与传感器技术

机器是冰冷的、无感知的，在自动化高度发展的今天，如何让一个没有感知、没有行为决策的机器拥有“感觉”呢？这就需要介绍机器的两大重要帮手：图像处理技术与传感器技术。本章节将从图像处理技术与传感器技术两个方面介绍其与机器的密切关系，希望读者能对图像处理与传感器技术有深入的了解。

7.1　机器视觉简介

7.1.1　机器视觉

有研究结果表明，视觉获得的感知信息占人对外界感知信息的 80%，因此，赋予机器以人类视觉功能对发展新一代智能机器人非常重要。那么视觉技术可通俗易懂地解释为：用机器模拟人的视觉功能和大脑功能。

美国制造工程师协会机器视觉分会和美国机器人工业协会对机器视觉进行如下定义：机器视觉是使用光学器件进行非接触感知，自动获取和解释一个真实场景的图像，以获取信息和控制机器的过程。

7.1.2　机器视觉的优点

(1) 精度高。作为一个精确的测量仪器，设计优秀的机器视觉系统能够对一千个或者更多部件的一个单位进行空间测量。

(2) 性价比高。随着计算机处理器价格的急剧下降，机器视觉系统成本效率也越来越高，并且系统的操作和维持费用也逐渐平民化。

(3) 适应性强。机器视觉的检测效果更稳定，不会像人类视觉易受情绪波动影响，在足够丰富的环境数据集及增强算法的加持下，视觉系统能够排除大多数的外界环境干扰。

7.1.3　机器视觉系统的组成

机器视觉系统的组成如图 7.1 所示。

1. 光源

照明是影响机器视觉系统输入的重要因素，它直接影响输入数据的质量和应用效果。由于没有通用的机器视觉光源照明设备，所以针对每个特定的应用实例，要选择相应的照明装置，以达到最佳的效果。

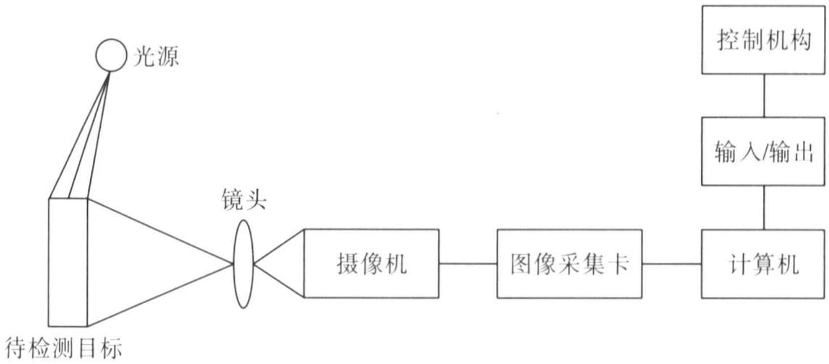

图 7.1　机器视觉系统的组成

2. 镜头

视场角(field of view，FOV)=所需分辨率×亚像素×摄像机尺寸÷零件测量公差比(part measurement tolerance，PRTM)，选择镜头时需要注意：焦距、目标高度、影像高度、放大倍数、影像至目标的距离、中心点/节点以及畸变。

3. 摄像机

按照标准的不同，摄像机可分为标准分辨率数字摄像机和模拟摄像机等。要根据不同的实际应用场合选择不同类型的摄像机，如线扫描电荷耦合元件(charge-coupled device，CCD)和面阵电荷耦合元件、单色摄像机和彩色摄像机等。

4. 图像采集卡

图像采集卡虽然只是完整的机器视觉系统中的一个部件，但是它却扮演着一个非常重要的角色。在完整的机器视觉系统中，图像采集卡直接决定了摄像机的接口：黑白、彩色、模拟、数字等。

较为典型的是周边元件扩展接口(peripheral component interconnect，PCI)或加速图形接口(advanced graphic ports，AGP)兼容的采集卡，可以将图像迅速地传送到计算机存储器内进行处理。有些采集卡包含内置的多路开关，例如，可以连接 8 台不同的摄像机，然后告诉采集卡采用哪台摄像机抓拍到的信息。此外，有些采集卡包含内置的数字输入用于触发采集卡进行捕捉，当采集卡抓拍图像时，内置的数字输出口就会触发快门。

5. 视觉处理器

视觉处理器采集卡与处理器于一体。以往计算机性能不足时，采用视觉处理器加快视觉处理任务，现在由于采集卡可以快速传输图像到存储器且计算机性能大幅度提升，因此较少使用视觉处理器。

7.2　数字图像处理

我们知道视觉系统获取的最直接的信息即是图像，如何从图像内提取出有价值的信息并反馈给机器进行分类、决策与跟踪等一系列行为呢？这就需要视觉技术的核心：

图像处理，即让机器去解释图像、分析图像。因此机器视觉的中心任务即是对图像进行理解。

目前两大主流的图像处理技术为数字图像处理和基于深度学习的神经网络模型进行发展的计算机视觉技术。

7.2.1 数字图像处理技术简介

1. 数字图像概念

在客观世界中，以自然形式呈现出的图像通常称作物理图像(也叫作连续图像)，这类图像的信号值变化都是连续的。

然而计算机并不能直接对物理图像进行识别与加工，为了解决这一问题，需要对物理图像进行数字化处理，图 7.2 介绍了物理图像与数字图像之间的关系。通常我们习惯于使用一个二维函数 $f(x, y)$ 来定义一幅图像，其中 (x, y) 是空间(平面)的坐标，在任意的坐标 (x, y) 处的幅度 f 则被定义为该幅图像在这一坐标位置的亮度。对图像的坐标 x、y 和幅值 f 进行数字化处理的过程也就是对图像进行数字化处理的过程。其中，将坐标值的数字化称为采样，将幅值的数字化称为量化。数字图像每个坐标确定的唯一位置被称为像素，像素的幅值被称为像素值[1]。

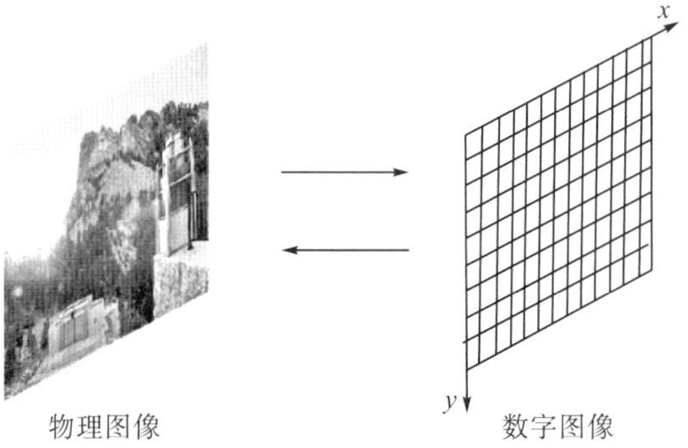

图 7.2 物理图像与数字图像

2. 数字图像处理技术

数字图像处理技术是指将图像信号转换成数字信号并通过计算机对其进行去噪、增强、复原、分割和提取特征等处理的技术。

数字图像处理最早出现于 20 世纪 50 年代，当时电子计算机已经发展到一定水平，人们开始利用计算机来处理图像信息。数字图像处理作为一门学科大约形成于 20 世纪 60 年代初期。早期的图像处理的目的是改善图像的质量，它以人为对象，以改善人的视觉效果为目的。图像处理中，输入的是质量低的图像，输出的是改善后的图像，常用的图像处理方法有图像增强、复原、编码和压缩等[2]。

7.2.2　数字图像分类

1. 数字图像的数据类型

在数字图像中，每个像素点的位置都由唯一的整数坐标确定，但一般的数字图像处理软件都并未将数字图像的像素值限制为整数，而是支持使用各种类型的数据形式来表示像素值。以 Matlab 软件为例，表 7.1 列出了 Matlab 的数字图像处理工具箱中所支持的多种数字图像的数据类型(表中前 8 项是数值型的数据类，第 9 项称为字符类，第 10 项为逻辑类)。

表 7.1　数字图像的数据类型

名称	描述
single	单精度浮点数，范围为$\pm 10^{38}$(每像素 4 字节)
double	双精度浮点数，范围为$\pm 10^{308}$(每像素 8 字节)
uint8	无符号 8 比特整数，范围为[0，255] (每像素 1 字节)
uint16	无符号 16 比特整数，范围为[0，65535] (每像素 2 字节)
uint32	无符号 32 比特整数，范围为[0，4294967295] (每像素 4 字节)
int8	有符号 8 比特整数，范围为[-128，127] (每像素 1 字节)
int16	有符号 16 比特整数，范围为[-32768，32767] (每像素 2 字节)
int32	有符号 32 比特整数，范围为[-2147483648，2147483647] (每像素 4 字节)
char	字符(每像素 4 字节)
logical	0 或 1(每像素 4 字节)

2. 数字图像的基本类型

在计算机中，一般按照数字图像的颜色和灰度的多少，可以将数字图像分为四种基本类型。

1) 二值图像

将数字图像以矩阵形式表示，如果所有像素位置处的像素值都是由 0 和 1 两个值构成，则该类图像被称为二值图像。二值图像的矩阵表示中，“0”代表黑色，“1”代表白色，即二值图像只包含黑和白两种颜色，如图 7.3 所示。

2) 灰度图像

灰度图像由一个二维矩阵构成，矩阵中所有元素(即像素)的取值范围通常为[0，255]，因此灰度图像一般由 8 位无符号整数(int8)表示，这也就是常用的 256 灰度图像。在 int8 数据类型的灰度图像中，“0”表示纯黑色，“255”表示纯白色，二者之间的其余数字从小到大表示由黑到白的不同灰度级，图 7.4 为典型的灰度图像。

图 7.3 典型的二值图像

图 7.4 典型的灰度图像

3）索引图像

对于索引图像而言，除存放图像本身的二维数据矩阵 data 外，还包括一个称之为颜色索引矩阵 map 的二维数组。数据矩阵可以是 uint8、uint16 或双精度类型，而颜色索引矩阵 map 则总是一个 $m\times3$ 的双精度矩阵，其中 m 为数据矩阵元素的值域，一般为 256。

4）真彩色 RGB 图像

与索引图像一样，RGB 图像也用于表示彩色图像。它由 R（红色）、G（绿色）和 B（蓝色）三原色的组合来表示图像中出现的所有颜色。RGB 图像与索引图像的最大区别是 RGB 图像直接将每一个像素的色彩值存放在图像矩阵中，对一幅尺寸为 $m\times n$ 的 RGB 图像而言，它可以表示为 $m\times n\times3$ 的三维矩阵，三个 $m\times n$ 的二维矩阵分别用来存放 R、G、B 三个颜色分量的值。

7.2.3 数字图像处理技术分类

根据对图像所进行加工的作用的不同，可以将数字图像处理常用技术分为以下几个类型[3]。

1）图像变换

对于尺寸过大的数字图像而言，在空间域中直接对其进行处理需要涉及巨大的计算量。因此，在计算机实际的处理中，往往会采用傅里叶变换、沃尔什变换、离散余弦变换等变换方式来对图像进行预处理，将图像由原本的空间域变为转换域来减少后续的计算量，同时在一些特定场合还可以对图像进行更有效的处理（如傅里叶变换可在频域中对数字图像进行滤波处理，如图 7.5 所示）。

2）图像编码压缩

图像编码压缩技术可减少描述图像的数据量（即比特数），以便节省图像传输和处理所需的时间，同时减少图像所占用的存储器容量。图像的压缩可以在不失真的前提下进行，也可以在允许的失真条件下进行。编码是压缩技术中最重要的方法，它在图像处理技术中是发展最早且比较成熟的技术。

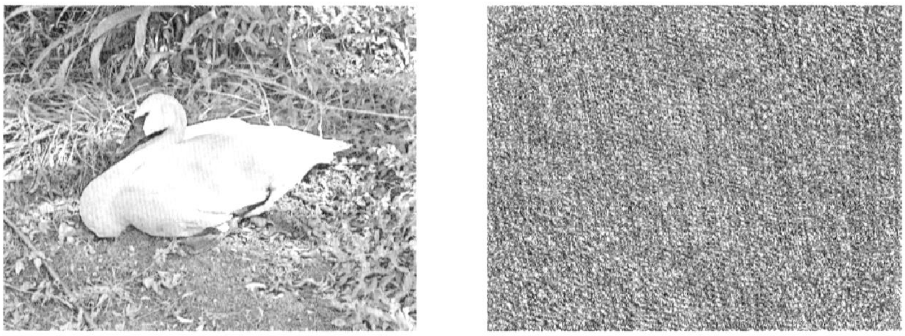

图 7.5　彩色图像及其对应的二维傅里叶变换图像

3) 图像增强和复原

图像增强和复原的目的是提高图像的质量以满足某些特定的需求，如去除噪声、提高图像的清晰度等。图像增强不考虑图像降质的原因，只突出图像中所感兴趣的部分。例如，强化图像高频分量，可使图像中物体轮廓清晰，细节明显，如图 7.6 所示；强化低频分量可减少图像中噪声的影响。图像复原要求对图像降质的原因有一定的了解，一般应根据降质过程建立“降质模型”，再采用某种滤波方法，恢复或重建原来的图像[4]。

图 7.6　采用图像增强来提升图像的轮廓细节

4) 图像分割

图像分割是数字图像处理中的关键技术之一。图像分割是将图像中有意义的特征部分提取出来，其有意义的特征有图像中的边缘、区域等，这是进一步进行图像识别、分析和理解的基础。虽然目前已研究出不少边缘提取、区域分割的方法，但还没有一种普遍适用于各种图像的有效方法。因此，对图像分割的研究还在不断深入之中，是目前图像处理中研究的热点之一[5]。

5) 图像描述

图像描述是图像识别和理解的必要前提。作为最简单的二值图像可采用其几何特性描述物体的特性，一般图像的描述方法采用二维形状描述，它有边界描述和区域描述两类方法。对于特殊的纹理图像可采用二维纹理特征描述。随着图像处理研究的深入发展，已经开始进行三维物体描述的研究，提出了体积描述、表面描述、广义圆柱体描述等方法。

6)图像分类(识别)

图像分类(识别)属于模式识别的范畴，其主要内容是图像经过某些预处理(增强、复原、压缩)后，进行图像分割和特征提取，从而进行判断分类，如图 7.7 所示。图像分类常采用经典的模式识别方法，有统计模式分类和句法(结构)模式分类，近年来发展起来的人工神经网络分类算法在图像识别中也越来越受到重视[6]。

图 7.7 车辆识别效果图

7.2.4 数字图像处理技术的应用

本节介绍了数字图像处理技术在智能车辆方面的部分应用。在基于图像的自动驾驶技术中，无人车会通过摄像头实时采集附近的图像信息，以此实现对前方道路与车辆等的识别。为了应对多种复杂环境的影响，需要对图像进行增强与去雾等处理[7]。

1. 图像增强技术的应用

当前大多数的图像增强技术都是基于 Retinex 模型实现的，20 世纪 70 年代，E. Land(兰德)基于人类视觉对亮度与颜色的感知模型提出了 Retinex 模型，这一单词由 Retina(视网膜)与 cortex(皮层)构成。Retinex 模型认为人眼所观测到的图像是由两部分组成的：一是观测对象周围的光照条件，二是除去光照影响后观测对象本身的反射属性。可以表达为如下形式：

$$I(x,y)=L(x,y)\cdot R(x,y) \tag{7.1}$$

其中，I 为观测到的图像；L 为环境光照分量；R 为观测对象本身的反射分量。该模型还可以表示为如下的对数形式：

$$\log I(x,y)=\log L(x,y)+\log R(x,y) \tag{7.2}$$

基于 Retinex 模型的增强思路是去除光照分量的影响，从而提取出观测对象的固有属性，即获得适当亮度的图像。因此，这一技术可以为无人车在夜间环境下的行驶提供支持[8]。

在图 7.8 中，(a)为车载摄像头在夜间行驶时拍摄的图像，可以发现由于缺少足够的光照，很难从图像中获取道路信息；(b)为使用图像增强技术得到的图像，可以发现增强后的图像中道路更为明显，从而为无人车夜间行驶提供更多的道路信息。

(a)

(b)

图 7.8　夜间增强算法的实际应用

2. 图像去雾技术的应用

雾霾等恶劣天气是影响基于图像自动驾驶技术的另一因素，而图像去雾技术则可以解决这一问题。传统的图像去雾技术通常基于雾图退化模型来实现：

$$I(x,y)=J(x,y)t(x,y)+A[1-t(x,y)] \tag{7.3}$$

其中，I 为获取的雾图；J 为观测对象的原始反射分量即无雾图像；t 为透射率。

通过算法求解出 t 与 A 的值，便可以得到去雾后的清晰图像 J。

图 7.9 为雾天的道路图像以及去雾后的效果图。可以发现，图像去雾技术对雾天图像的能见度具有极大幅度的提升，无论是对于道路信息的获取还是对于视野内车辆的识别，都可以提供很大帮助。

(a)

(b)

图 7.9　去雾算法实际应用

7.2.5　小结

本小节首先介绍了数字图像的概念、分类以及一些基本的数字图像处理技术，意在让读者对数字图像技术具有初步的了解，之后通过对相关技术应用的简单介绍，可以发现传统的数字图像处理技术具有很高的实用性与拓展性，可以从多个方面在智能交通与无人驾驶等领域中发挥巨大的作用。

7.3 计算机视觉技术

当前，人工智能是下一代信息技术的核心和焦点，而无人配送则是人工智能典型的落地场景，因为完成无人配送需要自动驾驶技术、机器人技术、视觉分析、自然语言理解、机器学习和运筹优化等一系列创新技术的高度集成。目前，美团的日订单数量已经超过 2000 万单，在人力有限的情况下，对无人配送就有着非常迫切的需求。如此庞大的无人配送需求是智能无人车的曙光，也是当今计算机视觉技术能蓬勃发展的一大原因，而在无人驾驶领域内，搭配视觉传感器最多的三大技术是目标检测技术、语义分割技术与目标跟踪技术。

7.3.1 目标检测技术

目标检测是在一幅图片中找到目标物体，给出目标的类别和位置，如图 7.10 所示。

(a)分类 (b)分类+定位 (c)检测 (d)分割

图 7.10 目标检测图示

目标检测与识别一直是计算机视觉中比较热门的研究领域，有一些常用且成熟的算法得到业内认可，如用卷积神经网络的特征进行更快的区域划分(Faster R-CNN)系列算法、单激发多框探测器(SSD)以及 YOLO 算法等。在 2014 年以前，目标检测通常采用比较传统的方法，先想办法生成一些候选框，然后提取出每个框的特征，如用不同大小的预选框在图片中滑动，或者像 Selective Search 算法[9]一样，可以根据图片本身的纹理等特征生成一些候选框。但是 2013 年以来，随着深度学习相关技术的发展，不断有新的模型出现，可以实现端到端的训练检测网络，并且效果比传统方法有了显著的提高。目标检测的发展脉络如图 7.11 所示。

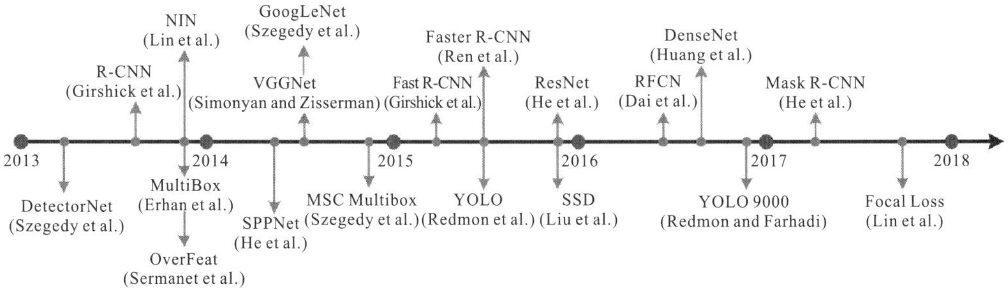

图 7.11 目标检测的发展脉络

目标检测方法分为一步检测法和两步检测法两种。两步检测法是把整个检测过程分为两个步骤，第一步提取一些可能包含目标的候选框；第二步从这些候选框中找出具体的目标并微调候选框。而一步检测算法则省略了这个过程，直接在原始图片中预测每个目标的类别和位置。两步检测最经典的就是 Faster R-CNN[10]三部曲。

1. R-CNN 目标检测系列

R-CNN 是比较早期提出的用深度学习算法解决检测问题的模型，如图 7.12 所示。思路是先用选择性搜索(Selective Search)算法提取一定数量的候选区域，然后对于每个候选区域使用 CNN 提取特征，最后在提出的特征后面接一个回归和分类，分别预测目标物体的位置和类别。R-CNN 的优点是使用了 CNN 提出的特征，效果比较明显，但缺点也很明显，整个过程包含了大量的冗余计算。

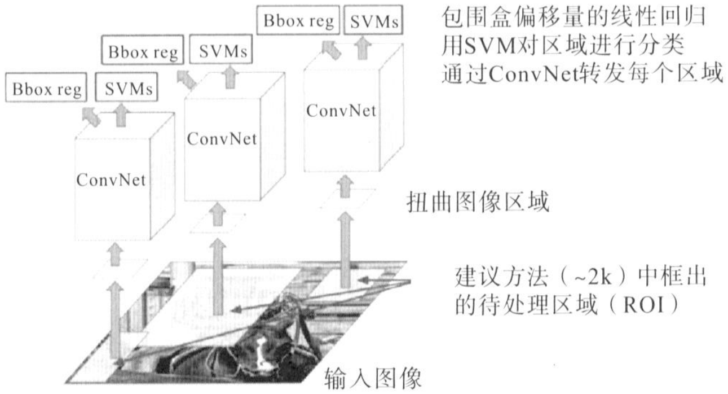

图 7.12 R-CNN 结构图

Fast R-CNN 是在 R-CNN 基础上的一个改进版本(图 7.13)，主要解决提取特征时冗余计算的问题[11]。首先对整张图片做卷积，提取特征得到一层(特征图)(Feature Map)，然后再提取每个候选框的特征时直接在这个特征图上面进行。为了解决候选框定长的问题，Fast R-CNN 中加入了 ROI 池化层(ROI-Pooling)层，可以对不同大小的区域提取出固定维度的特征，使得后面的分类和回归可以正常运行。

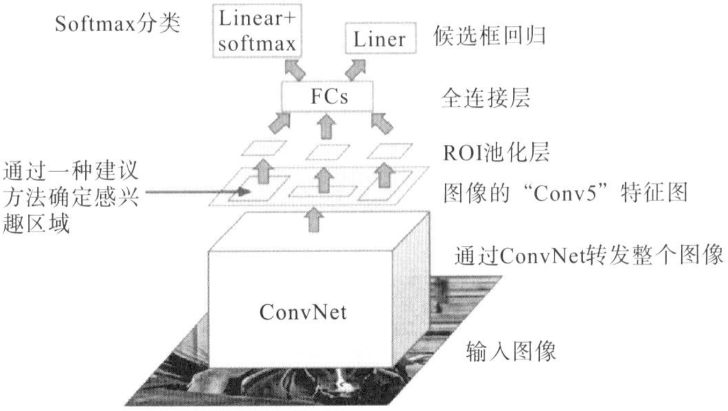

图 7.13 Fast R-CNN 结构图

FasterR-CNN 是三部曲的最后一步。FastR-CNN 存在的问题是，提取候选区域仍然使用 Selective Search 算法，打乱了整个模型的连续性。FasterR-CNN 为了改进这点提出了 RPN(regicn proposal network，区域选取网络)结构(图 7.14)，RPN 可以在特征图的每个位置提取很多不同尺寸、不同形状的候选框。每个锚框后会跟一个二值分类，来判断这个锚框是否是背景，并接一个回归对位置进行微调。具体的类别和位置在网络尾端还会进一步调整。至此，整个目标检测过程都可以实现端到端的训练[12]。

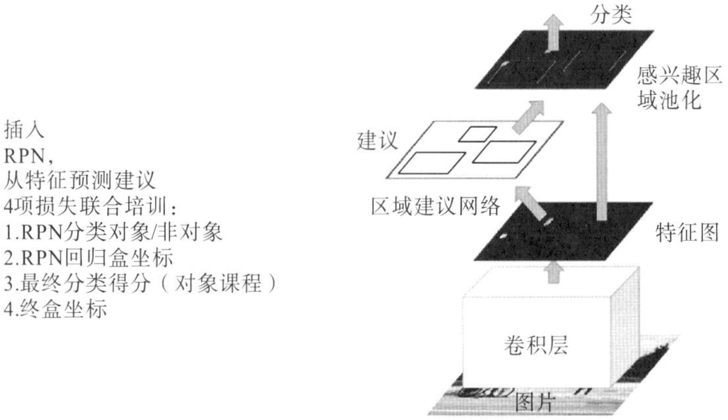

图 7.14 Faster R-CNN 结构图

2. YOLO 算法

在一步式检测中，比较经典的是 YOLO 算法和 SSD 模型。这里介绍下 YOLO 算法。首先将图片划分为 $N\times N$ 的方格，每个方格预测 C 个类别概率，表示某类目标中心落在这个方格的概率，并且预测 B 组位置信息，包含 4 个坐标和 1 个置信度。整个网络输出 $N\times N\times(5\times B+N)$ 的张量。R-CNN 系列算法包含候选区域提取和精确细化[分类和边界框(bounding box，BBOX)]两块，故称为双阶段检测(two-stage，TS)技术。有的学者觉得这样太麻烦了，并提出一步到位的解决方案，这就是单激发多框探测器(single shot multiBox detector，SSD)(图 7.15)。

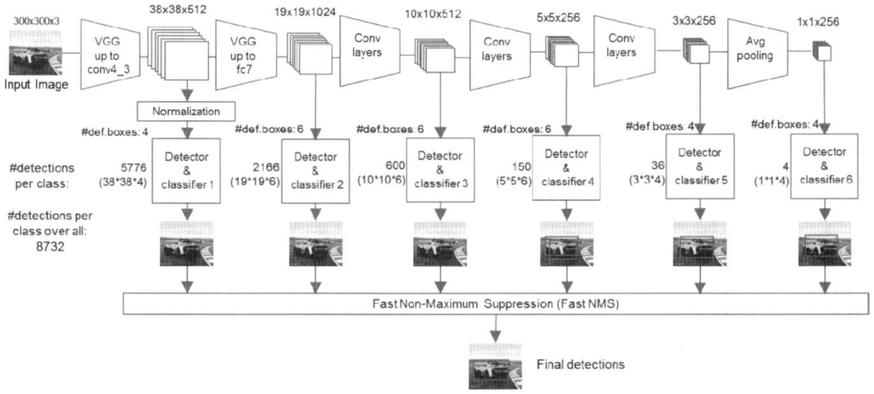

图 7.15 SSD 整体架构

SSD 算法是一种直接预测目标类别和 BBOX 的多目标检测算法。与 Faster R-CNN 相比，该算法没有生成提议的过程，极大地提高了检测速度。针对不同大小的检测目标，传统的做法是先将图像转换成不同大小(图像金字塔)，然后分别检测，最后将结果综合起来(如 NMS)。而 SSD 算法利用不同卷积层的特征图进行综合也能达到同样的效果。算法的主网络结构是 VGG16，将最后两个全连接层改成卷积层，并随后增加了 4 个卷积层来构造网络结构。对其中 5 种不同尺度的特征图输出分别用两个不同的 3×3 的卷积核进行卷积，一个输出分类用的置信度，每个默认框生成 21 个类别的置信度；一个输出回归用的定位，每个默认框生成 4 个坐标值(x，y，w，h)。此外，这 5 个特征图还经过前置框层生成前置框(相当于 Faster R-cnn 的锚框)。上述 5 个特征图中每一层的默认框的数量是给定的(8732 个)。最后将前面 3 个计算结果分别合并然后传给损失层。

而 Faster R-CNN 和 SSD 都会生成大量的锚框，计算量还是很大，且复杂得多，因此速度相对较慢。而 YOLO 算法的核心思想是将整幅图片经过神经网络直接输出 BBOX 位置信息和类别信息[13]。YOLO 算法采用一个单独的 CNN 模型实现端到端的目标检测，整个系统如图 7.16 所示。

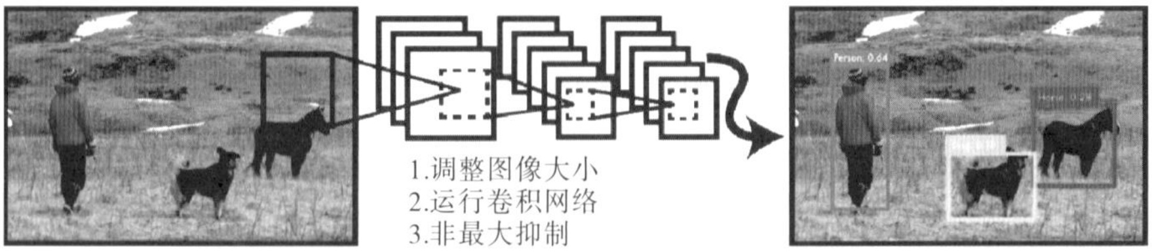

图 7.16　YOLO 算法的框架简示

如今基于深度学习的目标检测已经逐渐成为自动驾驶、视频监控、机械加工、智能机器人等领域的核心技术，而现存的大多数精度高的目标检测算法，速度较慢，这时 YOLO 算法横空出世，以近乎极致的速度和出色的准确度赢得了用户的一致好评。基于此，全世界 80%以上的自动驾驶科研团队都会选择 YOLO 算法来实现智能车/机的目标检测。YOLO 算法目前已经经过了 3 个版本的迭代，在速度和精确度上获得了巨大的提升，我们将从 YOLO V1 开始讲起，直至目前最新的版本 YOLO V3。

1) YOLO V1

YOLO V1 的核心思想在于将目标检测作为回归问题解决，YOLO V1 首先把原始图片放缩到 448×448，以便后面整除，然后将图片划分成 S×S 个区域。注意，这个区域的概念不同于上文提及的将图片划分成 N 个区域扔进算法的区域。

如果一个对象的中心落在某个单元格上，那么这个单元格负责预测这个物体。每个单元格需要预测 B 个 BBOX 值(BBOX 值包括坐标和宽高)，同时为每个 BBOX 值预测一个置信度。此后以每个单元格为单位进行预测分析。

这个置信度并不只是该边界框是待检测目标的概率，还是该边界框是待检测目标的概率乘上该边界框和真实位置的 IoU(框之间的交集除以并集)的积。通过乘上这个交并比，反映出该边界框预测位置的精度，即

$$\text{confidence} = P(\text{Object}) \times \text{IoU}_{\text{pred}}^{\text{truth}} \tag{7.4}$$

每个边界框对应 5 个输出，分别是 x、y、w、h 和置信度。其中，x、y 代表边界框的中心离开其所在网格单元格边界的偏移；w、h 代表边界框真实宽高相对于整幅图像的比例。x、y、w、h 都已经被限制到了[0，1]上。除此以外，每个单元格还产生 C 个条件概率。

在目标检测的非极大值抑制阶段，对于每个边界框，按照下式衡量该框是否应该予以保留：

$$\text{confidence} \times P(\text{Class}_i \mid \text{Object}) = P(\text{Class}_i) \times \text{IoU}_{\text{pred}}^{\text{truth}} \tag{7.5}$$

这就是每个单元格的个体分类置信度得分(class-specific confidence scores，CSCS)，既包含了预测的类别信息，也包含了对 BBOX 值的准确度。我们可以设置一个阈值，把低分的置信度框滤掉，剩下的留给非极大值抑制，得到最终的标定框，即目标框(图 7.17)。

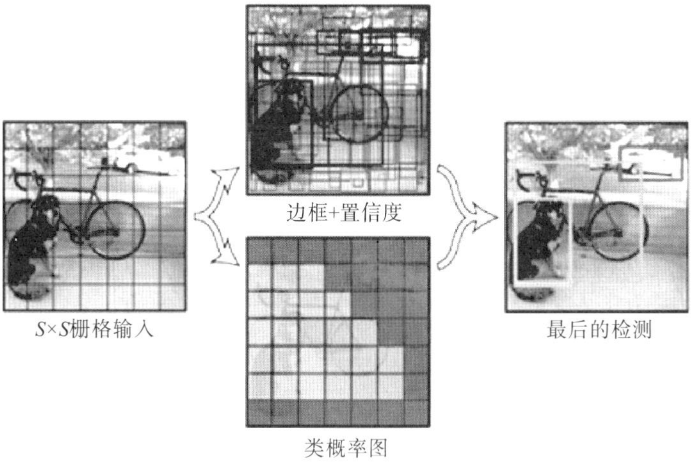

图 7.17　YOLO V1 框图选定目标图示

YOLO 算法的结构非常简单，就是单纯的卷积、池化最后加了两层全连接(图 7.18)。单看网络结构，和普通的 CNN 对象分类网络几乎没有本质的区别，最大的差异是最后输出层用线性函数做激活函数，因为需要预测 BBOX 的位置。

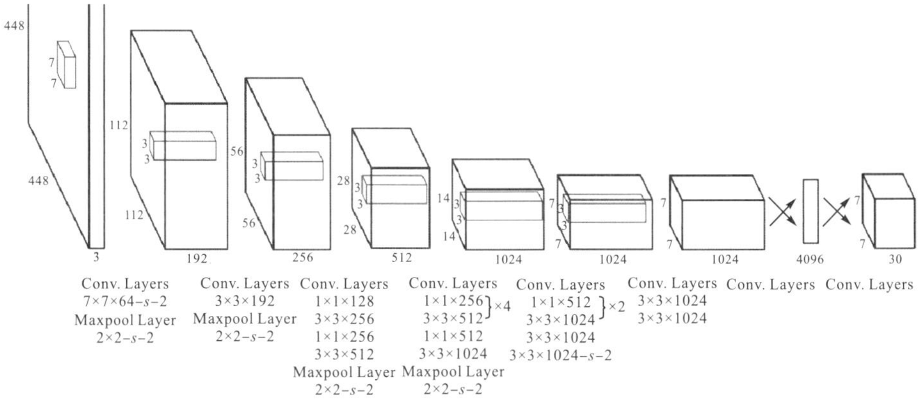

图 7.18　YOLO V1 的结构简图

注：Maxpool Layer：最大池化池。

YOLO V1 全部使用了均方差(mean square error，MSE)作为损失函数。由三部分组成：坐标误差、IoU 误差和分类误差。考虑到每种损失的贡献率，YOLO V1 给坐标误差(CoordErr)设置权重 $\lambda_{\text{coord}}=5$。在计算 IoU 误差时，包含物体的格子与不包含物体的格子的 IoU 误差对网络损失的贡献值是不同的。若采用相同的权值，那么不包含物体的格子的置信度值近似为 0，变相地放大了包含物体的格子的置信度误差及在计算网络参数梯度时的影响。为解决这个问题，YOLO 算法使用 $\lambda_{\text{noobj}}=0.5$ 修正置信度误差(iouErr)(此处的包含是指存在一个物体，它的中心落入格子内)。损失函数如下：

$$\lambda_{\text{coord}}\sum_{i=0}^{S^2}\sum_{j=0}^{B}I_{ij}^{\text{obj}}\left[(x_i-\hat{x}_i)^2+(y_i-\hat{y}_i)^2\right]+\lambda_{\text{coord}}\sum_{i=0}^{S^2}\sum_{j=0}^{B}I_{ij}^{\text{obj}}\left[\left(\sqrt{w_i}-\sqrt{\hat{w}_i}\right)^2+\left(\sqrt{h_i}-\sqrt{\hat{h}_i}\right)^2\right]$$
$$+\sum_{i=0}^{S^2}\sum_{j=0}^{B}I_{ij}^{\text{obj}}(C_i-\hat{C}_i)^2+\lambda_{\text{noobj}}\sum_{i=0}^{S^2}\sum_{j=0}^{B}I_{ij}^{\text{obj}}(C_i-\hat{C}_i)^2+\sum_{i=0}^{S^2}I_{ij}^{\text{obj}}\sum_{c\in\text{classes}}[p_i(c)-\hat{p}_i(c)]^2 \tag{7.6}$$

YOLO V1 作为一步检测的开山之作，最大的特点就是速度快。其将物体检测作为回归问题进行求解，使用单个网络完成整个检测的方法，大大提升了同类目标检测算法的速度，并且实现了低召回率，表现出背景误检率低的优点。YOLO V1 可以获取到图像的整体信息，相比于经典检测等方法，有着更广阔的“视野”。对不同种类的物体，训练后识别效果十分优异，具有很强的泛化能力。

2) YOLO V2/YOLO 9000

YOLO V1 对于 BBOX 的定位不是很好，在精度上与同类网络相比还有一定的差距，所以 YOLO V2 对于速度和精度做了很大的优化，并且吸收了同类网络的优点，一步步做出尝试。YOLO V2 在 YOLO V1 的基础上进行了一系列的改进，在快速的同时达到最快。YOLO V2 可以适应不同的输入尺寸，根据需要调整检测准确率和检测速度(值得参考)。其受到 Faster R-CNN 方法的启发，引入了锚框。同时使用了 K-Means 方法，对锚框数量进行了讨论，在精度和速度之间做出折中，并且修改了网络结构，去掉了全连接层，改成了全卷积结构(图 7.19)。在训练时引入了世界树(WordTree)结构，将检测和分类问题做成了一个统一的框架，并且提出了一种层次性联合训练方法，采用 ImageNet 分类数据集和 COCO 检测数据集同时对模型进行训练。但是对于重叠的分类，YOLO V2 依然无法给出很好的解决方案。

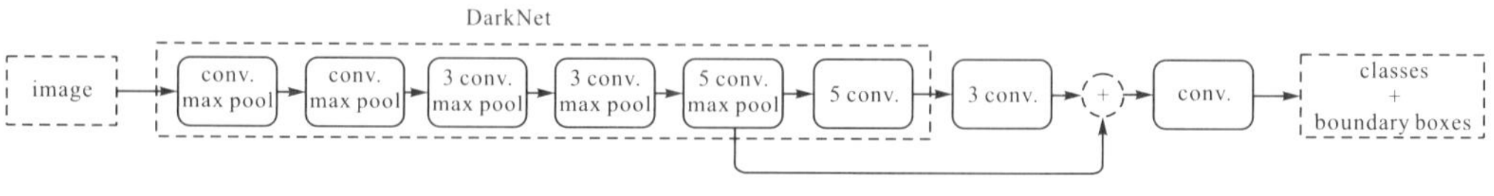

图 7.19　YOLO V2 结构示意图

注：DarkNet 可直译为黑箱网络。

3) YOLO V3

YOLO V3 是目前速度和精度最均衡的目标检测网络。通过多种先进方法的融合，将 YOLO 系列的短板(不擅长检测小物体等)全部补齐，达到令人惊艳的效果和速度(图 7.20)。

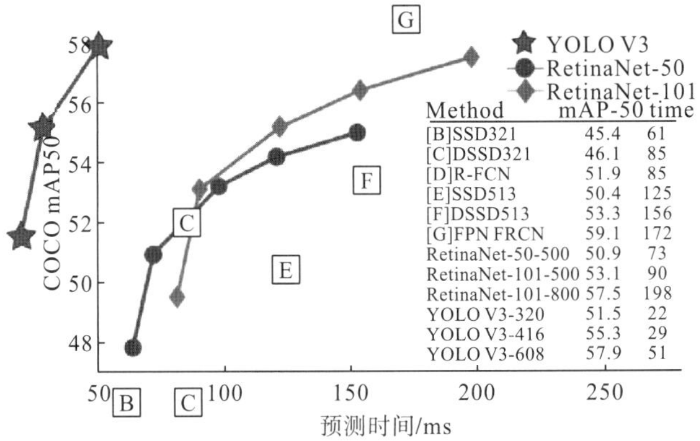

图 7.20 YOLO V3 与其他网络的 mAP 与运行时间对比

注：COCO mAP 即为不同目标检测方法在 COCO 数据集上测试的平均精度；time 指代测试图片的推理时间，单位 ms。

在 YOLO V2 之后，YOLO V3 系统使用维度聚类(dimension clusters，DC)作为锚框来预测边界框，网络为每个边界框预测 4 个坐标(图 7.21)。

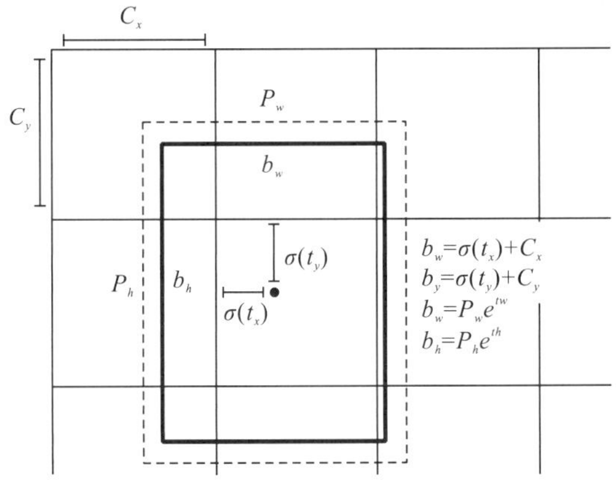

图 7.21 框位置与大小的计算示例图

在 YOLO V3 中使用逻辑回归预测每个边界框的对象分数。与 YOLO V2 不同，每个真实对象分配一个边界框。如果先前的边界框未分配给真实对象，则不会对坐标或类别预测造成损失。

在 YOLO V3 中，每个框使用多标签分类来预测边界框可能包含的类。YoLo V3 不使用 Softmax，因为 Softmax 对于高性能没有必要，因此 YOLO V3 使用独立的逻辑分类器。在训练过程中，我们使用二元交叉熵损失来进行类别预测。对于重叠的标签，多标签方法可以更好地模拟数据。

此外，YOLO V3 采用多个尺度融合的方式做预测。YOLO V2 有一个层叫作穿过层，假设最后提取的特征图的尺寸是 13×13，那么穿过层的作用就是将前面一层的 26×26 的特征图和本层的 13×13 的特征图进行连接，常见的多尺度特征融合的描述有点像 ResNet。这样的操作也是为了加强 YOLO 算法对小目标检测的精确度。这个思想在 YOLO V3 中得到了进一步加强，在 YOLO V3 中采用类似 FPN 的上采样(upsample，UP)和融合做法(最后融合了三个尺度，其他两个尺度的大小分别是 26×26 和 52×52)，在多个尺度的特征图上做检测，对于小目标检测效果的提升还是比较明显的。虽然在 YOLO V3 中每个网格预测 3 个边界框，看起来比 YOLO V2 中每个网格单元预测 5 个边界框要少，但因为 YOLO V3 采用了多个尺度的特征融合，所以边界框的数量要比 YoLo V3 算法的前期版本要多。

YOLO V3 使用新的网络来实现特征提取(图 7.22)。在 Darknet-19 中添加残差网络的混合方式，使用连续的 3×3 和 1×1 卷积层，但现在也有一些 shortcut(捷径)连接，YOLO V3 将其扩充为 53 层并称其为 Darknet-53。

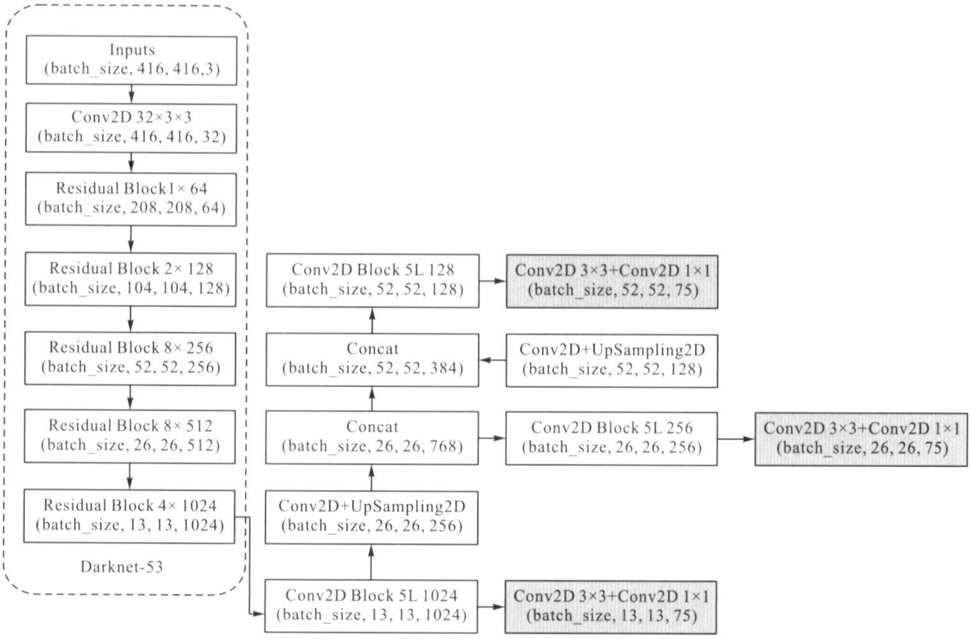

图 7.22　YOLOV3 网络结构

注：Inputs 表示输入图像；Residual Block 表示残差块；Concat 表示特征融合；Upsampling 表示上采样。

每个网络都使用相同的设置进行训练，并以 256×256 的单精度进行测试。运行时间是在 Titan X 上以 256×256 进行测量的。因此，Darknet-53 可与 State-of-the-art(最先进方法)的分类器相媲美，但浮点运算更少，速度更快。Darknet-53 比 ResNet-101 更好，速度更快 1.5 倍。Darknet-53 与 ResNet-152 具有相似的性能，速度提高 2 倍。Darknet-53 也可以实现每秒最高的测量浮点运算。这意味着网络结构可以更好地利用图像处理器(graphics processing unit，GPU)，从而使其评估效率更高，速度更快。用 YOLO 算法进行目标检测，可以取得较高的检测速度和检测准确率。该算法不仅对于实物有着很好的效果，对于其他目标，如艺术作品等同样具有很好的兼容性。YOLO 算法相比其他算法更符合工业界对目标检测算法实时性的要求，简单易实现，对于自动控制领域的嵌入式很友好。YOLO 算法不断吸收目标检测同类算法的优点，将其应用于自身，不断进步，是成长中的算法。

7.3.2 图像分割技术

检测是将目标物筛选并框出的问题，而分割则是一个对图片中的像素进行分类的问题。分割最初分为语义分割和实例分割。语义分割是对图片中每一个像素都要给出一个类别，如地面、树、车、人等。而实例分割则和目标检测比较像，区别在于实例分割是要给出每个目标的所有像素，并且同一种类别不同目标要给出不同的目标身份标识(identification，ID)，即可以将每个目标清晰地区分开。

不同于此前的图像分类和目标检测，在开始图像分割的讲解之前，必须明确语义分割的任务描述，即搞清楚语义分割的输入、输出都是什么。此时输入一幅原始的 RGB 图像或者单通道的灰度图，输出的就不再是简单的分类类别或者目标定位，而是带有各个像素类别标签的与输入同分辨率的分割图像。简单来说，我们输入、输出的都是图像，而且是同样大小的图像，如图 7.23 所示。

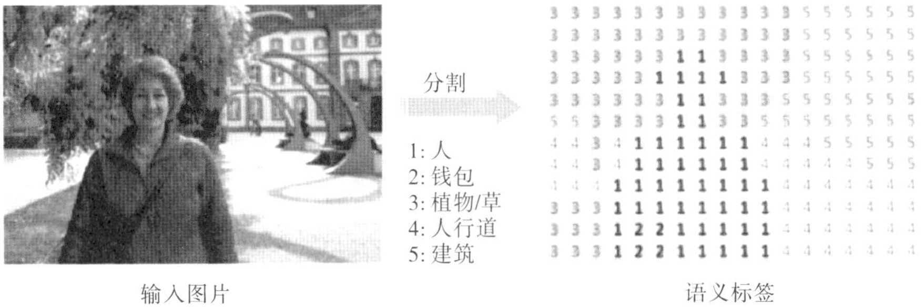

图 7.23　为数字图像打印标签

图 7.24 是将分割图标签添加到原始图像上的效果验证。这里需要明确一下标签是什么，在图像处理中我们将其译为掩膜，如 Mask R-CNN(MR)中的标签。标签可以理解为将预测结果叠加到单个通道时得到的该分类所在的区域。

图 7.24　分割图与原图叠加效果

总体来说，语义分割的任务就是输入图像经过深度学习算法处理得到带有语义标签的同样尺寸的输出图像。

相较于语义分割，实例分割不仅要做出像素级别的分类，还要在此基础上将同一类别的不同个体分出来，即做到每个实例的分割。这对分割算法提出了更高的要求。好在我们此前积累足够的目标检测算法基础。实例分割的基本思路就是在语义分割的基础上加上目标检测，先用目标检测算法将图像中的实例进行定位，再用语义分割方法对不同定位框中的目标物体进行标记，从而达到实例分割的目的。这里以 Mask R-CNN 为例进行介绍。

Mask R-CNN 将 Fast R-CNN 的感兴趣区域的池化层升级成了 Align(排列)层(图 7.25)，并且在边界框识别的基础上添加了分支全卷积网络(fully convolutional networks，FCN)层，即标签层，用于语义标签识别，通过 RPN 生成目标候选框，然后对每个目标候选框分类判断和边框回归，同时利用全卷积网络对每个目标候选框预测分割。Mask R-CNN[①]本质上进行一个实例分割，相较于语义分割(smantic sgmentation，SS)，实例分割对同类物体有着更为精细的分割。Mask R-CNN 在 COCO 测试上的图像分割效果如图 7.26 所示。

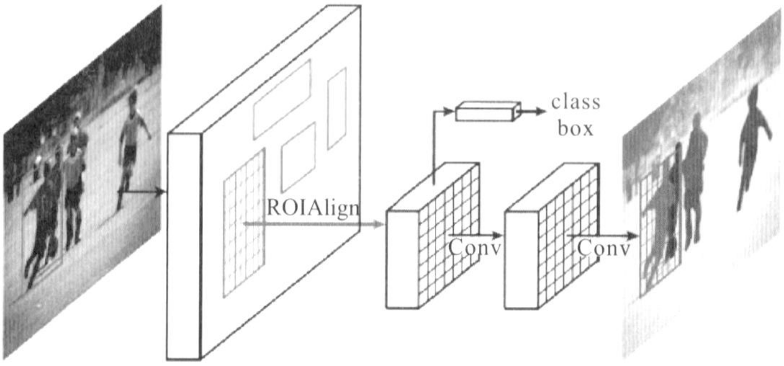

图 7.25　Mask R-CNN 的结构框架

图 7.26　Mask R-CNN 在 COCO 测试集上的图像分割效果

在无人驾驶中应用比较多的是语义分割。例如，面分割、人行横道分割等。语义分割比较早期和经典的模型是 FCN[14]。FCN 有几个比较经典的改进，首先是用全卷积层替换了全连接层；其次是卷积之后的小分辨率特征图经过上层采样，再得到原分辨率大小的结果；最后 FCN 使用了跨层连接的方式，跨层连接可以将高层的语义特征和底层的位置特征较好地结合在一起，使得分割的结果更为准确。FCN 结构图如图 7.27 所示。

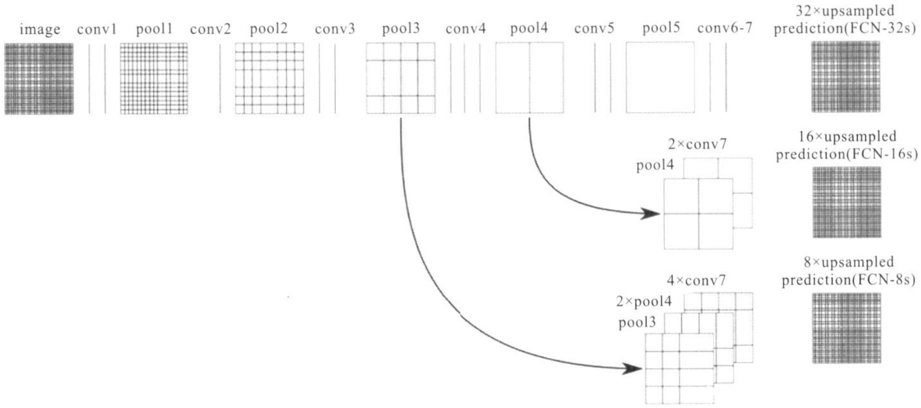

图 7.27　FCN 结构图

分割技术在无人驾驶中主要的应用就是可行驶区域识别(图 7.28)。可行驶区域可以定义成机动车行驶区域，或者当前车道区域等。由于这种区域通常是不规则多边形，所以分割是一种较好的解决办法。与检测相同的是，这里的分割同样需要计算这个区域的三维坐标。这种应用在未来对无人驾驶有着巨大的意义，因为现在的无人驾驶都是基于高精地图，而这种基于可行驶区域的方案是一种脱离高精地图的方案。当然这种方案目前也只能在限定场景下应用，还不是很成熟。

图 7.28　分割技术用于无人驾驶车可行驶区域检测

7.3.3　无人驾驶技术目标跟踪

视觉目标跟踪是计算机视觉中的一个重要研究方向，有着广泛的应用，如视频监控、人机交互、无人驾驶等。不同于检测、分割，深度学习在目标跟踪领域的应用并非一帆风顺。其主要问题在于训练数据的缺失：深度模型需要对大量标注训练数据进行的有效学习，而目标跟踪仅仅提供第一帧的 BBOX 作为训练数据。这种情况下，在跟踪开始针对当前目标从头训练一个深度模型困难重重。但随着近年来深度学习的不断发展，在目标跟踪方法上取得了令人满意的效果，使目标跟踪技术获得了突破性的进展。

1. 单目标跟踪

1) MDNet 网络

MDNet 网络作为 VOT2015 的第一名，首先提出直接用标注好的跟踪视频来预训练网络，从而获得泛化性强的目标表征能力。MDNet 提出多域训练的网络结构，分为共享层和特定域层(图 7.29)。共享层和检测网络类似，用于学习通用的物体特征表征。特定域层的思想是对每一类物体都有一个针对它的二分类层，用于区分前景和背景。

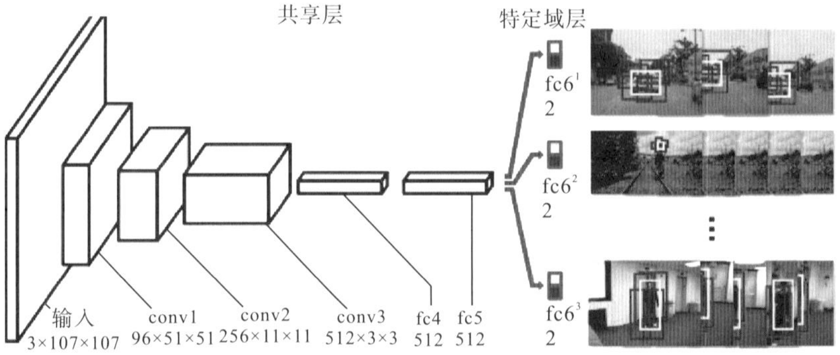

图 7.29　MDNet 网络

因此，MDNet 网络的思想有两个明显优点：①应用了专门的跟踪频数据来做训练；②对于同一类物体进行了特定域的分类，可以有效区分前景和背景。

2) SiameseFC 网络

SiameseFC 网络包含两个输入通道，主要任务是学习一个相似度函数 $f(z,x)$ 用于计算相同大小的图像 x 和模板图像 z 之间的相似度(图 7.30)。假如两个图像块表示的是一个相同的目标，则输出较大的数值，否则输出较小的数值。在下一帧图像当中，可以在整幅图片当中找到最大相似度的候选块作为新的目标位置。

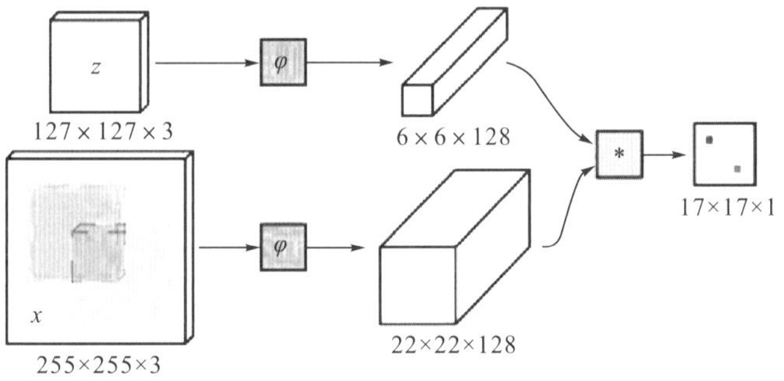

图 7.30　SiameseFC 网络

SiameseFC 网络对输入和候选区域同时进行 φ 变换，之后将得到的特征图利用另一个函数 g 来进行融合，$f(z,x)=g[\varphi(z),\varphi(x)]$，其中，$g(\cdot)$ 表示的是一个简单的相似度矩阵。SiameseFC 网络采用的是全卷积网络结构，其优点是能够在输入和输出端采用任意大小的图片，不用受限于输入端要求相同大小的图片，同时可以在跟踪时使用整幅图像作为输入去比较，找到目标的新的位置。SiameseFC 网络的输出不是一个单一的数值，而是一个得分图。这个得分图定义在一个有限的图像网格上。SiameseFC 网络的优点有：①通过离线训练的网络来实现在线跟踪，保证跟踪的实时性；②使用全卷积的网络结构，因此能够输入任意大小尺寸的图片。

但是由于 SiameseFC 网络属于模板匹配类算法，因此对突然变化和超出图像边界的目标会跟踪失败。

3) GOTURN 网络

上述几个单目标跟踪算法大多采用“预先训练+在线训练”的方式。在实际的应用场景中，在线训练方式一般不满足工业界对目标算法速度的要求。所以真正能够搭配图像视频传感器的单目标跟踪算法应该具备以下特点：①通过预先训练的模型能够在新的数据集上获得比较好的效果；②满足实时性。GOTURN 网络(图 7.31)就是在这种需求下被提出的。

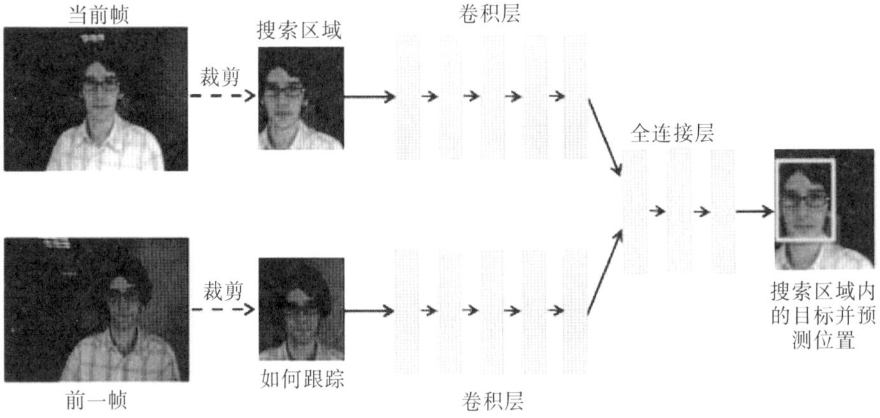

图 7.31　GOTURN 网络

GOTURN 网络的思路十分简单：输入当前帧和前一帧，直接预测目标框的位置。与 SiameseFC 网络一样，都是假设视频中的物体在图像平面的运动服从一个高斯分布，即当前目标在上一帧目标位置附近的可能性远大于在远处的可能性，并由此锁定目标，然后将目标位置传递给各式车载传感器。

2. 多目标跟踪

1) 时空注意力多目标跟踪算法

时空注意力多目标跟踪算法(spatial-temporal attention mechanism，STAM)是将单目标跟踪算法扩展到多目标跟踪领域，如图 7.32 所示。它在基于单目标的卷积神经网络的基础上，加上空间和时间的注意力机制，从而来控制训练样本的更新，在解决目标之间交互的问题上，获得了不错的效果。然而 STAM 需要每一个目标训练一个子网络。当跟踪目标过多时，卷积子网络过多，计算量大，跟踪时间较长，不利于在实际场景中搭配车载传感器进行应用。

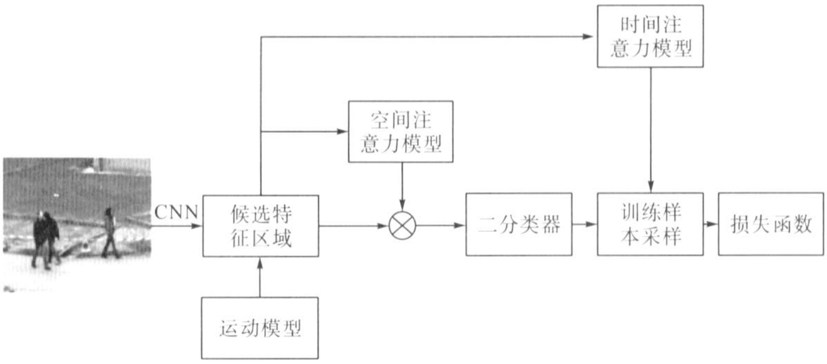

图 7.32　STAM 框架示意图

2) 多线索递归神经网络目标跟踪算法

多线索递归神经网络的目标跟踪算法(appearance，motion，and interaction cues using RNNs，AMIR)是一种在线的可以融合多条信息的目标跟踪算法，如图 7.33 所示。它使用递归神经网络对物体的表面特征、运动模型和目标之间的交互信息进行建模，在多种信息联合的情况下，用来解决跟踪链关联错误的问题或者在遮挡的状态下恢复观测，从而得到了一个比较好的结果。AMIR 可以端到端地学习，不需要传统的多目标跟踪算法的众多超参。提出的基于递归神经网络的运动模型可以比传统的线性运动建模或者二次运动建模更加准确，充分考虑了目标历史上的轨迹，而且根据递归神经网络的性质，距离当前时间较远的目标轨迹的权重是小于距离现有时间较近的目标轨迹的权重，从而进一步缩小了误差，这种方法可以看作是一种注意力机制。它还提出了一种基于目标之间交互关系的递归神经网络，在拥挤的情况下，可以实现目标的长距离预测和跟踪。

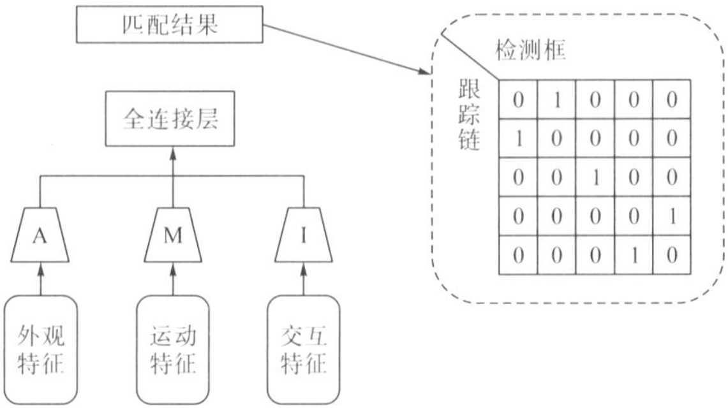

图 7.33　AMIR 框架示意图

以上两种目标检测网络的实验结果如图 7.34 所示。

(a)STAM视觉结果

(b)AMIR视觉结果

图 7.34 STAM 和 AMIR 在 MOT2016 中的视觉结果展示

7.3.4 小结

本节详细介绍了多种主流的神经网络，这些高效的神经网络被广泛地用于智能交通、无人驾驶领域，不论是现在还是不久的将来，可以预见，基于深度学习开发的学习型神经网络是无人系统研究中的重点，其速度、精度、目标检测数量、分类类别均凌驾于传统数字图像处理之上，缺点是学习型的神经网络依赖大量现有数据集，以后无监督的学习网络会慢慢取代现有的监督学习神经网络。

7.4 车 载 雷 达

雷达(radar)是无线电探测和定位(radio detective and ranging，RDAR)的缩写，即用无线电的方法发现目标并测定它们的空间位置。因此，雷达也被称为无线电定位。随着科技的发展，雷达技术已经日趋成熟，且种类繁多，功能各异。由此衍生出了各种形式。本节主要介绍常见汽车雷达传感器的应用以及智能网联汽车队列控制中常用的雷达类型。

7.4.1 雷达的基本原理

1. 雷达的工作原理

雷达是利用电磁波探测目标的电子设备。由雷达发射电磁波对目标进行照射并接收其回波，由此获得目标至电磁波发射点的距离、距离变化率(径向速度)、方位、高度等信息。雷达的工作原理如图 7.35 所示。

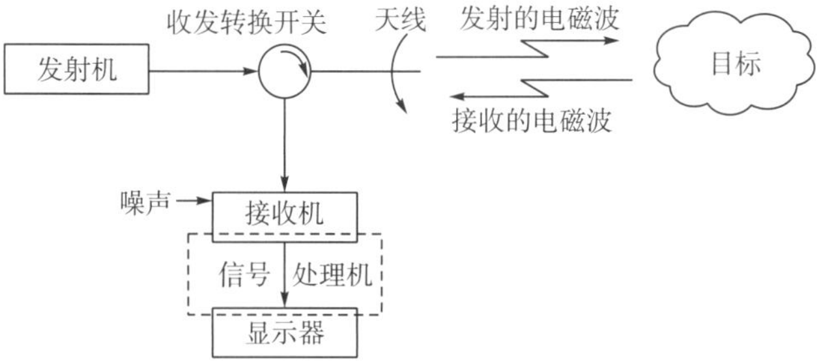

图 7.35 雷达的工作原理

雷达的工作原理如下。

(1) 由雷达发射机产生的电磁能，经收发开关后传输给天线，再由天线将此电磁能定向辐射于大气中。

(2) 电磁能在大气中以光速(约 3×10^8m/s)传播，如果目标恰好位于定向天线的波束内，则它将截取一部分电磁能。

(3) 目标将被截取的电磁能向各方向散射，其中部分散射的能量朝向雷达接收方向。雷达天线搜集到这部分散射的电磁能后，经传输线和收发反馈给接收机。

(4) 接收机将这个微弱的信号放大并经信号处理即可获取所需信息，并将结果送至终端显示。

2. 激光雷达组成及测距原理

激光雷达由发射器、分光器、接收器和反光镜等构成，如图 7.36 所示。发射器的主要功能是发射出激光脉冲束，接收器负责接收由物体反射的激光，分光器的作用是将所需要的共振吸收线分离出来，反射镜则是负责激光的反射。

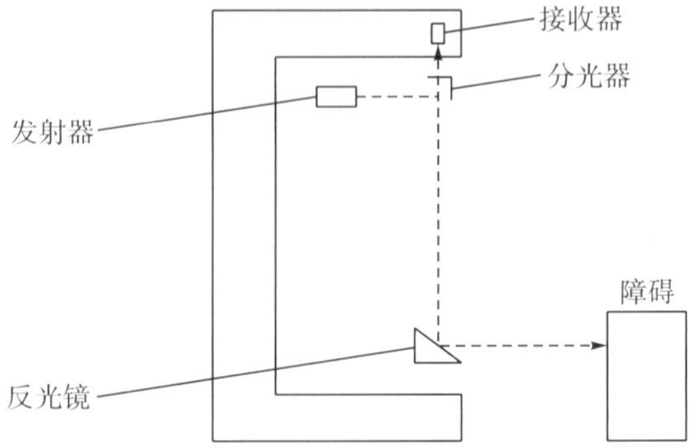

图 7.36　激光雷达的组成

激光雷达的工作原理与雷达非常相近，由激光器发射出的激光脉冲入射到物体表面引起散射，其中一部分光波会经过反射返回到激光雷达的接收器中，它将光信号转变为电信号记录下来，同时，由所配备的计时器记录同一个激光脉冲信号由发射到被接收的时间间隔(t)。由于光速(c)是已知的，传播时间间隔即可被转换为对距离(r)的测量。激光测距的公式如下：

$$r=\frac{1}{2}ct \tag{7.7}$$

一束激光脉冲的一次回波信号只能获得一个激光反射点的距离信息，为连续获得具有一定带宽的一系列激光反射点的距离信息，需借助一定的机械装置，通过扫描的方式使激光发射器进行作业。因为激光脉冲以光速传播，所以接收器总会在下一个脉冲发出之前收到前一个被反射回的脉冲。

以上介绍的是雷达的一般原理，随着科学技术的更新发展，如今已经衍生出了各种各样的雷达种类，在汽车领域中对雷达的应用主要集中在发现障碍物、预测碰撞、自适应巡航控制等一系列实际运用场景中。其中，最有代表性的是激光雷达和超声波雷达的应用，因此接下来选取思岚公司的 RPLIDAR-A1-M8 单线激光雷达和速腾聚创的 RS-LiDAR-32 多线激光雷达进行介绍。

1）RPLIDAR-A1-M8 单线激光雷达

单线激光雷达是指激光源发出的线束是单线的雷达，目前主要应用于机器人领域，以服务机器人居多，可以帮助机器人规避障碍物，具备扫描速度快、分辨率强、可靠性高等优点，相比多线激光雷达，单线激光雷达在角频率及灵敏度上反应更快捷，因此，在测试周围障碍物的距离和精度上都更加精准。但单线雷达只能进行平面式扫描，不能测量物体高度，当前主要应用于扫地机器人、送餐机器人等服务机器人身上。

图 7.37 与图 7.38 中采用的是激光三角测距技术，再配合思岚公司自主研发的高速视觉采集和处理机制，每秒可进行 2000 次以上的测距动作，在每一个测距过程中，RPLIDAR-A1-M8 激光雷达会发出一个调制的红外激光信号，激光信号照射目标物体后产生的反射光将被 RPLIDAR-A1-M8 激光雷达的视觉采集系统接收，如图 7.39 所示。

图 7.37 RPLIDAR-A1-M8 激光雷达实物图

图 7.38 搭车效果图

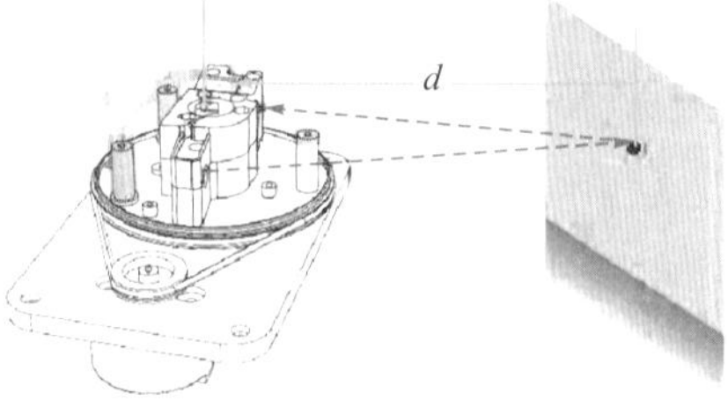

图 7.39　RPLIDAR-A1-M8 激光雷达工作原理示意图

利用嵌入在RPLIDAR-A1-M8激光雷达中的数字信息处理器,(digital sinyal processor，DSP)进行实时计算后，从通信接口输出目标对象与 RPLIDAR-A1-M8 激光雷达之间的距离和当前角度信息。

RPLIDAR-A1-M8 激光雷达的测距角度和距离的几何定义如图 7.40 所示。

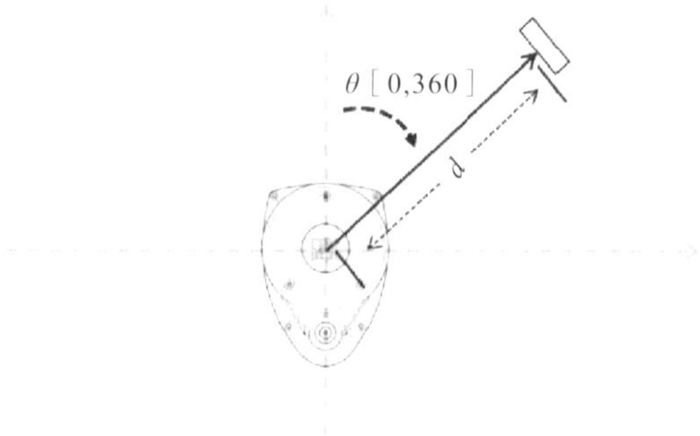

图 7.40　测距角度与距离的几何定义

2) RS-LiDAR-32 多线激光雷达

多线激光雷达是指同时发射及接收多束激光的激光旋转测距雷达，市场上目前有 4 线、8 线、16 线、32 线、64 线和 128 线的多线激光雷达，多线激光雷达可以识别物体的高度信息并获取周围环境的 3D 扫描图，主要应用于智能网联汽车以及无人驾驶领域。

RS-LiDAR-32 多线激光雷达是深圳市速腾聚创科技有限公司推出的 32 线激光雷达，属于小型激光雷达，主要面向智能网联汽车和无人驾驶汽车环境感知、机器人环境感知、无人机测绘等领域。

RS-LiDAR-32 多线激光雷达采用混合固态激光雷达方式，集合了 32 个激光收发组件，测量距离高达 200m，测量精度在±3cm 以内，出点数高达 600000 点/s，水平测角为 360°，垂直测角为-25°～15°。

RS-LiDAR-32 多线激光雷达通过 32 个激光发射组件快速旋转的同时发射高频率激光束对外界环境进行持续性地扫描，经过测距算法提供三维空间点云数据及物体反射率，可以让机器看到周围的世界，为定位、导航、避障等提供有力的保障(图 7.41)。

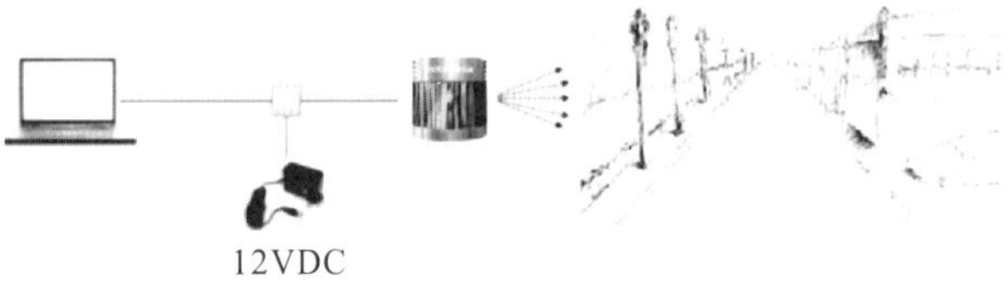

图 7.41　RS-LiDAR-32 多线激光雷达成像系统

7.4.2　雷达在无人驾驶领域应用

智能网联汽车的关键技术包括对车辆行驶环境的感知、对车辆行驶路径的规划、对驾驶行为的智能决策、对车辆的导航定位以及对车辆的辅助控制等。智能网联汽车的控制系统作为智能车辆最底层、最重要的环节，一直受到广大专家学者的重视。目前在智能网联汽车控制技术方面还存在以下一些共性问题：在工况大范围变化时，车辆运动出现震荡以及趋于不稳定的情况；精确定点停车和机动控制能力尚显不足；控制算法自适应能力不强，不同的道路环境下需要采用不同的控制算法。为了实现在城市环境下车道保持、车速控制、定点泊车，还需要提高控制系统的自适应性、鲁棒性和智能性。要达到以上目的，与智能网联汽车对周围环境的感知是密不可分的。

要实现智能网联汽车在未知环境中的导航和地图构建，必须能够实时可靠地不断获得各种环境信息。环境信息的感知一般依靠一种或者多种传感器的融合，获取环境信息并经过数据处理，完成对位置环境的实时检测。

1. 常用传感器

根据工作原理的不同，智能网联汽车传感器大体可以分为主动传感器和被动传感器两种。主动传感器主要通过其自身发射的能量来感知周围的物体，可以获得实时准确的信息，并且受外界的影响比较小，主要有激光雷达(图 7.42)、毫米波雷达、超声波传感器、脉冲雷达、调频连续波(frequency modulated continuous wave，FMCW)雷达、微波冲击雷达等；被动传感器具有功率低、获取信息量又快又大等特点，但其信息主要依靠外界获取，受外界环境的影响很大，主要由立体视觉、红外线相机和可见光摄像机等提供。

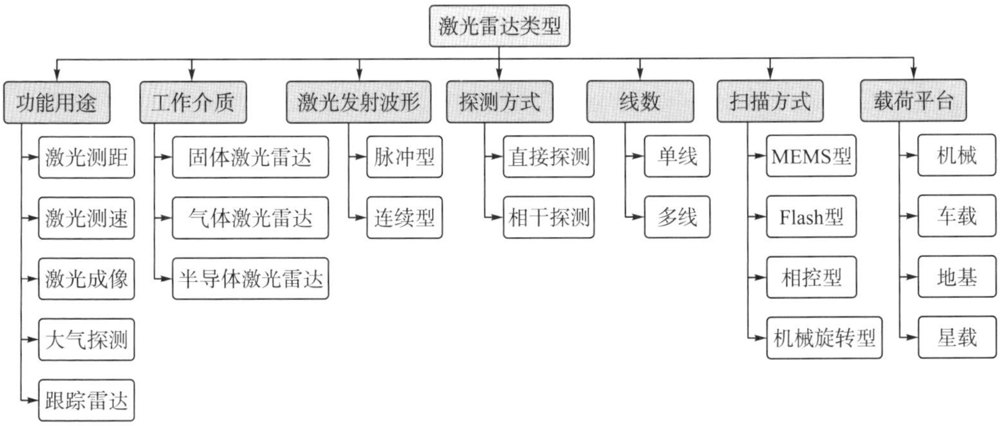

图 7.42　激光雷达分类

主动和被动传感器都有各自的优缺点，但是目前在环境感知研究中一般采用的是激光雷达，这主要是因为激光雷达是主动传感器中的一种，对物体的感知信息主要来自自身，受外界环境影响很小，激光雷达测距快，可靠性和精确度都比较高。不同的激光雷达可以实现不同的功能，如障碍物的检测与跟踪、路的检测与跟踪以及目标的测速等。智能网联汽车上配备的雷达一般有单线激光雷达和多线激光雷达以及毫米波雷达等。

单线激光雷达只能够发出一个激光束，它结构简单、功耗低、使用方便，普遍被用于对障碍物和路面的检测及跟踪等。但是由于只有一根扫描线，返回的信息量很少，无法获得障碍物的大小、形状等信息，在缩微车实验平台、模型车辆平台、服务类测距机器人平台等简单应用场景中使用较多，而在智能网联汽车实际应用中往往被多线激光雷达所替代。

多线激光雷达具有两个或两个以上的激光束。它可以实现单线激光雷达的所有功能，同时可以进行简单的地图构建，但是其复杂度增加，数据处理难度加大。它可以提供障碍物的高度信息，但是精度较差。

单线激光雷达或者多线激光雷达只能简单地对障碍物进行检测，但是不能够对真实的环境进行更准确的理解和构建。近年来，为了能够获得更为全面准确的环境信息，人们开始研发三维激光雷达(将多线激光雷达的线数提高，使之获得更多的环境信息，从而构建出三维成像地图)，如图 7.43 和图 7.44 所示。然而激光雷达线数越高，技术越复杂，价格也越昂贵，这为智能网联汽车的发展带来了极大的挑战。

图 7.43　十字路口实景地图

图 7.44　32 线激光雷达点云地图构建

2. 基于车载激光雷达的障碍物检测

障碍物的检测是智能网联汽车智能辅助的关键部分，除对周围环境的感知以外，还需要对智能网联汽车队列中的其他车辆进行检测和识别。目前，智能网联汽车系统中对障碍物的检测已经做过很多的研究，经过研究得知障碍物检测的方法主要有利用立体视觉的障碍物的检测、利用激光雷达的障碍物的检测和利用多传感器融合的障碍物的检测。

与其他的检测方法相比，利用激光雷达对障碍物进行检测可以实时地获取精度比较高的周围环境相关信息，使得智能网联汽车在周围未知的环境中对障碍物的检测更加有效和可靠。多线激光雷达能够快速精确地获取智能网联汽车周围的障碍物信息，同时可以构建精确的三维点云地图，测量的距离数据精度高，因此智能网联汽车研究中对未知环境中的障碍物进行检测以及地图构建大多采用激光雷达技术进行。

近几年来，很多人已经对使用激光雷达对障碍物进行检测的相关方面做了很多的相关研究，大多是用测量智能网联车辆周围环境中的物体高度和位置等信息的方法来获得障碍物分布信息，同时为智能网联车辆队列行驶提供强大的辅助工具。

3. 基于车载激光雷达的动态障碍物跟踪

基于激光雷达的动态障碍物跟踪是环境感知的重要组成部分，一般情况下，动态障碍物跟踪主要包括车辆和行人跟踪。Navarro-Serment 的团队首先从三维雷达数据中利用地面估计算法获得地面，然后依据点离地面的高度计算出 SOD 特征，最后用卡尔曼滤波来实现对行人的跟踪[15]。Brscic 的团队采用单线激光雷达采集前方的信息，聚类激光雷达数据，获得需要跟踪的目标，最后采用卡尔曼滤波进行跟踪[16]；Spinello 的团队采用三维激光雷达，从由底到顶的检测器产生的多假设中选择恰当的假设，然后采用多目标多假设跟踪方法验证对行人的跟踪[17]；Scholer 的团队使用三维激光雷达数据，利用一种粒子滤波的观测模型对完全或部分被遮掩的行人进行识别，从而确定被遮掩的障碍物的数量，这种方法可以在比较复杂的场景中对部分可见的行人进行实时跟踪[18]；Petrovskaya 的团队利用三维激光雷达数据，利用粒子滤波算法完成对多车辆的跟踪[19]。

7.4.3 小结

实际上国内车载激光雷达的发展并不比国外起步晚，然而目前来看，国外的车载激光雷达研发水平更高。虽然激光雷达在智能网联汽车市场上的需求量大，但是目前仍面临着成本高、量产难的问题。制造门槛高，且应用领域较窄，使该类产品的开发者相对较少。要推动激光雷达解决方案的落地，开发者势必要完整掌握硬件的核心技术，并以配套的算法推动市场接受其方案。总之，激光雷达在智能网联汽车上的应用还有很长的一段路要走，未来也有着非常广阔的发展空间。

参考文献

[1] He H，Mandal S，Buehler A，et al. Improving optoacoustic image quality via geometric pixel super-resolution approach[J]. IEEE Transactions on Medical Imaging，2016：35(3)：812-818.

[2] Seo J，Park H. Object recognition in very low resolution images using deep collaborative learning[J]. IEEE Access，2019，7：134071-134082.

[3] Kazemzadeh F，A Haider S，Scharfenberger C，et al. Multispectral stereoscopic imaging device：Simultaneous multiview imaging from the visible to the near-infrared[J]. IEEE Transactions on Instrumentation and Measurement，2014，63(7)：1871-1873.

[4] Awad M，Elliethy A，Aly H A. Adaptive near-infrared and visible fusion for fast image enhancement[J]. IEEE Transactions on Computational Imaging，2020，6：408-418.

[5] Achterberg H C，Vernooij M W，Opbroek A V，et al. Transfer learning for image segmentation by combining image weighting and kernel learning[J]. IEEE Transactions on Medical Imaging，2019，38(1)：213-224.

[6] Pawar K，Chen Z，Shah N J，et al. A deep learning framework for transforming image reconstruction into pixel classification[J]. IEEE Access，2018，7：177690-177702.

[7] Min X，Zhai G，Gu K，et al. Objective quality evaluation of dehazed images[J]. IEEE Transactions on Intelligent Transportation Systems，2019，20(8)：2879-2892.

[8] Fu Q，Jung C，Xu K. Retinex-based perceptual contrast enhancement in images using luminance adaptation[J]. IEEE Access，2018，6：61277-61286.

[9] Uijlings，J R R，Van de Sande K E A，Gevers T，et al. Selective search for object recognition[J]. International Journal of Computer Vision，2013，104(2)：154-171.

[10] Ren S，He K，Girshick R，et al. Faster R-CNN：Towards real-time object detection with region proposal networks[J]. IEEE Transactions on Pattern Analysis & Machine Intelligence，2017，39(6)：1137-1149.

[11] Girshick R. Fast R-CNN[J]. Computer Ence，2015.

[12] Zhang D，Li J J，Xiong L，et al. Cycle-consistent domain adaptive Faster RCNN[J]. IEEE Access，2019，7：123903-123911.

[13] Redmon J，Divvala S，Girshick R，et al. You Only Look Once：Unified，Real-time Object Detection[C]. Las Vegas：2016 IEEE Conference on Computer Vision and Pattern Recognition（CVPR），2016：779-788.

[14] Long J，Shelhamer E，Darrell T. Fully convolutional networks for semantic segmentation[J]. IEEE Transactions on Pattern Analysis and Machine Intelligence，2015，39(4)：640-651.

[15] Navarro-Serment L E，Mertz C，Vandapel N. LADAR-based pedestrian detection and tracking[J]. IEEE Workshop on Human Detection from Mobile Platforms California，2008.

[16] Brscic D，Hashimoto H. Tracking of Objects in Intelligent Space Using Laser Range Finders[A]. Mumbai：IEEE International Conference on Industrial Technology，2006：1723-1728.

[17] Spinello L，Luber M，Arras K O. Tracking People in 3D using a Bottom-up Top-down Detector[C]. Shanghai：IEEE International Conference on Robotics and Automation，2011：1304-1310.

[18] Scholer F，Behley J，Steinhage V. Person Tracking in Three-dimensional Laser Ranger Data with Explicit Occlusion Adaption[C]. Shanghai：International Conference on Robotics and Automation，2011：1297-1303.

[19] Petrovskaya A，Thrun S. Model bsaed Vehicle Tracking in Urban Environments[C]. Kobe：International Conference on Robotics and Automation，2009：1175-1182.

第 8 章　V2X 通信技术

所谓 V2X，即 vehicle to everything，意为车对外界的信息交换。车联网通过整合全球定位系统(global positioning system，GPS)导航技术、车对车交流技术、无线通信及远程感应技术奠定了新的汽车技术发展方向，实现了手动驾驶和自动驾驶的兼容。城市道路交通环境下的车联网系统如图 8.1 所示。

图 8.1　城市道路交通环境下的车联网系统[1,2]

简单来说，搭配了该系统的车型，在自动驾驶模式下，能够通过对实时交通信息的分析，自动选择路况最佳的行驶路线，从而大大缓解交通堵塞。除此之外，通过使用车载传感器和摄像系统，还可以感知周围环境，做出迅速调整，从而实现“零交通事故”。例如，如果行人突然出现，可以自动减速至安全速度或停车。V2X 最早的应用是在 2006 年，由通用汽车在一辆凯迪拉克上做了展示。从那之后，其他的汽车制造商和汽车配套产品供应商都纷纷开始研究这项技术。但是 V2X 的应用被提上日程却是起源于美国的两件交通事故。在美国的新泽西州和佛罗里达州分别发生了一起校车被撞导致留在车内的学生全部死亡的特大交通事故，事故发生之后，美国国家运输安全委员会(National Transportation Safety Board，NTSB)对事故进行了调查并提交了一份报告给美国公路交通安全管理局(National Highway Traffic Safety Administration，NHTSA)。报告中描述了事故发生的经过——卡车与校车在十字路口相撞，认为如果事故发生时车辆上有能与其他汽车进行通信的系统，那么这两起事故就能够被避免，并建议 NHTSA 开始进行 V2V 的授权工作，为所有在高速公路行驶的车辆发布一个能安装此项技术的最低性能要求。而一旦标准被公布，NTSB 希望汽车制造商们能够在所有新车上安装此系统。如果一辆车能够做驾驶员的第二双“眼睛”，那么这会从理论上降低因为注意力分散或者能见度低造成的交通事故。V2X 就是把汽车变成驾驶员眼睛的神器，它可以在驾驶员注意到之前看见突然跑上公路的小鹿或者用车身侧部看见驾驶员难以注意到的拐角处的停车标志然后提醒驾驶员。

现如今，V2X 领域存在两大通信标准，即车载专用短程通信(dedicated short range communications，DSRC)[3,4]和长期演进技术-车辆通信(long term evolution-vehicle，LTE-V)。

其中，DSRC是由电气电子工程师学会(Institute of Electrical and Electronics Engineers，IEEE)制定，并且有主要车辆生产商支持的标准。而LTE-V是由第三代合作伙伴计划(即3GPP)通过拓展LTE而制定的。伴随着5G通信技术的成熟，5G也成为继DSRC和LTE-V之后的V2X通信技术。5G网络的一个优点是，数据传输速率远远高于以前的蜂窝网络，最高可达10Gb/s，比当前的有线互联网要快，比先前的4G LTE蜂窝网络快100倍；另一个优点是较低的网络延迟(更快的响应时间)，低于1ms，而4G为30～70ms。由于数据传输更快，5G网络将不仅仅为手机提供服务，而且还将成为V2X通信的重要手段。

8.1 DSRC

DSRC设备根据应用功能可以分为两类，分别为车载单元(on-board unit，OBU)和路侧单元(road-side unit，RSU)。其中，OBU主要是指搭载在车辆上的车载装置，能够通过其他模块采集到车辆的状态信息，通过DSRC与其他车辆的车载装置或布设在道路中的路侧设备进行交互；RSU则是布设在道路上的路侧设备，通过DSRC技术共享道路信息或对道路中的车辆进行统一管理，车联网网络如图8.2所示。使用DSRC可以实现车车通信(vehicle-to-vehicle，V2V)和车路通信(vehicle-to-infrastructure，V2I)。其中，V2V是车辆和车辆之间的通信，特指车载装置与车载装置之间的数据通信，藉此，车辆可以实时获得周围车辆的信息；V2I则特指车载装置和路侧设备之间的通信，现阶段国内的主要应用是电子不停车收费系统。

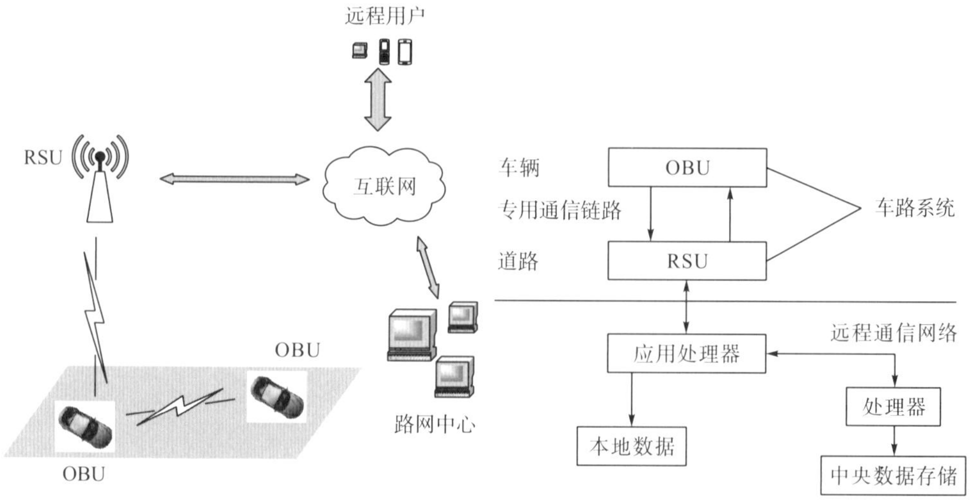

图8.2 车联网网络结构

DSRC使用IEEE 802.11p协议和IEEE 1609协议[5]。其中，IEEE 1609.1主要对DSRC设备进行资源管理，为DSRC设备提供额外的管理机制，让具有控制能力的节点能够远端控制一个区域内的所有节点；IEEE 1609.2制定IEEE 1609标准中的安全机制，为应用层和管理信息提供安全服务；IEEE 1609.3主要为制定此系统中的网络通信协议和管理机制；IEEE 1609.4 制定频道间的切换运作方式并管理多信道的切换；IEEE 802.11p 定义物理层和数据链路层。DSRC 的分层结构如图 8.3 所示。

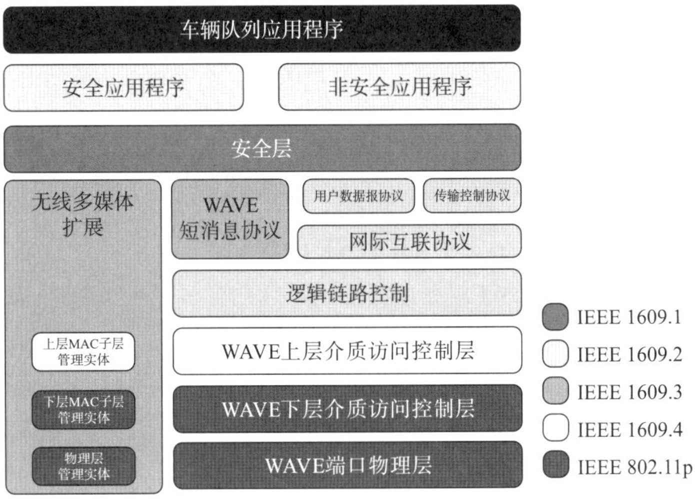

图 8.3　DSRC 的分层结构

现阶段，IEEE 802.11p 协议定义 DSRC 在美国的频带范围为 5.850 GHz～5.925GHz，共 75MHz，其信道结构示意图如图 8.4 所示。

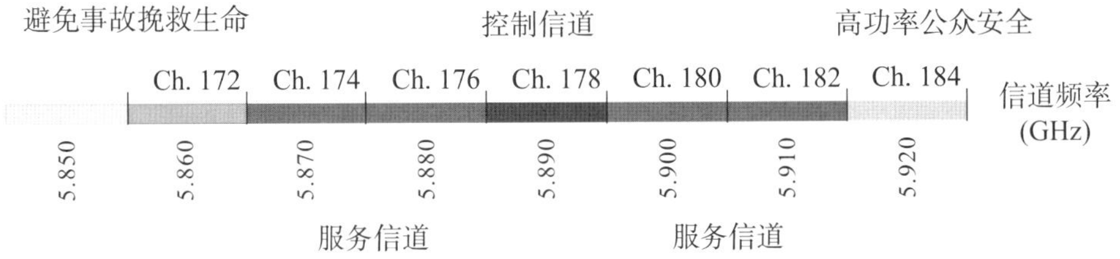

图 8.4　IEEE 802.11p 协议的信道结构

DSRC 的数据传输速率由不同的编码速率和编码率来决定，数据传输速率为 3～27Mb/s。其详细 DSRC 数据传输速率如图 8.5 所示。

调制技术	编码比特率(Mb/s)	编码率	数据速率(Mb/s)	每OFDM符号数据位
BPSK	6	1/2	3	24
BPSK	6	3/4	4.5	36
QPSK	12	1/2	6	48
QPSK	12	3/4	9	72
16-QAM	24	1/2	12	96
16-QAM	24	3/4	18	144
64-QAM	36	2/3	24	192
64-QAM	36	3/4	27	216

图 8.5　DSRC 不同的数据传输速率

此外，DSRC 的范围为 1000m 左右，当车辆高速移动时，车辆之间所建立连接的持续时间会非常短暂，所以需要快速建立连接并传输信息。但是与 IEEE 802.11a 协议支持 20MHz 的带宽不同的是，IEEE 802.11p 协议只支持 10MHz 的带宽，从而其通信速率会有所下降，所以在使用 IEEE 802.11p 协议传递消息时应当尽量减少消息的长度，以保证通信的效率。

在通信延迟方面，DSRC 的延时小于 50ms，相较于 Wi-Fi 等其他无线通信，其通信延时大大减少。较小的延迟可以保证在 V2V/V2I 通信过程中消息的有效性大大增强。因此，基于 DSRC 技术的 V2X 通信能够满足车辆间的通信需求。

针对研究工作中 V2X 通信协议和电动车队列行驶的特点：第一，智能电动汽车车车/车路通信设备需基于 DSRC 技术实现车车/车路数据交互，进而可用通过 V2X 通信的方式感知交通环境和实现队列协同控制，因此，选取 Cohda Wireless 公司开发的基于 IEEE 802.11p 协议和 IEEE 1609 协议的 DSRC 模块 MK5-OBU 和 MK5-RSU，其通信模块搭载有 Linux 2.6 系统，可以通过对 IEEE 1069 协议进行配置和开发，从而实现通过 DSRC 模块进行 DSRC 数据消息传输；第二，为了获取智能电动汽车自身的运动状态，利用 GPS 模块对车辆的自身运动状态进行感知，以便车辆能够获取到 GPS 地理信息，通过解析从而获取到车辆的位置、速度和航向角等车辆自身运动状态信息；第三，在实际的交通环境中，V2X 通信设备不仅需要处理自身的 GPS 数据信息，还需要接收处理周边车辆和路侧设备的运动状态信息和位置结构信息，因此，选择配备有 I.MX6Q Cortex-A9 四核 CPU 的嵌入式控制板作为智能电动汽车车车/车路通信设备的嵌入式控制板，嵌入式控制板中搭载有 Linux 3.0.35 系统；第四，为了使得上述设备能够进行数据交互并有利于开发者对设备内软件进行快速开发和调试，将 MK5 通信模块和嵌入式控制板分别进行网络脚本配置，使其分别获取独立的通信地址，使得模块间可以通过千兆路由器进行网络通信，嵌入式控制板能够从 MK5 通信模块中获取到周边车辆发送的 DSRC 消息，相应地，由于 GPS 模块并没有搭载操作系统，因此利用串口通信使嵌入式控制板获取到车辆自身的 GPS 消息；第五，为了让驾驶人员直观地获取到车辆和周边车辆的运动状态、通信拓扑结构等信息，将基于安卓(Android)系统进行人机交互接口(human machine interface，HMI)界面开发，使得交互界面能够直观地反映出当前车辆的运动状态信息和周围交通环境信息。其整体架构图如图 8.6 所示。

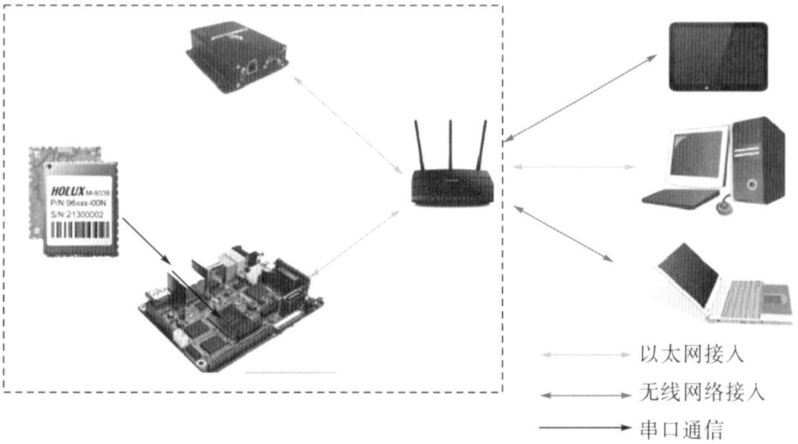

图 8.6　V2X 通信设备整体架构

综上所述，设备架构部分主要为 5 个部分，分别为 MK5 通信模块(DSRC 模块)、嵌入式控制板(数据处理)、显示设备(HMI 人机交互)、GPS 模块(提供车辆运动状态信息)和路由器(模块间数据交互)。将 MK5 和嵌入式控制板分别连接上路由器，并利用脚本配置设定各个设备的 IP(internet protocol，互联网协议)地址，嵌入式控制板和 MK5 编写 IP 脚本，使得 E9 和 MK5 能够通过网口和路由器进行相互通信，设备模块架构的优势在于以下几点。

(1) 能够满足本项目中电动汽车车车/车路通信设备的功能实现，通过以上设备并配合配套的应用软件能够满足队列的协同控制需求(环境感知和 V2X 通信)，为实现电动汽车队列控制奠定基础。

(2) 利用路由器作为数据转发中介能够加快开发效率，开发计算机能够迅速介入对嵌入式控制板和 MK5 的开发，能够有效地提高开发效率，同时，将平板通过 Wi-Fi 接入网络，利用 Android 平板开发的人机交互界面能够快速获取到设备的运行状态，有利于后期的开发。

8.2 LTE-V 通信技术

长期演进(long term evolution，LTE)是第三代合作伙伴计划(the 3rd generation partnership project，3GPP)组织制定的通用移动通信系统(universal mobile telecommunications system，UMTS)技术标准的长期演进，于 2004 年 12 月在 3GPP 多伦多会议上正式立项并启动。3GPP 于 2017 年 3 月发布了 LTE-V 技术规范，开展了大量相关研究和产业化工作[6]。LTE 系统引入了正交频分复用(orthogonal frequency division multiplexing，OFDM)和多输入多输出(multi-input & multi-output，MIMO)等关键技术，显著提高了频谱效率和数据传输速率(20M 带宽 2X2MIMO 在 64QAM 情况下，理论下行最大传输速率为 201Mb/s，除去信令开销后大概为 150Mb/s，但根据实际组网以及终端能力限制，一般认为下行峰值速率为 100Mb/s，上行为 50Mb/s)，并支持多种带宽分配：1.4MHz、3MHz、5MHz、10MHz、15MHz 和 20MHz 等，且支持全球主流 2G/3G 频段和一些新增频段，因而频谱分配更加灵活，系统容量和覆盖也显著提升。基于 LTE-V 的车联网系统结构如图 8.7 所示。

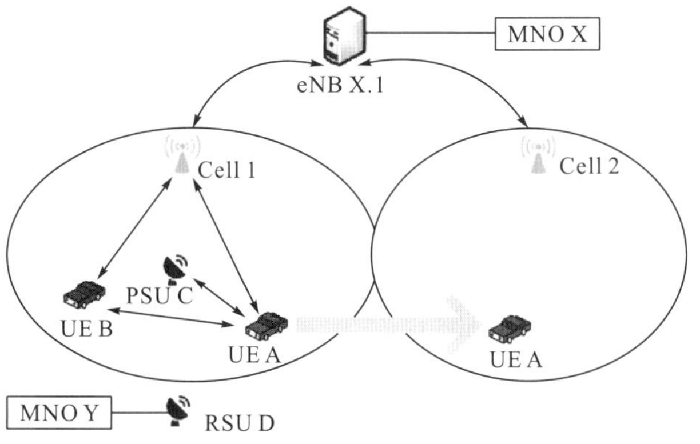

图 8.7 基于 LTE-V 的车联网系统结构

目前，全球信息化时代已经到来，数据总量呈现爆炸式增长，人们对数据信息的需求日益增多。LTE 的诞生是为了不断优化无线通信技术以满足客户对无线通信的更高要求。LTE 是无线数据通信技术标准。LTE 的当前目标是借助新技术和调制方法提升无线网络的数据传输能力和数据传输速度，如新的数字信号处理(DSP)技术，这些技术大多于千禧年前后提出。LTE 的远期目标是简化和重新设计网络体系结构，使其成为 IP 化网络，这有助于减少 3G 转换中潜在的不良因素。LTE 技术主要存在 TDD 和 FDD 两种主流模式，两种模式各具特色。其中，FDD-LTE 在国际中应用广泛，而 TDD-LTE 在我国较为常见。LTE 项目是 3G 技术的演进，是 3G 技术与 4G 技术之间的一个过渡，是 3.9G 的全球标准。它改进并增强了 3G 的空中接入技术，采用 OFDM 和 MIMO 作为其无线网络演进的唯一标准。在 20MHz 频谱带宽下提供下行 100Mb/s 与上行 50Mb/s 的峰值速率，改善了小区边缘用户的性能，提高小区容量和降低系统延迟。在 LTE-V 网络下，车辆行驶过程中网络会根据链路质量等指标进行网络切换，以保证连接的可靠性[7]。

LTE-V 是面向智能交通和车联网应用、基于 4G LTE 系统的演进技术，包括 LTE-V-Cell 和 LTE-V-Direct 两个工作模式，如图 8.8 所示。通俗来说，LTE-V-Cell 要借助已有的蜂窝网络，支持大带宽、大覆盖通信，满足 TelemaTIcs 应用需求；LTE-V-Direct 可以独立于蜂窝网络，实现车辆与周边环境节点低时延、高可靠的直接通信，满足行车安全需求。需要特别提出的是，LTE-V-Direct 模式能够将车辆感知范围扩展到数百米的探测距离，这与目前已有的其他车辆感知系统(如雷达、光学摄像头)的探测范围相比有很大优势。多种探测手段相结合，借助融合信息处理技术，能够有效提升行车安全和交通效率问题。LTE-V 和 802.11p 各有什么优势？802.11p 具有客观的先发优势，目前已具备商用芯片并积累了多年的测试经验；而 LTE-V 作为面向车联网应用、基于 LTE 演进、具有自主知识产权的技术，则具备诸多后发优势。从技术角度，LTE-V 在设计过程中充分借鉴了 802.11p 的经验和不足，在系统容量、覆盖范围等方面具有显著的性能优势；LTE-V 可以充分利用 LTE 蜂窝网络优势，保证业务的连续性和可靠性，还能够利用基站与托管的云端服务器连接，进行高清影音等高速数据传输。从产业角度，LTE-V 作为拥有自主知识产权的通信技术，有利于国内企业规避专利风险，而且网络部署维护投入低，通过对现有的 LTE 网络基站设备和安全机制进行升级就可以实现。

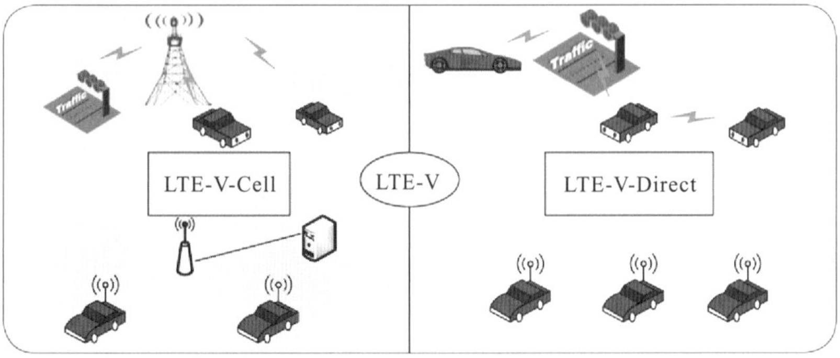

图 8.8　基于 LTE-V 的车联网系统工作模式

毋庸置疑，智能网联汽车为通信行业提供了新兴的规模化市场和新的发展空间，汽车行业也能够借助先进的通信技术提升汽车的安全性、产生新的卖点。借助通信、大数据等技术，实现智能交通更是产业的终极梦想。但 LTE-V 的推广仍然充满挑战，且现阶段仍处于正在研发的初步阶段。

8.3 5G 通信技术

第五代移动通信技术（简称 5G 或 5G 技术）是最新一代蜂窝移动通信技术，也是继 4G（LTE-A、WiMax）、3G（UMTS、LTE）和 2G（GSM）系统之后的延伸。5G 的性能目标是高数据速率、减少延迟、节省能源、降低成本、提高系统容量和大规模设备连接。Release-15 中的 5G 规范的第一阶段是为了适应早期的商业部署。Release-16 的第二阶段将于 2020 年 4 月完成，作为 IMT-2020 技术的候选提交给国际电信联盟（International Telecommunication Union，ITU）。ITU IMT-2020 规范要求速度高达 20Gb/s，可以实现宽信道带宽和大容量 MIMO。目前的 LTE-V 版本属于 4.5G 技术，进一步可以平滑演进到 5G，当移动通信行进到 5G 时代时，其主要战场就不仅局限在消费领域，而是和各个行业更加紧密地联结起来。事实上，目前 5G 已经开始全面考虑多种场景与各种行业的应用需求，制定全球统一 5G 标准已成为业界共识。移动互联网、虚拟现实/增强现实、物联网、车联网和工业互联网等将会是 5G 的热点应用领域。5G 的主要应用场景如图 8.9 所示。

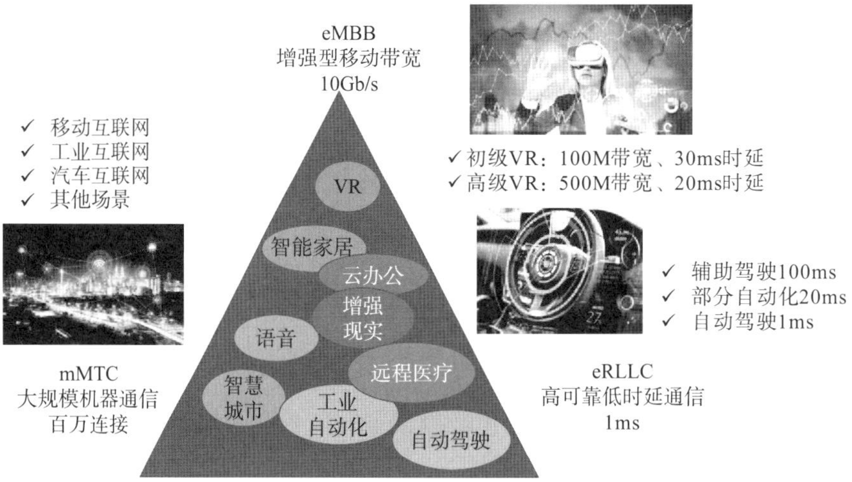

图 8.9 5G 应用场景

C-V2X（蜂窝车联网）是基于 3GPP 的全球统一标准的车联网无线通信技术，包括 LTE-V2X 和 5G-V2X 及其后续演进。其中，C 指的是蜂窝，V2X 指的是车用无线通信技术，是将车辆与一切事物相连接的新一代通信技术，其中 V 代表车辆，X 代表一切可以与车辆进行信息交互的对象，当前 X 主要包括车、人、交通路侧基础设施和网络[8]。其信息交互模式有 4 种：车与车之间（vehicle to vehicle，V2V）、车与路之间（vehicle to infrastructure，V2I）、车与人之间（vehicle to pedestrian，V2P）和车与网络之间（vehicle to network，V2N）。

V2V 通信：通过车载终端进行车辆间信息交互，车辆通过车载终端向外发送本车的速度、位置、车辆行驶状态等自身信息，同时接收其他车辆发送的相关信息，结合本车以及附近车辆的状态信息判断是否存在交通事故危险，进而提示驾驶员进行主动避险操作。通过 V2V 通信，车辆之间不再是一个个孤立的个体，而是可以进行实时通信，这将大大减少交通事故并实现车辆监督管理等。

V2I 通信：通过车载终端与路侧单元（如红绿灯、交通指示牌、路侧终端等）进行信息交互，路侧基础设施可以接收附近车辆发出的信息，同时也可以向覆盖范围内的车辆发布诸如路面信息、交通意外信息、拥堵信息等实时信息，使单车的感知范围扩大到视距范围之外，车主可以提前做好规划以应对当前路段会出现的各种突发事件。V2I 通信主要应用于实时信息服务、车辆监控管理、不停车收费等。

V2P 通信：通过车载终端与弱势交通群体（行人、骑车者）携带的移动终端设备（如手机等）进行通信，V2P 通信主要用于避免和减少交通事故、提供信息服务等。

V2N 通信：车载终端通过接入网/核心网与云管理平台进行信息交互，云平台对获取的车辆数据进行存储和处理，车载终端与云平台进行数据交互可以为开发车联网所需各种应用及服务提供数据支撑，同时云平台为车辆提供定位、紧急救援、信息娱乐服务等。

"人、车、路、云"通过 C-V2X 形成一个有机体，通过相互之间的信息交互，单车将获取更加丰富的驾驶信息和周边道路信息等数据，进行路径规划和行为规划，从而带来更安全、更高效的驾驶行为，构建整体智慧出行体系[9]。通过"车-路-云"协同，一方面推动智能网联汽车快速发展，提供更安全、更智能的出行方式；另一方面赋能智能路况综合感知、动态协同交通控制等功能，为智能交通发展奠定基础。C-V2X 业务演进在第一阶段基础安全告警和交通信息通知类业务的基础上，逐步从"车-路-云"协同感知向"车-路-云"网联协同控制发展，推动 C-V2X 业务在驾驶安全、交通效率、信息服务三个方面向着更加安全、协同、智能、绿色的方向演进。

参考文献

[1] Lancaster J. Ford's commitment to intelligent vehicles[EB/OL]. http://news.bitauto.com/hao/wenzhang/1076851，2014-02-21.

[2] Rogers J. Self-driving cars：Who's liable when software is at the wheel[EB/OL]. http://www.ncyhjt.com/smzx/79950.html，2015-12-08.

[3] Cheng X，Yang L，Shen X. D2D for intelligent transportation systems：A feasibility study[J]. IEEE Transactions on Intelligent Transportation Systems，2015，16(4)：1784-1793.

[4] Cheng L，Henty B，Stancil D，et al. Mobile vehicle-to-vehicle narrow-band channel measurement and characterization of the 5.9GHz dedicated short-range communication（DSRC）frequency band[J]. IEEE Journal on Selected Areas in Communications，2007，25(8)：1501-1516.

[5] Hafeez K A，Zhao L，Ma B，et al. Performance analysis and enhancement of the DSRC for VANET's safety applications[J]. IEEE Transactions on Vehicular Technology，2013，62(7)：3069-3083.

[6] Shi M K，Tang Y H，Zhang X Y，et al. Modeling and simulation of packet delivery rate in LTE-V network based on markov

chain[J]. Tsinghua Science and Technology，2020，25(03)：357-367.

[7] 申滨，周晓勇，徐浪，等. 基于 SideLink 的 LTE-V2X 联合切换方案设计[J]. 电子与信息学报，2020，42(02)：511-518.

[8] 张中华，赵静，田哲源. 5G 无线网络规划部署关键点研究[J]. 电信工程技术与标准化，2020，33(09)：38-41.

[9] 任大凯，廖振松. 5G 车路协同自动驾驶应用研究[J]. 电信工程技术与标准化，2020，33(09)：68-74.

第9章　中间件技术

中间件是介于应用系统和系统软件之间的一类软件，它使用系统软件所提供的基础服务，衔接网络上应用系统的各个部分或不同的应用，能够达到资源共享、功能共享的目的。目前，它并没有很严格的定义，但是普遍接受互联网数据中心(Internet Data center，IDC)的定义：中间件是一种独立的系统软件服务程序，分布式应用软件借助这种软件在不同的技术之间共享资源，中间件位于客户机服务器的操作系统之上，管理计算资源和网络通信[1]。从这个意义上可以用一个等式来表示中间件：中间件=平台+通信(图9.1)，这也就限定了只有用于分布式系统中才能叫中间件，同时也把它与支撑软件和实用软件区分开来。中间件在操作系统、网络和数据库之上，应用软件的下层，总的作用是为处于自己上层的应用软件提供运行与开发的环境，帮助用户灵活、高效地开发和集成复杂的应用软件[2,3]。近年来，人类生活中越来越多的领域已经变得离不开计算机、网络技术以及通信技术。随着计算机技术的快速发展，更多的应用软件被要求在许多不同的网络协议、不同的硬件生产厂商以及不一样的网络平台和环境上运营[4]。这导致了软件开发者需要面临数据离散、操作困难、系统匹配程度低，以及需要开发多种应用程序来达到运营的目的。所以，中间件技术的产生，在极大程度上减轻了开发者的负担，使得网络的运行更有效率。

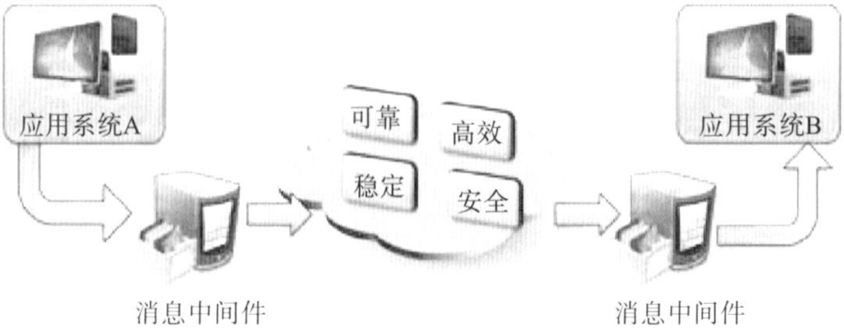

图9.1　消息中间件应用架构

中间件是独立的系统级软件[5]，连接操作系统层和应用程序层，将不同操作系统提供应用的接口标准化，协议统一化，屏蔽具体操作的细节，中间件一般提供如下功能[6]。

(1)通信支持：中间件为其所支持的应用软件提供平台化的运行环境，该环境屏蔽底层通信之间的接口差异，实现互操作，所以通信支持是中间件的一个最基本的功能。早期应用与分布式的中间件交互主要的通信方式为远程调用和消息两种[7]。通信模块中，远程调用通过网络进行通信，通过支持数据的转换和通信服务屏蔽不同的操作系统和网络协议。远程调用是提供基于过程的服务访问，为上层系统只提供非常简单的编程接口或过程调用模型。消息提供异步交互的机制[8]。

(2) 应用支持：中间件的作用就是服务上层应用，提供应用层不同服务之间的互操作机制[9]。它为上层应用开发提供统一的平台和运行环境，并封装不同操作系统提供应用程序编程接口(application programming interface，API)接口，向应用提供统一的标准接口，使应用的开发和运行与操作系统无关，实现其独立性。中间件松耦合的结构，标准的封装服务和接口，有效的互操作机制，给应用结构化和开发方法提供有力的支持[10]。

(3) 公共服务：公共服务是对应用软件中共性功能或约束的提取。将这些共性的功能或者约束分类实现，并支持复用，作为公共服务，提供给应用程序使用[11]。通过提供标准、统一的公共服务，可减少上层应用的开发工作量，缩短应用的开发时间，并有助于提供应用软件的质量[12]。

9.1 V2X 通信消息管理中间件

消息管理中间件技术被应用在较多场景中，在 V2X 通信领域通常采用消息管理中间件进行消息的有效管理和转发[13]。在整个软件设计中主要由 4 部分组成，分别为数据采集程序、消息中间件、车辆协同控制算法和车辆协同控制场景实现，如图 9.2 所示。

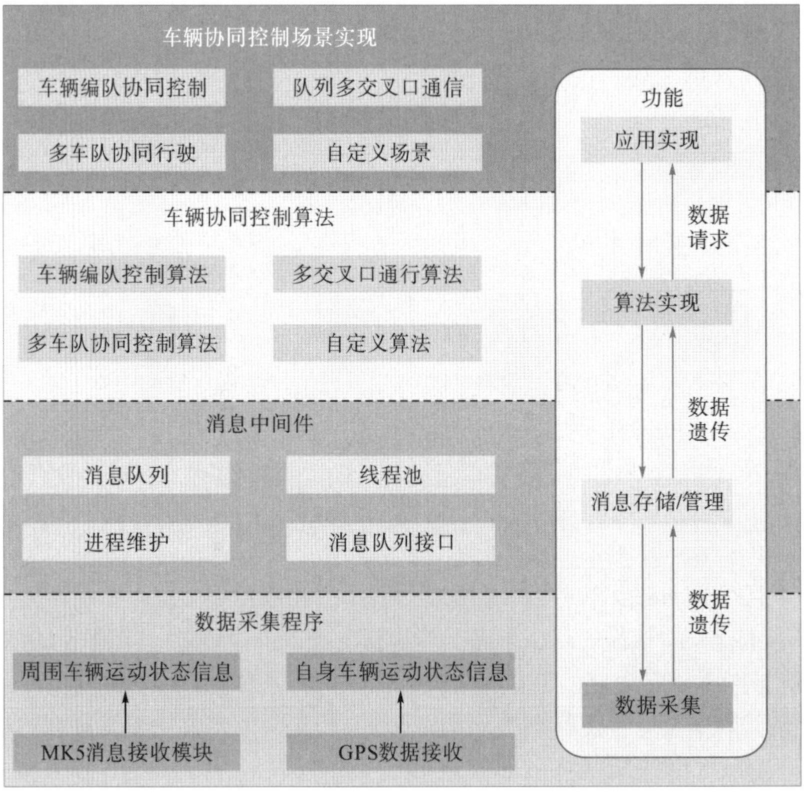

图 9.2 V2X 通信设备软件构架

其中，数据采集程序和消息中间件是本设备软件构架的核心，其功能是提供通信接口和数据接口(包括车辆自身运动状态和周边车辆的 DSRC 消息)，从而为车辆协同控制算法和车辆协同控制场景实现提供基础服务。其基本思路如下。

(1) 数据采集程序。数据采集程序将为智能电动汽车车车/车路通信设备提供基础数据服务，能够分别利用 TCP/IP 通信和串口通信从 MK5 通信模块中获取从周围车辆接收到的 DSRC 消息和从 GPS 模块中获取当前车辆实时的 GPS 数据，并通过相应的解析方法得到自身车辆的运动状态(如速度、位置)和周围车辆的运动状态(如速度、位置)。

(2) 消息中间件。消息中间件能够将从数据采集程序得到的数据传输到消息中间件程序中进行维护和管理[14]，在消息中间件中，利用消息处理线程池实时获取数据采集程序中接收的消息，并通过消息分类将获取的数据存储在特定的消息队列中，从而进行数据维护和管理。此外，根据消息的类型开发消息队列接口，使得上层应用仅需调用消息队列接口便可获取/发送相应的车辆状态信息，从而利用数据采集程序和消息中间件搭建出 V2X 通信设备的消息存储/转发机制，如图 9.3 所示。

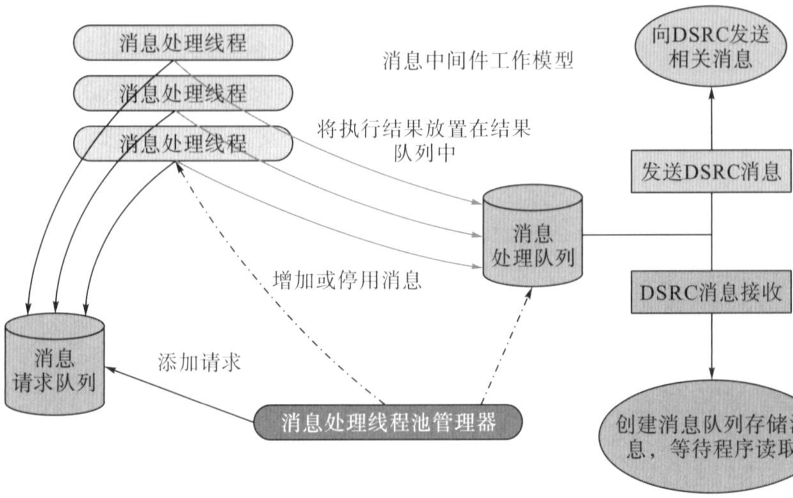

图 9.3　中间件程序的设计方案

(3) 车辆协同控制算法。车辆协同控制算法通过消息中间件所提供的消息队列数据接口，便可以获取到车辆自身的运动状态信息和接收到周围车辆的消息。除此之外，也可以利用消息队列发送特定的消息给周围车辆，进而实现智能电动汽车之间的消息交互。

(4) 车辆协同控制场景实现。通过智能电动汽车车车/车路通信设备所形成的智能网联环境，车辆和车辆之间进行数据交互和信息共享，并通过车辆协同控制算法对车辆的控制实现车辆协同控制场景。

本软件架构优势在于以下几个方面：

(1) 利用消息中间件程序隔离应用开发者和底层数据，使得算法开发者只关心数据的调取和发送，并不用理解基于 IEEE 802.11p 和 IEEE 1609 的运行机制从而提高开发效率。

(2)本架构以多模块拼合的方式进行设计，以数据采集程序和消息中间件为核心功能，通过底层数据的采集(通信模块和差分 GPS 模块)，而上层应用开发主要为基于车车/车路通信的车辆编队算法开发，可较为便捷地更改数据源(如车车/车路通信方式和车辆运动状态信息采集方式)和上层应用。

9.1.1 消息类型与定义

车辆队列在实际的交通道路中行驶时，其行为可以分解为三类，分别为车队形成、车辆入队以及车辆出队。车队形成是指在智能网联环境下，道路中车辆的车载装置与路侧设备进行信息交换，并根据路侧设备的指令使车辆成为道路中车辆队列的领导者，领导车辆能够通过 V2V 通信获取车辆队列中车辆的运动状态，从而控制整个队列在道路中稳定行驶；车辆入队是指在领导车辆的控制下，对入队车辆和队列中的跟随车辆进行协同控制使入队车辆平滑地加入车辆队列；车辆出队则是指在领导车辆的控制下，对出队车辆和队列中的跟随车辆进行协同控制使出队车辆能够平滑地离开车辆队列。根据以上三种基础的队列变换能够使车辆队列满足在实际道路中队列行驶的需求。各车载装置与路侧设备通过发送与接收消息实现数据交互，包括周期发送式、请求响应式、事件驱动式、触发式发送四种类型。因此用于车辆队列控制的车车/车路消息构建如下(图 9.4)。

(1) BSM (basic safety message)：OBU 发送的基本安全消息，周期性发送，V2I/V2V 消息，100ms 周期。

(2) QMM (queue manage message)：RSU 发送的编队管理消息，周期性和触发式发送，I2V 消息，200ms 周期。

(3) FTRtM (form team request message)：车辆发送的形成车队请求消息，触发式发送，V2I 消息，触发。

(4) FTReM (form team response message)：RSU 发送的形成车队响应消息，V2I 消息，触发，200ms 周期。

(5) TSM (team status message)：由车队头车车辆向成员车辆发送的车队状态消息，周期性发送，V2V 消息。

(6) FSM (follower status message)：跟随车辆向领导者车辆发送车辆运动状态，触发式发送，V2V 消息，触发。

(7) JTRtM (join team request message)：车辆发送的车队加入请求消息，触发式发送，V2V 消息，触发。

(8) JTRrM (join team response message)：车辆发送的车队加入响应消息，触发式发送，V2V 消息，触发。

(9) LTtM (leave team request message)：成员车辆向领导车辆发送的离开车队消息，触发式发送，V2V 消息，触发。

(10) LTeM (leave team response message)：成员车辆向领导车辆发送的离开车队消息，触发式发送，V2V 消息，触发。

图 9.4　车辆队列控制的车车/车路消息构建

9.1.2　消息管理

V2X 通信设备在运行时，软件层面需要有以下三个目标。

(1) 保证接收到的 V2X 消息及车辆状态消息能够及时地被车辆控制算法读取。

(2) 保证待发送的 V2X 消息能够及时地发送出去，尽量减少处理的时间。

(3) 保证移植后的车辆控制算法能够稳定地运行，且运行时间尽可能短。

为了实现上述目标，软件实验平台采用以 Kernel 3.10.17 为基础的 Linux 系统，此版本的 Linux 系统较为稳定，且基于 Arm9 架构处理器具有良好的性能。软件系统架构如图 9.5 所示。以 Linux 系统为基础，进而开发出消息管理中间件以及相应的车辆控制算法应用程序。Linux 系统为消息中间件以及应用程序提供了良好的运行基础。V2X 消息收发方面，由于实验过程中需要收发的消息种类繁杂，为了有效地管理相关信息，开发了消息管理中间件，以保证消息能够准确且快速地推送到相关的应用程序中，亦保证应用程序需要发送的消息能够及时地进行发送。

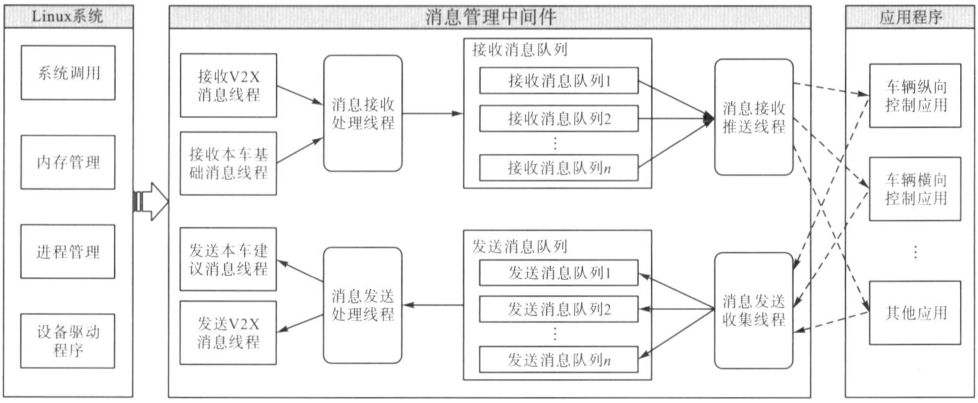

图 9.5　消息管理中间件软件架构

消息管理中间件[15]运用了多线程技术，并使用线程池对线程进行统一管理，保证线程正常且安全地运行。在接收消息的过程中，首先，接收 V2X 消息线程以及接收本车基础消息线程分别从 DSRC 模块以及差分 GPS 车载端获取其他车辆发送的 V2X 消息以及本车的状态消息(如位置、速度、车头朝向)；然后，消息接收线程将收到的信息进行解析并对消息的类型进行判断，进而将不同的消息有序地存储到不同的接收消息队列中；最后，消息接收推送线程会读取各个消息队列中的内容，并推送至有需要的应用程序。在发送消息的过程中，首先，消息发送收集线程会实时地接收由应用程序产生的需要发送的消息，消息发送收集线程判断不同消息的类型并将消息存储到不同的发送消息队列中；然后，消息发送处理线程会循环读取发送消息队列中的消息，当发送消息队列不为空，将读取待发送的消息，根据其消息的类型可分别推送至发送本车建议消息线程以及发送 V2X 消息线程，以将应用程序产生的相关决策信息展示给驾驶员或将 V2X 消息发出。

9.2 队列控制设计

本节基于以上定义的车辆队列控制的车车/车路消息和设计的消息管理中间件，针对形成、入队、出队三个典型基础场景下的车辆队列控制，对其消息交互的机制进行设计。

9.2.1 车辆队列形成

针对车辆队列形成行为，假设车辆(车辆都安装有 V2X 通信设备，具备 DSRC)随机分布在一条直线路段上。在初始时刻，道路中的车辆处于未互联状态；道路中车辆可利用其搭载的车载装置，通过 DSRC 技术与道路边的路侧设备进行数据交互，车辆将申请为车辆队列的领导车辆，其具体的信息交互过程如下。

车辆的车载装置将通过 DSRC 技术向路侧设备发送车队组建申请 FTRtM，路侧单元根据道路的当前状态判断是否接受车辆队列组建申请。

(1)车辆队列组建确认：当接受队列组建申请时，路侧设备将通过 DSRC 技术向申请车辆返回队列组建确认 FTReM，将 FTReM 中的变量 is_success 置为 True。同时，该申请车辆将成为车辆队列的领导车辆。

(2)车辆队列组建终止：当根据道路当前状态拒绝队列组建申请时，路侧设备将通过 DSRC 技术向申请车辆返回队列组建确认 FTReM，将其中的变量 is_success 置为 False，车辆队列组建申请失败，等待下一次申请，流程如图 9.6 所示。

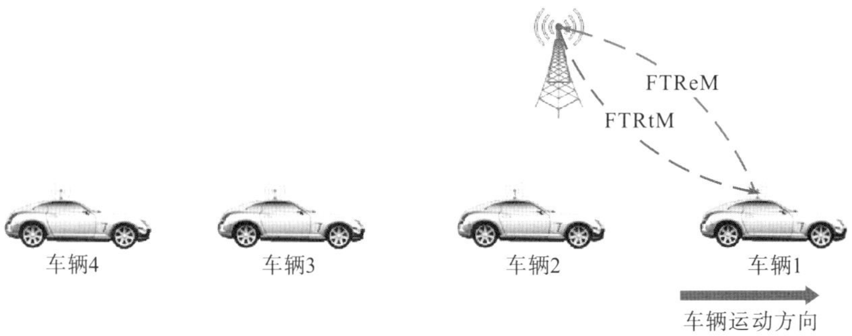

图 9.6 车辆申请组建队列

在车辆队列组建确认后，领导车辆将建立车辆队列状态信息表(含车辆 ID、速度信息、位置信息等)，用于对车辆队列运行状态的管理和维护。同时，领导车辆将利用其车载设备通过 DSRC 技术向其附近车辆广播 TSM，其作用主要有两个：一是，对已在车辆队列状态信息表中的车辆进行车辆状态控制(如车辆的速度和方向角)；二是将向周围车辆进行广播，周围车辆便可通过该消息得知车辆队列存在的相关信息，如图 9.7 所示。

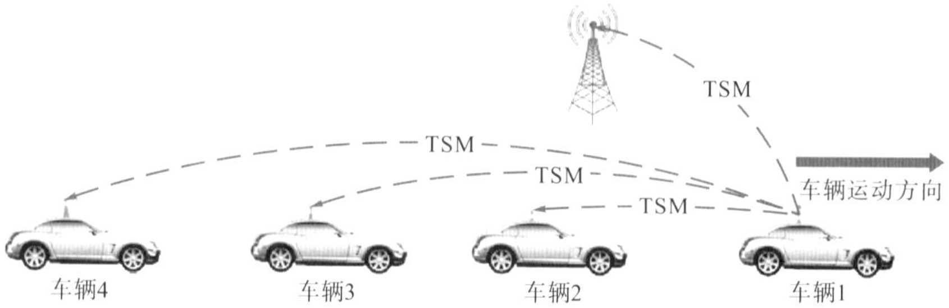

图 9.7　领导车辆广播队列消息

9.2.2　车辆入队

首先，当道路中领导车辆申请成功以后，行驶在道路中的车辆便可以接收到领导车辆广播的 TSM，通过该消息道路中的车辆就可以解析出领导车辆的消息地址以及车辆队列的基本信息(如车辆队列的位置、速度等)。其次，道路中车辆可以通过解析 TSM 获取领导车辆的消息地址，与领导车辆进行点对点的数据通信，亦可通过获取车辆队列的基本信息(如车辆队列的位置、速度等)决定是否加入车辆队列。因此，道路中车辆便可向领导车辆发送 JTRtM，当领导车辆接收到入队车辆的消息申请以后将会确定申请入队车辆与队列的相对位置(入队车辆在队列尾部或队列侧边车道)和相对速度，领导车辆便可以调用车辆队列控制算法对获取的信息进行处理，根据车辆队列和申请车辆的运动状态判断是否接受申请，并向申请入队车辆发送 JTReM。

(1) 入队申请确认：JTReM 中的变量 is_join 置为 True，领导车辆调用车辆队列控制算法，通过计算车队中与申请车辆位置相邻近的前后车辆的运动状态信息(如速度、位置等)及申请车辆的运动状态信息(如速度、位置等)，得到相应的控制指令(如侧向速度、纵向速度、位置等)。进而，在返回的车辆入队申请确认消息中附加其相应的控制指令。值得注意的是，车辆入队至少分为两种情形：一种是车辆尾部入队，领导车辆仅需利用 JTReM 对入队车辆进行纵向速度控制，如图 9.8 所示；另一种是车辆侧方入队，领导车辆不仅需利用 JTReM 对入队车辆进行纵向速度和横向速度控制，还需利用队列控制 TSM 对队列中的车辆进行纵向控制，使其队列中为入队车辆预留出足够的空间使得入队车辆能够平滑安全地入队，如图 9.9 所示。当入队车辆与前车达到稳定的车间距时，车辆入队状态结束，车辆停止与领导车辆的点对点通信，车辆状态变更为跟随车辆，并通过跟随车辆 FSM 向领导车辆发送自身的运动状态，领导车辆将在车辆状态信息表中添加入队车辆，通过接收由跟随车辆广播的 FSM 不断地更新车辆状态信息表中车辆的实时状态，通过该表可以实时监控和维护车辆队列中车辆的运动状态。

(2)入队申请终止： JTReM 中的变量 is_join 置为 False，当领导车辆通过上述车辆队列协同控制算法判断车辆队列和入队申请车辆的运动状态不满足入队条件时，车辆入队申请失败。过程如图 9.8 和图 9.9 所示。

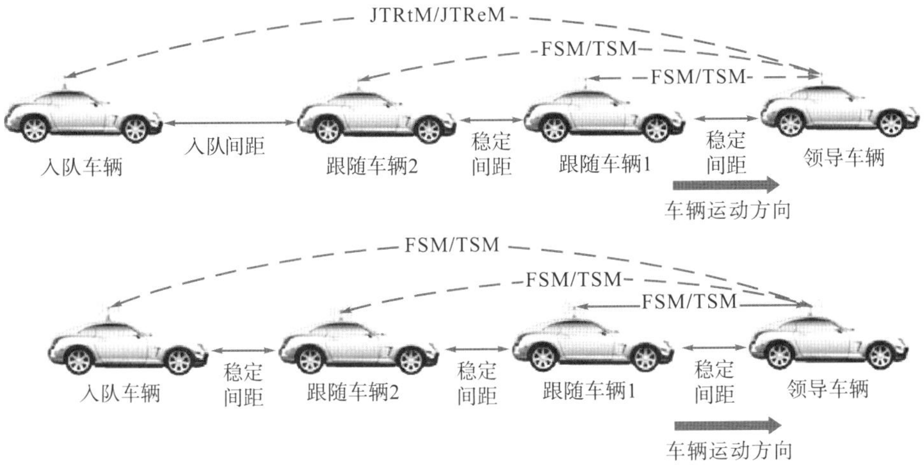

图 9.8 车辆尾部入队

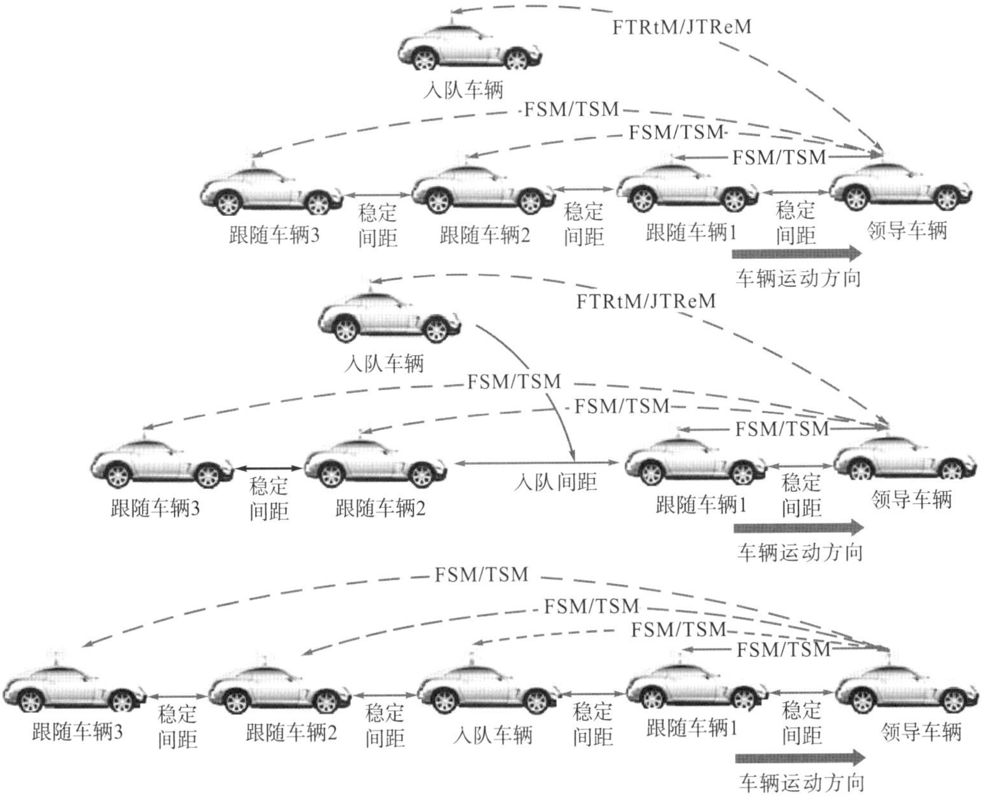

图 9.9 车辆侧方入队

9.2.3　车辆出队

当道路中的车辆队列处于稳定行驶状态时，队列中的车辆亦可以通过发送 LTtM 到领导车辆申请离开车队，跟随车辆向领导车辆发送 LTtM，领导车辆接收到消息以后便返回 LTeM。

(1) 出队申请确认：LTeM 中的变量 is_leave 置为 True，领导车辆调用车辆队列控制算法，使出队车辆平滑出队。

(2) 出队申请终止：LTeM 中的变量 is_leave 置为 False，当领导车辆通过上述车辆队列控制算法判断车辆队列和出队申请车辆的运动状态不满足出队条件时，车辆出队申请失败。其流程设计和车辆出队过程示意图如图 9.10 所示。

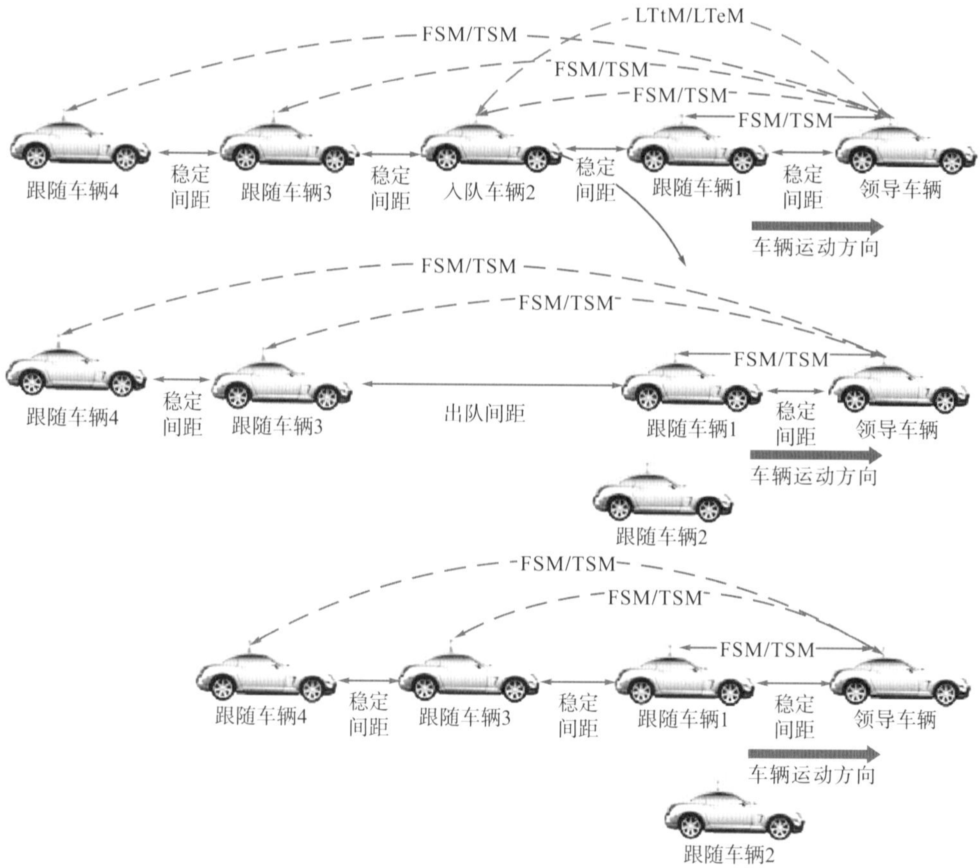

图 9.10　车辆出队

参 考 文 献

[1] 李昊夫，郭义明，吕大军. 基于消息中间件的 SCADA 设计与实现[J]. 工业控制计算机，2020 (5)：1-3.

[2] 陈思媛，易国洪，金旺. 智能停车系统中消息中间件的设计与实现[J]. 武汉工程大学学报，2020 (2)：224-230.

[3] 向秋蓉. 网络视频监控系统中消息中间件的研究与设计[D]. 成都：电子科技大学，2020.

[4] 陈飞. 基于消息中间件的多服务器通信协调控制方法[J]. 电力设备管理，2020（3）：36-37.

[5] 张今革，林志达，张华兵. 基于消息中间件的数据传输方法研究[J]. 电子世界，2020（2）：101-102.

[6] 胡栋梁，秦晓军，王晓锋. 基于消息中间件的分布式网络扫描研究[J]. 计算机工程，2020，46（12）：163-170

[7] 许华建. 多协议消息中间件服务的设计和实现[D]. 大连：大连理工大学，2019.

[8] 陈鹏. 基于分布式缓存和消息中间件的选课系统的设计与实现[D]. 重庆：重庆大学，2019.

[9] 石建良. 基于 RocketMQ 框架的消息通信与监控系统[D]. 武汉：华中科技大学，2019.

[10] 方舟. 面向工业物联网的消息中间件设计与实现[D]. 武汉：华中科技大学，2019.

[11] 贾元. 消息中间件的管理与监控系统的设计与实现[D]. 北京：北京交通大学，2019.

[12] 邵鹏，彭章友. 基于微服务的消息中间件设计与实现[J]. 工业控制计算机，2019（4）：112-113，115.

[13] Lilis G，Kayal M. A secure and distributed message oriented middleware for smart building applications[J]. Automation in Construction，2018，86：163-175.

[14] Rausch T，Dustdar S，Ranjan R. Osmotic message-oriented middleware for the internet of things[J]. IEEE Cloud Computing，2018，5（2）：17-25.

[15] Chen G X，Ding L P，chen G X，et al. Reliable security strategy for message-oriented middleware[J]. International Journal of Digital Crime and Forensics，2018，10（1）：12-23.

第三篇　应用案例部分

第 10 章　仿真应用案例

10.1　典型无人车系统仿真软件介绍

本节将对典型的无人车系统仿真软件进行介绍，既包括传统的车辆动力学仿真软件，也包括用作交通仿真的商业软件[1]。

10.1.1　CarSim

CarSim 以及相关的 TruckSim、BikeSim 是 Mechanical Simulation Corporation[1]开发的用于车辆动力学仿真的软件，如图 10.1 所示，该系列软件被国际上众多的汽车制造商、零部件供应商所采用，已成为汽车行业的标准软件，享有很高的声誉。CarSim 主要针对四轮汽车、轻型卡车，TruckSim 针对多轴和双轮胎的中型、重型卡车，BikeSim 针对两轮摩托车。CarSim 是一款专门针对车辆动力学的仿真软件，CarSim 模型在计算机上运行的速度比实时快 3～6 倍，可以仿真车辆对驾驶员、路面及空气动力学输入的响应，其模拟结果高度近似于真实车辆，主要用来预测和仿真汽车整车的操纵稳定性、制动性、平顺性、动力性和经济性，用户可以快速使用其内置的大量的车辆数学模型，这些模型都经过了丰富的经验调参，免去了用户繁杂的建模和调参过程。除此之外，CarSim 自带标准的 Matlab/Simulink 接口，可以方便与 Matlab/Simulink 进行联合仿真，用于控制算法的开发与验证。

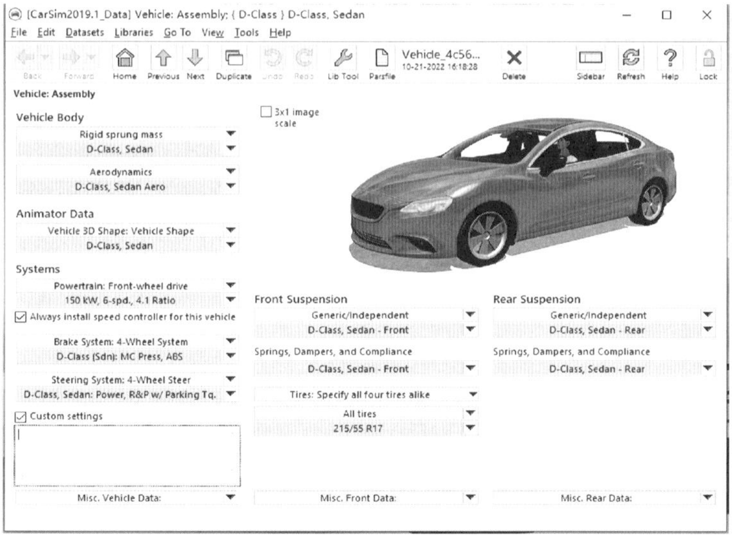

图 10.1　CarSim GUI

1 是世界领先的先进开发和分发公司，用于模拟汽车行为。

10.1.2 CarMaker

CarMaker 以及相关的 TruckMaker、MotorcycleMaker 是德国佩捷汽车设备有限公司开发的用于车辆动力学仿真的软件，其提供了精准的车辆整车模型，包括发动机、底盘、悬架、传动和转向等。除此之外，CarMaker 还打造了包括车辆、驾驶员、道路、交通环境的闭环仿真系统。CarMaker 作为平台软件，可以与很多第三方软件进行集成，如 ADAMS、AVL Cruise、rFpro 等，可利用各软件的优势进行联合仿真。同时 CarMaker 配套的硬件，提供了大量的板卡接口，可以方便与电子控制单元(electronic control unit，ECU)或者传感器进行硬件在环(hardware-in-the-loop，HIL)测试。

10.1.3 PTV Vissim

Vissim 是一款由德国辟途威交通科技有限公司开发的专注于微观交通流仿真的软件。利用该软件可以很方便地构建各种复杂的交通环境，包括城市直道、城市交叉路口、城市弯道、高速直道、高速路口、乡村道路、大型环岛和停车场等。它可以分析各种交通条件下，如车道设置、交通构成、交通信号、公交站点等，城市交通和公共交通的运行状况，是评价交通工程设计和城市规划方案的有效工具。Vissim 的仿真可以达到很高的精度，包括微观的个体跟驰行为和变道行为，以及群体的合作和冲突，其自带的接口也支持与第三方软件(如 PreScan)进行联合仿真，如图 10.2 所示。

图 10.2　Vissim 仿真

10.1.4 PreScan

PreScan 由天欧汽车工程软件有限公司公司最初研发，2017 年 8 月被西门子收购的一款专注于开发汽车先进驾驶辅助系统(advanced driver assistance system，ADAS)的测试仿真软件。由图形用户界面(graphical user interface，GUI)、用于构建场景的专用预处理器和用于执行场景的 3D 运行环境(VisViewer)构成。在 PreScan 中由于主要接口是标准的 Matlab/Simulink，因此所有技术和工程学科都可以无缝集成。用户可以在 Matlab/Simulink 中创建算法，通过 PreScan 与 Matlab/Simulink 实时交互的方式完成算法测试。除此之外，

PreScan 还可以用于从基于模拟的控制器设计到利用软件在环和硬件在环系统进行的实时测试，是一个开放性软件平台，其友好的设计界面允许用户与第三方动力学软件(如 CarSim)和第三方 HIL 模拟器(如 dSPACE)进行联合仿真。基于 PreScan 的开发一般分为 4 步：场景配置、传感器模型设置、加载控制算法、开展仿真实验[2,3]，如图 10.3 所示。

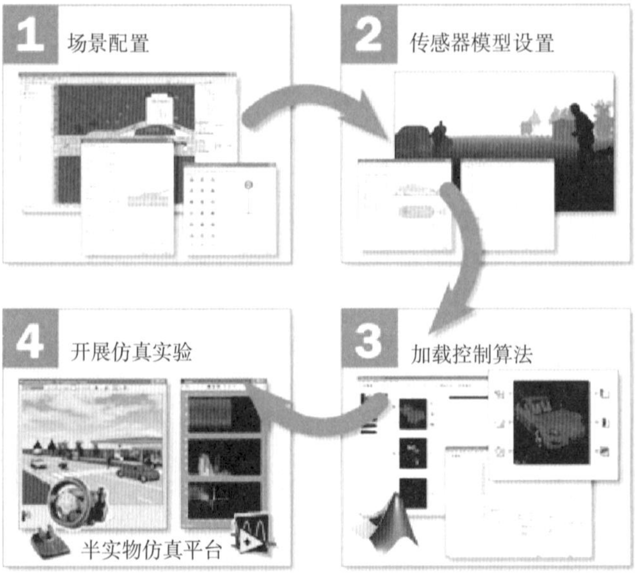

图 10.3　PreScan 开发流程

10.2　基于 PreScan 的车辆队列控制应用案例

本节所用到的软件及其版本号为 PreScan 2019.2.0 版本(图 10.4)、Matlab 2016a 版本。本节将重点介绍基于 PreScan 开发的无人车队列控制系统的整体框架，如图 10.5 所示。

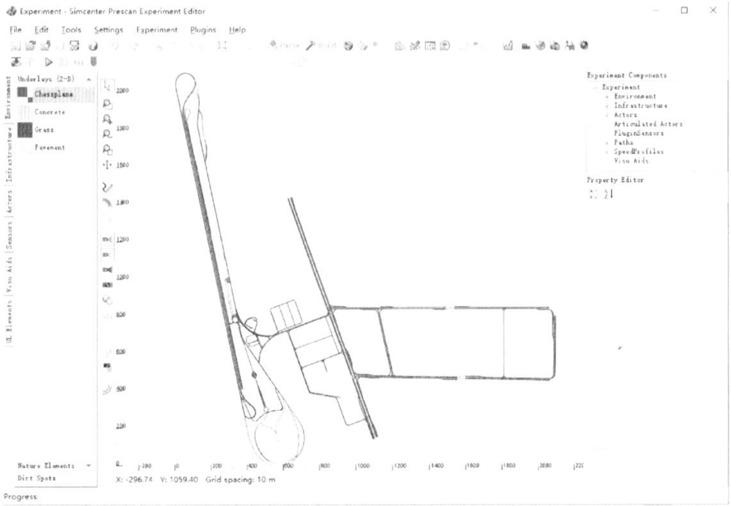

图 10.4　PreScan 2019.2.0 界面

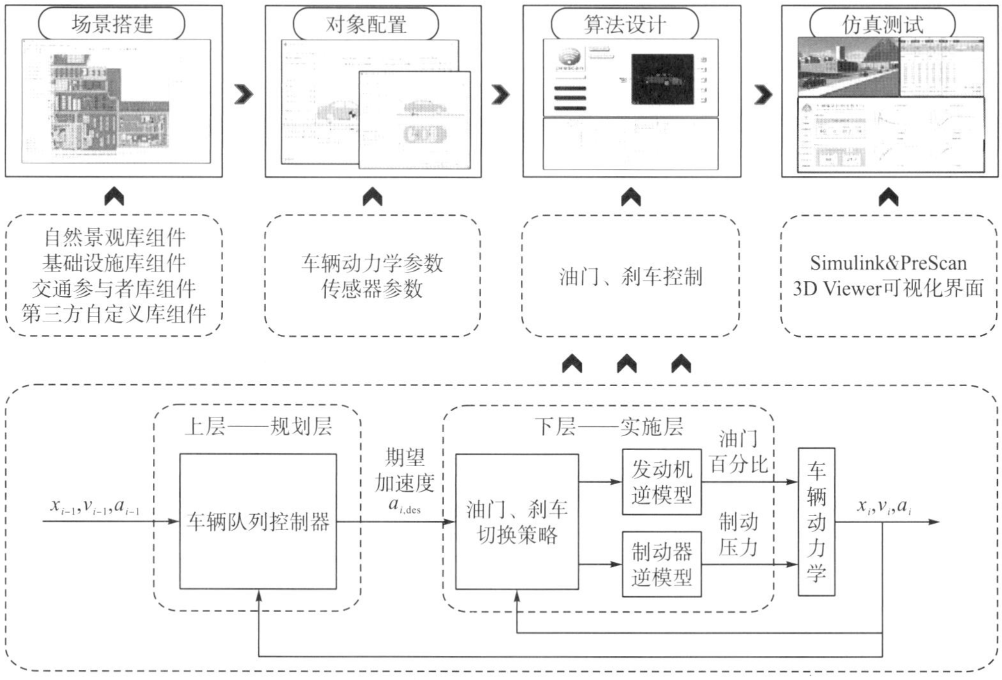

图 10.5　基于 PreScan 开发的无人车队列控制系统的整体框架

10.2.1　PreScan 工程创建

打开 PreScan 2019.2.0 软件，进入 PreScan GUI，选择 File→New Experiment 命令，创建工程的名称、存放目录、实验类型、实验采样频率、作者以及相关描述，如图 10.6 所示。在此我们仅关心工程名称、存放目录、实验采样频率，默认采样频率为 20Hz，推荐设置为 100Hz，以提高实验精度。

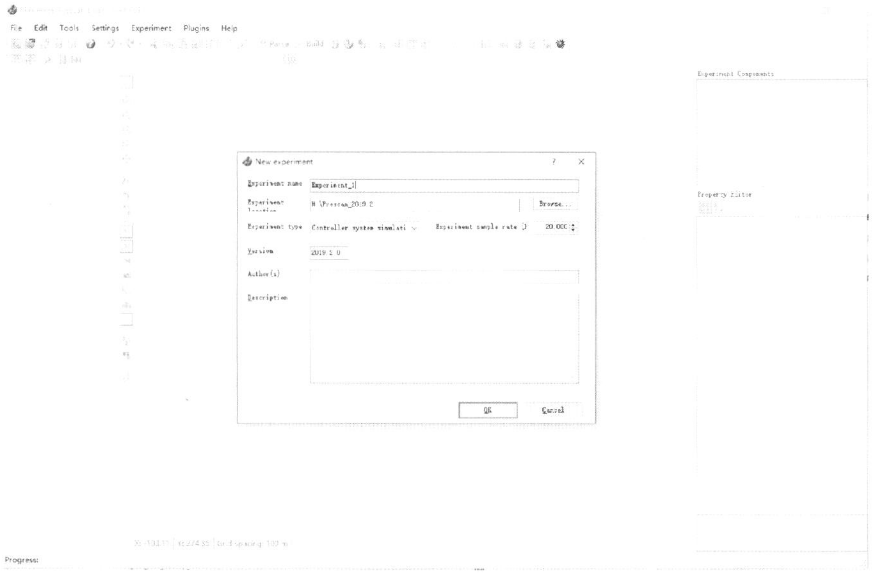

图 10.6　PreScan GUI 创建工程的界面

至此，已经在 PreScan 中创建了一个工程，如图 10.7 所示。

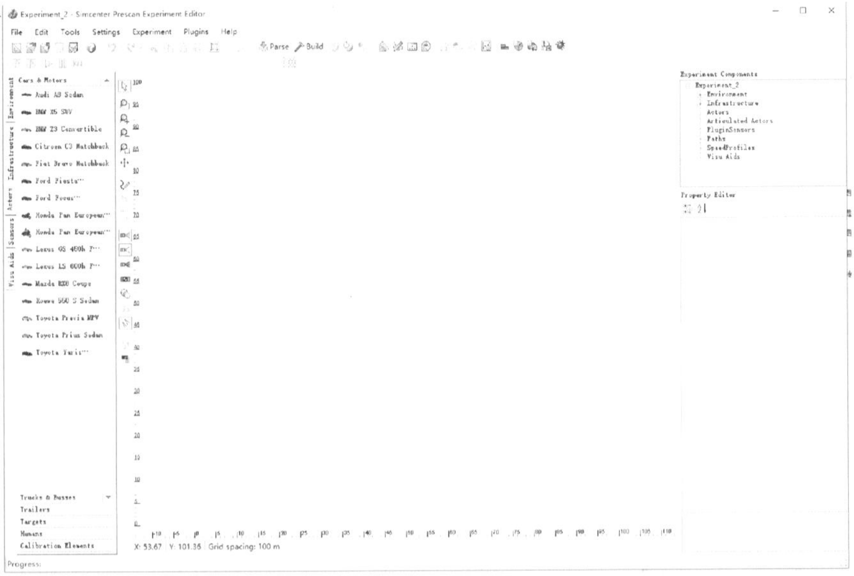

图 10.7　PreScan GUI 工程创建完成的初始界面

10.2.2　PreScan GUI

图 10.8 显示了 PreScan GUI 的基本元素。在顶部，可以看到菜单和工具栏，而在左侧，可以看到包含用于定义实验的实验组件的各种选项卡。在右侧，可以看到实验树、参数编辑器和参数描述字段，在实验树中显示了所选择的各种元素与实验组件之间的关系。

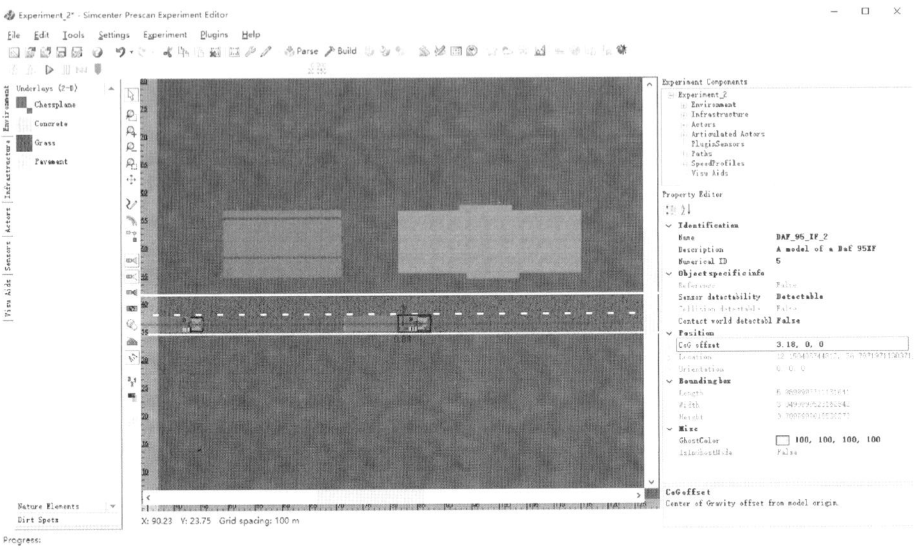

图 10.8　PreScan GUI 的基本元素

1. 实验组件的 Prescan 库元素

Prescan 中自带了大量的库组件，包括自然景观、建筑物、交通参与者、交通标志、道路标志和传感器等，其分组在不同的选项卡中，用户可以通过选择、单击和定位将其放置在构建区域中。当一个实验组件被放置在构建区域时，配置对话框在大多数情况下都会出现。

2. 场景构建区域与实验树

构建区域是实验场景的 2D 表示。在实验树中给出了实验中出现的所有组件的概述，同时也可以在构建区域和实验树中选择元素，右击一个选定的项目将会显示一个快捷菜单，选择 Object configuration 命令也可以配置所选组件的参数。

3. 参数编辑器与参数描述字段

选择对象时，可以在属性编辑器中直接设置它的一些参数。属性描述中给出了该属性的简短说明。用户可以编辑属性编辑器中的所有黑色属性。灰色属性不能编辑，但可以作为参考值使用。当选择多个对象时，只有相同的参数会被显示。如果“参数值”框显示为空，则不同对象的参数值不同。如果输入了一个值，则所有对象都将获得该值。

4. 工具栏

工具栏包含菜单项的快捷图标。此外，还有一个带有开始/暂停、停止和倒带按钮的动画滑块。这个滑块和这些按钮可以控制 VisViewer 中 3D 世界里动画参与者的运动情况。当 2D 动画更新按钮(在 Settings 中找到)激活时，动画也会在构建区域中更新。

10.2.3 仿真实验场景搭建

在 PreScan GUI 中，选择 Infrastructure 下 Road segments 中的 Straight Road 库组件，将 Straight Road 库组件拖动到 2D 场景构建区域，并调整其车道数为 3 车道，长度为 500m，并设置坐标 $(x, y, z)=(0, 0, 0)$，为了场景的丰富性，分别用 Environment 下的 Underlays、Nature Elements 库组件，Infrastructure 下的 Buildings、Road Markings 库组件添加一些树木、建筑物以及路标。

搭建好的长 500m，三车道的实验场景，将用来作为车辆队列控制的实验场地。下面开始添加第 1 辆汽车：

选择 Actors 下 Cars&Motors 中的 Roewe 550 S Sedan 车辆，将其拖动到刚刚构建好的道路的最左端，并设定坐标为 $(x, y, z)=(43.52, 0, 0.553)$，完成第 1 辆汽车的初始位置设置；重复上述步骤，拖动第 2、3、4、5 辆汽车到道路上，并依次设定坐标为 $(x, y, z)=(33.89, 0, 0.553)$，$(x, y, z)=(24.26, 0, 0.553)$，$(x, y, z)=(14.63, 0, 0.553)$，$(x, y, z)=(5, 0, 0.553)$。5 辆 Roewe 550 S Sedan 设置好的初始坐标见表 10.1。

表 10.1　5 辆测试车辆的初始坐标

车辆编号	x	y	z
Roewe 550 S Sedan_1	43.52	0	0.553
Roewe 550 S Sedan_2	33.89	0	0.553
Roewe 550 S Sedan_3	24.26	0	0.553
Roewe 550 S Sedan_4	14.63	0	0.553
Roewe 550 S Sedan_5	5	0	0.553

完成了上述场景搭建以及车辆初始位置设定，下面为每辆车辆设置动力学模型，由于 PreScan 已经为每辆车都搭建好了车辆动力学模型，并经过丰富的经验调参，在此只需要选择所需要用到的动力学模型即可，如图 10.9 所示。

图 10.9　选择车辆动力学模型

右击第 1 辆车 Roewe 550 S Sedan_1，在弹出的快捷菜单中选择 Object configuration 命令，在弹出的对话框中切换至 Dynamics 选项卡，选择 2D Simple 模型。重复上述步骤，确保每辆车都已经配置为 2D Simple 模型。

10.2.4 传感器设定

为了使车辆能够获取到前方车辆的信息，在此选择库组件中 Sensors 下 Idealized 中的 AIR Sensor 传感器，该传感器可以探测前方的车辆，并获取前方车辆的行驶速度、与本车的车辆间距等，分别将该传感器拖到后面的 4 辆车上，完成为测试车辆配置传感器的工作。第 1 辆作为领导车辆，根据其自己的轨迹行驶，不需要获取其他车辆的信息，因此可以不用为其添加该传感器，如图 10.10 所示。

至此，已全部完成 PreScan GUI 场景搭建和测试车辆的配置等工作。单击 PreScan GUI 中工具栏中的 Parse 按钮，在弹出的对话框中开始编译场景，检查场景有无配置错误，若无错误，则单击 Build 按钮修建场景，等待场景修建完毕，如图 10.11 所示。

完成了场景的编译以及修建，此时在工具栏中 Build 按钮右边的蓝色按钮(Launch/Refresh 3-D Viewer)呈可用状态，单击该按钮，即可启动 3-D Viewer 界面，查看刚才已经搭建好的实验场景，如图 10.12 所示。

在 3-D Viewer 界面内，可以通过控制鼠标，自由地改变观察视角，查看搭建好的场景，同时当仿真运行时，3-D Viewer 作为主要的可视化界面，可以动态地看见车辆的运行情况。如图 10.13 所示。

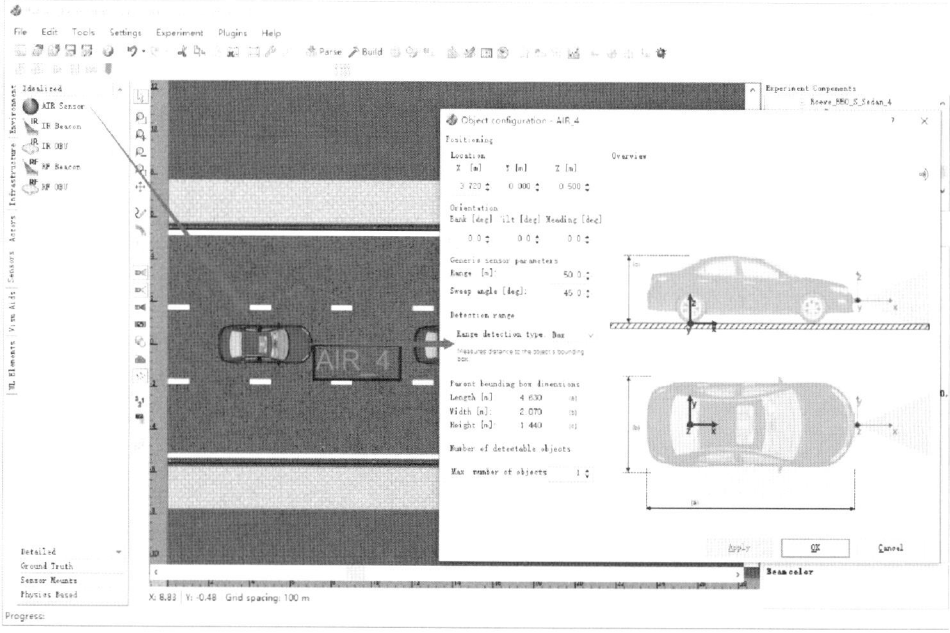

图 10.10 为 4 辆跟随车辆配置 AIR 传感器

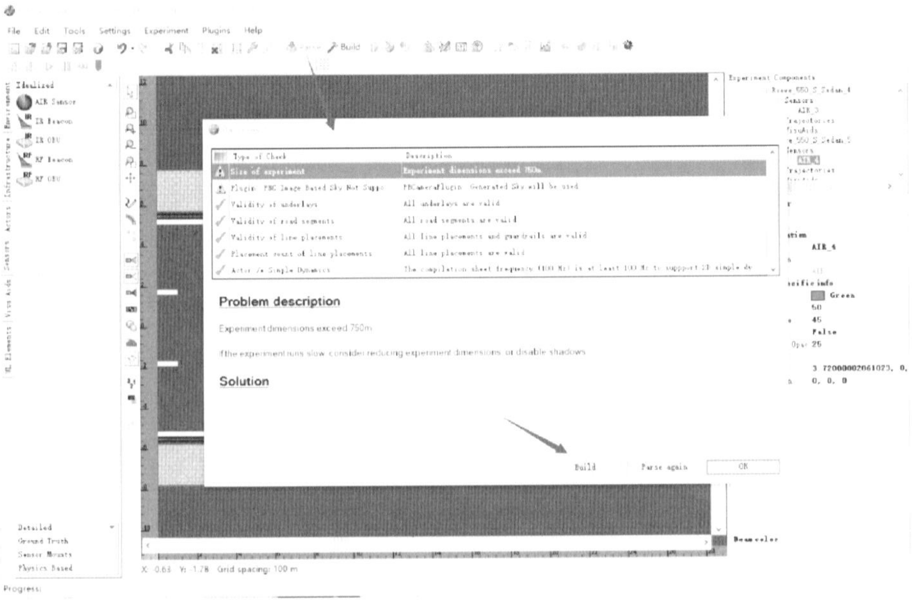

图 10.11　在 PreScan GUI 中编译并修建场景

图 10.12　在 PreScan GUI 中启动 3-D Viewer 可视化界面

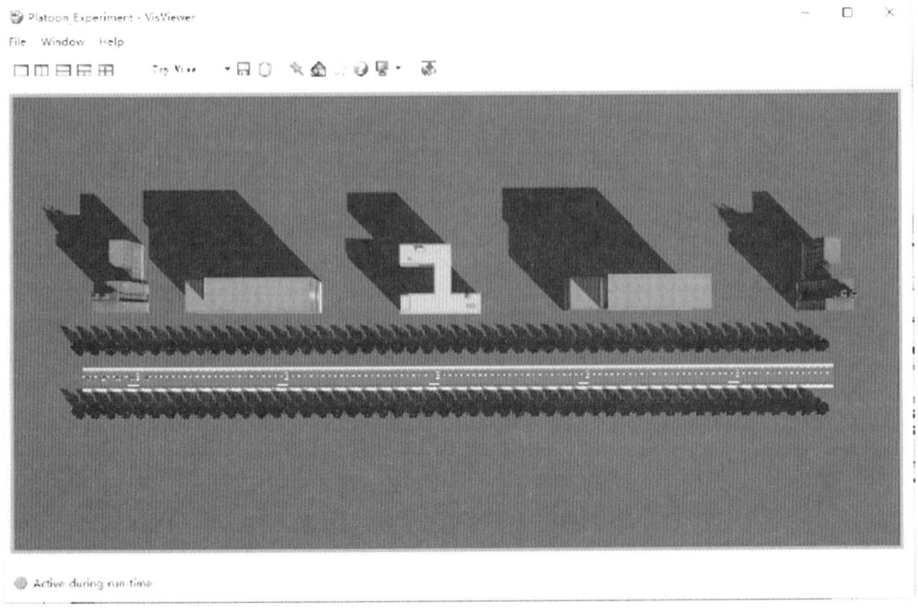

(a)

(b)

图 10.13 3-D Viewer 可视化界面中的实验场景

10.2.5 控制算法加载

通过 PreScan 中工具栏中的 Invoke Simulink Run Mode 功能，可以启动 Matlab 软件，控制算法将在 Matlab 中的 Simulink 工具箱中进行加载，如图 10.14 所示。

图 10.14 通过 PreScan GUI 唤醒 Matlab

Matlab 打开后，找到 Platoon_Experiments_cs.slx 文件，该文件是 PreScan GUI 编译后生成的控制模型文件，将在该文件中编写车辆队列控制算法。

打开 Platoon_Experiments_cs.slx 文件，在该模型内，单击 Regenerate 按钮对模型文件进行重新编译，以确保该文件与 PreScan GUI 中的模型保持一致。Regenerate 编译完成之后，会看到在 PreScan GUI 中搭建好的 5 辆车的模型，如图 10.15 所示。

进入第 1 辆车 Roewe_550_S_Sedan_1，只有两个模块：①车辆状态信息，②2D 简化动力学模型，如图 10.16(a)所示。

车辆状态信息模块已经引出了车辆的相关信息，包括车辆在实验场景中的坐标 X、Y、Z，车辆绕 X、Y、Z 轴的旋转角 Rotx、Roty、Rotz，GPS 的纬度、经度、高度，车辆速度、航向角、角速度。

2D 简化动力学模型通过输入方向盘的角度、油门百分比、刹车压力以及换挡模式来对车辆进行控制，在该模型内包含有复杂的换挡逻辑、发动机模型、减速器以及变速器模型、车身模型。

第 2、3、4、5 辆车的模块中，较第 1 辆车中多了一个传感器模块，由该模块引出的数据，可以得到前车的一些运动数据，包括前车车速、与本车的距离等，如图 10.16(b)所示。

由图 10.16 中 2D 简化动力学模型的输入接口可知，为了使车辆运动起来，需要针对油门、刹车以及换挡逻辑进行相关控制设计。在此，本书主要介绍车辆在单一车道上的队列控制，故暂时不考虑方向盘角度的输入。

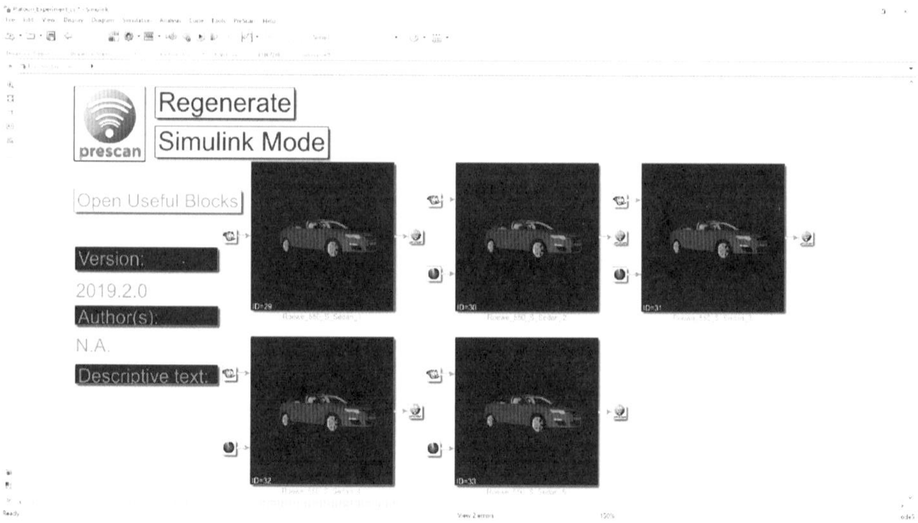

图 10.15　Simulink 中的控制模型

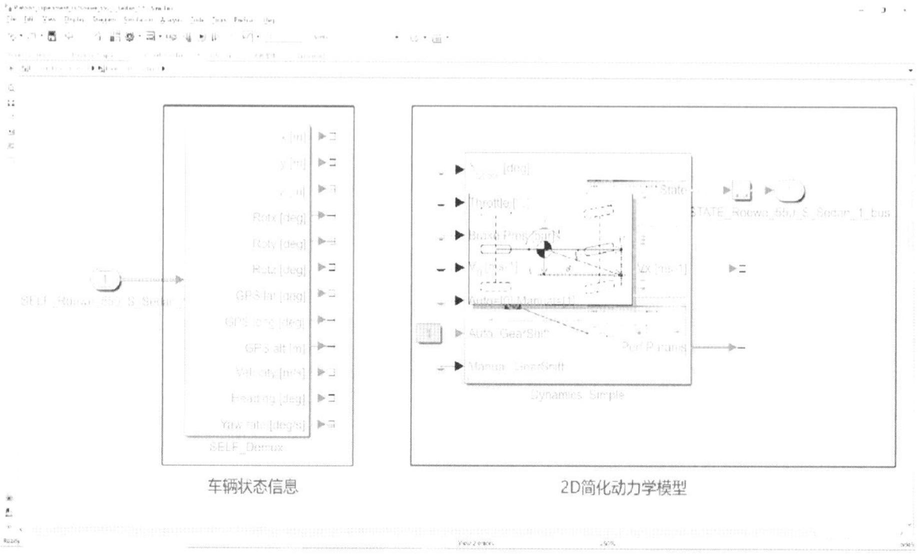

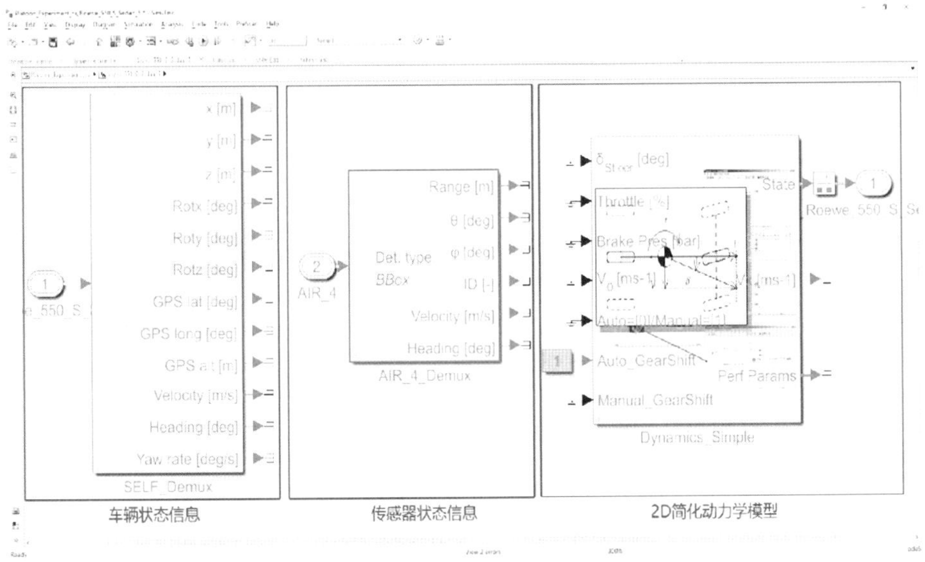

图 10.16　Simulink 中的车辆模型

车辆队列控制的系统框架如图 10.17 所示。

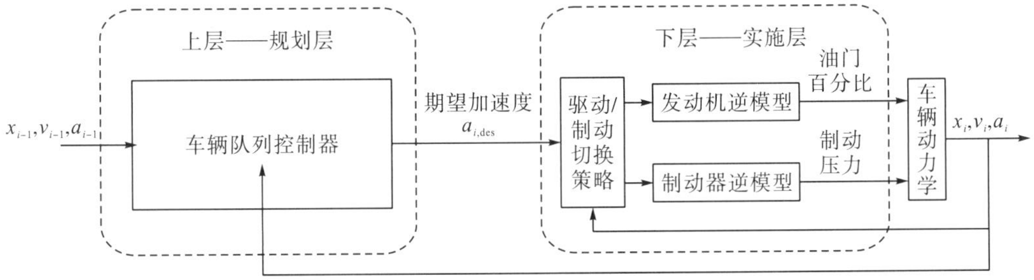

图 10.17　车辆队列控制的系统框架

车辆队列控制的整体思路如下：由上层控制器根据车辆运动学的数据设计出一个满足车辆队列串稳定性的控制器，由该控制器输出一个期望的加速度作为下层控制器的输入，下层控制器根据该期望加速度，自动控制油门和刹车的开度，从而使车辆的实际加速度跟踪期望加速度，如果车辆的实际加速度能够很好地跟踪上层控制器输出的期望加速度，则最终会实现车辆队列控制。

首先，针对一个单车道行驶的车辆队列，考虑如下运动学模型来描述车辆队列模型[3]：

$$\begin{cases}\dot{x}(t)=v(t)\\ \dot{v}(t)=u(t)\end{cases} \tag{10.1}$$

设计上层控制器，综合考虑车辆的位置、速度和加速度三个因素，设计如下车辆队列控制器[3]：

$$u_i(t)=k_o\{V[h_i(t)-v_i(t)]\}+k_p e_i(t)+k_v[v_{i-1}(t)-v_i(t)]+k_a a_{i-1}(t) \tag{10.2}$$

其中，

$$V[h_i(t)] = \begin{cases} 0, & h_i \leqslant h_{st} \\ v_{\max} \dfrac{h_i(t) - h_{st}}{h_{go} - h_{st}}, & h_{st} < h_i < h_{go} \\ v_{\max}, & h_i \geqslant h_{go} \end{cases} \tag{10.3}$$

$$h_i(t) = x_{i-1}(t) - x_i(t) - L_i \tag{10.4}$$

$$e_i(t) = h_i(t) - [r + hv_i(t)] \tag{10.5}$$

$$h = \frac{h_{go} - h_{st}}{v_{\max}} \tag{10.6}$$

式中，u_i 是第 i 辆车控制器的期望加速度；x_{i-1}、v_{i-1}、a_{i-1} 分别是第 i-1 辆车的实际位置、速度、加速度；L_i 是车辆的长度；r 是车辆初始时处于静止状态时的车辆间距(前一辆车的后保险杠与后一辆车的前保险杠之间的距离)；h_{st} 和 h_{go} 分别是车辆允许的最小车间距和最大车间距；$v_{\max}$是车辆允许的最大速度。

其次，设计下层控制器，车辆动力学模型的输入信号是期望加速度 a_{des}，而制动器和油门的输入量分别是制动压力、节气门开度。因此不能直接传递给车辆纵向动力学模型，需要经过车辆逆纵向动力学模型的转化，模型结构如图 10.18 所示。

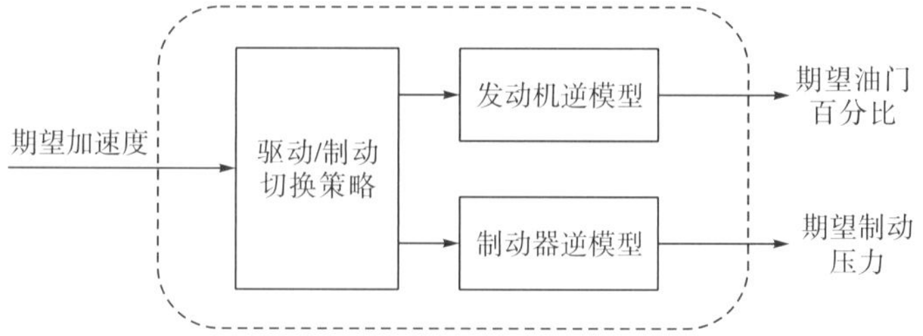

图 10.18　车辆下层控制的系统框架

1. 驱动/制动切换策略

当车辆正常行驶在道路上时，如果出现刹车和油门同时踩下的情况，对车辆是有一定伤害的，并且也不安全，通常情况下油门和刹车是单独控制的，因此需要设定驱动和制动的切换规则。在车辆处于驱动模式时，节气门开度增大，此时不采取制动措施；当车辆处于制动模式时，发动机的节气门开度保持最小，只保证车辆的怠速运转即可。因此可以通过设定一个驱动与制动切换操作的基准线来确定切换策略，具体方式为在 PreScan 中仿真获取 Roewe_550_S_Sedan 在不同车速下，不采取油门、刹车、转向等操作，测量出该车辆在不同速度下怠速的最大加速度见表 10.2。

表 10.2 Roewe_550_S_Sedan 怠速状态下车速与加速度关系表

车速/(m·s^{-1})	1	2	3	4	5	10
加速度/(m·s^{-2})	−0.0825	−0.0886	−0.0945	−0.1023	−0.1049	−0.1205
车速/(m·s^{-1})	15	20	25	30	35	37
加速度/(m·s^{-2})	−0.1518	−0.1961	−0.2536	−0.3242	−0.4079	−0.4644

由表 10.2 可得，车辆驱动/制动切换逻辑曲线如图 10.19 所示。图中的实线是怠速状态时车辆的初始车速与最大加速度之间的关系曲线，为了避免频繁的驱动/制动模型切换，可以在该基准线上下设定一宽度为 $\Delta h = 0.1\text{m/s}^2$ 的缓冲区域[4,5]，从而将该图分为上、中、下三个区域，各区域代表的含义见表 10.3 所示。

表 10.3 Roewe_550_S_Sedan 驱动/制动控制逻辑规则

切换条件	控制状态	执行动作
$a_{des} > a + \Delta h$	驱动	释放刹车，踩下油门
$a_{des} < a - \Delta h$	制动	踩下刹车，释放油门
$a - \Delta h \leqslant a_{des} \leqslant a + \Delta h$	保持	无动作，怠速行驶

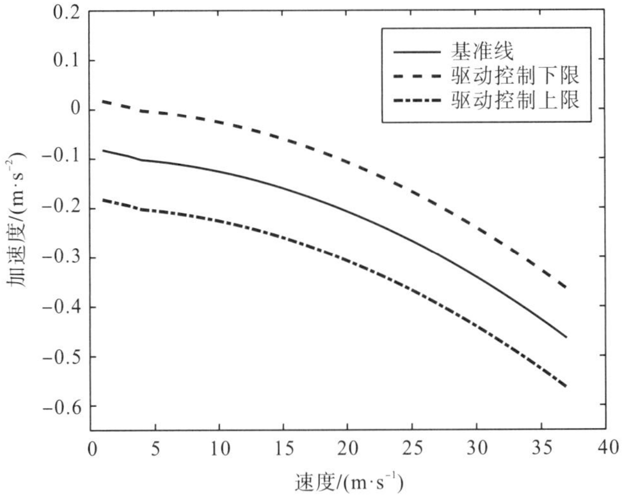

图 10.19 Roewe_550_S_Sedan 驱动/制动切换逻辑曲线

图 10.20 为在 Simulink 中搭建好的 Roewe_550_S_Sedan 驱动/制动控制逻辑规则模型。

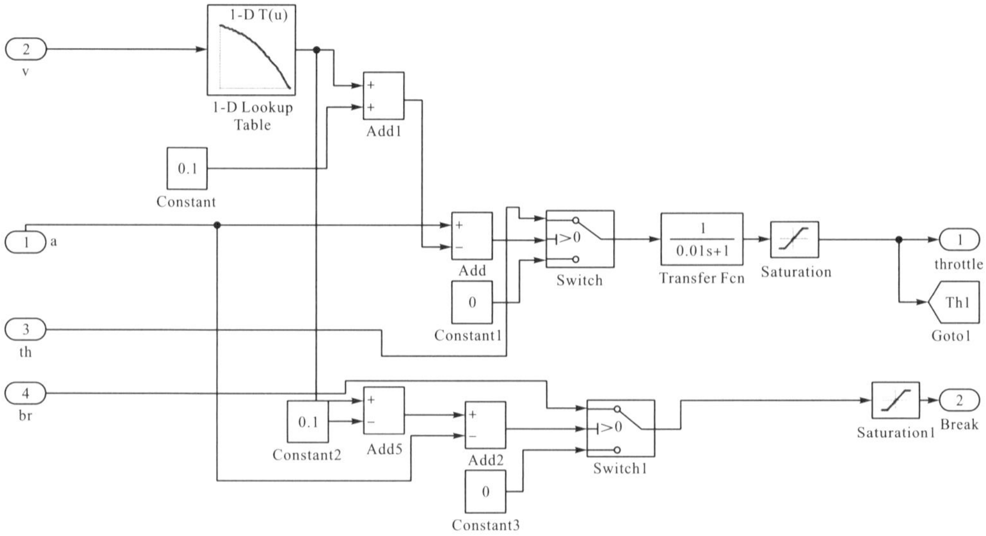

图 10.20　Roewe_550_S_Sedan 驱动/制动控制逻辑规则模型

2. 发动机逆模型

通过车辆在纵向上运动的动力学分析，可获得如下方程式：

$$ma_{\text{des}} = F_{\text{drive}} - \sum F(v) \tag{10.7}$$

其中，F_{drive} 代表车辆总的驱动力；$\sum F(v)$ 代表车辆受到的总的行驶阻力。假设在驱动模式时，制动力为零，且不考虑道路坡度的影响，则有

$$\sum F(v) = \frac{1}{2} C_{\text{d}} A \rho_A v^2 + \mu mg \tag{10.8}$$

式中，C_{d}、A、ρ_A 和 μ 分别代表空气阻力系数、迎风面积、空气密度和滚动阻力系数。

不考虑车辆动力传动装置的形变量，则有[4,5]

$$F_t = \frac{T_e \tau\left(\frac{\omega_t}{\omega_e}\right) i_g i_0 \eta}{r_w} = \frac{\tau\left(\frac{\omega_t}{\omega_e}\right) i_g i_0 \eta}{r_w} T_e = K_{\text{drive}} T_e \tag{10.9}$$

式中，$\tau\left(\frac{\omega_t}{\omega_e}\right)$ 代表液力变矩器的变矩比特性曲线，如图 10.21 所示；ω_t 表示涡轮的输出转速，T_e 和 ω_e 分别代表发动机的输出转矩和输出转速；i_g 和 i_0 分别代表变速器传动比和主减速器传动比；η 代表传动效率；r_w 代表车辆半径。

由于 $\tau\left(\frac{\omega_t}{\omega_e}\right)$ 是一个函数关系，因此 K_{drive} 是一个可测变量。

$$K_{\mathrm{drive}}=\frac{\tau\left(\dfrac{\omega_t}{\omega_e}\right)i_g i_0\eta}{r_w} \tag{10.10}$$

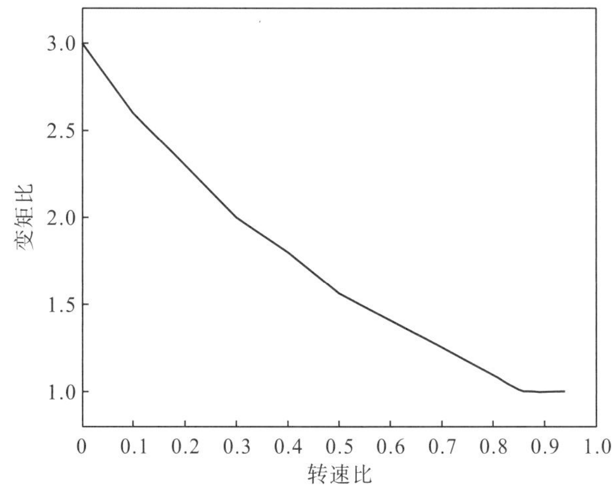

图 10.21 Roewe_550_S_Sedan 变矩比特性曲线

图 10.22 为在 Simulink 中搭建好的 Roewe_550_S_Sedan 求解 K_{drive} 的模型。

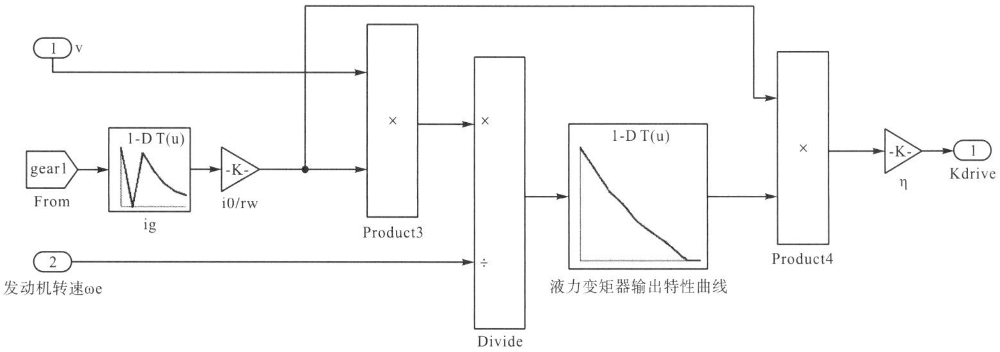

图 10.22 Roewe_550_S_Sedan 求解 K_{drive} 的模型

结合式(10.7)～式(10.9)，可以计算出发动机期望的输出转矩 T_{des}：

$$T_{\mathrm{des}}=\frac{ma_{\mathrm{des}}+\sum F(v)}{K_{\mathrm{drive}}}=\frac{ma_{\mathrm{des}}+0.5C_d A\rho_A v^2+\mu mg}{K_{\mathrm{drive}}} \tag{10.11}$$

通过 PreScan 中发动机的扭矩特性，得到发动机不同节气门开度和不同转速时所需的输出转矩逻辑规则见表 10.4 所示。将 $T_{\mathrm{des}}=f(\theta,\omega_e)$ 转化成节气门开度特性函数，得到期望节气门开度为

$$\theta_{\mathrm{des}}=f(T_{\mathrm{des}},\omega_e) \tag{10.12}$$

表 10.4　发动机在不同节气门开度和不同转速时所需的输出转矩逻辑规则

节气门开度/% 发动机转速/(N·m) 发动机转速/$(r\cdot min^{-1})$	0	20	30	40	50	60	70	80	90	100
1000	−40	37	42	46	61	76	91	107	122	137
1250	−43	41	46	51	67	84	100	116	133	149
1500	−46	46	52	58	76	95	114	132	151	170
1750	−49	52	59	65	86	107	128	159	170	191
2000	−50	39	55	74	98	122	160	170	194	218
2500	−56	27	51	75	100	124	149	173	197	222
3000	−62	27	51	75	100	124	148	173	197	221
3500	−68	27	51	76	100	124	149	173	198	222
4000	−74	27	51	75	99	124	148	172	197	221
4500	−80	27	51	75	99	124	148	172	197	221
5000	−86	26	50	74	99	123	147	171	195	219
5250	−89	26	49	73	97	120	144	167	191	215
5500	−92	25	48	72	95	118	141	164	187	211
5750	−95	24	46	68	90	111	133	155	177	199
6000	−98	22	42	61	81	101	121	141	161	181
6500	−104	17	33	49	65	81	97	113	128	145

通过节气门开度特性函数建立三维表，可以得到不同转速和发动机扭矩条件下的节气门开度，如图 10.23 所示。

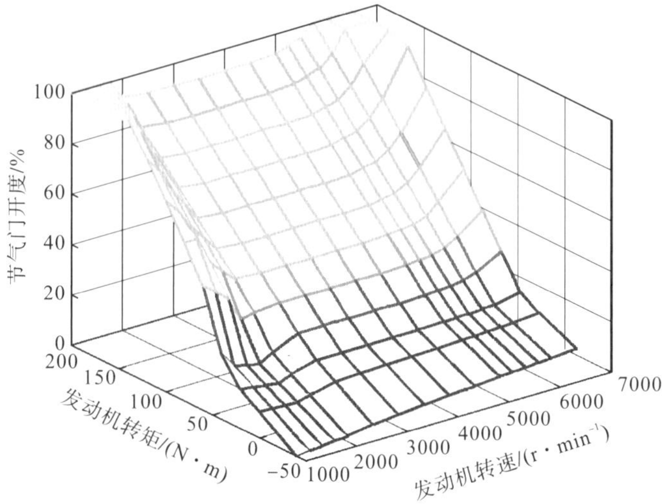

图 10.23　Roewe_550_S_Sedan 发动机逆扭矩特性

图 10.24 为在 Simulink 中搭建好的 Roewe_550_S_Sedan 发动机逆模型。

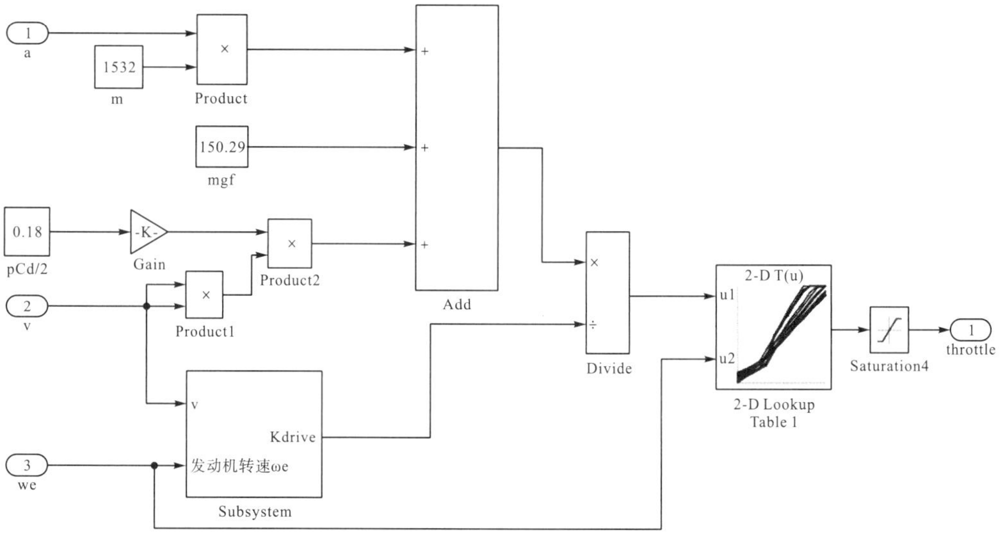

图 10.24 Roewe_550_S_Sedan 发动机逆模型

3. 制动器逆模型

当车辆处于制动模式时，此时驱动力 F_t=0，则有

$$ma_{\text{des}} = -F_{\text{brake}} - \sum F(v) \tag{10.13}$$

考虑车辆轮胎在未达到极限状态时，刹车力和刹车压力之间可看作存在以下比例关系[3,4]：

$$F_{\text{brake}} = K_{\text{brake}} P_{\text{brake}} \tag{10.14}$$

可计算得到期望制动压力为[3,4]

$$P_{\text{brake}} = \frac{\left| ma_{\text{des}} + \sum F(v) \right|}{K_{\text{brake}}} \tag{10.15}$$

其中，K_{brake} 是比例常数。图 10.25 为在 Simulink 中搭建好的 Roewe_550_S_Sedan 制动器逆模型。

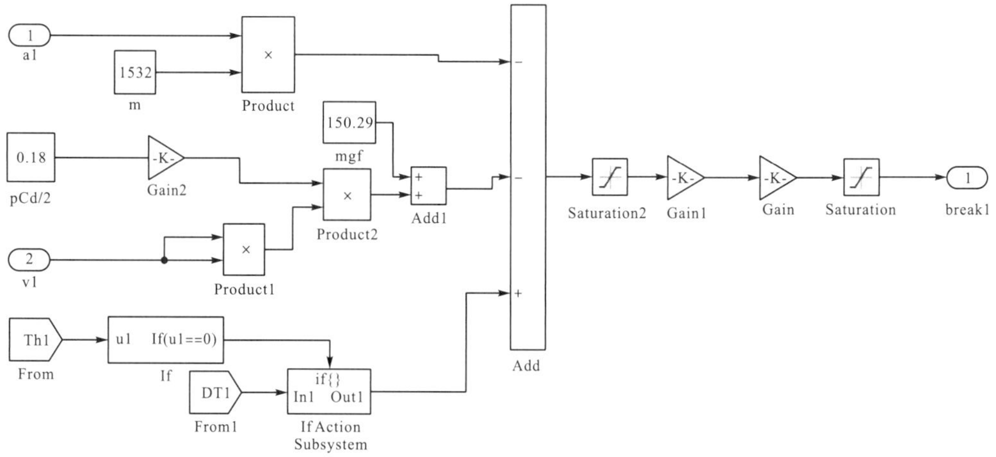

图 10.25 Roewe_550_S_Sedan 制动器逆模型

将切换逻辑、发动机逆模型、制动器逆模型按照图 10.26 的方式连接起来便可得到 Roewe_550_S_Sedan 车辆逆纵向动力学系统模型，为了更好地跟踪上层控制器计算得到的期望加速度，在发动机逆模型前面增加了一个加速度校正器。

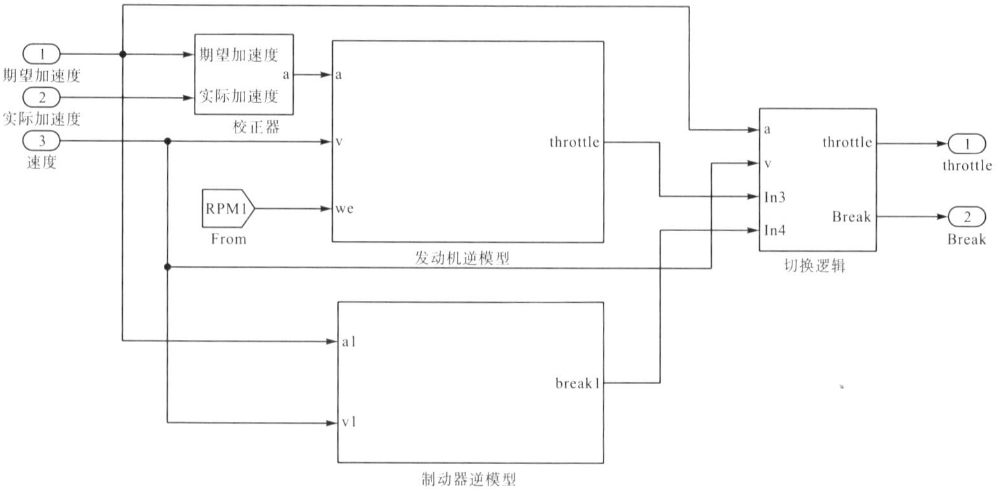

图 10.26　Roewe_550_S_Sedan 车辆逆纵向动力学系统模型

Roewe_550_S_Sedan 跟随车辆中的队列控制器如图 10.27 所示。用相同的方法为所有跟随车辆都设计上述队列控制器。

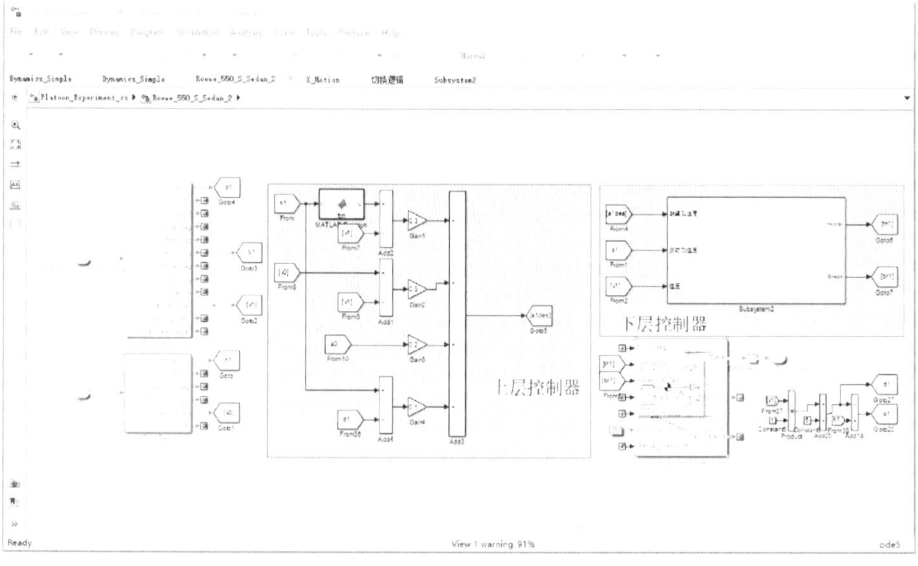

图 10.27　Roewe_550_S_Sedan 跟随车辆中的车辆队列控制器

10.2.6　PreScan&Simulink 联合仿真

设定领导车辆(Roewe_550_S_Sedan_1)由静止开始做加速度逐渐减小的加速运动，直到车速达到 15m/s 后保持匀速直线行驶，如图 10.28 所示。

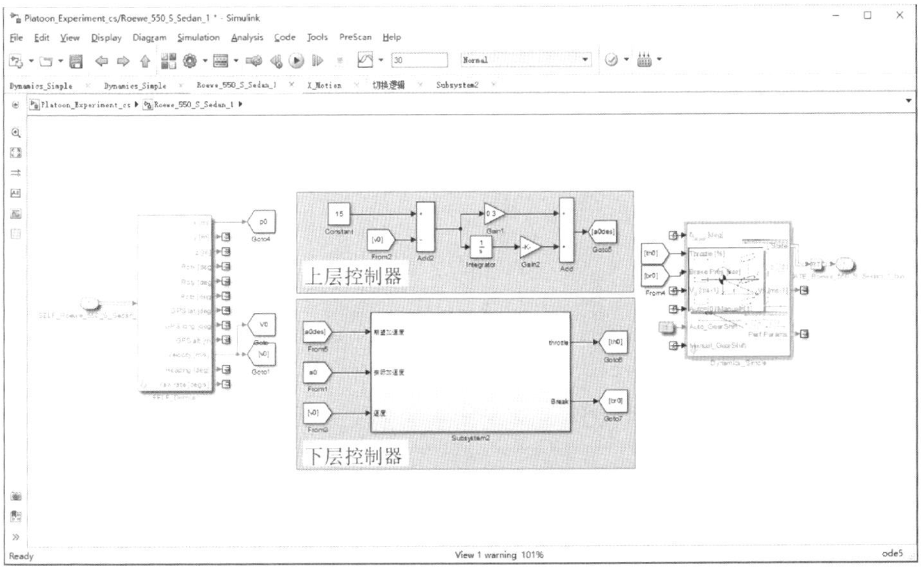

图 10.28　Roewe_550_S_Sedan_1 领导车辆的控制模块

仿真参数说明见表 10.5。

表 10.5　仿真参数说明

参数名称	符号	数值	单位
车身质量	m	1532	kg
空气密度	ρ_A	1.28	$kg\cdot m^{-3}$
空气阻力系数	C_d	0.28	—
车轮半径	r_w	0.45	m
滚动阻力系数	μ	0.01	—
迎风面积	A	2.24	m^2
传动效率	η	0.99	—
重力加速度	g	9.81	$m\cdot s^{-2}$
主减速器传动比	i_0	2.70	—
最大运行速度	v_{max}	30	$m\cdot s^{-1}$
最小车辆间距	h_{st}	5	m
最大车辆间距	h_{go}	35	m
控制增益	k_o	0.3	s^{-1}
控制增益	k_p	0.1	s^{-2}
控制增益	k_v	0.9	s^{-1}
控制增益	k_a	0.2	—

在相应的控制器中设定好以上参数，并设定仿真时长为 30s，仿真步长为 0.01s，进行 PreScan&Simulink 联合仿真。

10.2.7　数据结果与分析

仿真刚开始时，5 辆型号为 Roewe_550_S_Sedan 的车辆静止在道路上，如图 10.29 所示。其中，第 1 辆车为领导车辆，后面 4 辆车均为跟随车辆。在经过大约 20s 的时间，所有车辆都将从静止加速到 15m/s，并保持该速度，同时以期望的车辆间距保持直线行驶，如图 10.30 所示。

每辆车的位置、速度、加速度、车辆间距、车辆间距误差变化曲线如图 10.31(a)～10.31(e)所示。

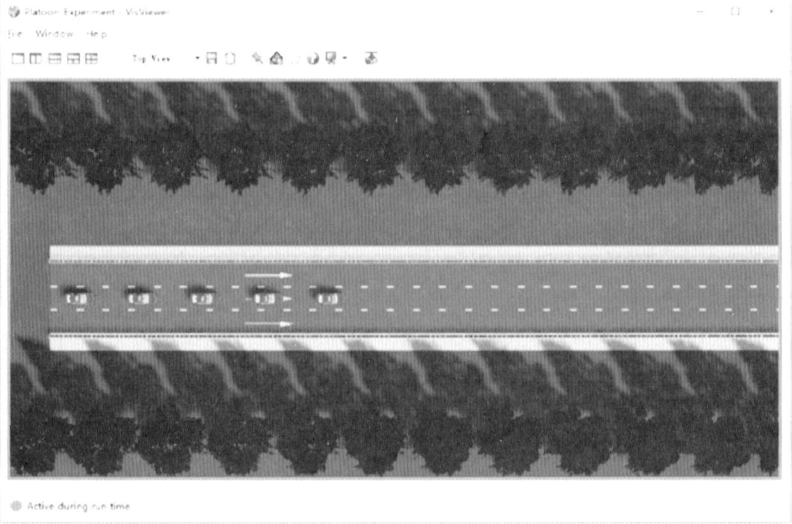

图 10.29　处于静止状态的车辆编队

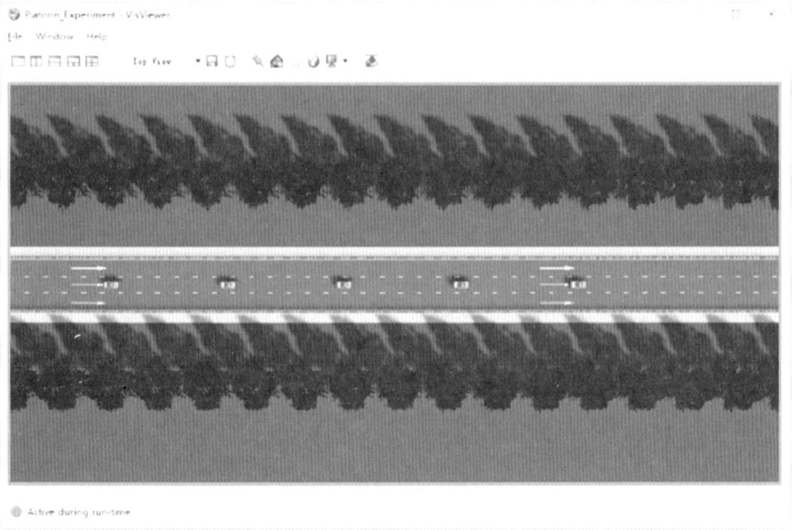

图 10.30　队列行驶中的车辆编队

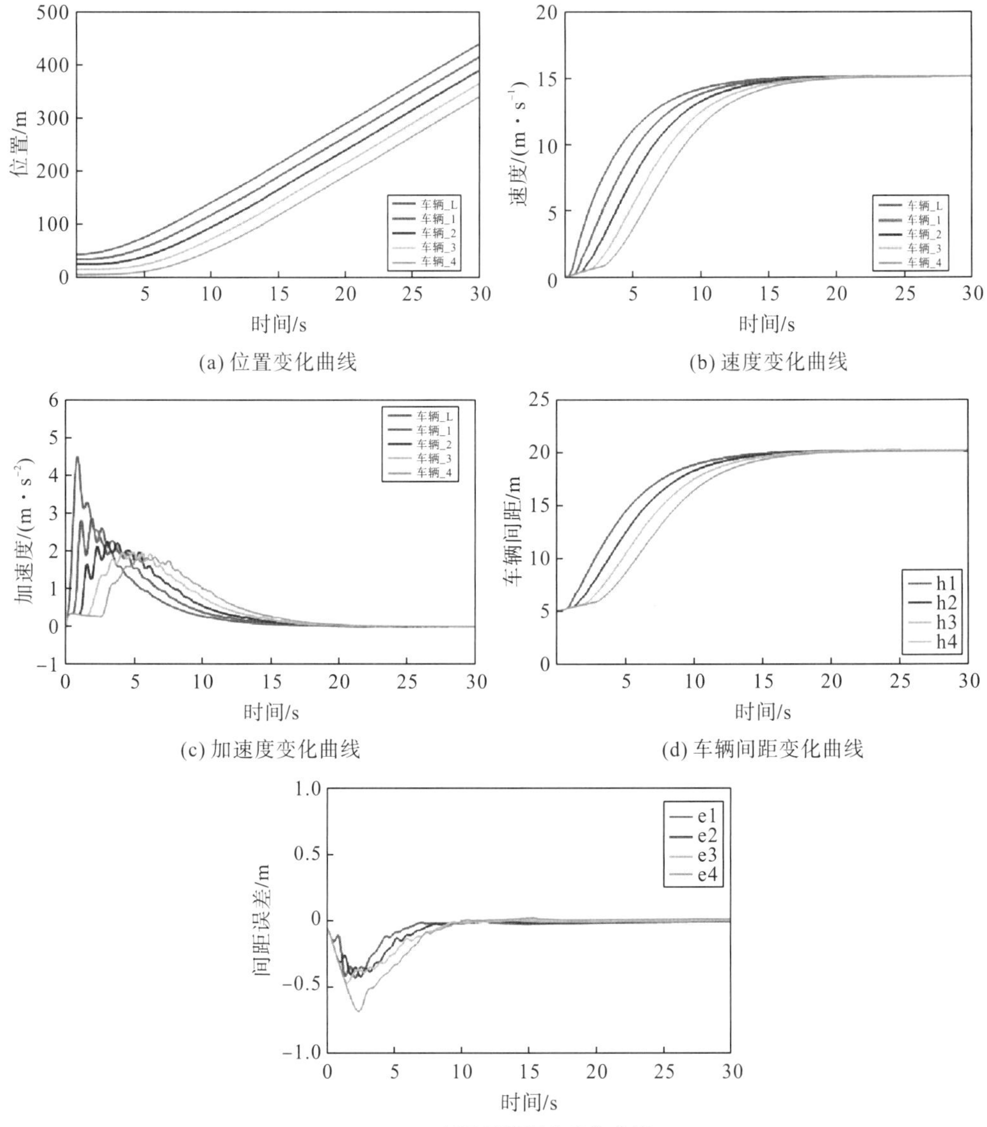

(a) 位置变化曲线

(b) 速度变化曲线

(c) 加速度变化曲线

(d) 车辆间距变化曲线

(e) 车辆间距误差变化曲线

图 10.31 编队行驶中的车辆数据变化曲线

分析上述曲线，可以得到如下结论：编队车辆在 t=0s 时开始加速，经过 20s 所有车辆均达到 15m/s 的速度，此时相邻两车的车辆间距均保持为期望间距 20m，加速度减小到零，车辆间距误差也变为零，意味着此时整个车辆队列达到了稳定状态。

10.3 基于数字孪生平行仿真的应用案例

10.3.1 数字孪生平台

本节基于 PreScan 仿真软件创建了数字孪生的虚拟世界，实验车辆以及车载设备、外部传感器、现实场景等构成了数字孪生的物理世界，通过 4G 通信模块建立了虚拟世界与物理世界之间的通信与控制连接，从而构建了数字孪生平台[6-8]，其整体框架如图 10.32 所示。

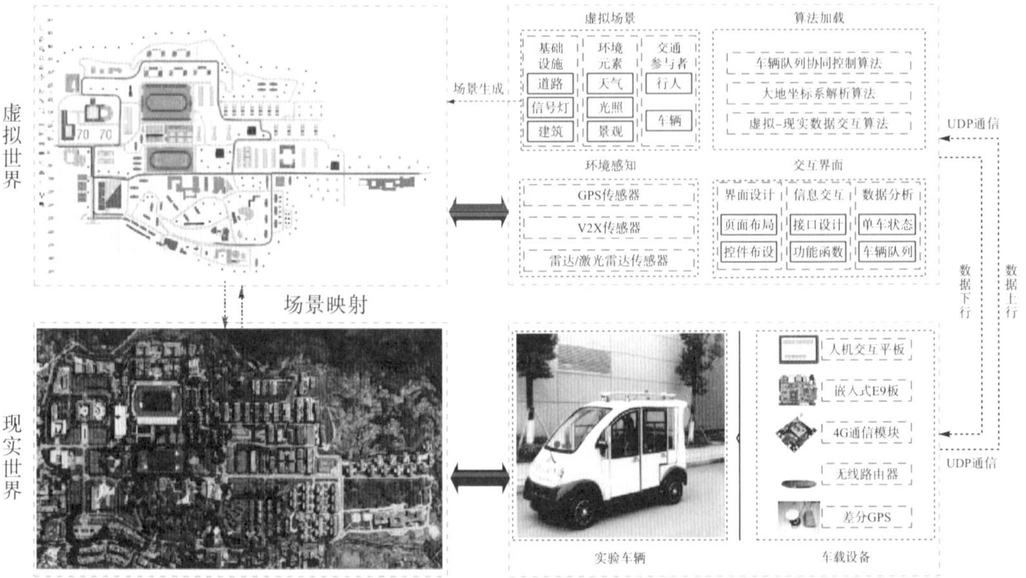

图 10.32　数字孪生平台整体框架图

注：UDP，user datagram protocol，用户数据报协议。

10.3.2　虚拟世界框架

1. 场景搭建

在 PreScan 中基于基础设施、环境元素和交通参与者等预定义模型以及通过模型准备工具导入自主设计的模型进行虚拟仿真场景的搭建，搭建好的场景经过编译后可通过视窗软件 PreScan Viewer 进行三维可视化查看。对于虚拟仿真场景内的元素，如道路、植物景观、交通设施、天气、光照和交通参与者等具有丰富的模型库和大量的可调参数，图 10.33 呈现了基于 PreScan 预定义模型和用户自定义模型搭建的虚拟仿真实验场景[5]。

图 10.33　虚拟仿真实验场景

2. 环境感知

环境感知模块是感知车身周围的道路信息以及交通环境，从而为智能网联汽车的决策控制提供可靠的信息来源。

在 PreScan 中可用于环境感知的传感器有 V2X 传感器、GPS 传感器、雷达传感器以及激光雷达传感器等。其中，V2X 传感器具有通信距离远、穿透障碍物能力强，不受天气、光照等环境因素的影响等特点，具备在复杂交通环境中建立车与车、车与路侧设施之间的通信环境的能力；GPS 传感器用于仿真车辆的行车定位，可以得到当前车辆精确的经度、纬度、高度、航向、速度等信息。在实际运用过程中，可以自由配置 V2X 传感器的安装位置、有效通信距离、消息传输类型以及通信模型等参数，具备高度灵活性。

3. 算法加载

算法加载模块在整个平台的运行中承担核心作用，数字孪生平台中主要加载了车辆队列协同控制算法、大地坐标系解析算法和虚拟–物理世界平台数据交互算法。

4. 交互界面

交互界面作为虚拟平台与使用者进行信息交互的介质，主要在 Matlab/Guide 工具箱中完成，在可视化的开发界面里拖动相关控件完成页面的布局，通过为特定控件编写事件的回调函数，实现动态曲线的更新、实时车辆数据的显示以及仿真结束后对单车状态和车辆队列状态进行分析。图 10.34 是本节所设计的交互界面。

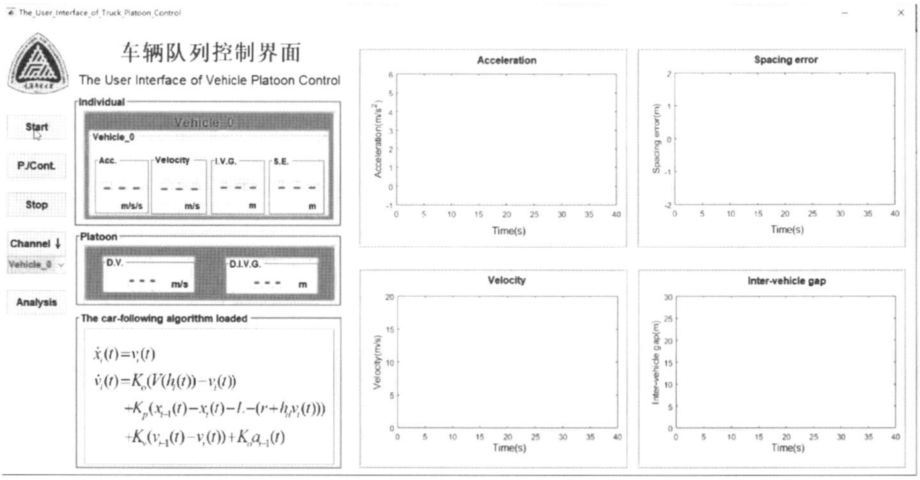

图 10.34　交互界面

10.3.3　物理世界框架

物理世界以真实车辆为基础，搭载包括主控单元、交互设备、通信模块、无线路由和 GPS 传感设备等。

1. 主控单元

主控单元采用的是基于 ARM 架构的嵌入式 E9 板，基于 Linux 的操作系统，利用多线程、多进程技术实现 GPS 信息采集、与通信模块之间的车辆状态信息收发以及与人机交互平板之间的信息交互。

2. 交互设备

本节涉及平台采用搭载基于安卓应用软件的平板实现车辆与驾驶人员之间的交互，通过开发的人机交互 APP 显示车辆的实时状态信息和实时建议行驶速度，采用数字和曲线两种呈现方式给驾驶员提供合理的行驶信息。

3. 通信模块

通信模块作为整个外部设备中信息交互的核心载体，在保证通信速度快、与其他设备交互灵活、信号收发稳定的前提下，本节涉及平台采用汉枫 HF8104 通信模块用于提供 4G 通信接口，该模块支持多种协议，接入其他端口便捷；同时，配合高性能路由器能够保证整个车内局域网中所有设备的相互访问和通信。

4. 无线路由

无线路由负责提出车内数据通信功能，处在车内局域网中的所有设备都能通过无线路由相互访问和通信。通过无线路由，可以使用笔记本电脑对各个模块的 Linux 系统进行调试和开发。

5. GPS 传感设备

车辆上的 GPS 传感设备主要是利用差分 GPS 实现精确的信息获取。通过搭载的移动 GPS 接收机，该设备一方面通过获取基准站传回的 GPS 信息，一方面实时接收 GPS 卫星信号的定位信息。通过基准站已知的精确坐标，计算基准站到卫星的距离改正数，最终得到较为准确的定位信息。

10.3.4　车辆队列算法

1. 数字孪生下的车辆队列行驶示意

由 $n+1$ 辆车辆组成的车辆队列如图 10.35 所示，车辆 0 代表领航车，其一般由人类驾驶员进行操控行驶，车辆 1 至车辆 n 为网联车，其通过 V2V 通信环境获取周围车辆的状态信息。在虚拟世界中存在着和物理世界一一对应的仿真车辆(相同的外观、相同的车辆动力学)，物理世界的车辆通过 V2X 通信设备实现车辆间数据的交互，在控制算法的作用下自主实现车辆队列控制的功能，与此同时将 GPS 采集到的数据(车辆标识号、经纬度、加速度、速度、航向角)通过通信模块发送给数字孪生平台服务器端，服务器端解析数据，并根据车辆标识号将数据包分发给仿真平台中对应的车辆，从而使仿真平台中的车辆持续获得更新数据，再现出与物理世界中对应车辆相同的行为，实现平行仿真功能，在此期间，为了保证数据在传输过程中的收发透明，仿真平台中的车辆同时会回传自己是否正常收到并执行了命令的信息。

2. 车辆队列算法

本节仍采用 10.2 节中的车辆队列控制算法，分别加载到数字孪生平台和实车实验平台中。

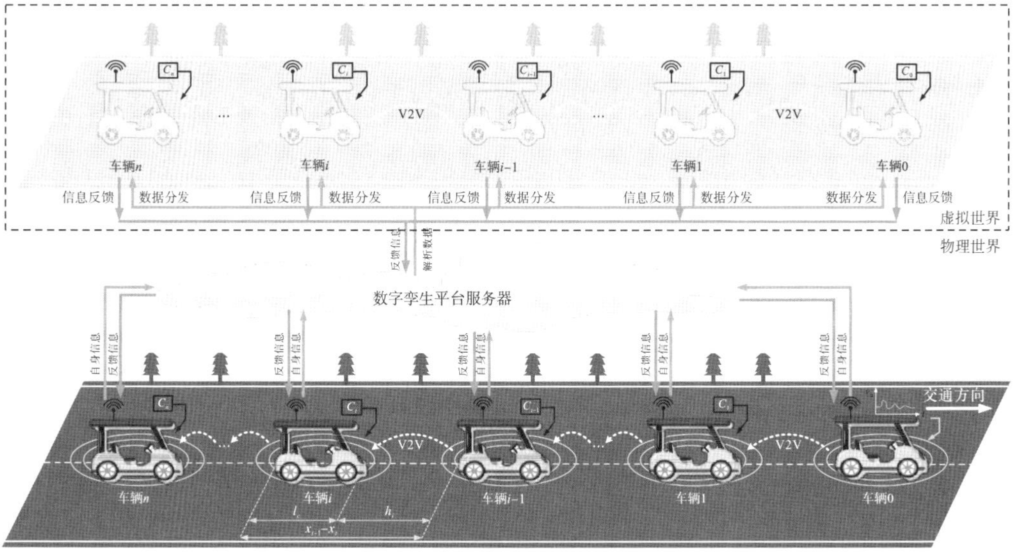

图 10.35 数字孪生下的车辆队列行驶场景

10.3.5 实验设置

1. 场景设置

场景设置分为虚拟场景设置和物理世界场景设置。虚拟场景为 PreScan 中构建的 3D 场景，图 10.36 呈现了在 PreScan 中重构的重庆邮电大学南部校区 3D 场景。

图 10.36 重庆邮电大学南部校区 3D 场景

实际场景由测试环境以及网联车辆测试系统组成，图 10.37 展现了在重庆邮电大学南部校区由三辆车组成的网联车辆测试系统，每辆车上搭载了通信设备、GPS 设备、人机交互设备等模块。

图 10.37　网联车辆测试系统

2. 实验参数设置

在本案例中，虚拟世界的采样时间间隔设置为 0.05s。领航车辆的初始位置设定为 $x_0(0)=14.8\,\mathrm{m}$，跟随车辆的初始位置设定为 $x(0)=\left[7.4,0\right]^{\mathrm{T}}$，领航车辆的期望速度为

$$v_0(t)=4.17,\quad t>0 \tag{10.16}$$

车辆的初始速度设定为 $v(0)=[0,0,0]^{\mathrm{T}}$，物理世界中各车辆的实验条件设置均与虚拟世界保持一致。控制器参数如表 10.6 所示。

表 10.6　控制器参数

参数	值	单位	参数	值	单位
K_o	0.2	s^{-1}	h_{st}	5	m
K_p	0.4	s^{-2}	h_{go}	35	m
K_v	0.8	s^{-1}	h_d	1	s
K_a	0.5	—	r	7.4	m
$v_{\max}$	30	m/s	L	3.5	m

10.3.6　车辆队列控制平行仿真实验

1. 实验流程

完成 10.3.5 节的实验设置后，基于数字孪生的车辆队列控制平行仿真实验流程如下：

(1) 数字孪生平台启动。主要是启动 PreScan GUI 中搭建的仿真场景，打开数字孪生平台服务器数据接口等待物理世界中各实验车辆的连接。

(2) 实车验证平台启动。主要是车载设备的配置和启动，包括差分 GPS 接收机、V2X 通信设备的启动，嵌入式 E9 板中的通信驱动程序、消息中间件以及传感设备驱动程序的启动，Android 平板上的人机交互 APP 的启动。上电完成上述设备的相应配置后，等待车辆启动完成数据的收发。

(3) 在确保车载设备、人机交互平板、数字孪生平台能够正常工作且收发数据正常以后，开展实车验证实验。

2. 数据交互

虚拟-物理世界之间的数据交互主要是通过车载 4G 通信模块完成。通过建立虚拟世界与实现世界之间的 UDP 通信协议，实现虚拟世界和物理世界之间的信息交互。

数据交互具体流程包括：①实际车辆状态信息数据采集；②实际车辆数据打包；③实际车辆数据发送；④仿真平台接收数据并响应；⑤仿真平台下发反馈指令。

3. 队列控制

物理世界中的车辆通过差分 GPS 采集自己的行驶数据，通过车载 V2X 通信设备实现车车之间数据的交互。嵌入式 E9 版作为主控单元，用于处理采集的 GPS 数据、处理 V2X 通信设备获取的数据以及向人机交互平板中的 APP 推送信息，人机交互平板中的 APP 经数据解析后呈现出建议的行驶信息，驾驶员由此完成对实际车辆的操控，实现物理世界中的车辆队列控制。

与此同时，物理世界中的每辆车所搭载的 4G 模块将采集到车辆实时状态信息发送到数字孪生平台服务器中，服务器解析接收到的数据，并分发到对应的仿真车辆中，实现仿真车辆的数据注入。仿真车辆在队列控制算法的作用下，输出各跟随车辆的期望加速度，并将该期望加速度指令转换为驱动仿真世界中车辆行驶的指令，最终实现虚拟世界和物理世界中车辆的平行行驶。

4. 实验结果

图 10.38(a) 呈现了所有车辆的速度变化曲线，当 $t\in[0,10]$ 时，车辆从静止状态逐渐加速到 4.17m/s 的期望速度，当领航车辆达到期望速度后，跟随车辆 1 和 2 也能在稍滞后的时间内跟随行驶，相比于自动驾驶车辆，人为驾驶因控制精度和反应时间等限制，使得实验过程不可避免地产生了误差，导致车辆速度存在一定的波动，在实验安全范围以及允许误差内，实现了速度的一致性。

图 10.38(b) 呈现了所有车辆的加速度变化曲线，可以看出，当 $t\in[0,30]$ 时，驾驶员为了满足调整车速的要求，不断地对车辆进行着加减速的调整，吻合车辆的速度变化轨迹。当车速调整完毕后，车辆加速度仍存在较小的波动，这是由于人为驾驶和环境因素所导致真实车辆的数据无法完全如纯仿真环境一样平滑且收敛。

在图 10.38(c) 车辆间距变化曲线和图 10.38(d) 车辆间距误差变化曲线图中，可以看出车辆在物理世界的相对位置变化情况，跟随车辆 2 与前车的间距在 t=10s 后基本上可以在小范围波动内稳定下来，且间距误差也基本稳定。而跟随车辆 1 在 t=5s 后车速过快，导致车辆实际间距小于期望间距，故间距误差出现负值情况。

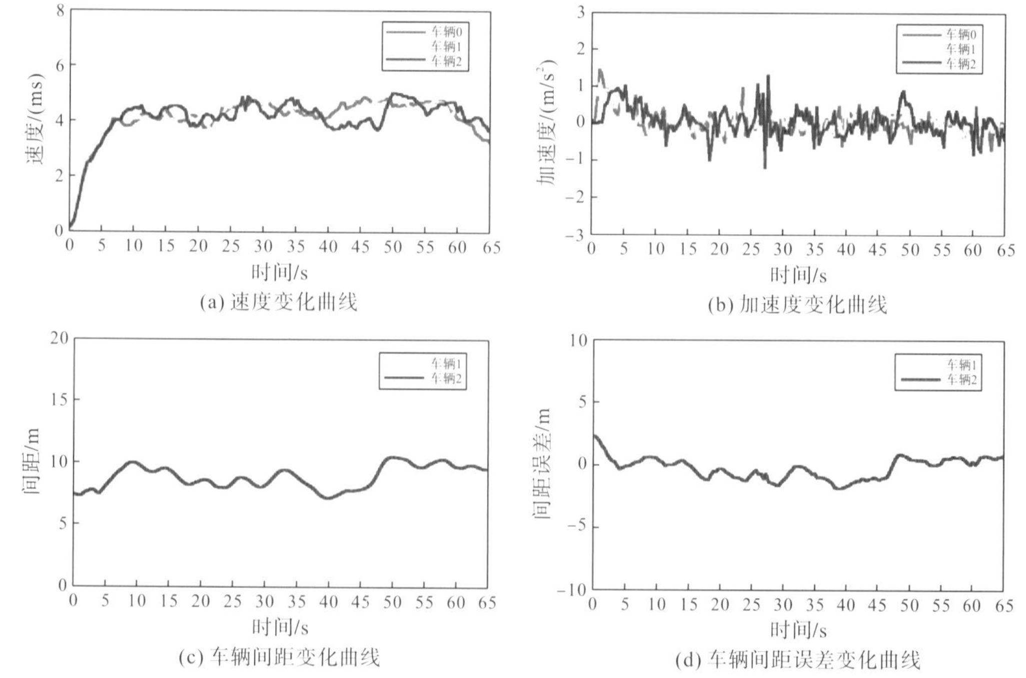

图 10.38　编队行驶中的车辆数据变化曲线

10.4　基于 TruckSim 和 PreScan 的卡车队列控制应用案例

本节所用到的软件及其版本号为 PreScan 2019.2.0 版本(图 10.39)、TruckSim 2016.1 版本(图 10.40)以及 Matlab 2018a 版本。本节将重点介绍运用 TruckSim 和 PreScan 联合仿真开发无人卡车队列控制系统的整体框架，如图 10.41 所示。

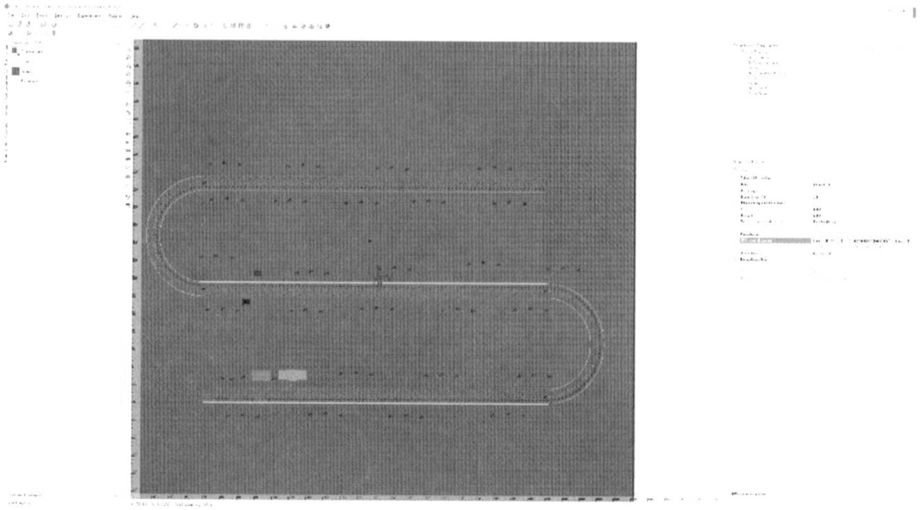

图 10.39　PreScan 2019.2.0 界面

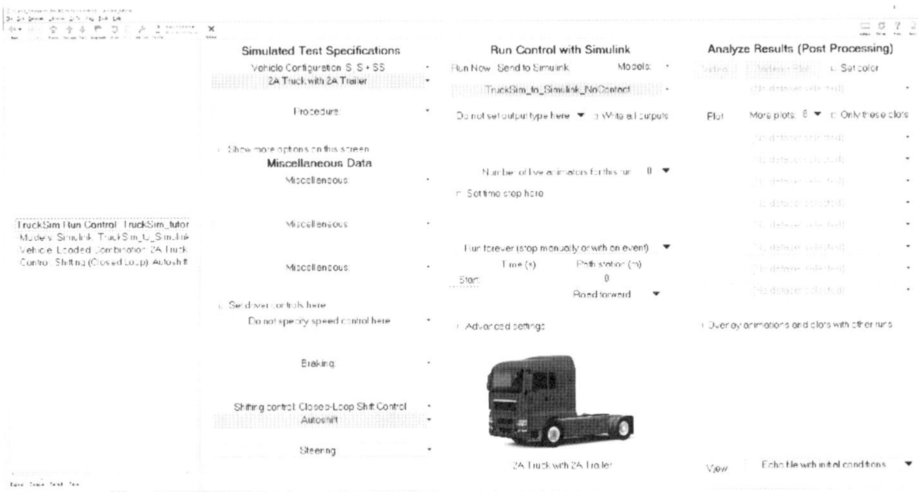

图 10.40　TruckSim 2016.1 界面

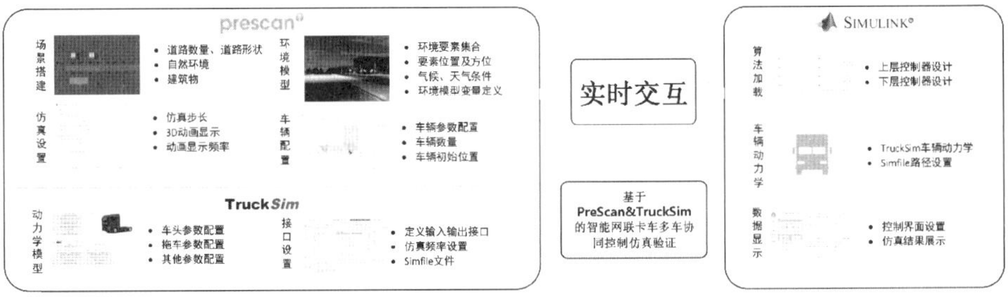

图 10.41　基于 TruckSim 和 PreScan 的卡车队列控制系统整体框架

TruckSim&PreScan 联合仿真平台的整体框架由三部分构成：①PreScan 用于仿真实验场景的搭建，包括但不仅限于道路、车辆、建筑物等；②TruckSim 提供高精度的卡车动力学模型，实时计算出车辆运动信息；③Matlab/Simulink 作为 TruckSim 和 PreScan 二者数据交互的中介和控制核心，主要用于算法的加载以及数据的显示。下面将详细地介绍联合仿真实现的具体步骤。

10.4.1　PreScan 实验场景搭建

搭建 PreScan 实验场景的步骤参照 10.2.1～10.2.3 节所示的步骤，这里不做赘述。车辆选择 Actors 下 Trucks & Busses 中的 DAF-95XF 以及 Trailers 中的 Container Trailers。搭建完的场景在 3D Viewer 窗口下进行预览，结果如图 10.42 所示。

实验场景由三段 400m 长直路以及两段半径 60m 长弯路构成。三辆卡车设置好的初始坐标见表 10.7，需要注意的是 Container_Trailer 的坐标与卡车坐标保持一致。

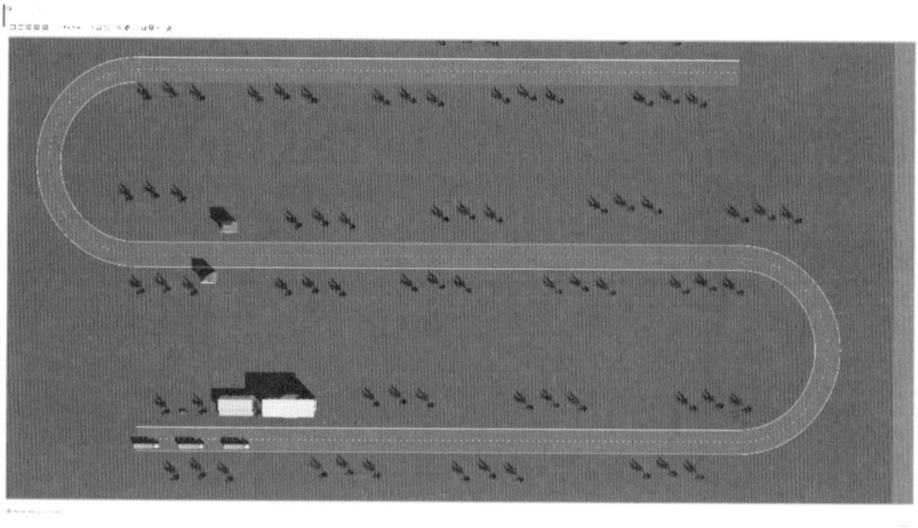

图 10.42　卡车队列控制的实验场景

表 10.7　三辆测试车辆的初始坐标

车辆编号	X	y	z
DAF_95_XF_1	95.16	−34.47	0
DAF_95_XF_2	65.16	−34.47	0
DAF_95_XF_3	24.26	−34.47	0

PreScan 和 TruckSim 卡车坐标系原点默认位置并不相同，其中 PreScan 车辆坐标系的原点默认位于车辆后轴下方，TruckSim 中车辆坐标原点位于车辆前轴之下的地面上，所以需要进行卡车坐标的同步。具体步骤如下：

(1) 在 PreScan 端临时激活卡车的 2D 动力学模型，查看卡车轴距并记录，如图 10.43 所示。

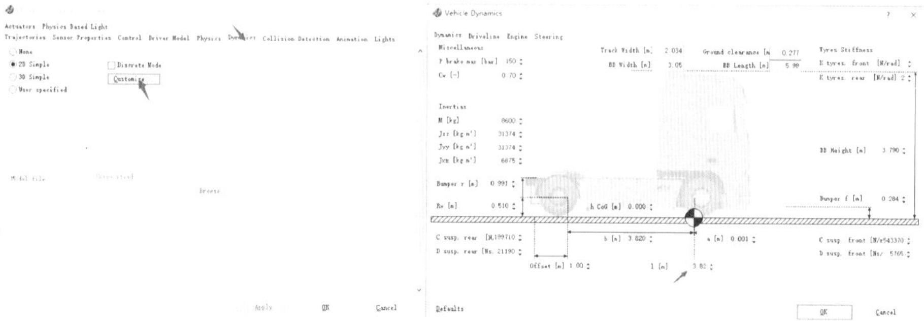

图 10.43　获取卡车轴距信息

(2) 回到 PreScan 端主界面，设置 COG-Offset 与轴距一致，如图 10.44 所示。

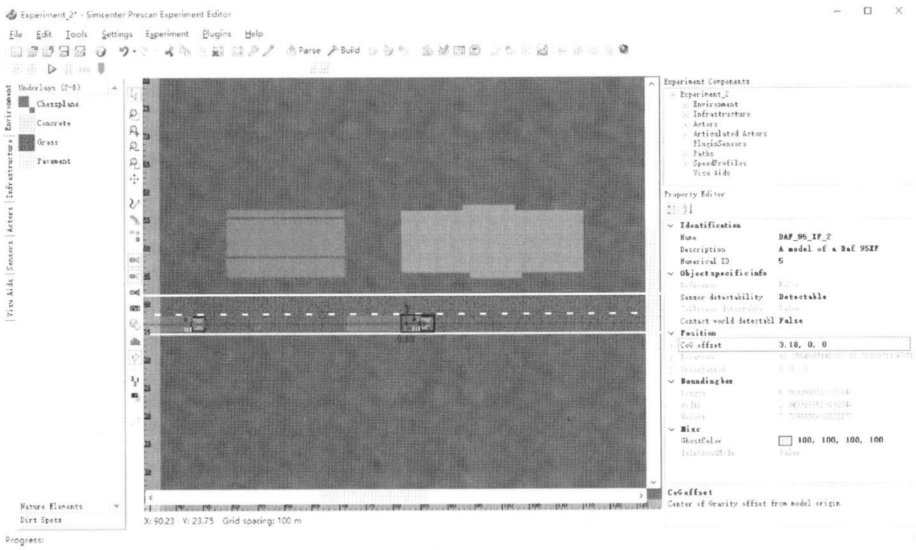

图 10.44 修改 COG-Offset

坐标同步完成后进行工程的编译，编译完成后可以打开 3D Viewer 视窗观察搭建好的实验场景。

10.4.2 TruckSim 动力学模型加载

启动 TruckSim 2016.1，首先需要进行数据库的选择。这里选择 TruckSim 自带的 TruckSim 2016.1_Data 数据库[9]，如图 10.45 所示。

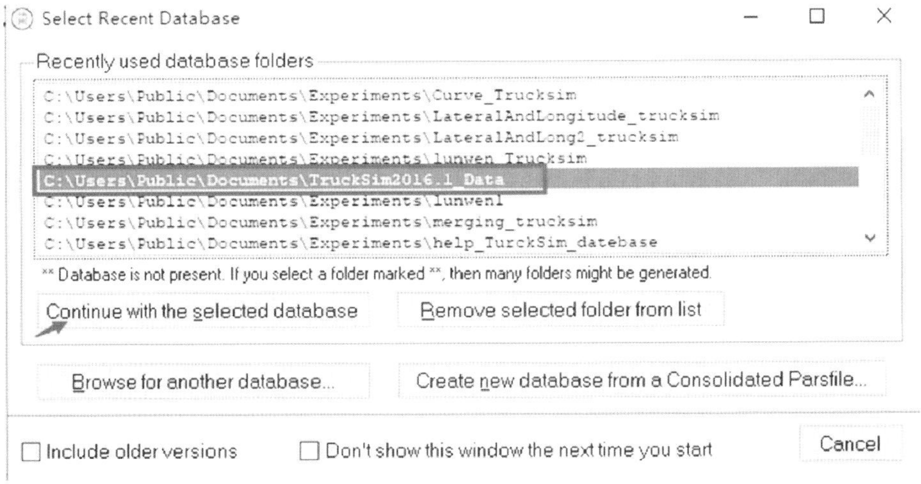

图 10.45 TruckSim 数据库的选择

进入数据库内部，点击 File → New Empty Dataset，新建空白数据集并命名。新建的数据集如图 10.46 所示。此数据集大致分为四个模块，其中 1 为车辆和仿真工况配置模块，

2 为运行求解模块，3 为结果分析模块，4 为仿真条件设置模块。本节中，主要用到模块 1、2 和 4，并不涉及结果分析模块。下面介绍 TruckSim 动力学模型加载的详细步骤。

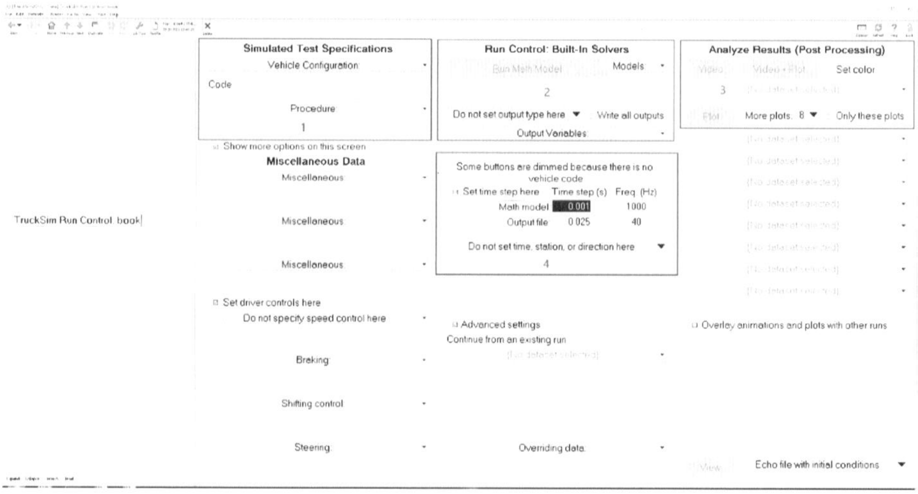

图 10.46　TruckSim 空白数据集

1. 车辆选择

在图 10.46 模块 1 中点击 Vehicle Configuration 的下拉按钮，选择 Vehicles → Vehicle: Loaded Combination，并选择 Link to New Dataset 新建车辆数据集。进入数据集内部，进行车头以及拖车的配置。在 Vehicle Type 中选择与 PreScan 相同类型的车型，即 Vehicle: Lead Unit with 2 Axles，选择该车型下的 2A Euro Cab-Over 车辆。勾选 Trailer 选项，选择 Trailer with 2 Axles 车型下的 15.5t Trailer，为此拖车添加 Payload: Box 下的 Trailer Payload 负载。至此，车辆的选择已经完成，配置完的数据集如图 10.47 所示。

图 10.47　TruckSim 车辆的选择

2. 车辆参数配置

进入当前设置的车辆 2A Euro Cab-Over 数据集内部，进行车辆参数的配置。注意此时车辆已经默认配置好各个模块的参数，只需要将卡车轴距、拖车轴距以及悬挂高度进行修改，如图 10.48 所示，修改结果要与 PreScan 端的车辆参数一致。

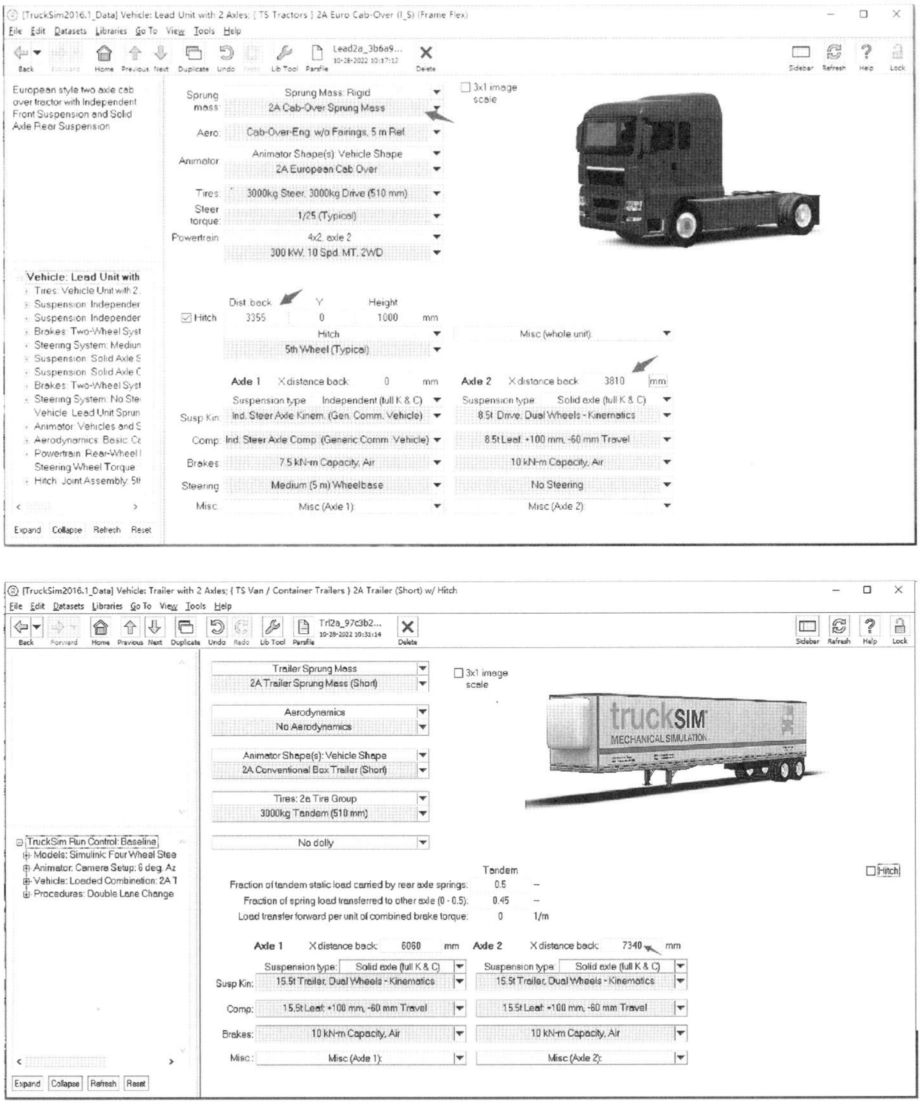

图 10.48　车辆参数配置

3. 建立案例数据库

点击 Home 按钮回到首页，选择 File → New database from this Dataset → Continue，根据设置好的车辆数据集来新建本节的案例数据库。

4. 设置自动变速器

在首页下勾选 Set driver controls here，并设置换挡控制为 Control：Shifting（Closed Loop），进入此数据集内部，设置 Constant Closed-Loop Transmission Setting Mode 为 NGEARS。

5. 设置求解器模型

在图 10.46 模块 2 的 Models 中，选择求解器类型为 Run Control with Simulink。点击 Copy and Link Dateset 新建数据集并命名，此数据集可以进行 TruckSim 动力学模型输入输出数据的设置。

6. 输入输出接口设置

进入数据集内部，如图 10.49 所示，大致分为 6 个模块。各模块的作用分别为：设置仿真步长、输入数据设置、输出数据设置、设置动力学模型存放路径、指定 DLL 文件路径以及 simfile 文件名的设置。

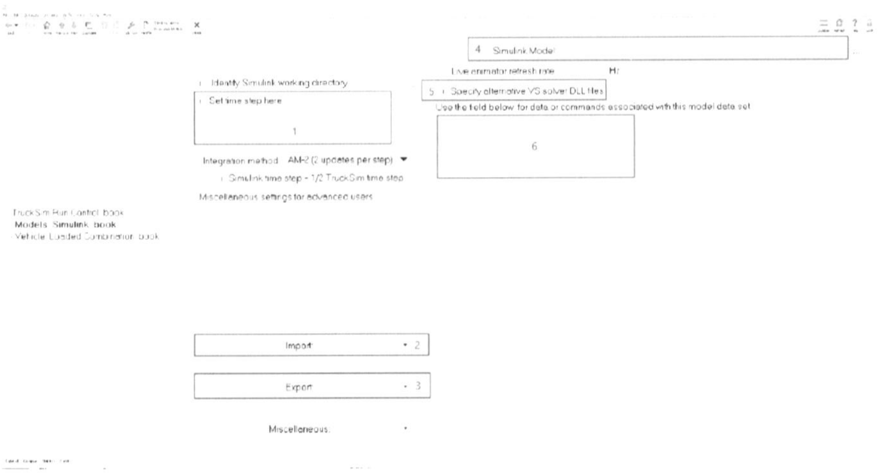

图 10.49　TruckSim 求解器数据集

下面是各模块的设置步骤：

(1) 设置模块 1 的时间步长(time step)为 0.005s。

(2) 在图 10.49 模块 2 和 3 处，分别选择 I/O Channels：Import 和 I/O Channels：Export，新建数据集并命名。进入输入接口数据集，设置数据来源为 Choose run to get import information，并选择车辆数据集，此时有 581 个输入数据可供选择。本案例选择的输入数据为：IMP_STEER_SW、IMP_THROTTLE_ENGINE 以及 IMP_PCON_BK，分别表示方向盘转角、节气门开度以及刹车压力。输出接口数据集的设置与输入数据集设置类似，本案例选择输出数据为 Xo、Yo、Zo、Vx、Vy、Vz、Roll、Pitch、Yaw、AV_Eng、GearStat 以及 M_engOut 共 12 个。前六个数据代表三个方向上的位移和速度，7，8，9 分别代表滚动角、俯仰角和偏航角。后三个数据表示发动机曲轴转速、档位以及发动机曲轴转矩，这三个数据用于逆模型的搭建。输入接口数据集设置如图 10.50 所示，输出接口数据集设置如图 10.51 所示。

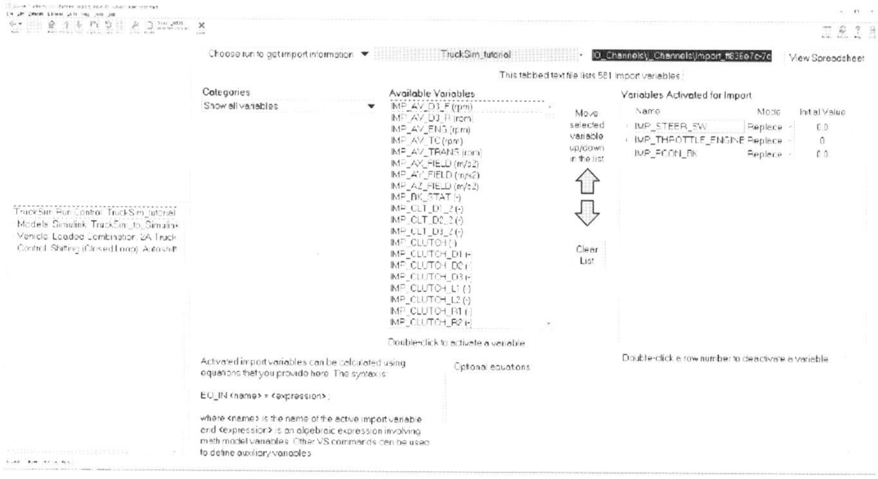

图 10.50 输入接口数据集设置

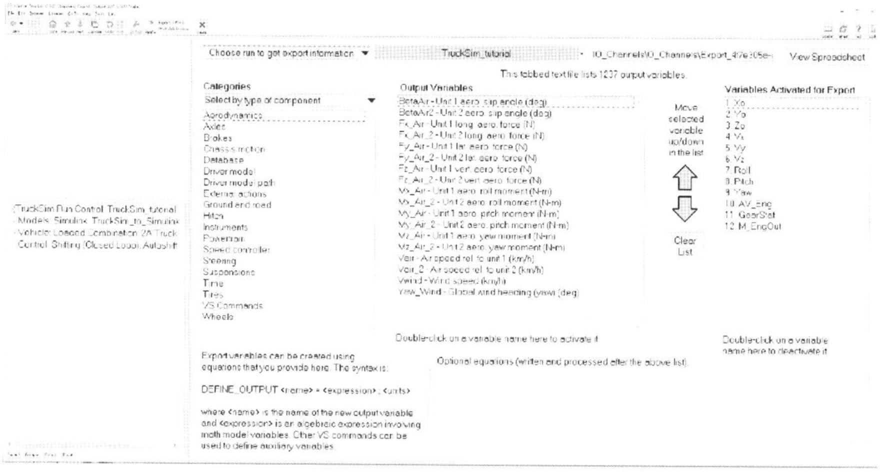

图 10.51 输出接口数据集设置

(3) 设置模块 4 路径为 Extensions\Simulink\TruckSim_VehicleDynamics.mdl。

(4) 模块 5 暂时不进行勾选。

(5) 模块 6 设置 simfile 文件名，便于区分即可。

7. 加载 TruckSim 动力学模型

回到首页，点击 Send to Simulink，将刚刚配置好的 TruckSim 动力学模型发送到 Simulink 端，生成动力学模型文件。此时自动启动 Simulink，打开一个包含 S-function 函数的窗口，如图 10.52 所示，窗口内的 S-function 函数即为 TruckSim 动力学模型。至此 TruckSim 动力学模型已加载完毕。

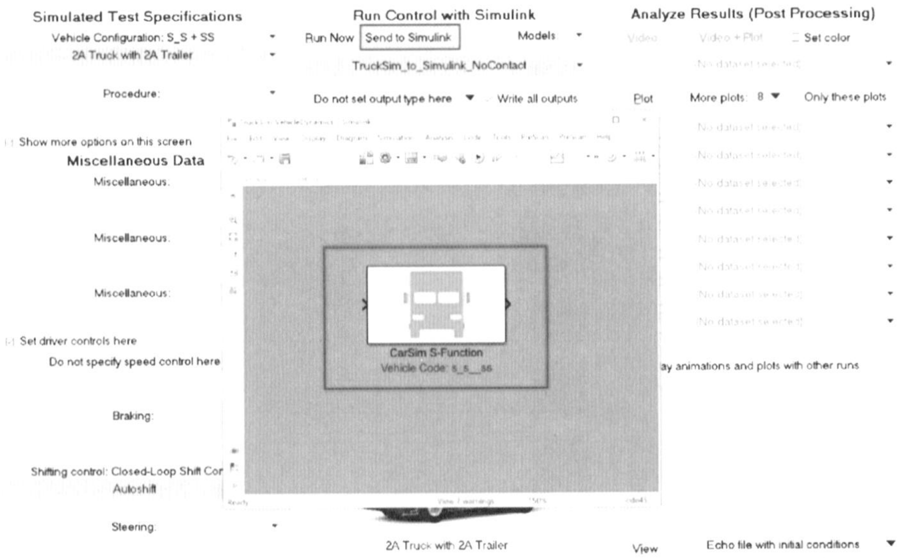

图 10.52 TruckSim 动力学模型

10.4.3 控制算法加载

本案例控制算法可分为两个部分：纵向控制算法以及横向控制算法。其中纵向控制算法采用与 10.2 节相同的控制算法，横向控制算法则采用 PreScan 自带的 Path 控制 Follower 算法。横向控制算法的添加步骤如下：

(1) 在 PreScan 中的 Driver Model 中选择 Path Follower 控制，如图 10.53 所示。设置完成后，点击 Build 对该工程进行修建，点击 Invoke Simulink Run Mode 启动 Matlab 软件，进入车辆编译表，如图 10.54 所示。

(2) 点击车辆图标，进入编译表内部，如图 10.55 所示，其中 PathFollower_Preview 模块即为添加的横向控制算法。

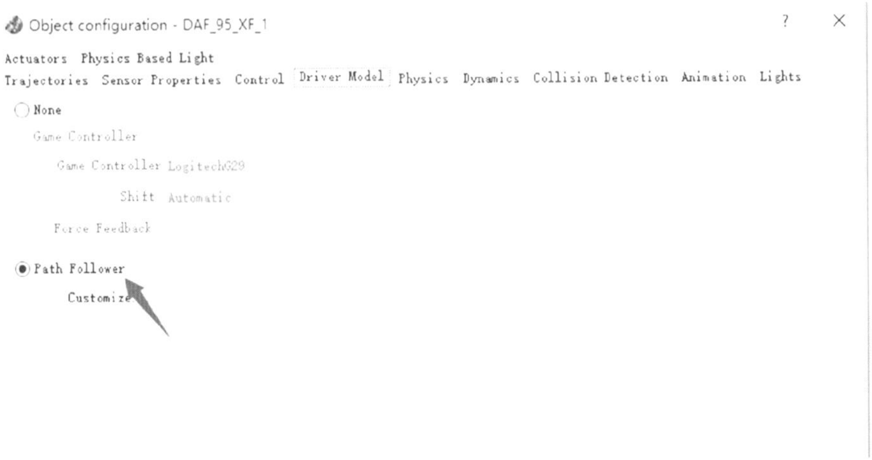

图 10.53 添加 Path Follower 控制

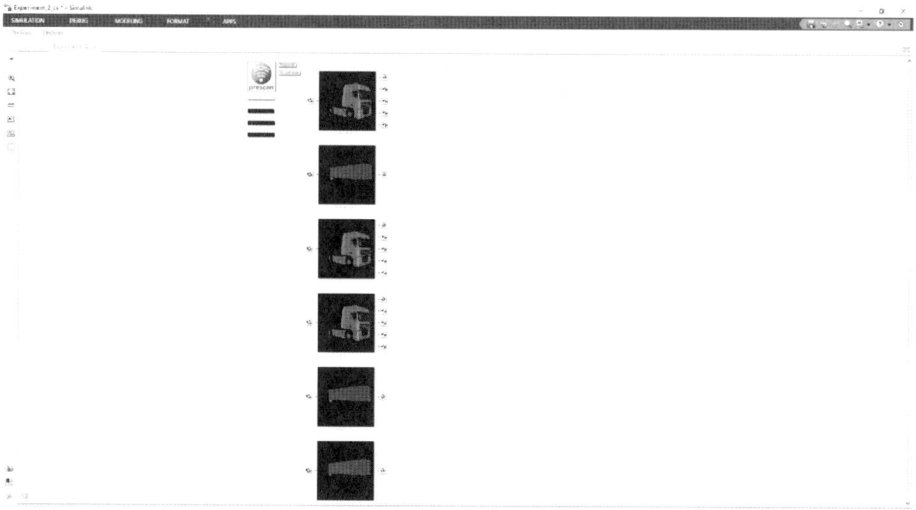

图 10.54 PreScan 编译表

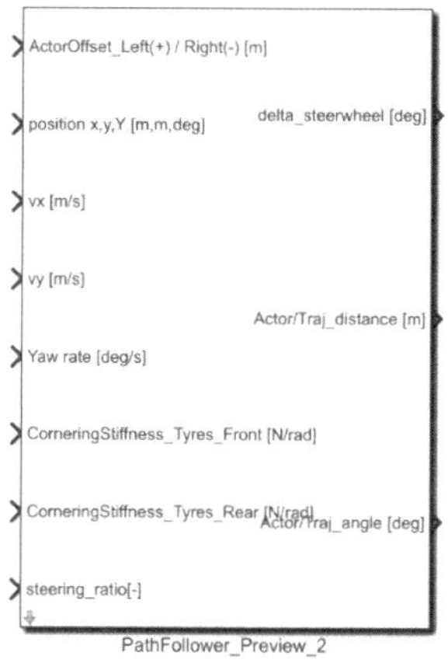

图 10.55 Path Follower 控制模块

(3) 纵向控制算法的加载与 10.2 节中保持一致，这里不做赘述。至此，卡车队列协同控制算法加载完毕。

10.4.4 TruckSim 动力学模型导入

在 10.4.2 节中，TruckSim 动力学模型已经加载完毕，接下来进行该动力学模型的导入[10-12]。在 PreScan 的编译表中点击 File→Open，根据求解器数据集设置的路径找到 TruckSim 动力学模型文件，双击打开，通过拖拽或者复制粘贴，将此文件导入 PreScan 编译表中。

导入完成后将 TruckSim 安装目录下的 solvers 文件夹添加到 Matlab 路径中，Solvers 文件夹具体路径为 TruckSim2016.1_Prog\Programs\Solvers。

10.4.5　PreScan&TruckSim 联合仿真

设定领导车辆由静止开始做加速运动，具体速度设置如式(10.17)所示。

$$v_{0,\text{des}} = 8 \tag{10.17}$$

仿真参数说明见表 10.8。

表 10.8　仿真参数说明

参数名称	符号	数值	单位
车身质量	m	10378	kg
空气密度	ρ_A	1.28	$kg \cdot m^{-3}$
空气阻力系数	C_d	0.28	—
车轮半径	r_w	0.45	m
滚动阻力系数	μ	0.01	—
迎风面积	A	7.5	m^2
传动效率	η	0.99	—
重力加速度	g	9.81	$m \cdot s^{-2}$
主减速器传动比	i_0	2.70	—
最大运行速度	v_{max}	30	$m \cdot s^{-1}$
最小车辆间距	h_{st}	5	m
最大车辆间距	h_{go}	35	m
控制增益	k_o	0.3	s^{-1}
控制增益	k_p	0.1	s^{-2}
控制增益	k_v	0.9	s^{-1}
控制增益	k_a	0.2	—

在相应的控制器中设定好以上参数，并设定仿真时长为 180s，仿真步长为 0.005s，进行 PreScan&TruckSim 联合仿真。

10.4.6　数据结果与分析

仿真刚开始时，三辆卡车静止在道路上，如图 10.56 所示。其中，第一辆车为领导车辆，后面两辆车均为跟随车辆。在经过大约 20s 的时间，所有车辆都将从静止加速到 8m/s，并保持该速度进入第一个弯道，同时以期望的车辆间距行驶，如图 10.57 所示。最后车辆以期望的车辆间距匀速行驶在直路上，如图 10.58 所示。

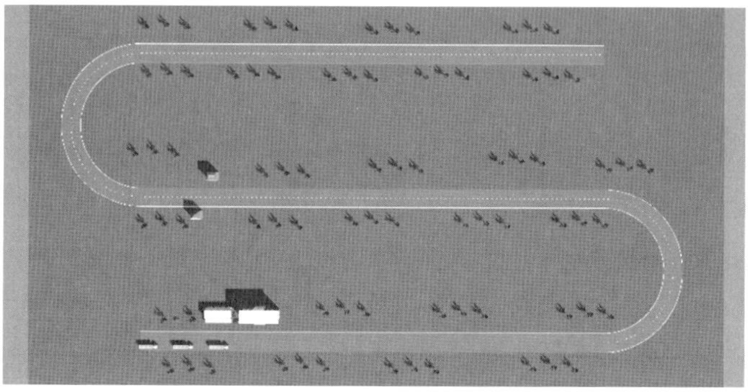

图 10.56 处于静止状态的卡车队列

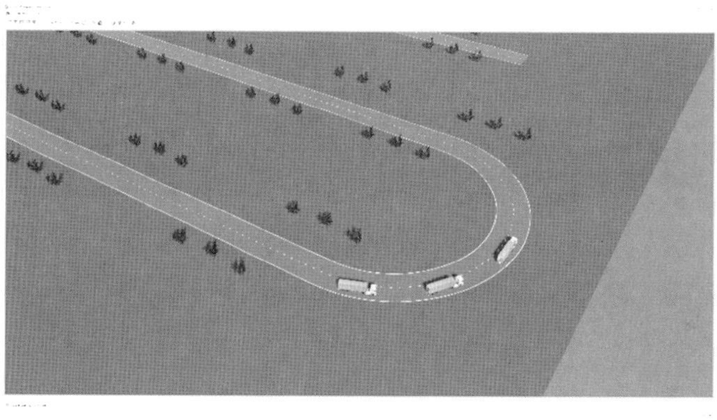

图 10.57 弯道路况下卡车队列

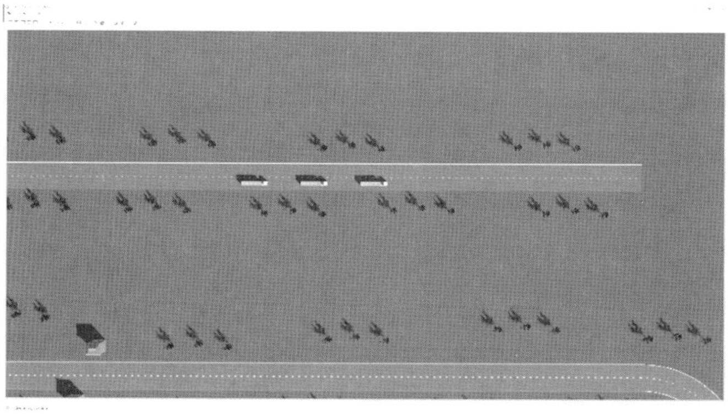

图 10.58 匀速行驶的卡车队列

卡车队列中的每辆卡车的纵向速度、横向速度、间距误差以及车辆轨迹变化曲线如图 10.59(a)～(d)所示分析上述曲线，可以得到如下结论：编队车辆在 t=0s 时开始加速，经过 20s 所有车辆均达到 8m/s 的纵向速度，横向速度也保持在 0m/s，此时相邻两车的车辆间距误差也变为零。当进入第一个弯道后，纵向速度出现很小的波动，横向速度开始有较大的波动，但是跟随车辆能够很好地跟上前车的速度波动，并且间距误差变化很小，车辆轨迹也在期望的路径上。驶出弯道后，队列不论是速度还是间距误差都为零，并且行驶在预定的轨迹上，因此整个卡车编队达到了稳定的状态。

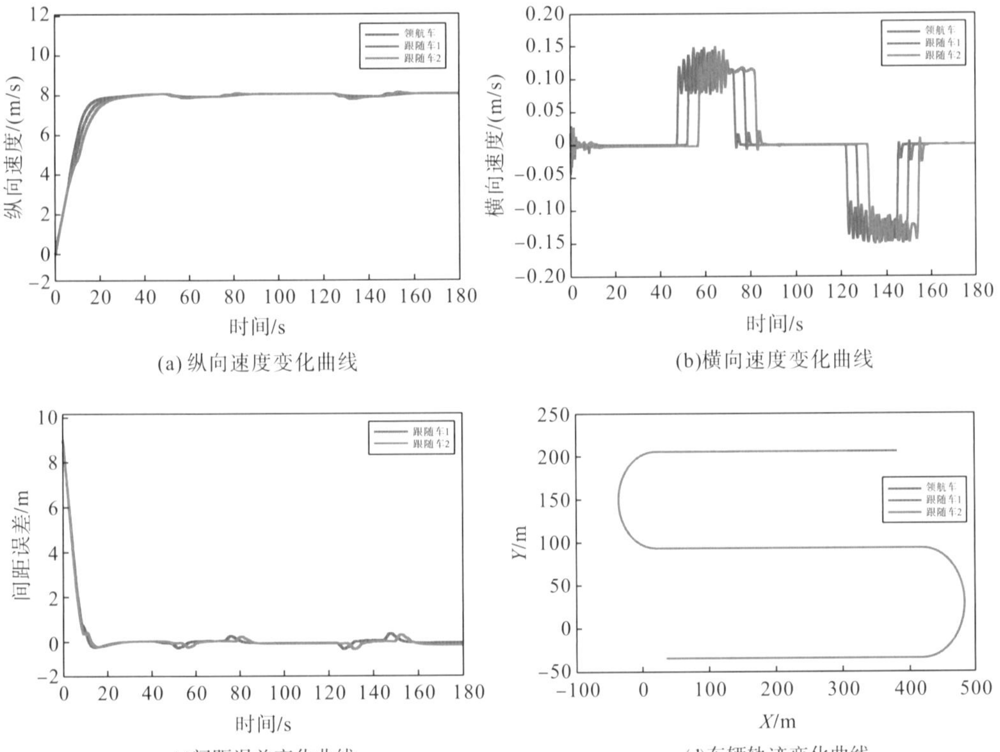

(a) 纵向速度变化曲线　(b)横向速度变化曲线

(c)间距误差变化曲线　(d)车辆轨迹变化曲线

图 10.59　编队行驶中的车辆数据变化曲线

参 考 文 献

[1] 李熠.中国自动驾驶仿真技术研究报告[R]. 当家移动绿色互联网技术集团有限公司(51VR)，2019.

[2] 李德毅、胡郁、王国胤，等. 中国人工智能系列白皮书——智能交通 2017[R]. 中国人工智能学会，2017.

[3] Simcenter PLM Software. Prescan User Manual (Version 2019.2.0) [M]. Holland: TASS Internatiatal，2019.

[4] 涂市委. 考虑人机沟通特性的汽车纵向安全控制策略研究[D]. 西安：长安大学，2019.

[5] 侯德藻. 汽车纵向主动避撞系统的研究[D]. 北京：清华大学，2004.

[6] 许珺，陈祎，刘琪，等. 5G 平行增强交通系统设计及应用分析[J]. 邮电设计技术，2018(11)：74-79.

[7] Wang F Y. Parallel control and management for intelligent transportation systems：Concepts，architectures，and applications[J]. IEEE Transactions on Intelligent Transportation Systems，2020，11(3)：630-638.

[8] 杨林瑶，陈思远，王晓，等. 数字孪生与平行系统：发展现状、对比及展望[J]. 自动化学报，2019，45(11)：2001-2031.

[9] Mechanical Simulation. Vehiclesim Browser Reference Manual[M]. USA：Ann Arbor MI，2016.

[10] 杨秀建，康南，李西涛. 基于 TruckSim-Simulink 联合仿真的半挂汽车列车的稳定性控制[J].公路交通科技，2013，30(3)：141-148.

[11] 邵金菊，张洪加，谭德荣，等. 基于 Trucksim 的弯道安全车速模型研究[J]. 广西大学学报(自然科学版)，2017，42(3)：961-969.

[12] 栾铭湧，吴立香，郭鹏，等. 基于 Prescan 和 Trucksim 模型在环测试研究[J]. 重型汽车，2020(3)：4-5.

第 11 章　缩微车应用案例

智能网联车辆系统是一个包含软/硬件的复杂系统[1]，系统中含有的智能网联车辆能够自动识别车道线并对车辆的速度和方向进行控制，所有智能网联车辆必须通过网络连接实现车辆间的数据交互，且后台服务器可以对智能网联车辆的运行数据进行记录。为降低真实智能网联车辆实验的开发难度，缩减实验成本，本章构建了缩微智能网联车辆实验平台用来验证车辆队列控制算法的有效性[2]。缩微智能网联车辆搭载激光雷达、摄像头、编码器、WiFi 通信模块和嵌入式核心控制板等模块。网联车辆在缩微车道上稳定行驶并实时地将自身的状态信息(如速度、车辆间距等)通过 WiFi 通信模块传送至后台服务器上，服务器接收数据并将其存储到数据库中，以便后续进行数据分析。

11.1　缩微智能网联车辆系统组成

图 11.1 是搭建完成后的智能网联车辆实物图。由图可以得知缩微智能网联车辆主要由 OV7725 摄像头、激光雷达、舵机、E9 板、转电压模块、电源、STM32 板、WiFi 模块、挡板、编码器和电机等部件组成[3]。其中，OV7725 摄像头主要用来对缩微车辆道路的车道线进行识别；激光雷达是用来测量缩微智能网联车辆之间的距离；舵机用来控制车辆行驶的方向；STM32 板对缩微智能网联车辆的摄像头、舵机、电机、WiFi 通信模块等的程序进行处理；WiFi 模块用来将车辆的状态信息(如速度和车辆间距)发送至服务器；编码器用来测量缩微智能网联车辆的实时速度；电机为车辆提供前进的动力[4]。构建缩微智

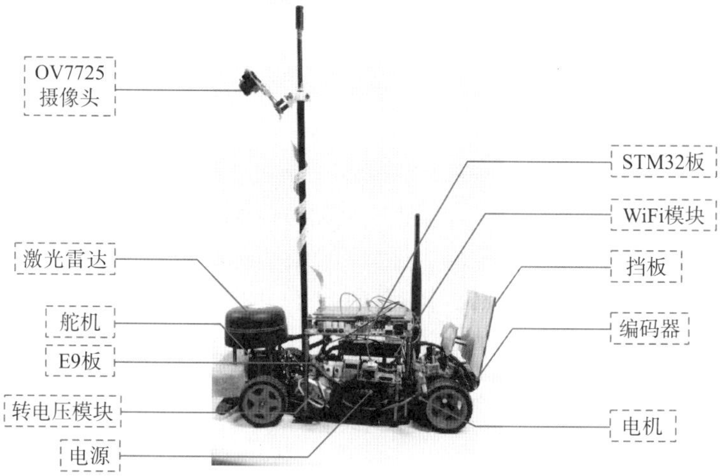

图 11.1　缩微智能网联车辆实物图

能网联车辆系统时，需要注意各模块之间的接线问题，如嵌入式 ARM 板和 STM32 之间是通过串口传输数据，因此引线连接时需要将 ARM 板上的地和 STM32 上的地接在一起。另外，还需要检查各个模块与 STM32 单片机的连线情况，切不可出现接触不良或者虚焊现象，否则会直接影响缩微智能网联车辆实验的效果。

11.2　服务器及数据库开发

缩微智能网联车辆实验平台[5]中搭建的服务器采用的是 Swoole 框架。Swoole 是一个采用 PHP 语言编写的异步网络通信引擎，它可以运行在 Linux、Windows 和 Mac 等多个操作系统平台上，能够支持 MS SQL Server、MySQL 和 Oracle 等多个数据库。具体开发步骤主要分为三步：首先设置本地时间，新建一个 Swoole 服务器并设置其端口号和 IP 地址；然后定义网联车辆的端口号、数据库以及网页显示端 WebSocket 的端口号；最后对网联车辆、数据库以及网页显示界面端口号的状态(连接成功、收到数据、端口关闭)进行监听。当服务器接收到数据后，将数据进行格式处理，根据微观交通流模型计算车辆的建议速度并将建议速度和前车的速度发送给当前网联车辆并存储到数据库中。至此，服务器便完成了实验所需要的功能。图 11.2 是服务器运行流程图。表 11.1 是 Swoole 框架的特点介绍。

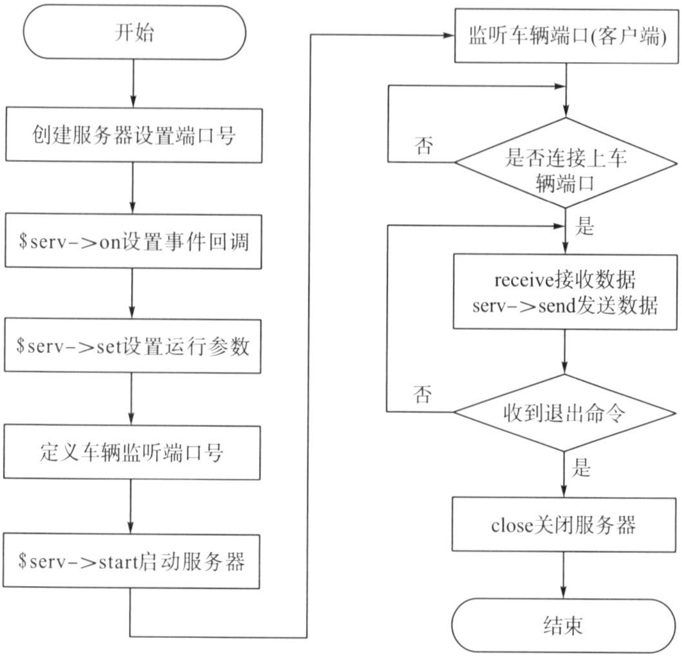

图 11.2　服务器运行流程图

表 11.1　Swoole 框架特点介绍

项目	具体内容
Swoole	一个面向生产环境的 PHP 异步网络通信引擎
运行环境	Linux/Windows/Mac/Unix 等
PHP 版本支持	PHP 5.3+
支持的数据库	MS SQL Server/MySQL/Oracle/Interbase/IBM DB2 等

基于 Swoole 框架的特点，对 Swoole 的优点进行总结。

(1) Swoole 服务器中集成了大量的实用功能。

(2) 提供各种方便的 SQL 封装器，缩短了使用者的开发周期。

(3) Swoole 服务器提供了众多的扩展功能。

图 11.3 为缩微智能网联车辆实验平台中服务器程序代码截图。其中，包括服务器和客户端的定义、数据库端口号的定义，以及需要用到的一些变量的初始化等。

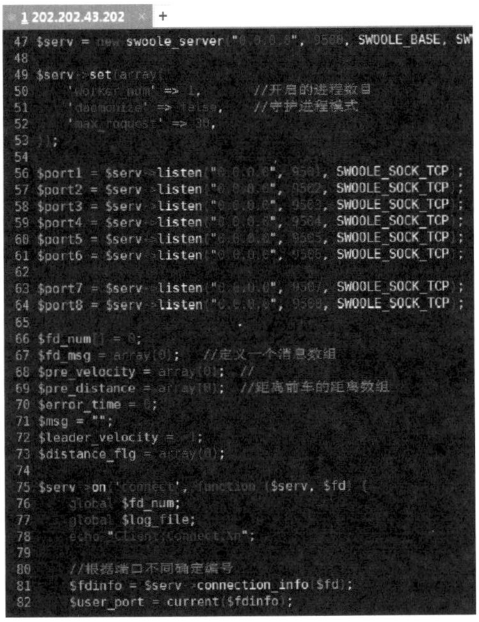

图 11.3　服务器程序代码截图

缩微智能网联车辆实验平台中需要将缩微智能网联车辆在运行时的状态信息(如速度和车辆间距等)传送到数据库中存储起来，以便后续对实验结果进行分析。考虑到 MySQL 数据库的各种优势，本书选择采用 MySQL 数据库来对缩微智能网联车辆的信息进行存储和管理。由于网络上存在各种数据库的开源代码，因此构建数据库的过程相对容易很多。首先定义数据库的 IP 地址和端口(如 HOST=“127.0.0.1” PORT=9507)；然后定义一个连接到 MySQL 的对象，对象中规定好需要插入数据的类型和格式，采用规定的类型和格式，运用 SQL 指令 INSERT INTO 就可以将所需要记录的数据插入数据库中，当然代码中也需要导入各种数据包，如 MySQLbd、Time、Socket 和 Datetime 等；最后采用 Python+文件名的方式就可以运行数据库，缩微智能网联车辆通过数据库的 IP 地址和端口就能够将设定的数据存入数据库中。图 11.4 是数据库程序代码截图，采用 Python 语言进行编写。

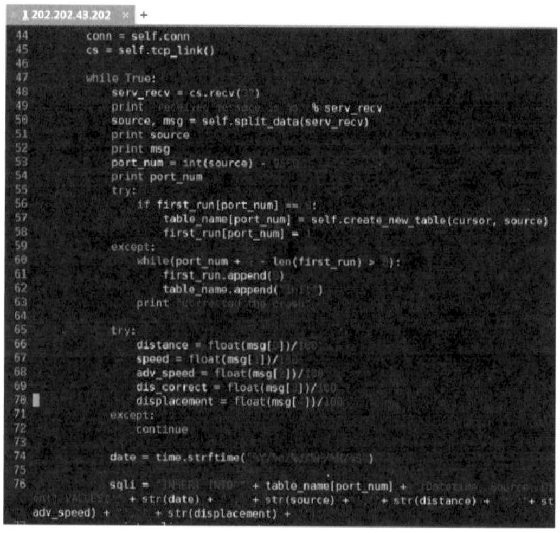

图 11.4　数据库程序代码截图

11.3　实验场景构建

缩微智能网联车辆构建完成后，需要对缩微智能网联车辆的实验场景进行构建[5,6]。本书实验中构建的缩微车辆道路采用的是白色 KT 板，KT 板的宽度为 35cm，KT 板两端贴上黑颜色的绝缘胶带。在校内新行政楼负二楼的一块场地上，构建了宽度为 35cm、长度为 20m 的缩微车辆直道(图 11.5)以及宽度为 35cm、周长为 4.9m 的缩微环形车辆道路(图 11.6)。图 11.7 为 4 辆缩微智能网联车辆在缩微直道上的实景图。

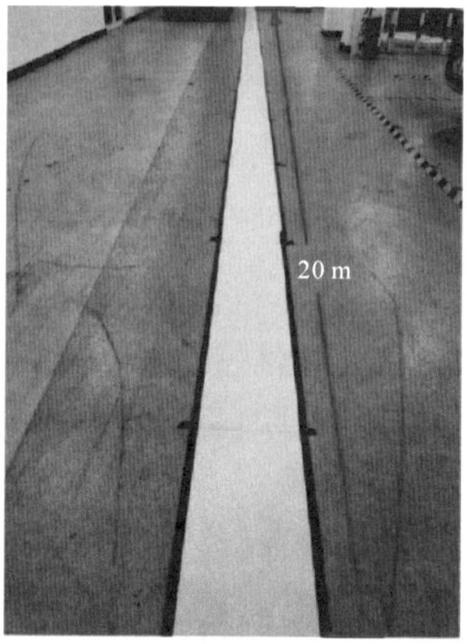

图 11.5　缩微直线道路

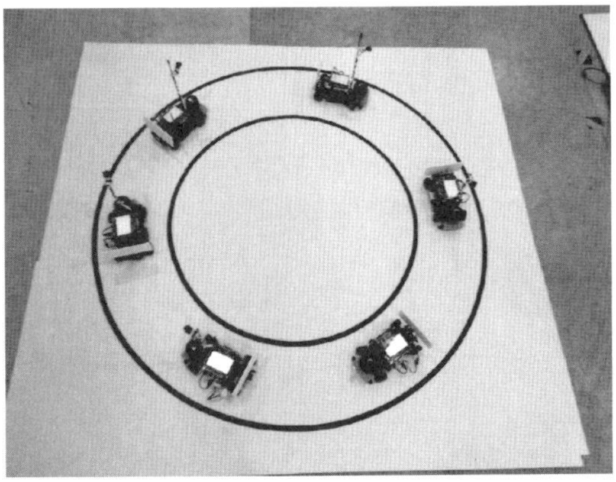

图 11.6 缩微环形道路

图 11.7 缩微车辆队列

11.4 软硬件联合调试

缩微智能网联车辆实验平台构建完成后，为确保整个系统稳定可靠地运行，首先要对实验平台上的各种模块进行调试，其中包括硬件部分的调试、软件部分调试以及软硬件部分的联合调试等。图 11.8 是缩微智能网联车辆系统的组成图。其中，缩微智能网联车辆中的激光雷达对缩微智能网联车辆的距离进行测量；编码器对网联车辆的速度进行测量；摄像头对缩微道路进行识别；舵机和直流电机对缩微车辆的运行状态进行控制，是车辆的执行机构。如图 11.8 所示，激光雷达与嵌入式 E9 板采用 USB 串口相连，而嵌入式 E9 板和 STM32 开发板则采用串口进行通信，嵌入式 E9 板将激光雷达采集到的角度信息和距离信息通过串口 4 发送出来，STM32 端则采用 STM32 开发板上的串口 4 进行接收。数据接收成功与否以及雷达采集到的距离是否正确则需要进行多次软硬件的联合调试才能确定。同样的道理，即便 STM32 能够对网联车辆的速度和距离采集准确，如何成功正确地发送到后台服务器并且存储在数据库中也需要经过调试。硬件方面，可以借助万用表、示波器等工具对缩微智能网联车辆系统中的硬件部分进行检测。软件方面，可以借助串口调试助手、远程登录工具 Xshell 等工具进行调试。硬件和软件都正常工作后，需对系统的软/硬件进行联合调试，从而确保系统能够稳定且正常地运行。

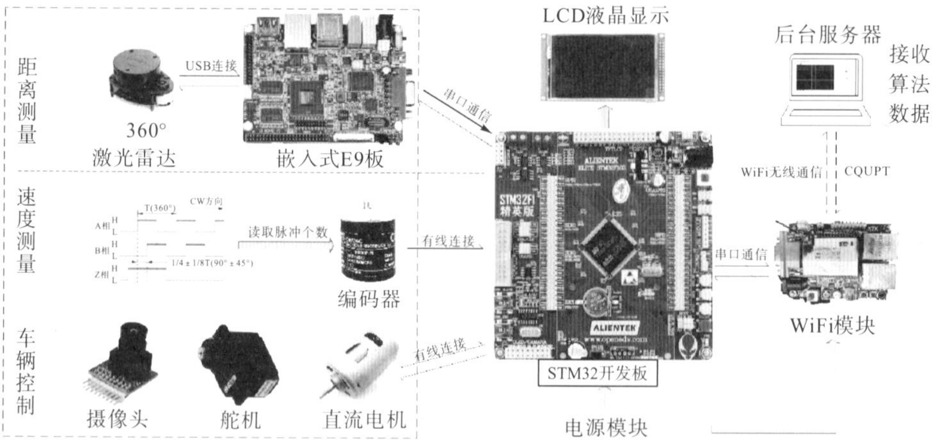

图 11.8　缩微智能网联车辆系统组成

11.5　实验的开展及结果分析

对缩微智能网联车辆实验平台上的各个模块调试完成后，接下来就是具体的实验开展过程。具体实验步骤如下。

(1) 将 4 辆缩微智能网联车辆放置在缩微直道上，缩微车辆之间的间距为 30cm，此时缩微智能网联车辆没有打开电源。

(2) 开启后台服务器程序和数据库，等待缩微智能网联车辆(客户端)连接。

(3) 开启缩微智能网联车辆电源开关(此时电机开关尚未打开)，用笔记本电脑查看服务器端车辆连接的状况，如果所有车辆均连接上服务器，则从后往前依次打开缩微智能网联车辆上的电机开关，车辆队列开始运行。

本章中，分别在缩微直道环境、缩微环道环境和缩微弯曲道路环境中分别对车辆队列控制算法进行了实验验证。

(1) 缩微直道环境，在缩微直道场景下，车辆间的初始车辆间距为 0.3m，领导车辆设置为以 0.45m/s 的速度匀速行驶，头车上激光雷达测量距离固定为 0.7m，其余车辆的参数设置见表 11.2 所示。车辆跟随领导车辆依次启动，一段时间后车辆稳定在 0.7m 左右的车辆间距，网联车辆的速度均在 0.45m/s 左右波动，此时车辆队列处于稳定行驶的状态。每辆缩微智能网联车辆采用相同的建议速度，表达式如下[7]：

$$V(h)=\begin{cases}0, & h<h_{st}\\ \dfrac{v_{\max}}{2}\left[1-\cos\left(\pi\dfrac{h-h_{st}}{h_{go}-h_{st}}\right)\right], & h_{st}\leqslant h\leqslant h_{go}\\ v_{\max}, & h>h_{go}\end{cases} \tag{11.1}$$

其中，h_{st} 表示车辆的停车距离；h_{go} 表示车辆以最大速度 $v_{\max}$ 运行时的临界车辆间距。

采用的队列控制算法如下[7]：

$$a_i^*(t)\equiv\dot{v}_i(t)=K_P\{V[h_i(t-t_2)]-v_i(t-t_1)\}+\lambda[v_{i+1}(t-t_1)-v_i(t-t_1)]+\omega[h_i(t-t_2)-h_c] \tag{11.2}$$

其中，K_P，λ 和 ω 是常数；v_i 表示第 i 辆车的速度；v_{i+1} 表示与第 i 辆车相邻的第 $i+1$ 辆车的速度；t_1 和 t_2 分别表示速度延时和位置延时；h_c 表示交通流处于稳定状态时车辆之间的稳定车辆间距。

表 11.2　参数设置一

参数	K_P	λ	ω	h_c	V_{max}	h_{st}	h_{go}	L	t_1	t_2
值	2.2	3	0.2	0.7	0.55	0.45	0.8	20	0.05	0.05
单位	—	—	—	m	m/s	m	m	m	s	s

由于实验环境(CQUPT 网络信号弱)以及车辆自身硬件稳定性的影响，直线道路上的实验进行了多次。使用 SQLyog 数据库管理工具对存储在数据库中的车辆数据进行提取并对其中一次的实验数据进行分析，采用 Matlab 对导出的缩微智能网联车辆运行的数据(速度、车辆间距、行驶距离以及期望速度)分别进行绘图，如图 11.9～图 11.12 所示。

由于第 4 辆缩微智能网联车辆的稳定性能稍差，因此分别对 2 辆缩微车辆、3 辆缩微车辆和 4 辆缩微车辆的速度、车辆间距分别进行绘图，方便比较和分析。由图 11.9 和图 11.10 可知，所有缩微车辆在启动的前几秒钟都出现了速度超调的现象，但随即缩微车辆的速度趋于稳定(稳定时的速度是匀速运行的头车速度)，车辆间距稳定在期望的车辆间

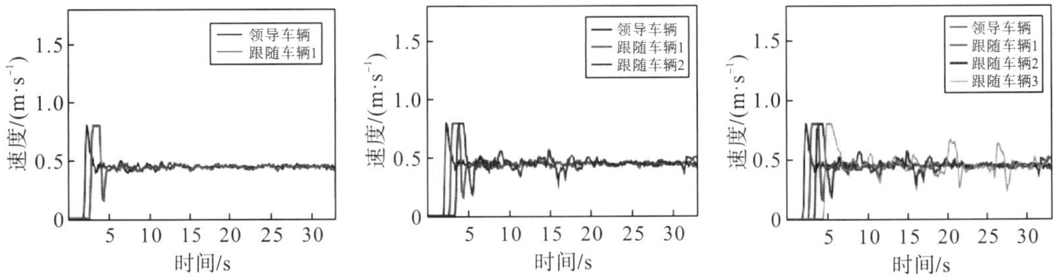

(a) 2辆车　(b) 3辆车　(c) 4辆车

图 11.9　速度图

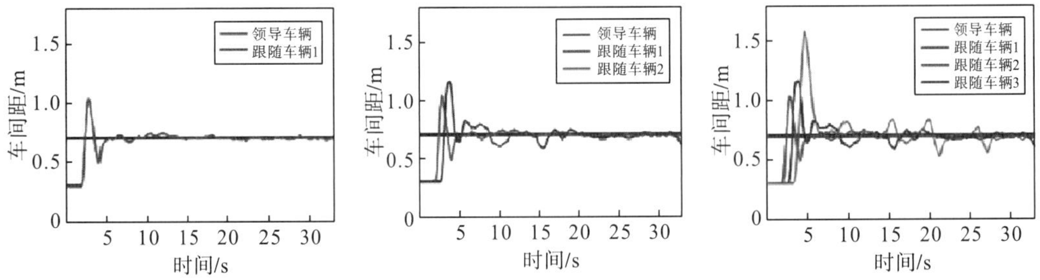

(a) 2辆车　(b) 3辆车　(c) 4辆车

图 11.10　车辆间距图

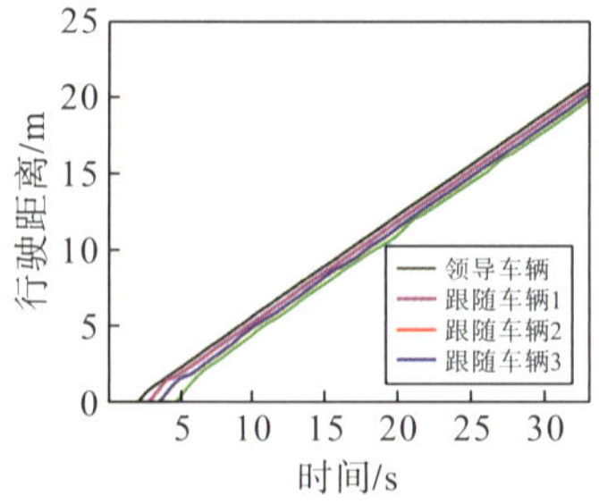

图 11.11　行驶距离图

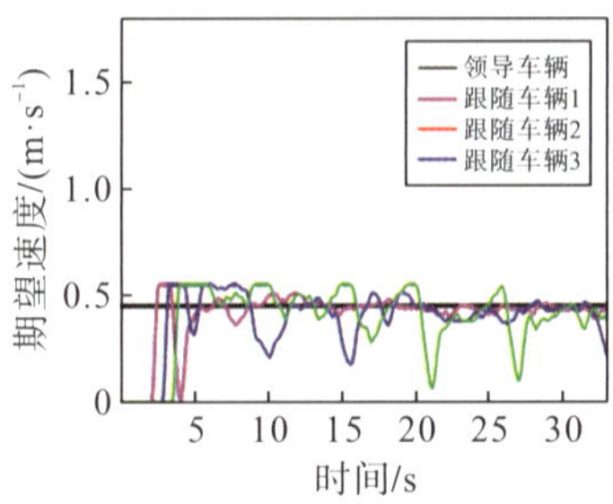

图 11.12　期望速度图

距，交通流处于稳定的行驶状态。图 11.11 和图 11.12 是 4 辆缩微智能网联车辆的行驶距离图和期望速度图。由于期望速度函数 $V(h)$ 是一个分段函数，有时出现车辆间距波动不大，但建议速度波动较大的情况，图 11.12 中出现的情形也属合理。

(2)缩微弯曲道路环境，在缩微弯曲道路上，对缩微智能网联车辆队列进行队列控制理论验证。先对车辆模型进行建模[8]：

$$\begin{cases}\dot{\boldsymbol{r}}_i(t)=\boldsymbol{v}_i(t)\\ \dot{\boldsymbol{v}}_i(t)=\boldsymbol{a}_i(t)\\ \dot{\boldsymbol{a}}_i(t)=-T_i^{-1}\boldsymbol{a}_i(t)+T_i^{-1}\boldsymbol{u}_i(t)\end{cases} \tag{11.3}$$

其中，$\boldsymbol{r}_i(t)=[r_{(i,x)}(t),r_{(i,y)}(t)]^{\mathrm{T}}$、$\boldsymbol{v}_i(t)=[v_{(i,x)}(t),v_{(i,y)}(t)]^{\mathrm{T}}$ 和 $\boldsymbol{a}_i(t)=[a_{(i,x)}(t),a_{(i,y)}(t)]^{\mathrm{T}}$ 分别表示第 i 辆车的位置、速度和加速度，x 和 y 分别表示笛卡儿坐标系下的纵向和横向其包括纵向位置 $r_{(i,x)}(t)$ 与横向位置 $r_{(i,y)}(t)$，纵向速度 $v_{(i,x)}(t)$ 与横向速度 $v_{(i,y)}(t)$，纵向加速度 $a_{(i,x)}(t)$ 与横向加速度 $a_{(i,y)}(t)$；$\boldsymbol{u}_i(t)=[u_{(i,x)}(t),u_{(i,y)}(t)]^{\mathrm{T}}$ 表示车辆 i 在时刻 t 的控制输入，其包含纵向控制输入 $u_{(i,x)}(t)$ 与横向控制输入 $u_{(i,y)}(t)$，如果 $i=L$，则 $\boldsymbol{r}_L(t)$、$\boldsymbol{v}_L(t)$ 和 $\boldsymbol{a}_L(t)$ 表征领导车辆在时刻 t 的位置信息、速度信息和加速度信息，$\boldsymbol{u}_L(t)$ 是领导车辆在时刻 t 的控制输入；T_i 是车辆 i 的传动系数，为常数。

综合考虑道路结构因素、车辆队列纵向切换因子以及车辆状态，提出一种车辆队列纵横向协同控制器，使得车辆队列保持期望的车辆间距、一致的速度与加速度。所设计的分布式车辆队列纵横向协同控制器如下[8]：

$$\begin{aligned}\boldsymbol{u}_i(t)=\frac{1}{T_i}\{&\boldsymbol{\eta}_i(t)k_i\alpha_{(i,i-1)}[r_{i-1}(t)-\boldsymbol{r}_{(i,x)}(t)-h_i\boldsymbol{v}_i(t)-\boldsymbol{d}_{(i,i-1)}^{st}]\\ &+b_i\boldsymbol{\eta}_i(t)[\boldsymbol{v}_{i-1}(t)-\boldsymbol{v}_i(t)]\\ &+[\gamma_i\boldsymbol{\eta}_i(t)-1]\boldsymbol{a}_i(t)\}\end{aligned} \tag{11.4}$$

其中，k_i、b_i、γ_i 为车辆 i 的控制增益，均为正常数；h_i 为跟车时距；$\boldsymbol{d}_{(i,i-1)}^{st}$ 为车辆 i 与其前车的停车距离；$\alpha_{(i,i-1)}$ 为车辆 i 与其前车的通信连接；$\eta_i(t)=[\eta_{(i,x)}(t),\eta_{(i,y)}(t)]$，为车辆 i 的纵横向控制器切换因子，当车辆在纵向道路行驶时，纵向切换因子 $\eta_{(i,x)}(t)$ 切换车辆队列为纵向控制，当车辆在横向道路行驶时，横向切换因子 $\eta_{(i,y)}(t)$ 切换车辆队列为横向控制方式，当车辆队列行驶于弯曲道路时，车辆纵横向控制因子对车辆队列纵向与横向耦合控制。

在缩微智能网联车辆进行算法验证时，设置车辆间的初始车辆间距为 0.3m，领导车辆设置为以 0.45m/s 的速度匀速行驶，其余车辆的参数设置见表 11.4。车辆跟随领导车辆依次启动，一段时间后车辆稳定在 0.6m 左右的车辆间距，网联车辆的速度均在 0.45m/s 左右波动，此时车辆队列处于稳定行驶的状态。跟随者车辆纵横向协同器如式(11.4)所示。

表 11.4 缩微车辆队列纵横向协同控制参数

参数	K_i	b_i	γ_i	T_i	d^{st}	h
值	0.5	1.5	0.01	0.1	0.4	0.5
单位	—	—	—	s	m	s

在缩微弯曲道路上进行多次实验。使用 SQLyog 数据库管理工具对存储在数据库中的车辆数据进行提取并对其中一次的实验数据进行分析，采用 Matlab 对导出的缩微智能网联车辆运行的数据(速度、间距和行驶距离)分别进行绘图，如图 11.15～图 11.17 所示。

由图 11.15 可以看出，车辆在启动阶段出现超调现象，当领导车辆的速度从 0m/s 增大至 0.45m/s 时，在控制器的作用下，跟随车辆速度也迅速跟随领导车辆的速度变化，增大至 0.45m/s，当领导车辆驶出弯道时，跟随车辆出现一定的速度变化，这是由于道路不平整以及跟随车辆机械结构不一导致的。0～10s 的车辆状态图中可以看出，所提车辆队列系统控制器的有效性在搭建的缩微实验平台上得到验证。从图 11.16 可以看出，车辆在初始时刻间距为 0.3m，然后逐渐增大，在控制器的作用下，车辆间距趋于恒定的期望间距 0.6m，在最后时刻，由于跟随车辆驶出弯道时，领导车辆已在直道上行驶，因此跟随车辆的跟车间距出现一定的偏差。由图 11.17 可知，队列中车辆行驶距离达到了期望的距离。

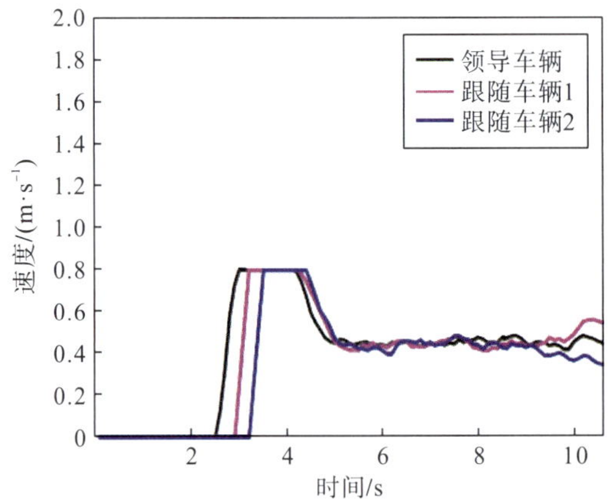

图 11.15 车辆速度图

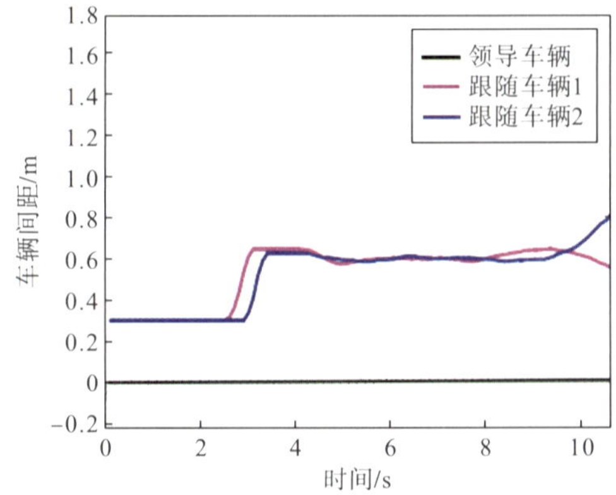

图 11.16　车辆间距图

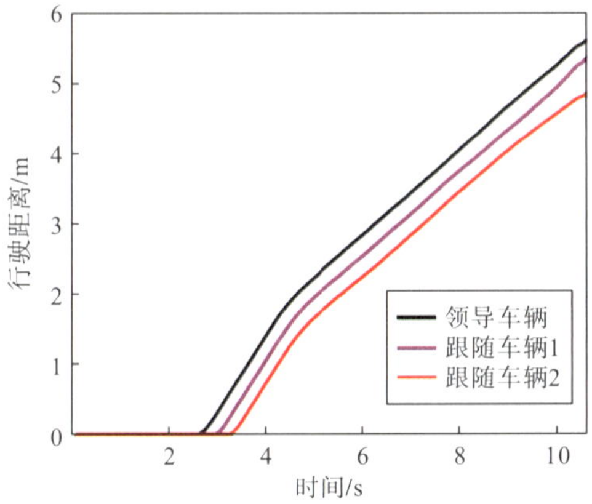

图 11.17　车辆行驶距离图

参 考 文 献

[1] Tang W，Yang M，Lv Z，et al. MicroIV：A cooperative driving hardware simulation platform for cooperative-ITS[J]. IEEE Transactions on Vehicular Technology，2018，67(10)：9173-9182.

[2] 苏致远，马育林，李建市，等. 基于多缩微车的智能交通半实物仿真平台[J]. 兵工自动化，2016，35(8)：5-8.

[3] Zulkefli M A M，Mukherjee P，Sun Z，et al. Hardware-in-the-loop testbed for evaluating connected vehicle applications[J]. Transportation Research Part C：Emerging Technologies，2017，78：50-62.

[4] Verma R，Vecchio D D，Fathy H K. Development of a scaled vehicle with longitudinal dynamics of an HMMWV for an ITS testbed[J]. IEEE/ASME Transactions on Mechatronics，2008，13(1)：46-57.

[5] 吴广. 基于缩微车辆的交通流微观建模与实验[D]. 重庆：重庆邮电大学，2020.

[6] 邱博文. 弯曲道路环境下智能网联车辆队列协同控制研究[D]. 重庆：重庆邮电大学，2020.

[7] Di X，Zhao Y，Huang S H，et al. A similitude theory for modeling traffic flow dynamics[J]. IEEE Transactions on Intelligent Transportation Systems，2019，20(3)：900-911.

[8] Li Y，Wu G，Zhu H，et al. Stability Analysis for Car-following Model Considering Position Error [C]. Dali：2019 IEEE 8th Data Driven Control and Learning Systems Conference (DDCLS) 2019，861-865.

第 12 章　实车应用案例

实车应用案例旨在应用前面章节介绍的相关技术，搭建实车实验平台，还原真实交通场景，验证车辆控制算法的有效性。数值仿真通常较为理想，而交通路况复杂多变，因此实施真实道路环境下车辆队列控制现场实验具有一定的现实意义。实车实验基于自主研制的 V2X 通信设备，在此基础上搭建互联环境下的实车实验平台，实现车辆与车辆间、车辆与路侧间的数据通信，采用差分 GPS 等传感器获取车辆状态信息，移植车辆队列控制算法，通过 Android 平板实现人机交互接口(human machine interface，HMI)完成建议信息推送；基于实车实验平台驾驶员通过人机交互平板给出的建议信息和指令进行车辆的控制，完成了实车实验，通过分析实验结果验证算法的有效性。

12.1　自主研制 V2X 通信设备

实验平台硬件设备主要基于 DSRC 技术的车车/车路通信设备开发，该通信设备以以 ARM Cortex-A9 架构的 i.MAX6Q 核心板作为主控单元，采用恩智浦公司出品的 THEO-P173 通信模块作为 DSRC 信号发送和接收单元，并集成了电源电路、串口通信电路、以太网通信电路、CAN 总线接口电路和 i.MAX6Q 接口电路。其中，基于 ARM Cortex-A9 架构的 i.MAX6Q 核心板的工作电压为 5V，运行频率为 1.2GHz，运行内存为 1G，存储空间为 8G，能够满足车车/车路通信设备的性能要求。

针对上述通信模组和单元电路，采用 Altium Designer 完成电路原理图和印制电路板(printed-circuit board，PCB)的设计。Altium Designer 是 Altium 公司推出的一款基于 Windows 操作系统的一体化电子产品开发系统软件，该软件通过把原理图设计、电路仿真、PCB 绘制、拓扑逻辑自动布线、信号完整性分析和设计输出等技术有机结合，提供一套非常人性化的设计解决方法，开发质量和效率较高。在硬件设备开发中，本书使用的版本为 Altium Designer 13。基于 Altium Designer 的电路硬件设计可简化为三个步骤：首先，基于电子元器件的选型设计合理的原理图库和 PCB 库；其次，通过设计好的元器件绘制原理图并做相关规则检查后更新到 PCB 文件；最后，在 PCB 文件中完成元件布局、元件布线、敷铜和电气规则检查等一系列工作之后完成整个电路的设计。图 12.1 所示为车车/车路通信设备的电路原理图。

绘制完原理图并进行检查后对所有元件的标号进行统一设定，进而更新原理图生成 PCB 文件。生成的 PCB 文件包含了所有元器件封装和网络关系。首先，对元件进行合理布局，元件布局按照模块电路将电阻、电容等外围器件整齐合理地布局在核心元件附近，元件布局兼顾电路合理和方便操作等方面；其次，依据布局完毕的电路设定电路板的尺寸和形状，进而根据元器件之间的网络关系进行布线；再次，为了使电路更加牢固可靠，通过放置泪滴的方式对线路和元件连接的地方进行加固，为了使电路有更加稳定的电源GND(电线接地端)，在电路板的顶层和底层进行敷铜；最后，经过 DRC 布线规则检查排除常见的布局布线中的问题，最终绘制完成的 PCB 电路图如图 12.2 所示。通过电路的焊接和调试，最终得到车车/车路通信设备，实物如图 12.3 所示。

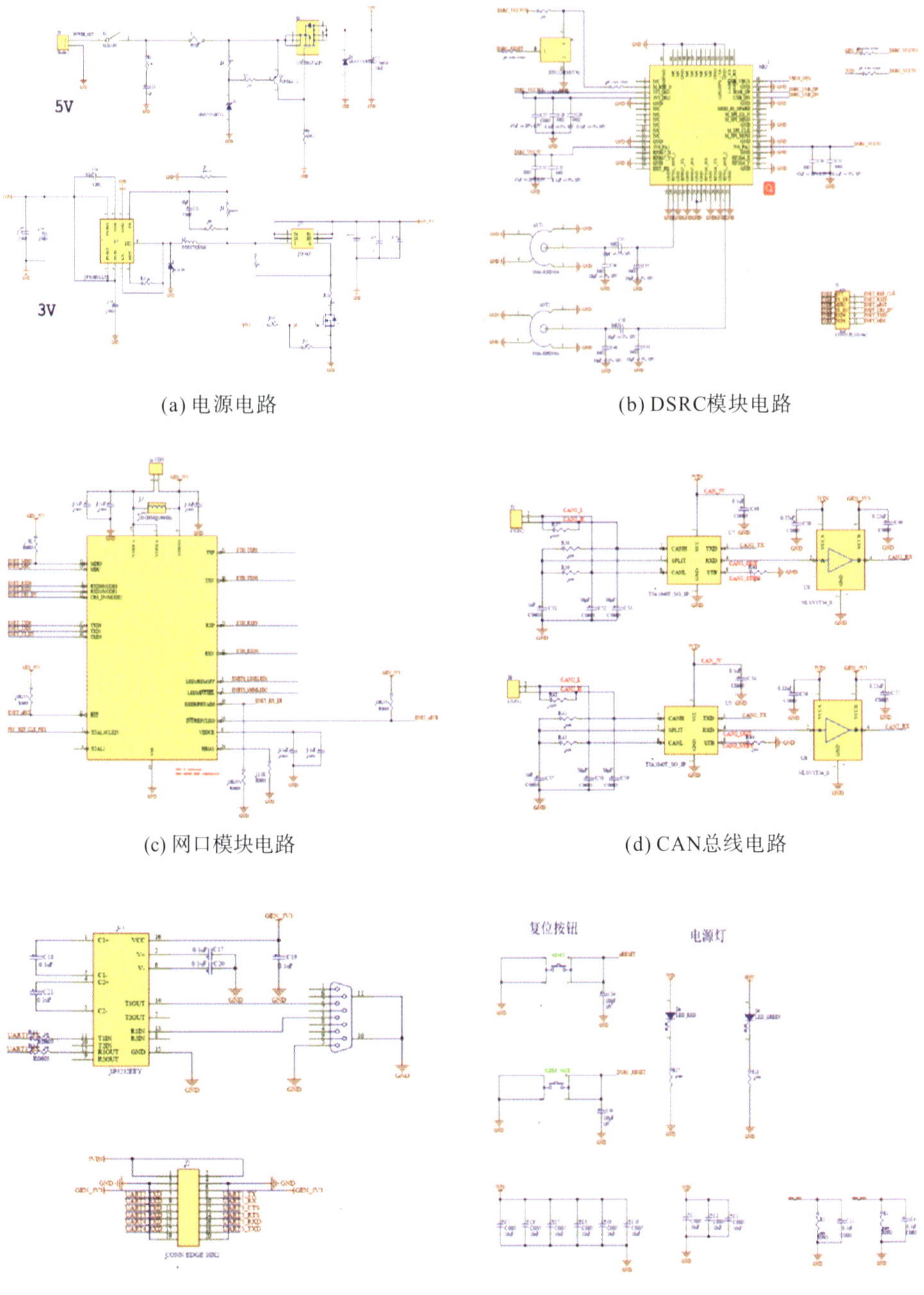

(a) 电源电路　(b) DSRC模块电路

(c) 网口模块电路　(d) CAN总线电路

(e) 串口通信电路　(f) 复位及滤波电路

图 12.1　电路原理图[1]

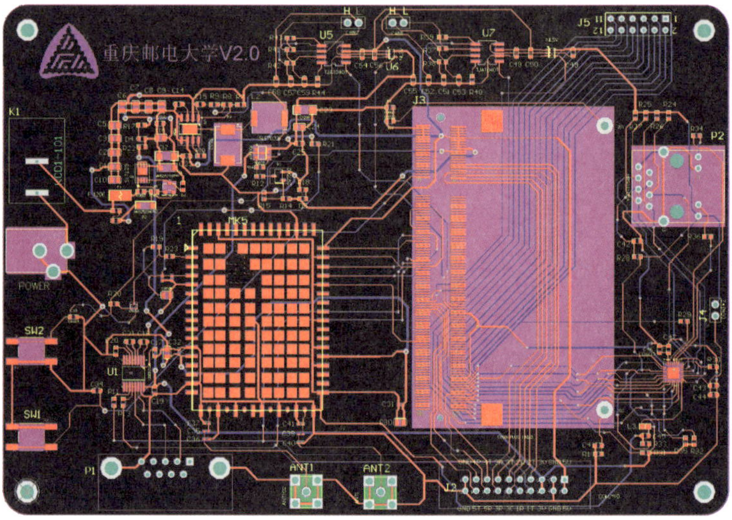

图 12.2　PCB 电路图[1]

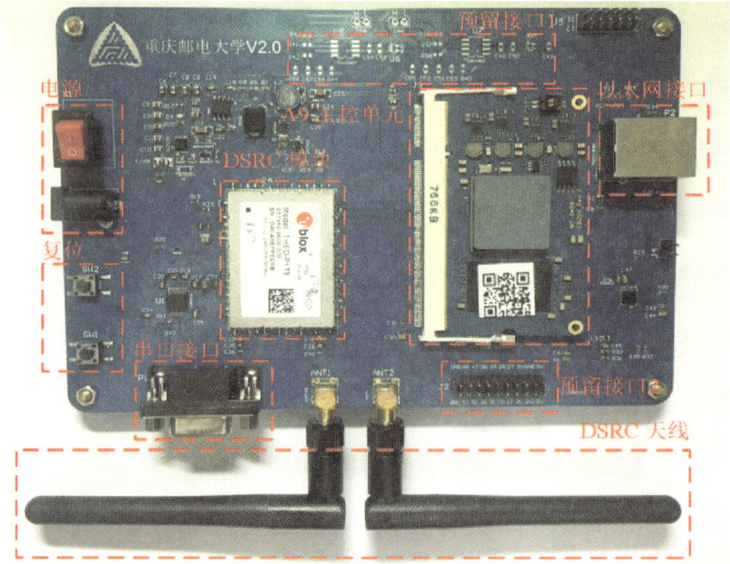

图 12.3　车车/车路通信设备实物[1]

12.2　实车实验平台开发

12.2.1　硬件开发

根据车辆队列实验所需要的实验条件设计定制了实验平台整体方案。首先，电动汽车实车实验中需要实现车辆与车辆之间的通信。本实验基于 DSRC 的 V2X 通信技术，研究基于 IEEE 802.11p 协议和 IEEE 1609 协议[2]的通信模块实现车车/车路通信设备的软/硬件开发，实现车辆与车辆间的 DSRC 消息数据传输。其次，为了获取车辆的位置、速度和加速度等信息，采用差分 GPS 模块获取车辆的精确定位、车辆速度、车辆的航向等信息。此外，车辆不仅要采集和处理自身的状态信息，还需接收和处理其他邻近车辆发送过来的信息，因此采用基于 ARM Cortex-A9 四核 CPU 的嵌入式 E9 板作为车辆的嵌入式中央数据处理单元实现各个模块的数据接收、数据处理、算法实现和人机交互信息的推送[3]。进一步，通过对各个模块设备的 IP 进行配置，使各个模块都有独立的通信地址，进而使得各个模块可以通过千兆路由器进行车内局域网络通信。所有的设备都直接连接路由器，路由器作为数据的交换中心，嵌入式 E9 板可以直接访问车内的所有设备并获取数据和发送指令。最后，采用基于 Android 系统的平板电脑作为车辆人机交互设备，直观地反映车辆的实时速度、建议速度以及变化趋势，让驾驶员能够清楚地获取到车辆当前的信息和建议的信息，实验平台设备如图 12.4 所示。

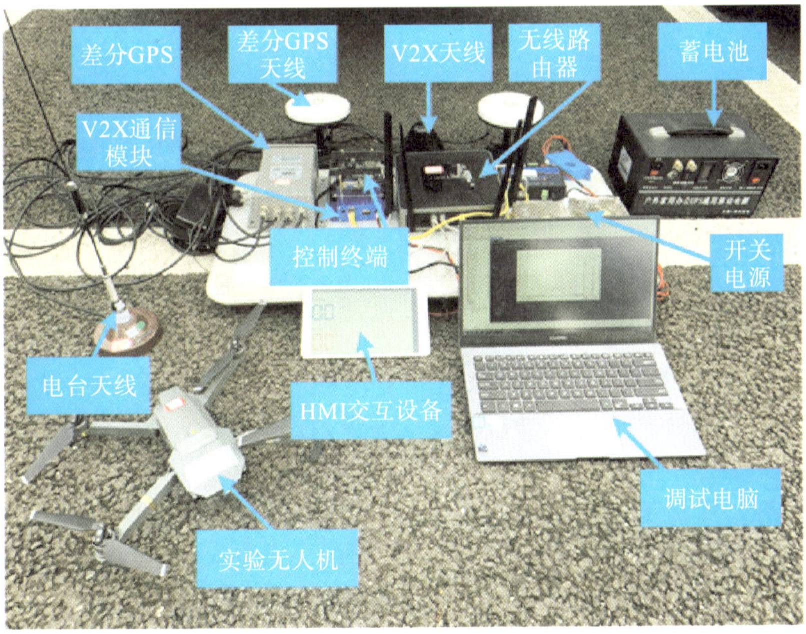

图 12.4　实验平台设备[1]

图 12.4 所示的实验平台设备，主要包括车车/车路通信设备、差分 GPS 移动端接收机、嵌入式 E9 板、人机交互平板、路由器和用于调试的笔记本电脑等车载设备；路侧设备包括差分 GPS 基站端接收机和无线通信电台等。设备的具体介绍如下。

(1) 车车/车路通信设备以 Cohda Wireless 公司推出的 MK5 通信模组以及自主研制的 V2X 通信设备为基础，IEEE 802.11p 协议和 IEEE 1609 协议以及恩智浦公司推出的基于 DSRC 技术的 V2X 通信芯片 THEO-P173 作为通信模组，采用 ARM Cortex-A9 架构的 i.MAX6Q 模块作为 DSRC 通信消息的处理单元。该通信设备主要提供以下功能：①单路或双路 IEEE 802.11p 无线电；②携带安全功能的 IEEE 1609 和 ETSI TC-ITS 协议栈；③高性能应用处理器，用于执行 ITS 和安全应用；④提供多种接口进行数据交换。

(2) 差分 GPS 移动端接收机包括基站端 GPS 接收机、移动端 GPS 接收机和无线电台三部分。其原理为基站端接收机获取基站的 GPS 信息并计算出距离改正数，基站端通过无线电台将这一数据实时地向移动端发送出去，移动端接收机在实时获取 GPS 卫星信号的同时也通过无线电实时接收基站端发送来的改正数，对其获取到的卫星定位信息进行修正，最终得到较为精确的定位信息。差分 GPS 没有搭载 Linux 操作系统，不可以直接通过操作系统进行操作，因此利用以太网接口 TCP/IP 通信协议获取 GPS 信号，本实验主要获取了 GPGGA、GPRMC 和 GPHPD 三种格式的数据，分别获取经纬度、速度、航向等信息数据。

(3) 嵌入式 E9 板采用 ARM Cortex-A9 架构，基于 Linux 操作系统，利用多线程和多进程技术实现多个 Socket 线程的数据接收和处理，实现 GPS 信息采集、电流信号收集、DSRC 信息接收和发送以及人机交互平板信息推送。

(4) 人机交互平板用来给驾驶员提示较合理的驾驶建议信息，通过基于 Android 环境的应用软件开发，实现车辆实时速度和实时建议速度的显示，并通过数字和曲线图两种方式呈现给驾驶员。

(5) 路由器和笔记本电脑分别用来完成车内数据通信和软件开发调试等工作。处在车内局域网中的所有设备都能通过路由器相互访问和通信，笔记本电脑也可以通过路由器进入每个模块的 Linux 系统进行调试和开发。

12.2.2 软件设计

实车实验平台的软件开发工作主要包括差分 GPS 定位信息采集、电流信号采集、车车/车路通信设备消息管理中间件的开发、车辆队列控制算法的移植和向人机交互平板推送车辆的速度和建议速度等实时状态信息。软件开发的环境采用 Ubuntu 14.04 Linux X86 操作系统，基于 C 语言实现各模块的功能代码，通过 Arm-Linux-Gcc 交叉编译工具实现可执行文件在 ARM 架构的嵌入式 Linux 系统下运行，车辆信息采集和传输程序流程图如图 12.5 所示。

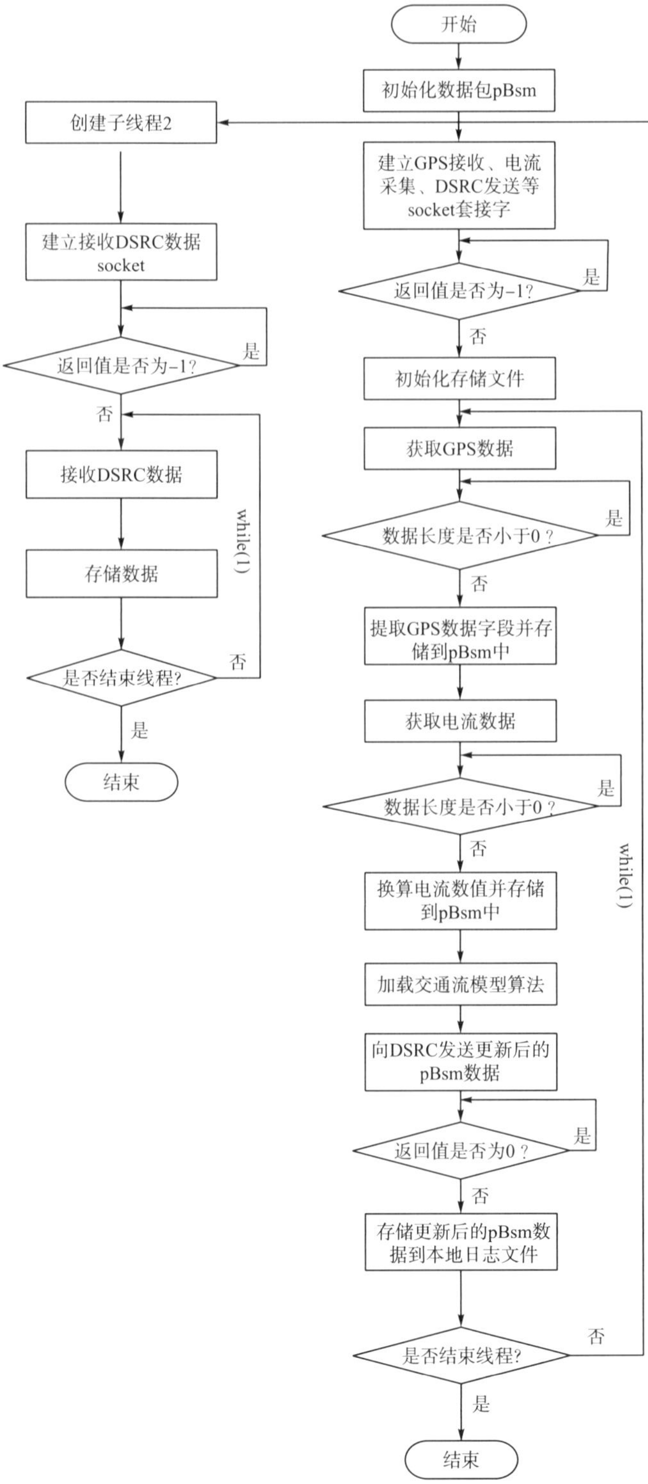

图 12.5　车辆信息采集和传输流程图[1]

(1)差分 GPS 定位信息采集。差分 GPS 定位系统包括基站端和移动端，其中移动端安装在车辆内部随车移动，基站端放置在路侧端，属于路侧设备，固定不动。基站端安装在固定的地点，然后在基站端 GPS 后台做相应的设置并获取本地 GPS 数据和距离改正数。车载移动端差分 GPS 接收机接收卫星信号的同时也接收基站端通过无线电台发送来的修正数据，进而计算获得移动端精确的 GPS 定位信息。该定位信息精度可达到厘米级别，能够满足车辆与车辆间的定位精度。通过 Socket 接口向其他设备发送该定位信息，其数据格式主要有 GPGGA、GPGSA、GPRMC、GPGSV、GPHPD、GPGLL、GPVTG 等。由于本实验需要获取车辆的经度、纬度、速度、高度和航向等状态信息，因此选取 GPGGA、GPRMC 和 GPHPD 三种格式的数据为采集目标，通过 TCP/IP 协议以 20GHz 的频率向外依次循环发送 GPGGA，GPRMC 和 GPHPD 数据。差分 GPS 移动端后台参数设置如图 12.6 所示。

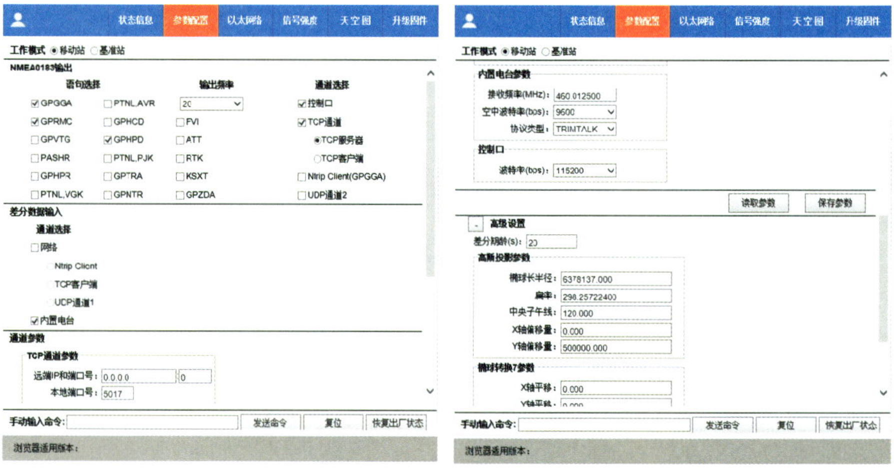

图 12.6　差分 GPS 移动端后台参数设置

获取到 GPS 信息后需要根据不同的字段提取实验需要的数据，首先要明确 GPGGA、GPRMC 和 GPHPD 三种格式的数据字段的含义。GPGGA 的标准格式为“$GPGGA, <1>,<2>,<3>,<4>,<5>,<6>,<7>,<8>,<9>,<10>,<11>,<12>,<13>,<14> * hh<CR><LF>”，字段含义见表 12.1。

表 12.1　GPGGA 数据格式[1]

字段	内容	格式
字段 0	帧头	$GPGGA
字段 1	UTC 时间	hhmmss.sss
字段 2	纬度	ddmm.mmmm
字段 3	北纬/南纬	N/S
字段 4	北纬/南纬	dddmm.mmmm
字段 5	东经/西经	E/W

续表

字段	内容	格式
字段 6	定位质量指标	0：定位无效；1：实时 GPS；2：差分 GPS
字段 7	使用卫星数量	00~12
字段 8	水平精度	0.5~99.9
字段 9	天线离海平面的高度	-9999.9~9999.9m
字段 10	高度单位	m
字段 11	大地椭球面相对海平面的高度	-999.9~9999.9m
字段 12	高度单位	m
字段 13	差分 GPS 数据期限	-
字段 14	差分参考基站标号	0000~1023
字段 15	校验值	hh
字段 16	固定包尾	回车换行

GPRMC 的标准格式为“$GPRMC,<1>,<2>,<3>,<4>,<5>,<6>,<7>,<8>,<9>,<10>,<11>,<12>*hh<CR><LF>”，字段含义见表 12.2。

表 12.2　GPRMC 数据格式[1]

字段	内容	格式
字段 0	帧头	$GPRMC
字段 1	UTC 时间	hhmmss.ss
字段 2	状态	A：有效；V：无效
字段 3	纬度	ddmm.mmmm
字段 4	北纬/南纬	N/S
字段 5	经度	ddmm.mmmm
字段 6	东经/西经	E/W
字段 7	速度	节(knots)
字段 8	方位角	度(以正北为参考基准)
字段 9	UTC 日期	ddmmyy
字段 10	磁偏角	0°～180°
字段 11	磁偏角方向	E/W
字段 12	模式仅 NMEA0183 3.00 版本输出	A:自动；D:差分；E:估测；N:无效
字段 13	校验值	hh
字段 14	固定包尾	回车换行

GPHPD 的标准格式为“$GPHPD,<1>,<2>,<3>,<4>,<5>,<6>,<7>,<8>,<9>,<10>,<11>,<12>,<13>,<14>,<15>,<16>,<17>,<18>,<19>,<20>,<21>*hh<CR> <LF>”，字段含义见表 12.3。

表 12.3　GPHPD 数据格式[1]

字段	内容	格式
字段 0	帧头	$GPHPD
字段 1	星期数	1980 年至今星期数
字段 2	毫秒数	星期内的毫秒数
字段 3	偏航角	0°～360°
字段 4	俯仰角	−90°～90°
字段 5	横滚角	−90°～90°
字段 6	纬度	°
字段 7	经度	°
字段 8	高度	m
字段 9	东向坐标位置	m
字段 10	北向位置坐标	m
字段 11	天向位置坐标	m
字段 12	东向速度	m/s
字段 13	北向速度	m/s
字段 14	天向速度	m/s
字段 15	东向速度差	m/s
字段 16	北向速度差	m/s
字段 17	天向速度差	m/s
字段 18	基线长度	m
字段 19	前天线可用星数	0～12
字段 20	后天线可以星数	0～12
字段 21	RTK 标志	0～9
字段 22	校验值	hh
字段 23	固定包尾	回车换行

GPS 数据以 C 语言字符串的方式传输，字符串中每个字段用字符“,”隔开。基于字符串格式特征，采用字符串遍历的方式完成 GPS 数据中各个字段的提取，程序流程图如图 12.7 所示。

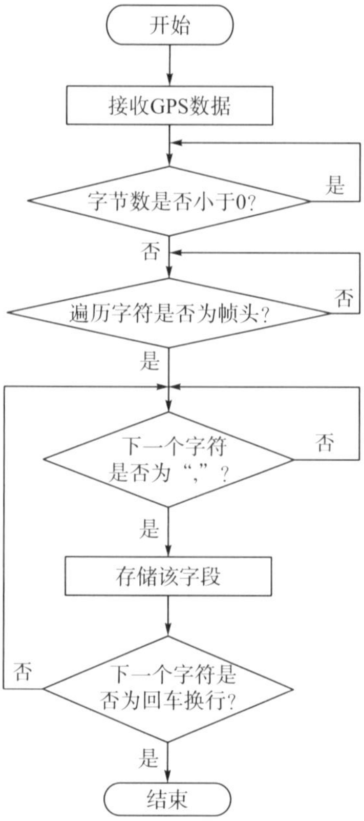

图 12.7　GPS 数据字段提取流程图

(2) DSRC 消息的收发和管理。车车/车路通信设备负责车辆间 DSRC 消息的接收和发送，其软件部分包括底层驱动代码和消息处理代码。为了更好地处理和管理消息，将底层驱动代码和上层应用代码分离有利于各种消息的分类处理和管理，同时提高开发效率。本书基于现有的消息管理中间件技术采用 Linux 中的多线程、多进程和消息队列等技术开发了适用于本实验的消息管理中间件以有效管理消息同时能衔接底层功能代码和上层功能代码。

由于通信过程中收发消息的种类较多，上层应用程序的需求也不同，因此消息管理中间件能够保证将消息快速准确地推送到相应的应用程序中，也能保证应用程序需要发送的消息能够及时有效地发送出去。消息管理中间件负责消息的接收和发送两个方向的消息管理，使消息管理和处理有序地工作。在消息接收过程中，接收 V2X 消息线程和接收当前车辆基础消息线程分别从 DSRC 通信模块、差分 GPS 模块以及电流采集模块收集邻近车辆发送的 V2X 消息和当前车辆的状态信息；随后，消息接收处理线程针对获取到的信息进行分析和判断，通过不同的消息类型将其存储到不同的消息队列中；最后，消息接收推送线程会依次读取每个消息队列中的数据，并将其推送到不同的应用程序中。同样，在消息发送过程中，消息发送收集线程会实时获取来自上层应用程序给出的需要发送的消息，同时消息发送收集线程通过对不同消息的判断将其存储到不同的消息队列中；随后，消息发送处理线程会依次读取每个消息队列中的数据，基于读取到的消息根据不同类别将其推送到发送 V2X 消息线程和当前车辆建议消息线程以完成车车/车路之间的通信和给驾驶员提供建议信息。

(3) 控制算法移植[4]。基于 Linux 和 C 语言对控制算法进行嵌入式移植，首先在 Ubuntu 14.04 X86 环境下对模型进行程序化并通过函数封装，函数的入口参数为本车基础消息和前车 V2X 消息，函数返回值为本车建议信息；其次，通过 Arm-Linux-Gcc 编译器进行交叉编译得到 ARM 架构下的可执行二进制文件；最后，通过车内局域网将可执行文件通过 SSH 协议发送到嵌入式 E9 板。基于 C 语言的控制算法实现函数执行伪代码，见表 12.4。

表 12.4 控制算法函数执行伪代码[4]

初始状态：所有车辆准备启动，获取本车基本安全信息同时发送并接收 V2X 消息

输入参数：前车 V2X 消息（pPreBsm）和本车基本安全信息(pBsm)

```
While true:
    gapLon=|pPreBsm ->Message_Veh.lon - pBsm ->Message_Veh.lon|
    gapLat=|pPreBsm ->Message_Veh.lat - pBsm ->Message_Veh.lat|
    positionGap=√(gapLat^2+gapLon^2)
    velocityGap = pPreBsm ->Message_Veh.velocity - pBsm->Message_Veh.velocity
    Current = pBsm ->Message_Veh.current
    advAcceleration=gamma*(OVmodel(positionGap) - NowVelocity) + kesi*velocityGap + rho* Current
    advVelocity = NowVelocity + advAcceleration*T
    printf("advVelocity = %f\n", advVelocity)
   return  advVelocity
End
```

输出状态：所有车辆以一致的速度和安全间距稳定地运行在道路上

(4) 基于 Android 的人机交互系统数据推送。基于 Android 平台实现用于给驾驶员提供建议决策信息的人机交互系统，其主要功能为基于本车基础信息和消息中间件推送来的建议信息，在 Android 平板上通过数字和动态曲线两种方式显示车辆的实时速度、建议速度和实时加速度等状态信息，从而使得驾驶员能够获取到当前车辆的状态信息和建议决策信息，并依据相应的决策信息进行车辆控制，进而完成车辆队列实车实验。

人机交互界面是整个实验平台正常运行的必要设备之一，该界面基于 Android 系统开发，运行于 Android 6.0 系统的平板电脑，能够为驾驶人员展示车辆的实时状态信息以及车辆驾驶的决策信息(建议速度)，如图 12.8 所示。

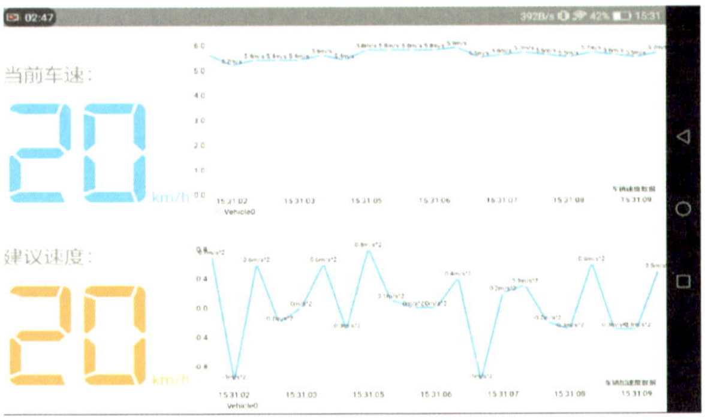

图 12.8　车载人机交互界面

一个完整的自动控制系统，主要包含控制器、执行器、被控对象以及检测装置，如图 12.9 所示。在本实验中由于条件所限，无法将车辆改装成自动驾驶车辆，因此整个实验过程中参与的车辆均是有人驾驶的网联车辆。为了更加形象地理解人机交互界面在整个系统中的作用，如图 12.10 所示，如果将参与本实验的驾驶员比作“执行器”，但是驾驶员无法直接从控制器的输出端读取输出量，因此为了方便“执行器”获取车载控制单元的输出量，需要一个额外的媒介来读取数据并显示相关的信息，而车载人机交互界面就扮演了这样一个角色，其为车载控制端元与“执行器”之间搭建了一座沟通的桥梁。在此部分中，本书将人机交互界面和驾驶员组合在一起看作是自动控制系统中的执行器。因此，虽然实验中的车辆需要依靠人员驾驶，但借助于车载人机交互界面，解决了车辆无法自动驾驶的条件限制，由此可见人机交互界面在本实验平台中所扮演的角色是至关重要的。为了让人机交互界面能够发挥有效的作用，更加直观地显示来自车载控制单元的输出数据，人机交互界面中的关键数据如当前车辆速度和建议速度应尽可能地大、显眼。

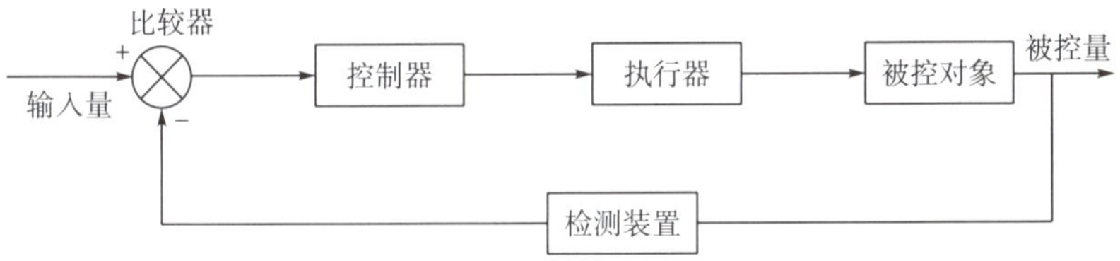

图 12.9　自动控制系统框图

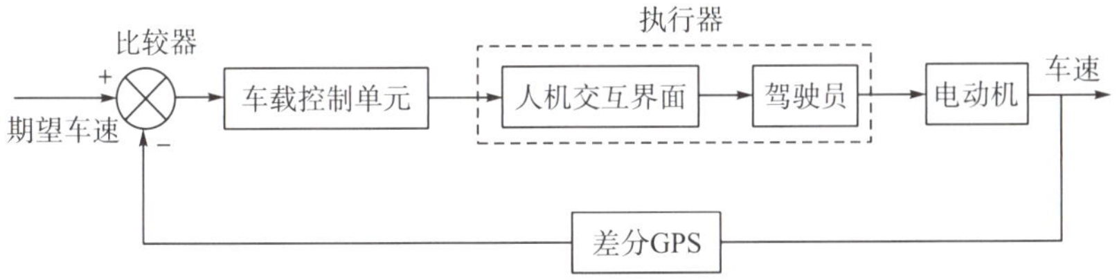

图 12.10　实验车辆控制系统框架

人机交互主界面分为左、右两部分，左侧的上半部分显示当前车辆的实时速度，下半部分显示当前车辆的建议速度；右侧上半部分是整个车辆队列中每台车辆的速度变化曲线，下半部分表示每台车辆的加速度变化曲线。曲线图可以更好地描绘出车辆队列中每辆车的速度以及加速度变化趋势，利用图形的方式方便驾驶员判断当前车况，并采取相应操作。

由于所用的车载嵌入式开发板所搭载的处理器采用的是 ARM 架构，因此其在数据的存储过程中会采用将高位字节排放在内存的低地址端、低位字节排放在内存的高地址端的大端模式，而实验中所用的基于 Android 系统开发的人机交互界面则正好与嵌入式开发板相反，采用的是将低位字节排放在内存的低地址端、高位字节排放在内存的高地址端的小端模式。因此，在数据接收完成后需要对数据进行大端至小端的转换。

所开发的人机交互界面程序流程图以及精简后的程序伪代码如图 12.11 和表 12.4 所示。程序运行后，首先进行界面的初始化操作，系统加载布局文件生成界面；同时程序会调用系统资源获取平板所处的网络环境信息，得到所连接的无线网络名称，在之后的数据筛选操作中根据不同的网络名称来判断所接收的数据是否为当前车辆的信息；随后建立子线程用于网络的耗时操作，在子线程中通过 Socket 接口与服务器建立 TCP/IP 通信，并在一个 While 循环中阻塞等待服务端发送的数据。当接收到来自服务端的结构体数据后首先根据服务端所定义的结构体数据，按顺序读取并解析结构体，然后根据解析得到的数据源信息来筛选符合要求的数据，将所需要的数据进行缓存后重新开始接收新的数据，与此同时，将解析筛选所得的数据利用界面更新进程实现数据的实时更新。

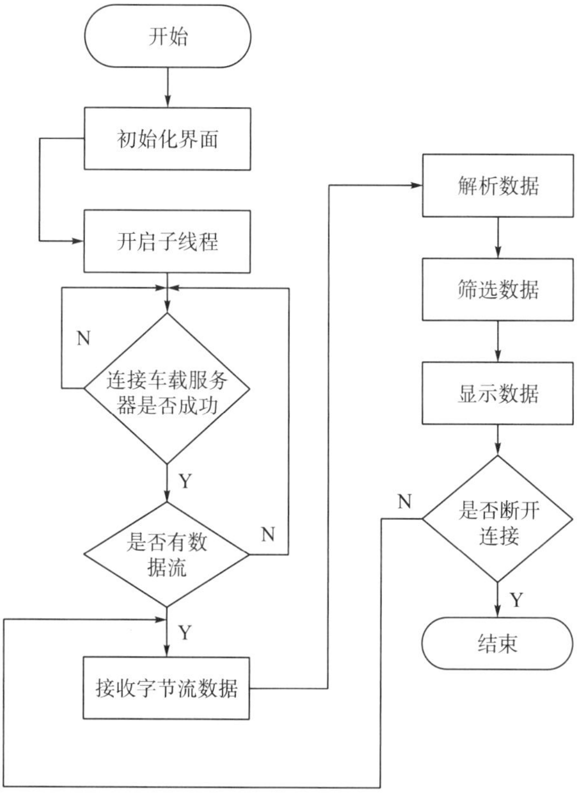

图 12.11　人机交互界面程序流程图

12.3　校园道路实验

本节主要利用网联电动车实车实验平台，验证如下控制算法的有效性。

$$\begin{aligned} u_i(t) = {} & [\alpha(V_i(h_{i,i-1}(t)) - v_i(t)) + \beta(v_{i-1}(t) - v_i(t)) + \gamma(s_{i-1}(t) - s_i(t) - d_{i,i-1}) \\ & + \delta(a_{i-1}(t) - a_i(t))] + [\beta(v_L(t) - v_i(t)) + \gamma(s_L(t) - s_i(t) - d_{i,L}) \\ & + \delta(a_L(t) - a_i(t))] \end{aligned} \tag{12.1}$$

其中，α，β，γ 和 δ 是常数；$s_L(t)$，$s_{i-1}(t)$ 和 $s_i(t)$ 分别表示领导车辆、车辆 i−1 和车辆 i 的位移；$v_L(t)$，$v_{i-1}(t)$ 和 $v_i(t)$ 分别表示领导车辆、车辆 i−1 和车辆 i 的速度；$a_L(t)$，$a_{i-1}(t)$ 和 $a_i(t)$ 分别表示领导车辆、车辆 i−1 和车辆 i 的速度；$d_{i,i-1}$ 和 $d_{i,L}$ 分别表示车辆 i 与车辆 i−1 以及领导车辆之间的期望间距；$V_i(h_{i,i-1}(t))$ 表示车辆跟驰行为，定义如下：

$$V_i(h_{i,i-1}(t)) = V_1 + V_2 \tanh\{C_1[h_{i,i-1}(t)] - C_2\} \tag{12.2}$$

其中，V_1、V_2、C_1 和 C_2 都是大于零的常数；$h_{i,i-1}(t) = s_{i-1}(t) - s_i(t) - l_c$ 表示车辆 i 与车辆 i−1 之间的距离，l_c 表示车长。

为验证上述控制器的有效性，我们选取重庆邮电大学南部校区的一条道路作为实验场地。该实验场地道路为双车道运行道路，直线路段全长大于 500m，在道路的西侧搭建了路侧设备平台，路侧设备包括电源、差分 GPS 接收机和无线电台等。实验场地和路侧设备平台如图 12.12 所示。

图 12.12　实验场地和路侧设备

基于上述实验道路和路侧设备，采用 3 辆搭载了车车/车路通信设备、差分 GPS 等车载设备的电动汽车进行车辆队列实车实验。实验设备主要包括车载设备(车车/车路通信设备、差分 GPS 移动端接收机、嵌入式 E9 板和平板电脑、相关传感器等)、路侧设备(差分 GPS 基站端接收机和基站无线电台等)，实验场景和车载设备如图 12.13 所示。

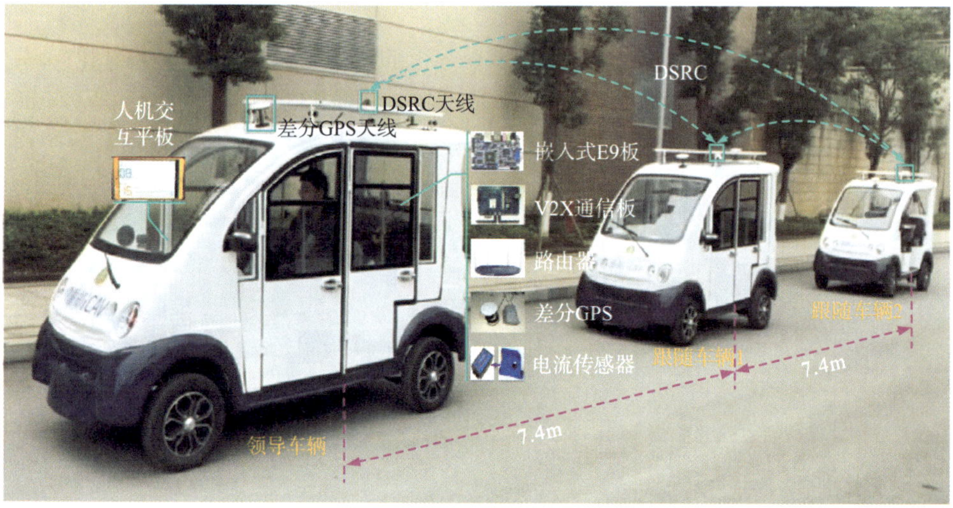

图 12.13 实验场景和车载设备

在图 12.13 所示的实验场景中，3 辆电动车搭载了相同的车载设备，车辆可以实时获取自身的状态信息并通过通信设备获取邻近车辆的状态信息，同时可以将自身信息发送给邻近的车辆，实现车辆间的数据传输。3 辆电动车中最前面的一辆为领导车辆，后面两辆为跟随车辆 1 和跟随车辆 2。控制器参数设置为：$\alpha=0.65\text{s}^{-1}$，β=1.5s^{-1}，γ=0.9s^{-2}，δ=0.48，V_1=6.75m/s，V_2=7.91m/s，C_1=0.13m^{-1} 和 C_2=1.59。在初始状态时，领导车辆、跟随车辆 1 和跟随车辆 2 之间的车头间距设定为 7.4m。领导车辆启动后跟随车辆 1 和跟随车辆 2 逐渐依次启动运行。实验驾驶员在人机交互平板中可以看到车辆的实时状态信息和建议信息，同时可以通过建议信息对车辆进行相应的操控，实现互联环境下车辆队列控制实车实验。

12.3.1 实验步骤

基于图 12.13 所示的实验场景，初始状态时 3 辆电动车以 7.4m 的初始车头间距停止在道路上。每辆电动汽车里面都有一名实验驾驶员，且驾驶员依据人机交互平板显示的建议信息完成对车辆的操控。实施该实验的具体操作步骤如下。

(1) 路侧设备的配置和启动。在本实验中路侧设备的作用主要为差分 GPS 基站端配合差分 GPS 移动端获取车辆高精度定位，该系统的定位精度可达到厘米级别。首先，连接路侧设备的所有电源线路和信号线路，并安装差分 GPS 天线和电台天线。需要注意的是，差分 GPS 天线应尽量放在地势较高、空旷无遮挡的地方，以利于接收更多的卫星信号，获得更准确的定位数据。其中，差分 GPS 接收机与无线电台通过串口连接，差分 GPS 接收机和调试电脑通过以太网连接。其次，打开电源开关，差分 GPS 接收机和无线电台开始启动，差分 GPS 接收机启动需要较长时间，观察差分 GPS 接收机中状态灯常亮时表示启动完毕。最后，通过调试电脑进入基站端差分 GPS 接收机后台系统获取基站端的定位。定位数据需要较长时间才能稳定，数据稳定后即可完成基站端的定位。需要注意的是，定位完成后差分 GPS 基站端天线不可随意挪动，否则需要重新获取基站端的定位才能保证差分 GPS 移动端的精确定位。

(2) 车载设备的配置和启动。首先，打开所有车载设备的电源。车载设备中大部分设备启动很快，上电即启动，只有差分 GPS 接收机启动较慢，需要较长时间。差分 GPS 接收机的状态灯和差分信号灯常亮表示其正常启动。如果差分信号灯不亮，则说明移动端并没有收到基站端 GPS 发送来的修正数，此时移动端差分 GPS 也能进行定位，但是精度不能满足要求。其次，将调试电脑和人机交互平板都连接上车内无线局域网络(以领导车辆为例，无线网络名称为 Vehicle_L。在调试电脑上通过 Xshell 软件中的 SSH 协议访问所有车载设备，检查其是否正常启动。在这里我们主要检查车车/车路通信设备中的通信模组是否正常。在该设备的 Linux 操作系统中检查 USB 设备是否正常挂载。若能看到 NXP 字样的 USB 设备，则说明车车/车路通信设备启动完成。最后，通过 Xshell 依次启动车车/车路通信驱动程序、消息管理中间件、DSRC 收发程序、差分 GPS 程序、电流采集程序和人机交互平板推送程序。

(3) 完成路侧设备和车载设备的启动并确定其正常工作后，三辆电动车以初始状态车头间距停止在道路上等待启动。下一时刻领导车辆中的实验驾驶员通过人机交互平板显示的信息开始加速启动车辆并达到设定的速度。随后跟随车辆的实验驾驶员同样通过人机交互平板显示的建议信息依次启动跟随车辆。在车辆平稳运行阶段和车辆停止阶段实验驾驶员采用同样的方法实现对车辆的控制。

对 3 辆电动汽车依次完成上述步骤的配置和操作，完成车辆的启动阶段、平稳运行阶段和停止阶段，完成车辆队列实车实验。实验结束后实验数据会以 TXT 格式自动保存在嵌入式 E9 板的 Linux 系统中，通过调试电脑将其提取出来即可完成实验数据的分析。

12.3.2　实验结果

在初始状态，3 辆电动汽车以 7.4m 的车头间距停止在道路上等待启动。车辆启动过程中领导车辆中的实验驾驶员通过人机交互平板的提示信息操作车辆，车辆开始加速启动，同时通过车车/车路通信设备向跟随车辆发送本车的状态信息。当跟随车辆 1 收到前车发来的车辆状态信息并获取自身的状态信息后，通过控制算法得到本车的建议信息并推送至人机交互平板提示实验驾驶员操作车辆，跟随车辆 1 在驾驶员的操作下逐步开始加速启动；同理，跟随车辆 2 也基于相同的原理提示实验驾驶员操作车辆开始启动。车辆启动后很快达到设定的期望速度 15km/h(4.167m/s) 左右，同时保持安全稳定的车头间距持续平稳地运行。在此平稳运行过程中车辆的速度和车头间距保持在一定的稳定范围动态变化，车辆的所有加速或减速行为都是实验驾驶员基于人机交互平板所呈现的建议信息执行的。在停止过程中领导车辆中的实验驾驶员实施制动操作制动车辆，领导车辆逐渐减速至停车状态。同样，领导车辆通过车车/车路通信设备向跟随车辆发送本车的状态信息，跟随车辆 1 和跟随车辆 2 通过控制算法获得本车的建议信息并推送至人机交互平板，实验驾驶员通过人机交互平板提示的建议信息进行操作，依次制动车辆，最终 3 辆电动汽车停止在道路上，实现车辆的停止过程。图 12.14 所示为 3 辆电动汽车在启动过程、运行过程和停止过程中的状态信息。

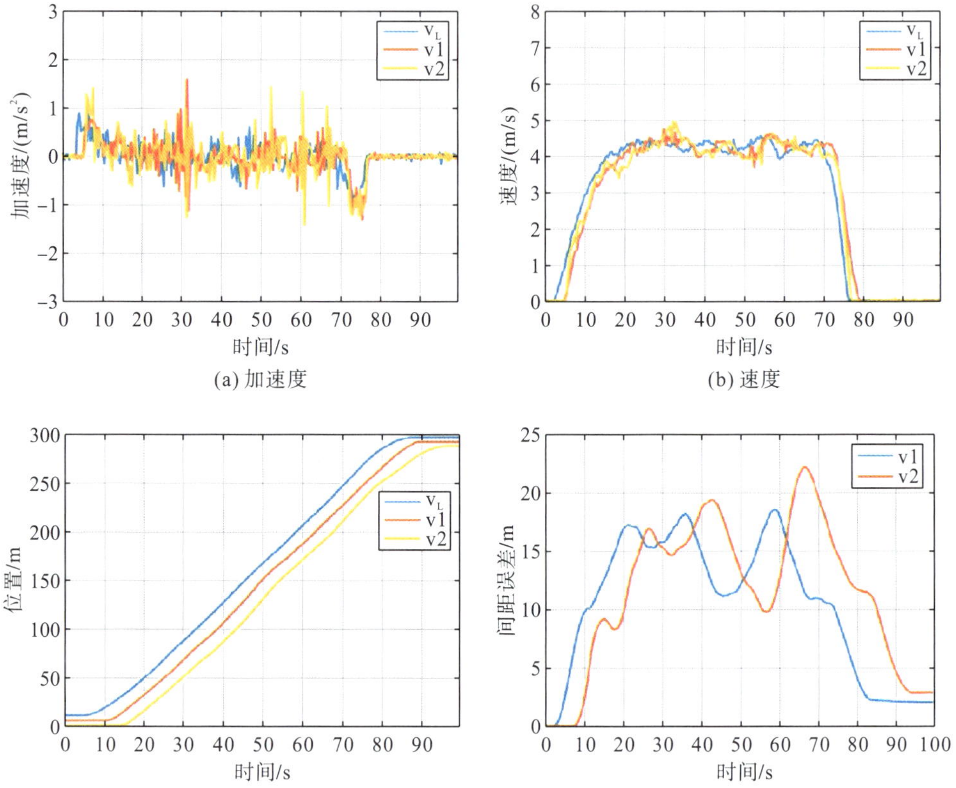

(a) 加速度　　(b) 速度

(c) 位置　　(d) 间距误差

图 12.14　车辆运行状态信息

注：v2：领导车辆；v1：跟随车辆 1；v2：跟随车辆 2。

图 12.14 展示了车辆队列中 3 辆电动汽车运行的加速度、速度、位置和间距误差。图 12.14(a)为 3 辆车的加速度状态变化曲线，从该图可以看出车辆运行过程中加速度的变化趋势，由于车辆性能的限制，加速度幅值范围较小，但是仍然能够看到启动过程和停止过程中加速度的变化趋势。图 12.14(b)为 3 辆车的速度状态变化曲线，从该图可以看出，领导车辆启动并快速达到设定速度 15km/h 左右保持稳态运行。同时跟随车辆 1 和跟随车辆 2 也根据建议信息迅速达到设定速度附近，并保持稳态运行。停止过程中领导车辆制动停车，跟随车辆 1 和跟随车辆 2 根据建议信息制动停车。此外，还可看出车辆的实际速度和建议速度变化曲线基本保持一致，说明实验驾驶员在实验过程中严格按照人机交互平板中提示的建议信息进行车辆的操作。图 12.14(c)为 3 辆车的位置状态变化曲线，从该图可以看出初始状态 3 辆车按照一致的车头间距(7.4m)停止在道路上，随着领导车辆的加速启动和跟随车辆的依次运行，3 辆车在运行过程中保持较为稳定的车头间距平稳运行。图 12.14(d)为间距误差分布图，由于通信延迟、驾驶员响应时间和路面上的减速带的负面影

响，实车实验的间距误差较大。

综上所述，控制算法在保持队列的位置、速度和加速度的一致性方面是有效的。通过加速度、速度、位置和间距误差数据能够看到车辆从初始状态依次完成了启动过程、平稳运行和停止过程。在平稳运行过程中保持了稳定的速度和车头间距。

12.4　封闭测试实验

本节介绍在重庆机动车强检试验场开展封闭测试实验，通过现场实验来验证本书第 5 章所提积分滑模控制器的有效性[5]。在本节中，采用 4 辆互联车辆进行实验。如图 12.15 所示为互联车辆。其主要包括车载设备(OBU)、路侧设备(RSU)以及人机交互界面(HMI)。

图 12.15　相关设备

需要指出的是，在车车通信之间采用的是基于 IEEE 802.11p 的专用短程通信协议(DSRC)。与 IEEE 802.11p 相关的参数值见表 12.5。

表 12.5　IEEE 802.11p 参数[6-9]

参数	值	参数	值
信道宽度	10MHz	符号持续时间	8μs
防护时间	1.6μs	槽时间	13μs
短帧间距持续时间	32μs	仲裁帧间隔数	6
通信距离	500m	信道频率	10Hz
最小竞争窗口	7	控制信道时间间隔	46ms

实验中的通信拓扑如图 12.16 所示。特别地，OBU 主要包括差分 GPS、控制芯片(Cortex-A9)、DSRC 模块，RSU 主要包括控制箱、DSRC 模块和差分 GPS，RSU 可以通过收集车辆的状态信息获得临近道路的信息，HMI 用于展示车辆状态的实时信息，而 OBU 可以从卫星和差分 GPS 基站获取车辆的局部信息。因此车辆的位置信息足够精确。

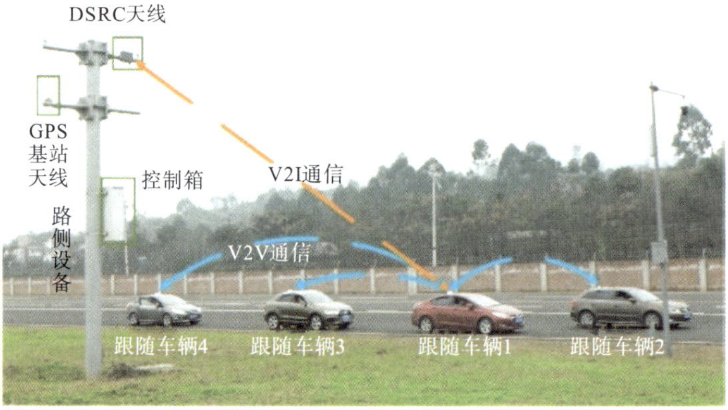

图 12.16 通信拓扑

在实验中，互联车辆不仅能够通过 DSRC 接收到在 V2V 通信范围内附近车辆和路侧设备的状态信息，而且嵌入式主控芯片可以从差分 GPS 获得车辆的位置信息，同时可以通过以太网发送必要的实时信息(如实时速度、建议速度和制动信息)到 HMI。相应地，车辆根据 HMI 上展示的信息进行加速、减速和制动。

车辆队列制动过程主要包括以下过程。首先，由 4 台车辆组成的车辆队列在直线道路上稳定行驶，如图 12.17 所示。车辆队列的初始状态如下：初始车辆间距为$[0, 16, 21, 26]^{T}$m，车辆的初始速度为$[40, 38, 38.8, 41.5]^{T}$ km/h，车辆本身的长度为 4.3m，车辆停止下来时的间距为 3m。在大约 100s 时，领导车辆通过 V2I 通信接收来自 RSU 的信息，并开始减速制动。队列中的跟随车辆通过 V2V 通信接收来自领导车辆的状态信息并逐渐减速，如图 12.18 所示。

图 12.17 实验道路场景

图 12.18 车辆队列初始状态

现场实验的实验结果如图 12.19～图 12.21 所示。图 12.19 是车辆队列的间距误差图。由图可知，车辆间距收敛到 3m 左右，此间距在队列制动过程中是足够安全的，能够避免追尾事故的发生。图 12.20 是车辆队列的速度图。由图可知，在所提积分滑模控制器的作用下，队列中的车辆逐渐停止(即速度为 0)。同时，领导车辆首先逐渐制动停止，跟随车辆通过 V2V 通信接收来自领导车辆的建议速度后逐渐减速制动停止下来。最终，所有车辆都停止。图 12.21 是车辆队列速度差图。由图可知，车辆速度差逐渐地收敛到 0。上述实验结果说明，在所提积分滑模控制器[式(5.72)]下，车辆队列的位置与速度一致性可以得到保证。此外，图 12.21 也验证了队列的串稳定性。

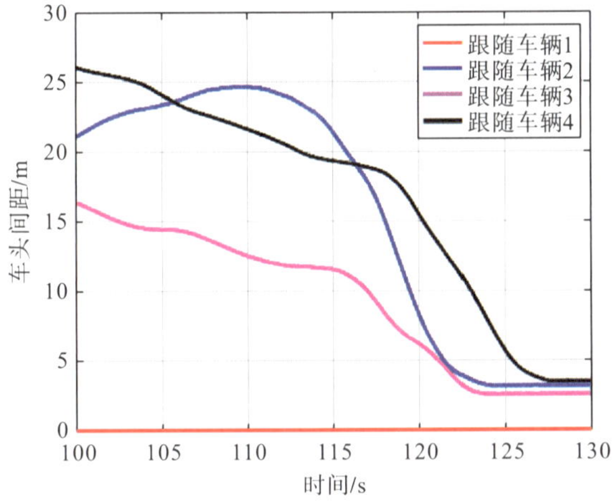

图 12.19 车辆队列间距误差图

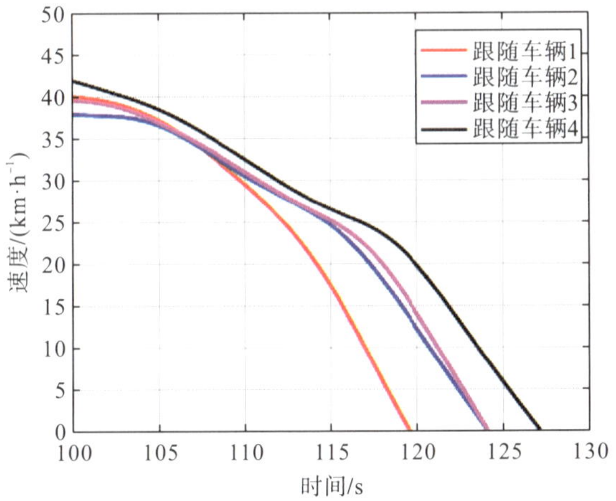

图 12.20 车辆队列速度图

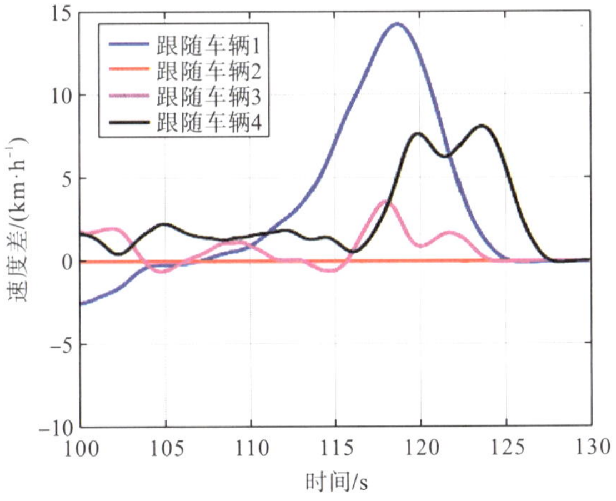

图 12.21 车辆队列速度差图

参考文献

[1] 梁志斌. 考虑车辆动力学信息的电动车微观交通流建模研究[D]. 重庆：重庆邮电大学, 2020.

[2] Chang C, Yen H, Deng D. V2V QoS guaranteed channel access in IEEE 802.11p VANETs[J]. IEEE Transactions on Dependable and Secure Computing, 2016, 13(1): 5-17.

[3] 陈新泽, 杨斌. ARM Cortex-A9 的 NEON 技术研究及应用[J]. 单片机与嵌入式系统应用，2013，13(10): 46-49.

[4] Li Y, Liang Z, Zhu H, et al. Electric vehicle dynamics-based car-following model and stability analysis[C]// 2019 Chinese Control Conference (CCC)[A]. Guangzhou, China, 2019: 6692-6696.

[5] Li Y, Tang C, Peeta S, et al. Integral-sliding-mode braking control for a connected vehicle platoon: Theory and application [J]. IEEE Transactions on Industrial Electronics, 2019, 66(6): 4618-4628.

[6] 陈文博. 智能网联环境下车辆队列控制算法与应用[D]. 重庆：重庆邮电大学, 2019.

[7] Li Y, Chen W, Peeta S, et al. Platoon control of connected multi-vehicle systems under V2X communications: Design and experiments[J]. IEEE Transactions on Intelligent Transportation Systems, 2020, 21(5): 1891-1902.

[8] Campolo C, Vinel A, Molinaro A, et al. Modeling broadcasting in IEEE 802.11p/WAVE vehicular networks[J]. IEEE Commun. Lett., 2011, 15(2): 199-201.

[9] Zhao Z J, Cheng X, Wen M W, et al. Channel estimation schemes for IEEE 802.11p standard[J]. IEEE Intel. Transport. Syst. Mag., 2013, 5(4): 38-49.